公司金融

方芳　王欣阳　主编
刘天雪　王璐　王侠　副主编

清华大学出版社
北京

内 容 简 介

本书基于现代经济学理论、公司理论和金融理论,以企业投融资决策分析为主体,系统地阐述现代公司的投融资决策理论和方法,使读者了解公司财务领域中重要的理财观念,掌握公司筹资、投资、营运资金管理、风险管理等公司财务管理决策过程。

书中相关知识拓展和案例详细地展现现代金融制度下公司的投融资决策实践与应用,每章后附有习题,学练结合,以练促学。本书结构完整、逻辑清晰、难度适中,可作为高校金融学、经济学、财务管理学、会计学学生的专业教材,也可作为银行从业人员、财务从业人员的参考材料。

图书在版编目(CIP)数据

公司金融 / 方芳,王欣阳主编. -- 北京:清华大学
出版社,2025.4. -- ISBN 978-7-302-68585-2

Ⅰ. F276.6

中国国家版本馆 CIP 数据核字第 2025DA3333 号

责任编辑:孟毅新
封面设计:何凤霞
责任校对:刘　静
责任印制:宋　林

出版发行:清华大学出版社
　　　　　网　　　址:https://www.tup.com.cn,https://www.wqxuetang.com
　　　　　地　　　址:北京清华大学学研大厦 A 座　　　　邮　　　编:100084
　　　　　社 总 机:010-83470000　　　　　　　　　　邮　　　购:010-62786544
　　　　　投稿与读者服务:010-62776969,c-service@tup.tsinghua.edu.cn
　　　　　质量反馈:010-62772015,zhiliang@tup.tsinghua.edu.cn
　　　　　课件下载:https://www.tup.com.cn,010-83470410
印 装 者:大厂回族自治县彩虹印刷有限公司
经　　　销:全国新华书店
开　　　本:185mm×260mm　　　印　　　张:18　　　字　　　数:413 千字
版　　　次:2025 年 4 月第 1 版　　　　　　　印　　　次:2025 年 4 月第 1 次印刷
定　　　价:59.00 元

产品编号:101284-01

前　言

随着经济全球化的深入发展，公司经营日趋国际化，越来越凸显出国际型高水平财务管理人才的重要性。公司金融也称为公司理财，是金融学的一个重要组成部分，也是金融专业学生的必修课之一。它主要研究公司制企业财务相关决策，包括公司如何分配现有资源，公司如何获得投资所需的资金，以及公司利润如何分配。公司资源的分配问题也是公司的投资决策问题，公司必须决定如何将有限的资源优化配置到可选的投资项目上，以使公司的投资收益最大化。公司的投资资金既可以来源于股东的出资，也可以从外部筹措，公司需要进行融资决策，以期获得最低的资本成本。公司所获得的利润需要在公司的投资人即股东与债权人之间合理分配，以满足他们的需求。公司的投融资与分配决策综合反映了公司价值最大化的目标。

本书共五篇十二章。第 1 篇公司金融导论（包括第 1 章和第 2 章），主要介绍公司金融概述和两个基本原理；第 2 篇财务管理（包括第 3 章和第 4 章），主要介绍财务预测和财务报表的解读与分析；第 3 篇筹资管理（包括第 5 章、第 6 章和第 7 章），主要介绍筹资渠道和筹资方式；第 4 篇投资管理（包括第 8 章、第 9 章和第 10 章），主要介绍投资类型及投资决策依据；第 5 篇利润分配管理（包括第 11 章和第 12 章），主要介绍利润分配、股利类型，以及股利政策向投资者传递的信号。

本书具有以下几个特点。

（1）理论与实务并重。在内容的编排上，改变了知识点堆砌的逻辑，针对重要课程内容，构建、引用了大量模拟和真实案例，有利于实现学以致用。

（2）金融直觉诠释逻辑。在内容的呈现上，改变了以公式、模型推导为主的叙述，对每个重要的知识点及理论的诠释都源于金融直觉而非复杂的推导。本书用通俗的语言、严谨的逻辑、丰富的案例系统介绍了公司金融的基本理论和最新发展与应用。

（3）适用性广。本书既可作为高等院校金融学、经济学、财务管理学、会计学等专业学生的教材，也可供银行从业人员、财务从业人员参考。

本书由沈阳工学院"公司金融"课程教学团队的教师编写，具体分工如下：方芳老师编写第 1、2、8 章；方芳和王欣阳老师共同编写第 9 章；王欣阳老师编写第 4 章、第 11、12 章；王璐老师编写第 5~7 章；刘天雪老师编写第 3 章、第 10 章；王侠老师统稿、校对。

由于编者学识有限，本书难免有疏漏和不妥之处，恳请各位同行专家和广大读者批评指正。

编者

2025 年 3 月

目　录

V

第 1 篇

公司金融导论

第1章　　　　公司金融概述

 学习目标

1. 知识目标

了解公司金融概念及公司金融环境;明确公司金融内容及公司财务关系;掌握公司金融目标及其评价;认识我国主要金融机构业务。

2. 能力目标

能确定公司金融的主要工作对象,能够处理、协调公司的各种财务关系;能够分析财务环境各要素变化对公司金融活动的影响。

 **引导案例**

惠普公司首席执行官的管理目标

1999 年 7 月,卡莉·菲奥莉娜担任惠普公司首席执行官。投资者很欣赏她对惠普未来的想法:她承诺销售和利润将以每年 15% 的速度增长,这对于一个连续 5 年销售收入下滑的公司来说是一个相当高的目标。2002 年,惠普公司宣布将与康柏公司合并。这一合并提案遭到以共同创办人儿子为首的一些人的反对。菲奥莉娜女士最终获胜,两家公司合并。合并之后公司开始采取一种双向经营策略,在低成本、更类似日用品的个人计算机市场与戴尔竞争,在更专业的计算机高端市场与 IBM 竞争。

对于惠普的投资者来说,菲奥莉娜女士的策略不像预计的那样好。2005 年 2 月,迫于惠普公司董事会的压力,她辞去惠普公司首席执行官的职务。显然,投资者也感到有必要改变公司的经营方向,惠普的股价在宣布菲奥莉娜女士辞职当天上升 7%。

问题:惠普首席执行官卡莉·菲奥莉娜女士作为公司的经营管理者,她的管理目标是什么? 该目标是否与股东利益相一致? 案例中菲奥莉娜女士从任职到辞职的过程反映了公司管理者和所有者之间的什么问题? 公司金融管理最重要的目标是什么?

1.1　公司金融概念

1.1.1　公司概念

1. 公司的内涵

公司是依照公司法组建并登记的以营利为目的的企业法人。因各个国家公司法对设立公司的要求不同,公司的法律概念也不尽相同。从公司的投资者来说,传统的观念认为,公司是由两个以上的投资者设立的法人实体。现今,多数国家的公司法一般规定公司必须有两个以上的投资者,但也有一些国家允许单一投资者的公司存在。从公司的组织形式来看,有的国家公司法规定了有限责任公司、股份有限公司、无限公司、两合公司等组织形式。

2. 公司的基本特征

1) 公司是以赢利为目的的经济实体

以赢利为目的,这反映了公司在经济上的特征。公司是以赢利为目的而组织其生产经营活动的经济组织,是一种企业形式,具有企业的一般属性。企业本质与公司是一致的,也是集合人力与物力、以营利为目的的生产和服务性经营组织。但企业的范畴比公司更大,因为从组织形式上看,按照投资方式及责任承担方式,企业可以划分为独资、合伙、公司三种类型。

2) 公司必须是法人

(1) 公司必须依法成立。所谓法人的依法成立,首先是指在成立程序上的合法性,即法人必须以法律规定的程序成立;其次,法人必须是合法的组织,法人的目的和宗旨、组织机构、经营范围、经营方式等都必须是合法的。

(2) 公司拥有独立的财产。这是公司作为独立主体存在的基础和前提条件,也是公司独立承担财产义务和责任的物质保证。法律不仅要求公司具有独立的财产,而且要求有必要的财产,也就是要达到法定的数额。公司的财产主要由股东出资构成,股东的出资一旦投入公司即成为公司财产。

(3) 公司必须有自己的名称、组织机构或场所,这是公司的组织特征。公司需要有自己的名称,这是公司之间相互区别的标志,同时也有助于表明公司的性质。公司的组织机构包括管理机构和业务活动机构。公司是人的有机集合体,其团体意志总是通过一定的组织机构产生并得以实现的。公司还必须有自己的住所以及固定的经营场所,这不仅是公司生产经营所必需的条件,而且也是诉讼活动中确认地域管辖和诉讼文书送达地的一项基本依据。在涉外民事关系中,住所地是认定适用何种法律的依据之一。

(4) 公司必须独立承担民事责任。这意味着:第一,公司应以它的全部财产承担债务;第二,公司对它的法定代表人和代理人的经营活动承担民事责任;第三,股东对公司的债务不直接承担责任;第四,公司独立地以其全部财产承担其债务,如果公司不能清偿到期债务,其资产也不足以抵偿债务,就应依法宣告破产。

3) 公司是以股东投资行为为基础而设立的集合体性质的经济组织

公司属于社团法人,即它是由股东通过投资行为而设立的集合体性质的法人。从集合体的性质来看,它既是人的集合,又是资金和财产的集合,虽然许多国家都承认一人公司的合法性,但是这并不能改变"公司是股东出资经营的集合体"的性质。我国规定了国有独资公司,从出资主体讲,投资者仅有一个——国家。但正是因为这一投资主体的特殊性,《中华人民共和国公司法》(以下简称《公司法》)将其列入有限责任公司之下,适用有限责任公司的一般规定。

3

4) 公司是依法设立的营利性组织

公司是法人,而依照各国法律,法人的资格是需要经过国家承认的。只有满足法律规定的条件和程序要求才能取得法人资格。

3. 公司的组织形式

依照不同的标准,可以对公司进行不同的分类。根据股东责任不同,可将公司分为无限公司、有限责任公司、两合公司、股份有限公司和股份两合公司。根据我国公司法的规定,我国的公司包括有限责任公司和股份有限公司两种。我国公司法把国有独资公司规定为有限责任公司的一种,这是从我国的实际情况出发,考虑到有些行业需要由国家统一经营而加以设立的。

1) 有限责任公司

有限责任公司是指由两个以上股东共同出资,每个股东以其认缴的出资额对公司承担有限责任,公司以其全部财产对其债务承担责任的企业法人。有限责任公司的特征如下。

(1) 有限责任公司是合资公司,股东以其认缴的出资额对公司承担有限责任,公司以其全部资产对其债务承担责任。

(2) 有限责任公司实行资本金制度,但公司对股东不分成均等股份,股东仅就其出资额为限对公司负责。

(3) 有限责任公司的股东数,既有最低限,也有最高限,我国为两人以上、50 人以下。另外,国家授权投资的机构或者国家授权的部门也可以单独投资设立国有独资的有限责任公司。

(4) 有限责任公司不能公开募股,不能发行股票。

(5) 股东的出资,不能随意转让。如需转让,应经股东会或董事会讨论通过。

(6) 财务不必公开,但应当按公司章程规定的期限将财务会计报告送交各股东。

2) 股份有限公司

股份有限公司是指全部资本由等额股份构成并通过发行股票筹集资本,股东以其所认购股份对公司承担责任,公司以其全部资产对公司债务承担责任的企业法人。股份有限公司的特征如下。

(1) 资本划分为等额股份。在股份有限公司中,资本是指全体股东出资的总和,以一定的金额表示。股份有限公司将资本总额划分为若干等额的股份,每股金额与股份数的乘积即资本总额。在有限责任公司中,虽也有股本一说,但公司资本并不划分成相等的份额。

(2) 通过发行股票筹集资本。股份有限公司采取公开向社会发行股票的方式筹集资本,这为股份有限公司筹集资金开辟了广阔的渠道。

(3) 股东人数不限。大多数国家把有限责任公司的股东数限制在一定范围之内,如日本限制在 2～50 人,美国限制在 50 人以下,我国规定最多为 50 人。而对股份有限公司来说,股东数是不受限制的,可以在一定范围内无限大,这样便于更多人向公司投资。我国对股份有限公司的股东人数有最低限制,至少有 5 个人为发起人。也就是说,即使 1 股

4

也发售不出去,公司股东人数也应有 5 人。但由国有企业改建为股份有限公司的,发起人可以少于 5 人。

(4) 股票可以自由转让。这就意味着投资者可以易人,这对投资者来说是十分自由的。此外,转让价格只要交易双方接受,也可高可低。这使投资者有可能从股票交易中获利,从而使股份有限公司在投资者心中具有极大的吸引力。而无限责任公司和有限责任公司的股东在转让股份方面一般都受到限制。

(5) 财务公开。公司的财务状况是公司经营活动的综合反映。在激烈的市场竞争中,各公司的财务状况一般都是要保密的。而股份有限公司是公开向社会发股筹资的,股东人数多,因此各国法律都要求股份有限公司将其财务公开。我国公司法明确规定,股份有限公司编制的年度资产负债表等会计报表,应在股东大会年会召开 20 日前备置于公司住所,供股东查阅,以达到保护债权人和股东利益的目的。

两类公司有公司制企业的共同特点,但在股东人数、股份划分、经营管理、股份转让等方面存在着很多的不同之处,具体见表 1-1。

表 1-1　有限责任公司和股份有限公司的区别

项目	有限责任公司	股份有限公司
股东人数	我国规定股东人数 50 人以下	我国规定发起人股东 2~200 人
股份划分	不等额划分股份,出资人认购的是股份	全部资本划分成均等的股份,出资者认购的是股票
经营管理	通常采用董事单轨制,即董事和经理可由同一个人担任	由股东委托职业经理人管理,两权分离程度高,委托代理关系复杂
募资及规模	不得公募股份,有的国家甚至不允许公募债券,筹资受到一定限制,规模受限	可以公募股票和债券,规模不限
股份转让	股东间自由转让,向股东外转让需经过一定比例的股东同意,资本转让较难	自由转让

两种基本的公司制企业各有利弊。比较而言,有限责任公司的优点:容易组建,开业、歇业程序简单;缺点:由于股东一般掌握经营权,容易助长股东的投机心理,使股东往往用较少的资本去冒很大的风险;也有许多有限责任公司以破产方式逃避债务,损害公司债权人的利益。而股份有限公司的优点:为公众提供简便、灵活的投资场所;组织管理严密,能保证大规模工商业的有效经营;能促进资本产权的社会化和公众化,使企业经营置于社会监督之下;缺点:开设和歇业的法定程序复杂;两权分离程度更高,委托代理关系更为复杂;公司经营情况必须向公众披露,不利于竞争。

不同的企业组织形式有不同的特点,这些不同的特点对公司理财活动有着不同的要求和影响。其中,股份有限公司是迄今为止最为活跃的组织形式,其在一定的金融制度环境下所面临的投资决策、融资决策和股利决策的内容十分广泛和复杂,理财活动最为典型。因此,本书之后各章对公司理财基本原理和方法的介绍均以股份有限公司为对象。

5

知识链接 1-1：一人有限责任公司与国有独资公司

3）无限公司

无限公司是指由两个以上股东组成、股东对公司债务承担连带无限清偿责任的公司。

除这三种基本形式外，还有两合公司和股份两合公司。两合公司是由负无限责任的股东与负有限责任的股东两种成员组成的公司。在这类公司中，无限责任股东除负有一定的出资义务外，还需对公司债权人承担直接无限责任；而有限责任股东，除有一定的出资义务外，只以其对公司的出资额为限度，对公司债权人负直接有限责任。股份两合公司是指由无限责任股东和有限责任股东组成的公司。其中，负有限责任的股东依照股份有限公司的形式认购股份，除此以外，股份两合公司与两合公司的特征大致相同。

目前，有限责任公司和股份有限公司是世界各国主要的公司组织形式。

阅读资料 1-1：阿里巴巴的合伙人制度治理模式

1.1.2　公司金融概念

金融学是研究个体、企业及政府在不确定的环境中对资源进行时间配置的学科。金融决策的成本和效益是在时间上分布的，而且决策者和其他人无法预先明确知道，这是金融决策区别于其他资源配置决策的两个特点。根据其研究范围的不同，金融学分为宏观金融学和微观金融学。宏观金融学是研究资金在一国范围或全球范围内配置的学科，是通常的宏观经济学、货币银行学、金融市场学的研究范畴。微观金融学是研究个人、企业进行资源配置以及金融资产定价的学科，包括投资学、公司金融等内容。

"公司金融"是由"公司"和"金融"两个词汇构成的组合词汇。在这一组合词汇中，"金融"属于主词汇，而"公司"则是定语，"公司金融"的主要意义在于"金融"上。要对公司金融进行合理定义，就需要对"金融"的定义加以考证。在中文里，将"金"和"融"两者连在一起组成"金融"一词，始于何时现在无法考证。最早列出"金融"词条的工具书是《辞源》和《辞海》。《辞源》（1937 年普及本第 11 版）关于"金融"条目的释文是："今谓金钱之融通状态曰金融，旧称银根。"《辞海》（1936 年版）关于"金融"条目的解释是："谓资金融通之形态也，旧称银根。"可见，我国历史上较具权威的《辞源》和《辞海》都将金融的基本意义定义为"货币资金的融通"。

6

进入现代，金融与人们的生活更为密切。《中国金融百科全书》中对"金融"一词的注释是："金融是货币流通和信用活动以及与之相关的经济活动的总称。"在彼得·纽曼等编著的《新帕尔格雷夫货币金融大辞典》中，认为"金融以其不同的中心点和方法论而成为经济学的一个分支"。

公司金融也可翻译为公司财务、公司理财等，其主要是研究公司的融资、投资和股利政策等，是金融中研究企业金融决策的分支学科。我国学术界对公司金融的理解不尽相同，有人认为公司金融应定义为与企业有关的一切金融活动，而有人则认为公司金融只包括企业内部的资金管理。前一个概念范围过宽，而后一个概念范围则过窄。比较合适的定义是，公司金融是指企业在生产、经营过程中主动进行的资金筹集与资金运用行为。公司金融是为企业自身的生产经营服务的——它筹集资金是为了自身的再生产或商业活动服务，运用资金是为了谋求更高的收益。任何企业只要想生存，就要投资、筹资、生产、经营、销售及利润分配，其中的每一个环节都伴随着资金的运用。可以说，企业的整个生产经营过程就是资金筹集和运用的过程，也就是公司金融决策的过程。

| 知识链接 1-2：公司金融学与其他学科的关系 | 本部分内容为拓展知识，读者可自行扫码阅读。 |

1.1.3　公司财务关系

公司在资金的筹集、投放、使用和分配的过程中，与公司内外的各个方面形成了不同的联系。公司财务关系是指公司在组织财务活动过程中与有关方面发生的经济联系。这种财务关系很广泛，主要可概括为以下几个方面。

1. 公司与投资者之间的财务关系

这主要是指投资者向公司投入资金，公司向投资者支付投资报酬所形成的经济关系。公司从不同投资者手中筹集资金，再将资金投入到生产经营活动中，实现的利润则按照公司的股利政策和投资者出资情况进行分配，这样公司就产生了接受投资和向投资者支付投资报酬的经济关系。作为投资者，应按照合同、协议、公司章程的约定履行出资义务；而公司经营获得利润后，则应当按照出资比例向投资者分配利润。公司与投资者之间的财务关系，在性质上属于所有权关系。

2. 公司与债权人、债务人之间的财务关系

一方面，公司为了筹集资金而向银行等金融机构借款，为了生产经营而购买原材料等生产资料，与购销客户发生货款结算，这一类型活动使公司成为债务人。公司的债权人主要包括为公司提供贷款的银行和其他金融机构、公司债券持有者、为公司提供原材料及商品的供应商等。另一方面，公司由于对外投资、销售产品等活动而与有关方面发生资金占用和货款收付的关系，使公司成为债权人。公司的债务人主要包括公司所持债券的发行单位、公司以商业信用方式销售商品的客户、向公司拆借资金的借入单位等。无论何种原因，上述活动使公司与另一方形成了债权债务关系。无论公司是债权方还是债务方，公司均产生权利或义务。

3. 公司与被投资单位之间的财务关系

这主要是指公司购买股票或以直接投资的形式向其他单位投资所形成的经济关系。公司向其他单位投资，应按约定履行出资义务，并参与被投资单位的利润分配。公司与被投资单位之间的财务关系，体现的是所有权性质的投资与受资之间的关系。

4. 公司与税务机关之间的财务关系

这主要是指公司作为纳税人与国家税务机关所形成的经济关系。政府作为社会管理者，担负着维护社会正常秩序、保卫国家安全、组织和管理社会活动等职责，为企业生产经营活动提供公平竞争的经营环境和公共设施等条件。为此所发生的"社会费用"，须由受益企业"分摊"，从而形成企业的强制性纳税义务。因此，政府以收缴各种税收的形式与公司之间产生财务关系。公司应当按照国家税法和相关规定及时、足额缴纳各种税款，税务机关应依法对公司的纳税情况进行检查监督，以保证国家财政收入的实现。因此，公司与税务机关之间的财务关系，反映的是依法纳税和依法征税的法人义务与国家权力的关系。

5. 公司内部各单位之间的财务关系

这主要是指公司内部各单位之间在生产经营各环节中相互提供产品或劳务所形成的经济关系。在公司实行内部经济核算制的条件下，各职能部门、各生产单位之间相互提供产品或劳务，要进行计价结算。这种在公司内部形成的资金结算关系，体现了公司内部各单位之间的经济利益关系。另外，董事会决定公司的经营计划和投资方案，制定公司年度财务预决算、利润分配、弥补亏损和增减注册资本等方案，公司要为董事会支付董事会经费，因此，公司与董事会之间发生经济利益关系。监事会负责检查公司财务，公司执行董事会决议的一切财务收支，都要接受监事会的检查监督，同时，公司也要支付一部分监事会经费，因此，公司也与监事会发生经济利益关系。

6. 公司与其职工之间的财务关系

这主要是指公司向职工支付劳动报酬所形成的经济关系。职工是公司的劳动者，他们根据自己的能力为公司提供各种劳动服务，公司按照职工提供的劳动数量和质量向其支付劳动报酬，包括基本工资、奖金和津贴等。这种公司与职工之间的财务关系，体现了职工个人与公司集体在劳动成果上的分配关系。

1.1.4 公司金融研究对象

公司金融主要是有关资金筹集、投放和分配的管理工作，其对象是资金及其流转。资金流转的起点和重点是现金，其他资产都是现金在流转中的转化形式，因此，公司金融的对象也可以说是现金及其流转。

1. 现金流转的含义

在建立一个新企业时，必须筹集必需的现金，作为最初的资本。没有现金，企业的规划无法实现，不能开始运营。企业建立后，现金变为经营用的各种资产，在运营中又陆续变为现金。在生产经营中，现金变为非现金资产，非现金资产又变为现金，这种周而复始的流转过程称为现金流转。这种流转不断循环，称为现金循环或资金循环。

现金变为非现金资产，然后又回到现金，所需时间不超过一年的流转，称为现金的短期循环。短期循环中的资产是流动资产，包括现金本身和企业正常经营周期内可以完全转变为现金的存货、应收账款、短期投资等。现金变为非现金资产，然后又回到现金，所需时间在一年以上的流转，称为现金的长期循环。长期循环中的非现金资产是长期资产，包括固定资产、长期投资、无形资产和其他资产等。

2. 现金的短期循环

图 1-1 是现金短期循环的基本形式，简单地描述了企业现金短期循环的过程，不过，也省略了一些重要信息。

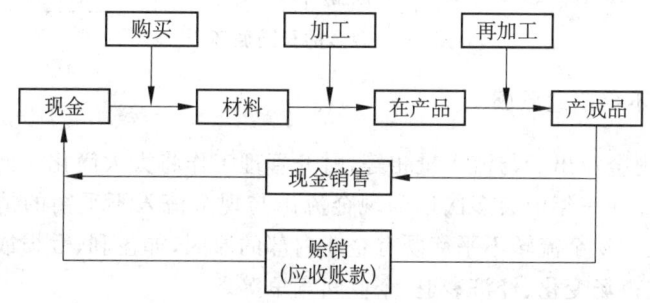

图 1-1 现金的短期循环

(1) 没有反映现金的来源。股东最初投入的现金，在后续的经营中经常不够使用，需要补充。补充现金的来源包括增发股票、向银行借款、发行债券或利用商业信用等。

（2）没有反映现金的消耗。企业不可能把全部现金都投资于非现金资产,必须拿出一定数额用于发放工资、支付管理费用等。这些现金是被消耗了,而不是投入于非现金资产。

如果考虑上述两点信息,完善后的现金短期循环形式如图 1-2 所示。

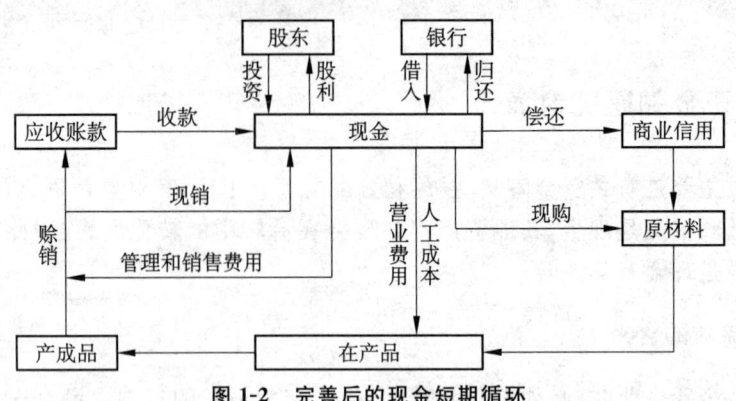

图 1-2　完善后的现金短期循环

3. 现金的长期循环

现金的长期循环如图 1-3 所示。企业用现金购买固定资产,固定资产的价值在使用中逐渐减少,减少的价值称为折旧费。折旧费和人工费、材料费构成产品成本。出售产品时收回现金。有时,出售固定资产也可以使之变成现金。

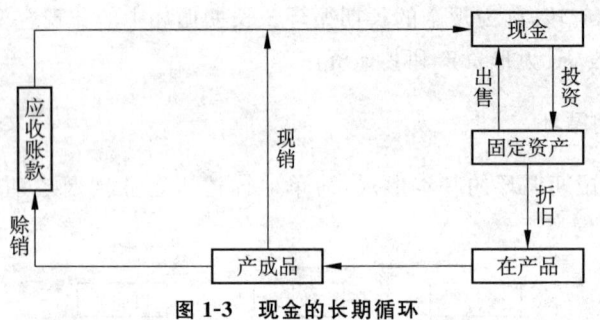

图 1-3　现金的长期循环

4. 现金流转不平衡的原因

如果企业的现金流出量与流入量相等,财务管理工作将大大简化。但实际上,这种情况极少出现。企业在一年中会多次遇到现金流出与现金流入不平衡的情况,不是收大于支,就是支大于收。现金流转不平衡既有企业内部的原因,如盈利、亏损或扩充等;也有企业外部的原因,如市场变化、经济衰退、企业间竞争等。

1）影响企业现金流转的内部原因

（1）营利企业的现金流转。对于营利企业,如不打算扩充规模,其现金流转一般比较顺畅。它的短期循环中的现金收支大体平衡,税后净利使企业现金多余出来,长期循环中的折旧、摊销等也会积存现金。营利企业也可能由于抽出过多现金而发生临时流转困难。

10

例如,付出股利、偿还借款、更新设备等。此外,存货变质、财产失窃、坏账损失、出售固定资产损失等,也会使企业失去现金,并引起流转的不平衡。

(2)亏损企业的现金流转。从长期的观点看,亏损企业的现金流转是不可能维持的。从短期来看,又分为两类:一类是亏损额小于折旧额的企业,在固定资产重置以前可以维持下去;另一类是亏损额大于折旧额的企业,如不从外部补充现金将很快破产。

亏损额小于折旧额的企业,虽然收入小于全部成本费用,但大于付现的成本费用,因为折旧和摊销费用不需要支付现金。因此,它们支付日常的开支通常并不困难,甚至还可能把部分补偿折旧费用的现金抽出来移作他用。然而,当计提折旧的固定资产需要重置时,灾难就来临了。积蓄起来的现金,不足以重置固定资产,因为企业亏损时的收入是不能足额补偿全部资产价值的。此时,财务主管的唯一出路是设法筹款,以购买设备使生产继续下去。这种办法只能解决一时的问题,因为它增加了以后年度的现金支出,会进一步增加企业的亏损。除非企业扭亏为盈,否则就会变为"亏损额大于折旧额"的企业,并很快破产。这类企业如不能在短期内扭亏为盈,还有条出路,就是找一家对减低税负有兴趣的盈利企业,被其兼并——合并一个账面有亏损的企业,可以减少盈利企业的税负。

亏损额大于折旧额的企业,是濒临破产的企业。这类企业不能以高于付现成本的价格出售产品,更谈不上补偿非现金费用。这类企业的财务主管必须不断在短期周转中补充现金,其数额等于现金亏空数。如果要重置固定资产,所需现金只能从外部筹措。一般说来,他们从外部寻找资金来源是很困难的。贷款人看不到偿还贷款的保障,是不会提供贷款的;所有者也不愿冒险投入更多的资金。因此,这类企业如不能在短期内扭亏为盈,不如尽早宣告倒闭。这类企业往往连被其他企业兼并,以降低兼并企业税负的价值也没有。兼并企业的目的是节税,以减少现金流出;如果被兼并的企业每年都需要注入现金,则有悖于兼并企业的初衷。

(3)扩充企业的现金流转。任何要迅速扩大经营规模的企业,都会遇到相当严重的现金短缺情况。固定资产扩充、存货增加、应收账款增加、营业费用增加等,都会使现金流出扩大。这类企业的任务不仅是维持当前经营的现金收支平衡,而且要设法满足企业扩大的现金需要,并且力求使企业扩充的现金需要不超过扩充后新的现金流入。首先,应从企业内部寻找扩充项目所需现金,如出售短期证券、减少股利分配、加速收回应收账款等。其次,内部筹集的现金不能满足扩充需要时,可以从外部筹集。从外部筹集的现金,要承担资本成本,将来要还本付息、支付股利等,推动未来的现金流出。企业在借款时就要注意到,将来的还本付息的现金流出不要超过将来的现金流入。否则就要借新债还旧债,利息负担会耗费掉扩建形成的现金流入,导致项目在经济上失败。

2)影响企业现金流转的外部原因

(1)市场的季节性变化。通常来讲,企业的生产部门力求全年均衡生产,以充分利用设备和人工,但销售总会有季节性变化。因此,企业往往在销售淡季时现金不足,销售旺季过后又积存了过剩现金。

企业采购所需的现金流出也有季节性变化,特别是以农产品为原料的企业更是如此。

其特点是集中采购而均匀耗用,使存货数量呈现周期性变化。在采购旺季时有大量现金流出,而现金流入却不能同步增加。

企业人工等费用的开支也会有季节性变化。有的企业在年终集中发放奖金,要用大量现金;有的企业利用节假日加班加点,要加倍付薪;有的企业使用季节性临时工,在此期间人工费大增。财务主管要对这些变化事先有所准备,做好预算计划。

(2)经济的波动。任何国家的经济发展都会有波动,时快时慢。在经济收缩时,销售量下降,进而生产量和采购量减少,整个短期循环中的现金流出减少了,企业有了过剩的现金。如果预判不景气的时间很长,推迟固定资产的重置,折旧积累的现金也会增加。这种财务状况给人呈现的是一种假象。随着销售额的进一步减少,大量的经营亏损很快会接踵而来,现金将被逐步销蚀掉。

当经济"热"起来时,现金需求迅速扩大。积存的过剩现金很快被用尽,不仅扩充存货需要大量投入现金,而且受繁荣时期乐观情绪的鼓舞,企业也会对固定资产进行扩充性投资,并且往往要超过提取的折旧。此时,银行和其他贷款人大多也很乐观,愿意为盈利企业提供贷款,筹资不会太困难。但是,经济过热必然造成利率上升。过度扩充的企业背负巨大的利息负担,会最先受到经济收缩的打击。

(3)通货膨胀。通货膨胀会使企业遭遇资金短缺的困难。由于原材料价格上升,保持存货所需的现金增加;人工和其他费用的现金支出增加;售价提高使应收账款占用的资金增加。受到市场竞争的限制,企业若不降低成本,就难以应对通货膨胀造成的财务困难。通货膨胀造成的现金流转不平衡,不能靠短期借款解决——因其不是季节性的、临时的、现金短缺,而是现金购买力被永久地蚕食。

(4)竞争。竞争会对企业现金流转产生不利影响。但是,竞争往往是被迫的,企业经营者不得不采取他们本不想采取的方针。价格竞争会使企业立即减少现金流入。在竞争中,获胜的一方会通过多卖产品挽回其损失,实际是靠牺牲其他企业的利益来加快自己的现金流转;失败的一方,不但蒙受价格下降的损失,还受到销量减少的打击,现金流转可能严重失衡。

广告竞争会立即增加企业的现金流出。最好的结果是通过广告促进销售,加速现金流回。但若竞争对手也采取同样的策略,企业广告也只能在一定程度上减缓销售额的下降,并不能完全阻止。

认识、掌握现金流转的规律是为了管理好企业的财务活动和生产经营活动。在企业财务活动中,应该及时分析现金流转状况并进行动态调整。对于短期现金不足,可以通过提高财务杠杆、增加权益资本、降低股利支付率、从低效益项目中抽回资金以及提高现有资本的回报水平等措施予以解决。现金多余常常是令现金短缺企业羡慕的,但同样也是个令人棘手的问题。因为现金越多,机会成本越大。如果企业无法从内部挖掘出增长的潜力,对现金多余的处置一般是采取多元化的经营战略,将之投入其他行业、还给股东等。财务主管的任务不仅是维持企业当前经营的现金收支平衡,还要设法满足企业扩大的现金需要,并且力求使企业扩充的现金需求不超过扩充后的现金需求。

1.2 公司金融目标

公司金融目标是评价公司金融活动是否合理有效的标准。从理论和实践的双重角度来看，公司金融的目标有多种，其中以产值最大化、利润最大化、股东财富最大化或公司价值最大化等目标最具有影响力和代表性。

公司金融目标是公司经营目标在财务上的集中和概括，是公司一切金融活动的出发点和归宿。制定公司金融目标是现代企业财务管理成功的前提，只有制定了明确合理的公司金融目标，财务管理工作才有明确的方向。因此，公司应根据自身的实际情况和市场经济体制对公司金融的要求，科学合理地选择并确定公司金融目标。

1.2.1 公司金融目标的特征与作用

1. 公司金融目标的特征

公司金融目标取决于公司生存和发展的目标，两者必须是一致的，公司金融目标应具有以下特征。

（1）相对稳定性。公司金融目标具有相对稳定性，但随着宏观经济体制和公司经营方式的变化，随着人们认识的发展和深化，公司金融目标也会发生变化。需要注意的是宏观经济体制和公司经营方式的变化是渐进的，只有发展到一定阶段以后才会产生质变；人们的认识在达到一个新的高度以后，也需要有一个达成共识、被人们普遍接受的过程。因此，公司金融目标作为人们对客观规律性的一种概括，总的来说是相对稳定的。

（2）多元性。多元性是指公司金融目标不是单一的，而是一个多元目标的组合。公司必须坚持以经济效益为中心，同时社会效益和环境效益并重，体现公司金融目标；否则，公司将既无经济效益，也无社会效益和环境效益，最终必被淘汰。

（3）层次性。公司金融目标是财务管理系统运行的前提条件，同时它本身也是一个系统。各种各样的金融目标构成了一个网络，这个网络反映着各个目标之间的内在联系。公司金融目标之所以具有层次性，是由公司金融内容和方法的多样性及它们相互关系上的层次性决定的。

（4）可操作性。公司金融目标是实行财务目标管理的前提条件。公司金融目标要能够起到组织动员的作用，要能够据以制定经济指标并进行分解，实现职工的自我控制，进行科学的绩效考评，这就要求公司金融目标具有可操作性。具体来说，可操作性体现在可

13

以计量、可以追溯、可以控制三个方面。

2. 公司金融目标的作用

（1）导向作用。公司金融目标可以为各种管理者指明方向。公司金融目标是理财活动最终要达到的目的，犹如万里行船要抵达的彼岸，它的指导作用十分显著。

（2）激励作用。目标是激励企业全体成员的力量和源泉。每个职工只有明确了企业的目标，才能调动起工作的积极性，充分发挥潜在的能力，为企业创造最大财富。

（3）凝聚作用。公司是一个凝聚协作的系统。公司凝聚力的大小受到多种因素的影响，其中一个重要因素就是它的目标。公司金融目标明确，能充分体现全体职工的共同利益，就会极大地激发公司职工的工作热情、献身精神和创造能力，形成强大的凝聚力。

（4）考核作用。如果公司以明确的目标作为绩效考核的标准，就能按职工的贡献大小如实地进行评价，使公司的绩效考核工作规范有效、评价结果科学客观。

知识链接 1-4：企业为什么存在

本部分内容为拓展知识，读者可自行扫码阅读。

1.2.2 公司金融的总体目标

从根本上说，公司金融的总体目标取决于公司的目标。投资者创立公司的目的是获利，公司虽然有改善员工待遇、改善劳动条件、提高产品质量、减少环境污染等多种目标，但赢利始终是其基本目标，这体现了公司经营的出发点和归宿，并有助于其他目标的实现。关于公司金融总体目标的表述，主要有以下三种观点。

1. 利润最大化

利润最大化观点来源于亚当·斯密的"经纪人"假说，20世纪50年代以前在西方经济理论界很流行，当时人们据此来分析和评价公司的行为和业绩。该观点认为，利润代表公司新创造的财富，公司的一切金融活动成果在一定程度上归结到利润水平上，利润越多则说明公司的财富增加得越多，越接近公司的目标。公司金融的目标就是通过对公司财务活动的管理，不断增加公司利润，使公司利润达到最大化。这种观点的合理性表现在以下方面。

（1）利润最大化有利于衡量公司创造的剩余价值。人类进行生产经营活动的目的就是为了创造更多的剩余产品，而剩余产品的多少可以用利润的数量来衡量。因此，可以把利润最大化作为公司理财的目标。

（2）利润代表了公司新创造的价值，是公司的新财富，是公司生存和发展的必要条件，是公司和社会经济发展的重要动力。公司利润越多，则财富增加得越多，越接近公司目标。

（3）利润是一项综合性指标，它反映了公司综合运用各项资源的能力和经营管理状况，是评价公司绩效的重要指标，也是社会优胜劣汰的自然法则的基本尺度和作用杠杆。

（4）公司追求利润最大化是市场经济体制发挥作用的基础。公司作为社会经济生活的基本单位，自主经营、自负盈亏，可以在价值规律和市场机制的调节下，达到优化资源配置和提高社会经济效益的目标。

虽然利润最大化目标有以上合理的成分，但对于现代企业而言，其主要特征是经营权与所有权分离，公司由股东、职业经理以及其团队来控制和管理。这一重要特征及其关系在利润最大化的目标下没有得到充分的体现，如果再以利润最大化作为公司金融的目标，则存在以下缺陷。

① 没有充分考虑取得利润所需的时间因素，没有考虑货币的时间价值。不同时期的等额利润由于货币时间价值因素的作用，其价值是不相等的，而利润最大化没有区分不同时期的报酬。例如，有两个投资项目，一个项目是在 5 年后产生 100 万元利润，另一个项目是在 5 年内每年可产生 20 万元利润，哪一个项目更优？对此，在利润最大化目标下，无法得到正确答案，因为该项目没有考虑货币的时间价值。

② 没有考虑利润和风险的关系。例如，同样投入 500 万元，本年获利 100 万元，一个公司获利已全部转化为现金，另一个公司获利全部是应收账款，并可能发生坏账损失，哪一个更符合公司目标？如果不考虑风险大小，则很难做出正确判断。不考虑风险大小，会使决策优先选择高风险的投资项目，一旦不利情况出现，公司将陷入困境，甚至导致破产。

③ 忽视了投入与产出的关系。例如，同样获得利润 100 万元，一个公司投资 500 万元，另一个公司投资 600 万元，哪一个更符合公司目标？如果不考虑产出与投入的关系，很难做出正确判断。不考虑利润和投入资本的关系，也会使决策优先选择高投入的项目，而不利于选择高效率的项目。

④ 可能导致公司短期行为。利润最大化目标往往会使公司决策者目光短浅，决策带有短期行为倾向，即为了实现目前的最大利润而不顾公司的长远发展。

⑤ 忽视社会责任，导致一系列社会问题的出现，如环境污染问题的出现等。

2. 股东价值最大化

股东财富也称为股东价值，是指股东所拥有的普通股权益的价值。这种观点认为，公司主要是由股东出资形成的，股东创办公司的目的是扩大财富，他们是公司的所有者，公司的发展自然也应该追求股东价值最大化。

在股份制经济条件下，股东财富由其所拥有的股票数量和股票市场价格两方面决定。在股票数量一定的前提下，当股票价格达到最高时，股东价值也达到最大，所以股东价值又较易表现为股票价格最大化。

股东价值最大化与利润最大化目标相比，其优点表现在如下方面。

（1）考虑了货币时间价值。股东价值最大化可以用股票市价来计量，通过货币时间价值原理可以对公司的价值进行科学的计量。在一个具有充分流动性、信息对称的资本市场中，投资者要购买某个公司的股票，不仅要看它过去的经营状况，还要看将来的业绩和风险以及未来现金流的状况,这就使得股票的价格必须能够充分反映公司未来现金流的分布。

(2)在一定程度上能够克服公司在追求利润过程中的短期行为,因为不仅目前的利润会影响股票价格,未来的预期利润也会对公司股票价格产生重要影响。在资本市场上,投资者总是根据其对未来各公司价值的预测,买入价值上升的公司股票而卖出价值下降的公司股票。因此,公司在谋求股东价值最大化的过程中,必须保证产品质量,搞好售后服务,维护社会公共利益。财务经理在做决策时,不仅要关注短期收益,更要注重长期收益,使公司行为合理化,避免短期行为。

(3)科学地考虑了风险与报酬的关系(风险的高低会对股票价格产生重要影响),因此能够克服财务经理不顾风险大小而片面追求高额利润的倾向。

同时,股东价值最大化目标也存在一些缺陷,主要体现在以下几方面。

① 它只适用于上市公司。在现实生活中,股东价值通常由股票价格来表示。对于非上市公司,其股票没有公开交易市场,因而其价格难以被发现。

② 即使是上市公司,股票的价格也会受到多种因素的影响。股票价格有时并不能客观反映所有股东的财富,因而以股票价格反映公司价值也是有缺陷的。

③ 股东价值最大化过分强调出资者的利益,无法解释企业分享制日趋发展的现实。首先,没有考虑利益相关者的利益,导致企业股东与企业其他利益相关者之间出现冲突,不利于股东价值的实现,如忽略了债权人和员工的利益。其次,会忽略社会利益,导致公司做出种种损伤社会财富的行为,如削减工资、恶意兼并或者逃避税收等。而如果公司过分强调社会利益,需要承担社会成本,又会导致生产成本增加,公司竞争力下降,不利于公司的长远发展。

3. 公司价值最大化

所谓公司价值,是指公司全部资产的市场价值,也就是未来预期现金流量的价值。该观点认为,应当站在公司整体角度,通过合理经营,采取最优的财务决策,充分利用资金的时间价值和风险与报酬的关系,保证将公司的长期稳定发展摆在首位,强调在公司价值增长中满足各方利益关系,不断增加公司财富,使公司总价值达到最大化。公司价值最大化具有深刻的内涵,其宗旨是把公司的长期稳定发展放在首位,着重强调正确处理各种利益关系,最大限度地兼顾公司各利益主体的利益。

和股东财富最大化相比,采用公司价值最大化作为公司金融目标,考虑了取得报酬的时间,考虑了风险和报酬的关系,能够克服企业在追求利润上的短期行为,在公司价值最大化的前提下,也能提高利益相关者之间的投资价值。但是,公司价值最大化主要的问题是公司价值的评估,由于评估的标准和方式都存在较大的主观性,因此,估价是否客观和准确,直接影响公司价值的确定。

从理论上看,任何一门学科都需要确定一个统一的目标,继而围绕这个目标发展其理论和模式。任何决策只要符合目标就被认为是好的决策,不符合目标就是差的决策。唯一的目标可以为公司金融提供一个统一的决策依据;如果使用多个目标,就很难指导决策,无法保证各项决策不发生冲突。

1.2.3　公司金融的具体目标

　　针对公司金融的特点,公司金融决策的目标可以概括为,在保证企业安全运行的前提下,努力提高资金的使用效率,使资金运用取得良好的成果。公司作为社会经济生活的基本单位,要自主经营、自负盈亏,其出发点和归宿都是要获利,因此,公司金融管理的具体目标分为生存、发展和获利三个层次。

　　首先,公司生存必须满足两个基本条件,即收支相抵和到期偿还,从而减少破产的危险,使公司能够长期、稳定地生存下去。收支相抵和到期偿债是对公司金融的第一个具体要求。

　　其次,公司发展主要表现在收入的不断增加。公司增加收入的根本途径是提高产品质量,扩大销售规模,因此,公司要不断地更新设备、技术和工艺,提高员工的素质。投入物质资源、人力资源以及改进技术和改善管理,公司要想获得各种资源,都需要付出货币资金。公司的发展离不开资金的投入,筹集公司发展所需的资金是对公司金融的第二个具体要求。

　　最后,公司必须能够获利,才有存在的价值。从公司金融的角度看,盈利就是使公司资产获得超过其投资的回报。因此,公司应该使经营活动中产生的和从外部获得的资金发挥最大的产出效益。

　　为了实现上述公司目标,公司金融的具体目标可以归纳如下几点。

　　(1) 在控制投资风险的前提下,努力调高资金的报酬率。为实现较高的利润率,最重要的是选择好资金的用途,投资于回报率高的项目。由于资金利润率的高低与风险相关,因此,应在控制风险的前提下,提高利润率。

　　(2) 合理使用资金,加速资金周转,提高资金的使用效率。在资源有限、资金数量有限的前提下,每项活动占用的资金量越少,公司就可以开展更多的业务活动,取得更多的收益。

　　(3) 保持较高的偿债能力和较低的财务风险,保证公司安全运行。负债经营在给公司带来一定经济利益的同时,也会给公司带来财务风险,因此,公司要有一个合理的资本结构和负债规模,并保持适当的资金储备,保证公司有能力按期偿还债务,应付额外的资金需求。

1.2.4　公司金融目标与利益冲突

本部分内容为拓展知识,
读者可自行扫码阅读。

17

1.3 公司金融主要内容

公司金融决策是企业管理最重要的组成部分之一,是有关资金的获得和有效使用的管理。公司金融决策的过程是一个不断收集信息、分析信息、加工信息,并对不利信息造成的负面影响进行控制的过程。要实现公司金融的目标,就必须做好公司财务活动管理的基本工作。公司金融的内容体现在公司资金运动的整个过程中,其核心是筹资决策管理、投资决策管理和股利分配管理。

1.3.1 筹资决策

资金的筹集是公司生产经营能否正常进行的前提和基础。在现代经济社会中,公司所需要的资金可以从不同来源、以不同的方式筹集,各种方式筹集的资金其成本不同,资金使用的时间、筹资条件等也均不相同,从而给公司带来的风险也不一样。公司财务人员必须根据对资金的需求情况,正确分析不同筹资方式的成本与风险,并判断可能对公司造成的影响,从而采用最适合本公司的筹资方式。

在筹资决策过程中,具体要做好以下管理工作。

(1)预测公司资金的需要量,估计筹资额度。通过预算手段完成资金的需求量和需求时间的测定,使资金的筹措量与需求量达到平衡,防止因筹资不足而影响生产经营或因筹资过剩而增加财务费用。

(2)规划公司筹资渠道和资本结构,以合理地筹集资金。在筹资过程中,合理选择和优化筹资结构,做到长短期资本债务资本和自有资本的有机结合,有效地规避和降低筹资过程中各种不确定性因素给公司带来损失的可能性。

(3)规划公司的筹资方式,使筹资的资金符合实际的需要。综合考察各种筹资渠道和筹资方式的难易程度、资金成本和筹资风险,研究各种资金来源的构成,求得资金来源的最优组合,以降低筹资的综合成本。

(4)保持一定的举债余地和偿债能力,为公司的稳定和发展创造条件。

1.3.2 投资决策

投资是指以收回现金并取得收益为目的而发生的现金流出。例如,购买政府公债,购买企业股票和债券等有价证券、购买设备、构建房屋、增加新品种等。

公司的投资决策,按不同的标准可以分为以下类型。

1. 长期投资决策

长期投资是指不满足短期投资条件的投资,即不准备在一年或长于一年的经营周期之内转变为现金的投资。长期投资为企业的生产经营活动奠定必要的物质基础,决定公司资产的构成。实现企业的管理目标,管理者不仅要有很好的眼光和机会,还需要能作出正确和适当的投资决策。做好长期投资决策,具体来说体现在以下几个方面。

(1)确定公司的投资方向。即决定应向何处发展的问题,包括投资行业和主导产品的选择,在很大程度上决定了公司未来的状况,从而决定了公司的生存或发展方向。

(2)确定公司的投资规模。从市场容量来看,投资规模过大,不是造成产品积压,就是带来生产能力限制;而投资规模过小,一方面达不到规模经济的要求,另一方面留下市场需求的大量缺口,会给竞争对手以可乘之机,导致市场份额丧失和利润减少。

(3)确定公司的投资时机。经济发展具有周期性,产品也有生命周期,必须选择合适的投资时机,力争使产品产出适应这种周期。投资时机的选择将决定投资项目的成败。

(4)确定投资方式和策略,以实现公司的经营方向和目标。例如,要采取什么样的生产配置,什么样的营销策略,什么样的管理模式等。

2. 短期投资决策

短期投资是指影响所及不超过一年的投资,如对应收账款、存货、短期有价证券的投资。短期投资又称为流动资产投资或营运资产投资。短期投资决策一般合并为营运资金管理决策。

1.3.3 营运资金管理

营运资金也叫营运资本。广义的营运资金又称总营运资本,是指一个企业投放在流动资产上的资金,具体包括现金、有价证券、应收账款、存货等占用的资金。狭义的营运资金是指在某时点内企业的流动资产与流动负债的差额。

营运资金管理是对企业流动资产及流动负债的管理。一个企业要维持正常的运转,就必须要拥有适量的营运资金。因此,营运资金管理是企业财务管理的重要组成部分。据调查,公司财务经理有 60% 的时间都用于营运资金管理。要搞好营运资金管理,必须解决好流动资产和流动负债两个方面的问题,也就是下面两个问题:第一,企业应该投资多少在流动资产上,即资金运用的管理,主要包括现金管理、应收账款管理和存货管理。第二,企业应该怎样来进行流动资产的融资,即资金筹措的管理,包括银行短期借款的管理和商业信用的管理。可见,营运资金管理的核心内容就是对资金运用和资金筹措的管理。

1.3.4 股利分配决策

19

股利分配是指在公司赚得利润中,有多少作为股利发放给股东,有多少留在公司作为再投资。股利分配的多少及其政策可对公司的股票价格产生影响,过高的股利支付率,影响公司再投资的能力,会使未来收益减少,造成股价下跌;过低的股利支付率,可能引起股东不满,股价也会下跌。股利分配是公司金融的重要内容之一。

股利决策受多种因素的影响,包括税法对股利和出售股票收益的不同处理、未来公司的投资机会、各种资金来源及其成本、股东对当期收入和未来收入的相对偏好等。公司根据具体情况确定最佳的股利政策,是公司金融决策的一项重要内容。

1.4　公司金融原则

1.5　公司金融的外部环境

1.6　公司金融的内部环境

知识训练

一、单项选择题

1. 企业投资可以分为广义投资和狭义投资,狭义投资是指(　　)。

    A. 固定资产投资　　　　B. 证券投资　　　　C. 对内投资　　　　D. 对外投资

2. 与公司财务管理直接相关的金融市场主要是指(　　)。

　　A. 货币市场　　　　B. 资本市场　　　　C. 外汇市场　　　　D. 黄金市场

3. 公司财务关系中最重要的关系是(　　)。

　　A. 股东与经营者之间的关系　　　　　　B. 股东与债权人的关系

　　C. 股东、经营者、债权人之间的关系　　D. 公司、政府部门和社会公众之间的关系

4. 财务管理对企业的管理是利用(　　)。

　　A. 资金形式进行管理　　　　　　　　　B. 实物形式进行管理

　　C. 价值形式进行管理　　　　　　　　　D. 组织形式进行管理

5. 如果以股东财富最大化作为公司金融的目标,下列表述正确的是(　　)。

　　A. 股东财富的增加可以用股东权益的市场价值与股东投资成本的差额来衡量

　　B. 股东财富的增加可以用股东权益市场价值来衡量

　　C. 股价最大化与增加股东财富具有同等意义

　　D. 企业价值最大化与增加股东财富具有同等意义

二、思考题

1. 了解公司的组织结构。在一家公司中,哪些人需要向财务总监报告,哪些人是公司金融的核心?财务经理会与哪些利益相关主体发生关系?

2. 关于公司金融的目标,主要有哪些不同的观点?你持有怎样的看法,为什么?

3. 金融市场与公司金融之间有着什么样的关系?

能力训练

关于雅戈尔的综合分析

1. 案例材料

雅戈尔集团股份有限公司(股票代码 600177)成立于 1993 年 3 月,1998 年 1 月,雅戈尔在上海证券交易所上市,其主营业务为服装服饰产品及服装辅料的设计、制造、销售、进出口贸易等。2007 年以后,公司主要经营收益由品牌服装生产销售、房地产开发和金融投资三类业务构成。2015 年度,公司实现营业收入 145 亿元,净利润 43.76 亿元。至 2015 年年末,公司总资产 662.77 亿元,净资产 203.69 亿元。该公司的资产负债情况见表 1-2。

表 1-2　合并资产负债表主要项目　　　　　　　　　　　单位:元

资　产	2015 年 12 月 31 日	负债和所有者权益	2015 年 12 月 31 日
流动资产:		流动负债:	
货币资金	6 127 938 358.18	短期借款	13 316 396 484.80
交易性金融资产	—	交易性金融负债	—
应收票据	2 284 700.00	应付票据	66 779 167.49
应收账款	244 684 786.11	应付账款	774 850 934.79

资　　产	2015 年 12 月 31 日	负债和所有者权益	2015 年 12 月 31 日
预付款项	576 627 640.14	预收款项	9 881 492 738.19
应收利息	10 161 455.85	应付职工薪酬	288 655 215.23
应收股利	—	应交税费	1 029 784 708.91
其他应收款	2 195 281 729.99	应付利息	137 482 423.82
存货	14 030 307 208.34	应付股利	—
一年内到期的非流动资产		其他应付款	911 280 782.17
其他流动资产	3 939 964 950.18	一年内到期的非流动负债	549 923 710.94
流动资产合计	27 127 250 828.79	流动负债合计	26 956 646 166.34
非流动资产：		非流动负债：	
可供出售金融资产	26 070 117 828.62	长期借款	17 452 153 120.00
持有至到期投资		应付债券	
长期应收款		长期应付款	29 898 065.20
长期股权投资	7 227 569 714.32	专项应付款	672 274.00
投资型房地产	444 020 496.53	递延收益	503 391 462.84
固定资产	3 832 883 461.69	递延所得税负债	965 771 300.85
在建工程	884 740 129.39	其他非流动负债	
工程物资		非流动负债合计	18 951 886 222.89
无形资产	305 896 286.71	负债合计	45 908 532 380.23
开发支出		所有者权益：	
商誉	45 196 688.32	股本	2 226 611 695.00
长期待摊费用	19 757 425.19	资本公积	367 408 801.21
递延所得税资产	292 237 186.38	盈余公积	1 509 092 242.37
其他非流动资产	27 613 008.91	未分配利润	13 928 776 721.77
非流动资产合计	39 150 032 226.06	其他综合收益	2 120 228 937.61
		归属于母公司所有者权益合计	20 152 118 397.96
		少数股东权益	216 632 267.66
		所有者权益合计	20 368 750 665.62
资产总计	66 277 283 054.85	负债和所有者权益总计	66 277 283 054.85

2. 案例分析要求

(1) 从资产负债表项目看,雅戈尔 2015 年年末的筹资来源如何构成? 有何特点?

(2) 从资产负债表项目看,雅戈尔 2015 年年末的资金投向何处? 有何特点?

(3) 该公司应当选择何种财务管理组织机构模式,为什么?

(4) 该公司的财务管理目标是什么,为什么?

(5) 当前哪些环境因素变化会对该公司的财务管理产生直接影响?

第2章 两个基本原理

 **学习目标**

1. 知识目标

领会资金时间价值和风险的概念;掌握资金时间价值的计算和风险的衡量;明确风险的种类、投资报酬与投资风险的关系。

2. 能力目标

能够根据资金时间价值的理论和方法进行相关分析与决策;能够根据风险价值的理论和计算方法进行相关分析与决策。

 **引导案例**

"赠送玫瑰花"诺言的索赔

1797年3月,拿破仑在卢森堡第一国立小学演讲时说了这样一番话:"为了答谢贵校对我,尤其是对我夫人约瑟芬的盛情款待,我不仅今天呈上一束玫瑰花,并且在未来的日子里,只要我们法兰西存在一天,每年的今天,我将亲自派人送给贵校一束价值相等的玫瑰花,作为法兰西与卢森堡友谊的象征。"时过境迁,拿破仑穷于应付连绵的战争和此起彼伏的政治事件,最终惨败而被流放到圣赫勒拿岛,把对卢森堡的承诺忘得一干二净。

可卢森堡这个小国对这位"欧洲巨人与卢森堡孩子亲切、和谐相处的一刻"念念不忘,并将之载入他们的史册。1984年年底,卢森堡旧事重提,向法国提出违背"赠送玫瑰花"诺言的索赔:要么从1797年起,用3路易作为一束玫瑰花的本金,以5厘复利(即利滚利)计息全部清偿这笔"玫瑰花"债;要么法国政府在各大报刊上公开承认拿破仑是个言而无信的小人。

起初,法国政府准备不惜重金赎回拿破仑的声誉,但却又被计算机算出的数字惊呆了:原本3路易的承诺,本息竟高达1 375 596法郎。经过苦思冥想,法国政府斟词酌句的答复是:"以后,无论在精神上还是在物质上,法国将始终不渝地对卢森堡大公国的中小学教育事业予以支持与赞助,来兑现我们的拿破仑将军那一诺千金的玫瑰花信誉。"这一措辞最终得到了卢森堡人民的谅解。

这个故事中提及的复利,是指在每过一个计息期后,都要将所得利息计入本金,以计算下一期的利息。这样,在每一个计息期中,上一个计息期的利息都将成为生息的本金,即以利生利,也就是俗称的"利滚利"。爱因斯坦曾说过,复利是宇宙中强大的力量之一。

复利的计算是对本金及其产生的利息一并计算,也就是利上有利。复利计算的特点是,把上期期末的本利和作为下一期的本金,在计算时每一期本金的数额是不同的。

2.1 货币时间价值

公司金融的研究对象是公司的资金运动。在市场经济体制下,长期投资决策时,不仅要看投资回收期的长短和投资回报率的高低,还应考虑投资的时间价值和风险价值。正确地评价一项长期投资的经济效益,需要计算货币的时间价值,使投资额与投资项目的未来收益统一到同一时间基础上,才能客观评价投资方案的优劣。

2.1.1 货币时间价值的含义

人们生活所依赖的基本资源,包括空气、水、天然气、铁矿、金钱和权力等的提供量都是有限的。我们说的空气是指人们生存所需的新鲜空气,当人们发现空气中弥漫的却是PM2.5的有害物,新鲜空气就显得十分珍贵和有限。天然气、铁矿随着开发量的增加而日益减少,供应量减少,而需求量增加,价格随之上涨。金钱对巴菲特来说是很多,权力对秦始皇来说是足够大,但时间对他们来说都是有限的。因此,地球上很难找到无限供给的资源。货币的时间价值是指现在货币的价值自然高于未来货币的价值,因为今天的货币可以进行投资。市场利息率是对平均经济增长和社会资源稀缺性的反映,也是衡量货币时间价值的标准。

所谓货币的时间价值,是指货币经历一定时间的投资和再投资所增加的价值,即货币资金在不同时间点上具有不同的价值,也称为资金的时间价值。今年的1元钱不同于去年的1元钱,也不同于明年的1元钱。资金的经济效益是不同的,人们总是希望能尽早地获得它。这种普遍的现象说明,去年的1元钱要好于今年的1元钱,而今年的1元钱要好于明年的1元钱。西方经济学正是从人们的这种心理上的偏好出发,用边际效用理论把货币时间价值解释为,货币的所有者要进行以价值增值为目的的投资(不管是进行权益性投资,还是进行债券性投资),就必须牺牲现时的消费。因此,他要求得到推迟消费时间的报酬——这种报酬的量应与推迟的时间成正比。货币的时间价值就是对暂缓现时消费的报酬。

上述结论说明,货币时间价值随时间的推移而不断增加。那么,究竟什么是货币时间价值的根源呢?换句话说,如果这1元钱长期闲置不用,它是否会发生价值的增值呢?回答是否定的。只有当货币资金被用于社会再生产活动的过程中,即以货币为手段,实现劳动要素的相互结合,货币时间价值的实现才具备了基础。因为在市场经济条件下,要实现劳动要素的结合,必须借助具有一定价值的资源——货币资金这一形式,即现实的生产过程是以货币为中介,实现由劳动者借助劳动手段对劳动对象进行加工改造的过程,其最终的结果以新产品的创造为标志。这种新产品的价值要在补偿劳动过程中物化劳动耗费和活动耗费的价值后,出现一定的剩余,即价值的增值。货币的时间价值实质上是这种价值

24

增值的一部分。在市场经济条件下,当货币的所有者与货币的使用者相分离,资金的借贷行为作为市场经济中的一种普遍的经济关系而存在,货币的时间价值才通过利息这种人们看得见的形式表现出来。

这里需要指明的是,即使不产生货币的所有者与使用者分离,只要存在通过货币实现劳动要素相结合这种条件,即货币资金作为一种有价值的资源形式存在,货币时间价值依然存在。

由此可见,货币的时间价值是在生产经营过程中价值运动方面形成的价值增量。只要借贷关系存在,它必然要发生作用。

从全社会来看,货币的时间价值,是在不考虑风险及通货膨胀的条件下,由全社会平均的资金利润率来决定的。在一个有效的资本市场中,由于资本本身具有趋利避险的本性,充分的竞争会使全社会平均的无风险报酬率平均化,等量资本获得等量利润。因此,从定量上分析,货币的时间价值实质上是在不考虑通货膨胀条件下全社会平均的无风险报酬率。

资金的时间价值一般用相对数表示,也可用绝对数表示。在实际生活中,人们通常用银行存贷款利率或国债的利率来表示货币的时间价值。这是因为,在通货膨胀较低的情况下,银行的存贷款或国债利率可近似地看作全社会平均的资金无风险报酬率,至于选择几年期的利率则视情况而定。

2.1.2 货币时间价值的来源

如果没有投资活动,仅将货币存放在口袋里,货币是不可能产生增值的,即没有时间价值。如果考虑通货膨胀的因素,它甚至还会贬值,即货币的时间价值为负值。货币之所以存在时间价值,可以从以下两个方面进行解释。

1. 货币的当前效用大于未来效用

将货币借贷给别人或进行投资,相当于债权人或投资者放弃了当前消费,而选择了未来消费,即延迟了消费。根据消费行为理论,和未来消费相比,人们更偏好当前消费。在单位货币效用不变的前提下,等额货币的当前消费所产生的效用是大于未来消费产生的效用的。因此,借贷或投资获得的未来货币数量必须大于当前的货币数量,否则借贷或投资不如当期消费。

2. 机会成本

货币的灵活性决定了货币除了用于消费外,还有其他投资方面的用途。就货币的时间价值看,其用途主要是将货币转化为生息资本。如果放弃当期消费,货币持有人可将货币放在口袋里、用于借贷或投资,那么货币放在口袋里的机会成本就是借贷或投资产生的利息。在决定借贷或投资时有很多选项,如果选择了某种投资而不是其他,那么投资收益率要至少等于无风险资本投资收益率(即货币资金不冒任何风险可取得的收益率,常以国库券的短期利率为代表),否则投资就是失败的。货币的机会成本还与投资承担的风险有关,风险越大,货币增值量越大。

以上说明,货币的时间价值一方面表现为对货币持有者放弃当期消费的补偿,另一方面表现为由于货币的灵活性可带来的收益。除了用于消费,货币还可用于投资,而投资能产生收益。货币用于投资时,其合适的收益率取决于社会平均的无风险的投资收益率。

2.1.3 货币时间价值的计算

把不同时点的货币资金转化到同一时点上,有两种方法:把现在的货币资金转化到未来某一时点,即计算终值;或者把未来的货币资金转化到现在,即计算现值。这里引入几个重要的概念。

终值(futurevalue,F):现在的货币资金在未来某一时刻的价值。

现值(presentvalue,P):未来某个时刻的货币资金在现在的价值。

贴现(discount):把未来发生的现金流量折算成现值的过程,贴现所用的利率称为"贴现率"。

单利制和复利制是计算时间价值的两种方法。单利制是仅就本金计算利息,本金与每期所产生的利息不再加入本金再计算下一期的利息。复利制是不仅本金要计算利息,利息也要计算利息,即将每一期的利息加入本金并计算下一期的利息。复利制的运用较为广泛,货币时间价值的计算一般都以复利的方式进行。

1. 单利终值和现值的计算

单利(simple interest)是指在规定期限内只就本金计算利息,每期的利息收入在下一期不作为本金,不产生新的利息收入比如银行的定期存款、国库券等,都是用这种方法来计算利息。现在的 1 元钱,年利率为 10%,从第 1 年到第 3 年各年年末的终值可计算如下。

$$1 元 1 年后的终值 = 1 \times (1 + 10\% \times 1) = 1.1(元)$$
$$1 元 2 年后的终值 = 1 \times (1 + 10\% \times 2) = 1.2(元)$$
$$1 元 3 年后的终值 = 1 \times (1 + 10\% \times 3) = 1.3(元)$$

因此,可推算出单利终值的一般计算公式如下。

$$F = P \times (1 + i \times n) \tag{2-1}$$

式中,F 为终值,即第 n 年年末的价值;P 为现值,即第 0 年(第 1 年年初)的价值;i 为利率;n 为计算期数。

【例 2-1】 某人将 1 000 元存入银行,年利率为 5%,经过 5 年时间的终值金额是多少?

$$F = P \times (1 + i \times n)$$
$$= 1\,000 \times (1 + 5\% \times 5)$$
$$= 1\,250(元)$$

单利现值是指未来的一笔资金折成现在的价值,即由终值倒求现值,一般称为贴现或折现,所使用的利率为贴现率。仍用上例,若年利率为10%,从第1年到第3年,各年年末的1元钱,其现值可计算如下。

$$1 年后 1 元的现值 = \frac{1}{1+10\% \times 1} = \frac{1}{1.1} = 0.909(元)$$

$$2 年后 1 元的现值 = \frac{1}{1+10\% \times 2} = \frac{1}{1.2} = 0.833(元)$$

$$3 年后 1 元的现值 = \frac{1}{1+10\% \times 3} = \frac{1}{1.3} = 0.769(元)$$

因此,可推算出单利现值的一般计算公式为

$$P = F \times \frac{1}{1+i \times n} \tag{2-2}$$

【例2-2】 某人希望在两年后获得1 200元,用以偿还一笔债务,年利率为10%,按单利计算,此人现在需要存入银行的现金为多少?

$$P = F \times \frac{1}{1+i \times n} = 1\ 200 \times \frac{1}{1+10\% \times 2} = 1\ 000(元)$$

2. 复利终值和现值的计算

所谓复利即本能生利,利息在下期转做本金并与原来的本金一起计算利息,如此随着计息期数不断下推,即通常所说的"利滚利"。

1) 复利终值

复利终值,即在"利滚利"基础上计算的现在的一笔收付款项在未来的本利之和。现在的1元钱,若年利率为10%,从第1年到第3年,各年年末的终值可计算如下。

$$1 元 2 年后的终值 = 1 \times (1+10\%)^2 = 1.21(元)$$

因此,可推算出复利终值的一般计算公式如下。

$$F = P \times (1+i)^n \tag{2-3}$$

即

$$F = P \times (F/P, i, n)$$

式中,P 为现值,即第1年年初的价值;F 为终值,即第 n 年年末的价值;i 为利率;n 为计息期数,$(1+i)^n$ 称为复利终值系数(future value interest factor),用符号 $(F/P, i, n)$ 表示。当计息期数较多时,为简化计算,在 i 和 n 已知的情况下,可通过查复利终值系数表求得。这样复利终值即为复利现值与复利终值系数的乘积。

【例2-3】 某人将1 000元存入银行,年利率为2%,经过4年时间的期终金额是多少?

$$F = P \times (F/P, i, n) = 1\ 000 \times (F/P, 2\%, 4) = 1\ 000 \times 1.082\ 4 = 1\ 082.4(元)$$

【例2-4】 某公司拟投资100万元于一个项目,预期投资报酬率为10%,要多少年以后才能使现有货币增加5倍?

$$F = P \times (F/P, i, n)$$
$$5\ 000\ 000 = 1\ 000\ 000 \times (F/P, 10\%, n)$$
$$(F/P, 10\%, n) = 5$$

查"复利终值系数表"(本书附表一)可知,$n \approx 17$ 年。

阅读资料 2-1:购买阿拉斯加是不是一个错误

2)复利现值

复利现值,是将未来发生的一笔收付款项折成现在的价值。具体地说,就是将未来的一笔收付款项按适当的贴现率进行折现,然后计算出现在的价值。

若年利率为 10%,从第 1 年到第 3 年,各年年末的 1 元钱,其现在的价值计算如下。

$$1 \text{ 年后 } 1 \text{ 元的现值} = \frac{1}{1+10\%} = \frac{1}{1.1} \approx 0.909(\text{元})$$

$$2 \text{ 年后 } 1 \text{ 元的现值} = \frac{1}{(1+10\%)^2} = \frac{1}{1.21} \approx 0.826(\text{元})$$

$$3 \text{ 年后 } 1 \text{ 元的现值} = \frac{1}{(1+10\%)^3} = \frac{1}{1.331} \approx 0.751(\text{元})$$

因此,可推算出复利现值的一般计算公式如下。

$$P = F \times \frac{1}{(1+i)^n} \tag{2-4}$$

式中,字母含义同上,其中 $\frac{1}{(1+i)^n}$ 通常称为复利现值系数(present value interest factor),用符号 $(P/F, i, n)$ 表示,在实际应用中,其数值可以按不同利率和时期编制复利现值系数表。以上两个公式可分别改写为

$$F = P \times (F/P, i, n) \tag{2-5}$$

$$P = F \times (P/F, i, n) \tag{2-6}$$

【例 2-5】 在年利率为 8% 的情况下,若想在第 5 年年末取得 50 000 元,则现在要存入多少?

$$P = F \times (P/F, i, n) = 50\ 000 \times (P/F, 8\%, 5) = 50\ 000 \times 0.618 = 34\ 050(\text{元})$$

阅读资料 2-2:复利的威力

28

3. 年金终值和现值的计算

前面介绍了一次性收付款项的时间价值,在现实生活中还存在一定时期内多次收付款项,而且每次收付的金额相等,这样的系列收付款项称为年金。年金(annuity)是在某一段时间内,以相同的时间间隔连续发生的一系列相等金额的收付款项。例如,商品房和汽车的分期付款,一般是一个月支付一次等额款项;有的商业保险是一年支付一次等额保

险金。

按每次支付时点的不同,年金可分为后付年金、先付年金、递延年金和永续年金。

知识链接 2-1:统一公债

本部分内容为拓展知识,读者可自行扫码阅读。

1) 后付年金(ordinary annuity)

后付年金又称普通年金,是指从第一期起,在一定时期内每期期末等额发生的系列支付款项。如图 2-1 所示,横线代表时间延续,用数字标出各期的顺序号,竖线的位置表示支付的时刻,下端数字表示支付的金额。假设 $i=10\%$ 表示利率为 10%。

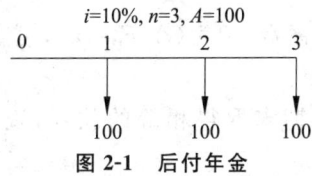

图 2-1 后付年金

后付年金终值是指后付年金最后一次支付时的本利之和,它是 n 次支付的复利终值之和,如图 2-2 所示。

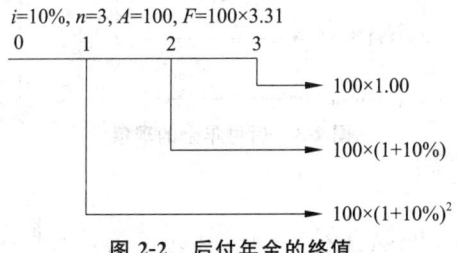

图 2-2 后付年金的终值

如图 2-2 所示,这三次等额资金的终值之和,即为后付年金终值。用公式表示为
$$F=A(1+i)^0+A(1+i)^1+A(1+i)^2+\cdots+A(1+i)^{n-1}$$
整理上式得到
$$F=\frac{A[1-(1+i)^n]}{1-(1+i)}=A\frac{(1+i)^n-1}{i} \tag{2-7}$$
式中,$1-(1+i)$ 称为年金终值系数,记为 $(F/A,i,n)$,可直接查阅"年金终值系数表"(本书附表三)求得有关数值。上式也可写作
$$F=A(F/A,i,n) \tag{2-8}$$

【例 2-6】 每年年末向银行存入 10 000 元,存期 3 年,年利率为 5%,3 年后到期本利和为多少?
$$F=A\times(F/A,i,n)=10\,000\times(F/A,5\%,3)=10\,000\times3.152\,5=31\,525(元)$$

【例 2-7】 拟在 3 年后还清 100 000 元债务,从现在起每年向银行存入一笔等额款项,银行利率为 8%,问每年需存入多少钱?

$$F = A \times (F/A, i, n)$$
$$100\ 000 = A \times (F/A, 8\%, 3)$$
$$100\ 000 = A \times 3.246\ 4$$
$$A \approx 30\ 803.4 (元)$$

偿债基金是指为了在未来某一时点清偿某笔债务或积聚一定数额的资金而必须分次、等额保留的准备金。

由于每次形成的等额准备金类似年金存款,因而同样可以获得按复利计算的利息,所以债务实际上等于年金终值,每年提取的偿债基金等于年金 A。也就是说,偿债基金的计算实际上是年金终值的逆运算。其计算公式如下。

$$A = F \frac{i}{(1+i)^n - 1} \tag{2-9}$$

式中,$(1+i)^n - 1$ 称为偿债基金系数,记为 $(A/F, i, n)$,可直接查阅"偿债基金系数表"或通过年金终值系数倒数推算出来。

后付年金现值是指在每期期末取得相等的款项,现在需要投入的金额,如图 2-3 所示。

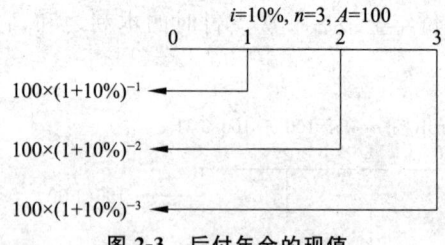

图 2-3 后付年金的现值

计算公式为

$$P = A(1+i)^{-1} + A(1+i)^{-2} + \cdots + A(1+i)^{-(n-1)} + A(1+i)^{-n}$$

上式整理可得

$$P = A \frac{1 - (1+i)^{-n}}{i} \tag{2-10}$$

式中,i 称为年金现值系数,记为 $(P/A, i, n)$,可通过直接查阅"年金现值系数表"(本书附表四)求得。可以写作

$$P = A(P/A, i, n) \tag{2-11}$$

【例 2-8】 年利率为 8%,想在未来 5 年中每年年末能获得 2 000 元,现在要向银行存入多少金额?

$$P = A \times (P/A, i, n) = 2\ 000 \times (P/A, 8\%, 5) = 2\ 000 \times 3.992\ 7 = 7\ 985.4 (元)$$

【例 2-9】 某生产线的市价为 120 000 元,可使用 5 年。假定使用期满后无残值,如采取租赁方式取得,每年年末要支付租金 30 000 元,租期为 5 年,市场资金的利率为 8%,问是投资购买还是租赁为宜?

租金的计算满足后付年金形式,则

$$P=A\times(P/A,i,n)=30\ 000\times(P/A,8\%,5)=30\ 000\times3.993=119\ 790(元)$$

由于 119 790 元<120 000 元,因此,租赁为宜。

资金回收额是指在一定时期内分期回收一笔利率固定的款项,每一期应收回的等量金额。资本回收额的计算是年金现值的逆运算,其计算公式如下。

$$A=P\frac{i}{1-(1+i)^{-n}} \tag{2-12}$$

式中,$1-(1+i)^{-n}$称为资本回收系数,记为$(A/P,i,n)$,可直接利用年金现值系数的倒数求得。

2)先付年金(annuity due)

先付年金是指在一定时期内每期期初发生的一系列相等的收付款项,也称为预付年金或即付年金,如图 2-4 所示。先付年金与后付年金并无实质性的差别,两者仅存在收付款时间的不同。通过对后付年金的计算公式进行简单的调整,即可得出先付年金的计算公式。

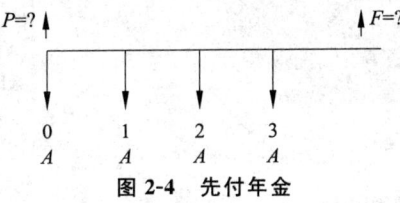

图 2-4 先付年金

先付年金终值是各期先付年金的复利终值之和。若用 F 表示先付年金终值,其计算公式为

$$F=A\frac{(1+i)^n-1}{i}(1+i)=A\left[\frac{(1+i)^{n+1}-1}{i}-1\right] \tag{2-13}$$

式中,$\frac{(1+i)^{n+1}-1}{i}-1$为先付年金终值系数,它是在后付年金终值系数的基础上,期数加1、系数值减 1 所得的结果。通常记为$[(F/A,i,n+1)-1]$。通过查阅"年金终值系数表"得到$(n+1)$期的值,然后减去 1 便可得到对应的预付年金系数的值。这时可用如下公式计算预付年金的终值:

$$F=A[(F/A,i,n+1)-1] \tag{2-14}$$

【例 2-10】 每年年初向银行存入 5 000 元,连续存入 5 年,年利率为 5%,则 5 年到期时本利和是多少?

$$\begin{aligned}F&=A\times[(F/A,i,n+1)-1]=5\ 000\times[(F/A,5\%,5+1)-1]\\&=5\ 000\times[6.801\ 9-1]=29\ 009.5(元)\end{aligned}$$

先付年金现值与后付年金现值的计算较为相似,但由于其付款时间不同,n 期先付年金现值比 n 期后付年金现值少折现一期。因此,在 n 期后付年金现值的基础上乘以$(1+i)$,便可求出 n 期先付年金的现值。若用 P 表示先付年金现值,其计算公式为

$$P=A\frac{1-(1+i)^{-n}}{i}(1+i)=A\left[\frac{1-(1+i)^{-(n-1)}}{i}+1\right] \tag{2-15}$$

式中，$\dfrac{1-(1+i)^{-(n-1)}}{i}+1$ 为先付年金现值系数，它是在后付年金现值系数的基础上，期数减 1、系数增加 1 所得的结果，通常记为 $[(P/A,i,n-1)+1]$。

查阅"后付年金现值系数表"，得到 $(n-1)$ 期的值，然后加 1，便可得出对应的先付年金现值系数的值。其计算公式如下。

$$P=A[(P/A,i,n-1)+1] \tag{2-16}$$

【例 2-11】 某商品房价款总计为 108 万元，银行同意向客户提供 7 成 20 年的按揭贷款，即客户在首次支付总房价款的 30% 之后，其余部分向银行贷款，贷款本息分 20 年，且每年等额向银行偿付。问：在利率为 6% 的情况下，该客户应在每年年初向银行支付多少款项？

$$P=A\times[(P/A,i,n-1)+1]$$
$$108\times(1-30\%)=A\times[(P/A,6\%,20-1)+1]$$
$$75.6=A\times(11.158\ 1+1)$$
$$A=62\ 180.26(元)$$

阅读资料 2-3：浮动年金，好事还是坏事

本部分内容为拓展知识，读者可自行扫码阅读。

3）递延年金（deferred annuity）

递延年金也称延期年金，是指第一次收付款发生时间与第一期无关，而是间隔若干期后才发生系列等额的收付款项。它是普通年金的特殊形式，凡不是从第一期开始的年金都是递延年金。未到支付期的保险金和退休金等都是递延年金的例子。对于递延年金，在前 m 期内没有发生现金流，称为递延期；后 n 期内发生等额的现金流，称为收付期，如图 2-5 所示。

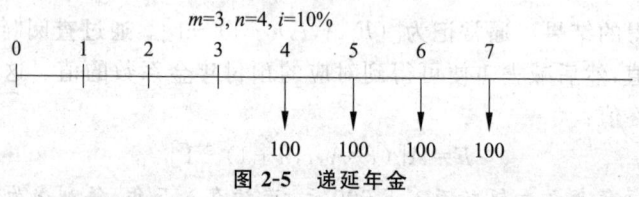

图 2-5 递延年金

递延年金的终值大小与递延期无关，其计算方法与后附年金终值相同。递延年金的现值有两种计算方法。

（1）把递延年金视为 n 期普通年金，求出递延期末的残值，然后将此现值调整到第一期期初。

【例 2-12】 $m=3,n=5,i=10\%$，求递延年金现值。

$$P=A\times(P/A,i,n)\times(P/F,i,m)$$
$$=100\times(P/A,10\%,5)\times(P/F,10\%,3)$$

$$=100 \times 3.790\ 8 \times 0.751\ 3$$
$$=284.8(\vec{\pi})$$

（2）假设递延期中也进行支付，先求出$(m+n)$期的年金现值，然后，扣除实际并未支付的递延期(m)的年金现值，即求出最终结果。

$$P = A \times (P/A, i, m+n) - A \times (P/A, i, m)$$
$$= A \times [(P/A, i, m+n) - (P/A, i, m)]$$
$$= 100 \times [(P/A, 10\%, 8) - (P/A, 10\%, 3)]$$
$$= 100 \times (5.334\ 9 - 2.486\ 9)$$
$$= 284.8(\vec{\pi})$$

4）永续年金（perpetual annuity）

永续年金是指无限期定额支付的年金。现实中的优先股股利、部分债券的利息就是永续年金形式。

由于永续年金的年金收付期是无限的，因此永续年金没有年金终值，但可以对n期后付年金现值公式求极限求得永续年金的现值，计算公式为

$$P = A \times \lim_{n \to \infty} \frac{1-(1+i)^{-n}}{i} = \frac{A}{i} \tag{2-17}$$

即永续年金现值等于年金除以每期利率。

【例2-13】 美洲公司想给学校创立一个永久性的爱心基金，希望每年能从该基金中拿出30万元用于经济困难学生的生活补助。考虑到基金资金的安全性，基金管理人计划将基金用于购买近乎无风险的国债，将其产生的利息收入用于学生的补助。假设1年期的国债平均利率为3%，那么，该企业要向学校捐赠多少款项才能创建该爱心基金呢？

$$P_A = A \times \frac{1}{i} = 30 \times \frac{1}{3\%} = 1\ 000(\text{万元})$$

阅读资料2-4：诺贝尔奖奖金

本部分内容为拓展知识，读者可自行扫码阅读。

4. 复利与年金计算的混合应用

本部分内容为拓展知识，读者可自行扫码阅读。

阅读资料 2-5：诚信借贷：贷款的真实成本是多少？	本部分内容为拓展知识，读者可自行扫码阅读。

5. 计息期的确定

本部分内容为拓展知识，读者可自行扫码阅读。

6. 利息率和贴现率

本部分内容为拓展知识，读者可自行扫码阅读。

7. 均衡利率

本部分内容为拓展知识，读者可自行扫码阅读。

8. 利率的期限结构理论

本部分内容为拓展知识，读者可自行扫码阅读。

2.2 风险与收益

上节所述的资金时间价值的计算方法,都是在没有风险和通货膨胀条件下采用的方法。但是在市场经济条件下,公司的财务活动几乎都是在风险和不确定情况下进行的。风险对公司实现财务管理目标有着重要的影响,如果忽视了风险因素,就无法正确评价公司收益水平的高低。风险价值原理正确解释了风险与收益之间的关系,是公司进行投资、融资决策的基本依据。

2.2.1 风险的含义及类别

1. 风险的含义

风险大致有两种定义:一种定义强调风险表现为不确定性;另一种定义则强调风险表现为损失的不确定性。若风险表现为不确定性,说明风险只能表现出损失,没有从风险中获利的可能性,属于狭义风险。而风险表现为损失的不确定性,则说明风险可能带来损失、获利或是无损失也无获利,属于广义风险,金融风险属于此类。风险和收益成正比。所以,积极性进取的投资者偏向于高风险,是为了获得更高的利润,而稳健型的投资者则着重于安全性的考虑。

关于"风险"一词的由来,最为普遍的一种说法是,远古时期,以打鱼捕捞为生的渔民们在每次出海前都要祈祷,祈求神灵保佑自己能够平安归来,其中主要的祈祷内容就是让神灵保佑自己在出海时能够风平浪静、满载而归。他们在长期的捕捞实践中,深深地体会到"风"给他们带来的无法预测、无法确定的危险。"风"即意味着"险",因此有了"风险"一词的由来。而另一种据说经过多位学者论证的"风险"一词的"源出说"称,风险(risk)一词是舶来品,有人认为来自阿拉伯语,有人认为来源于西班牙语或拉丁语,比较权威的说法是来源于意大利语的 risque 一词。在早期的运用中,这个词也是被理解为客观的危险,体现为自然现象或者航海遇到礁石、风暴等事件。大约到了 19 世纪,在英文的使用中,"风险"一词常常用法文拼写,主要是用于与保险有关的事情上。

无论如何定义"风险"一词的由来,但其基本的核心含义是"未来结果的不确定性或损失",也有人进一步定义为"个人和群体在未来遇到伤害的可能性以及对这种可能性的判断与认知"。如果借助智慧的认知、理性的判断,采取及时而有效的防范措施,使破坏或损失的概率不会出现,那么风险也可能带来机会。由此,风险的意义得到进一步延伸,不仅仅是规避了风险,还可能会带来比例不等的收益——有时风险越大,机会越大,回报越高。因此,如何判断风险、选择风险、规避风险、运用风险,在风险中寻求机会、创造收益,其意义更加深远而重大。

2. 风险的特征

(1) 风险存在的客观性。无论你是否意识到风险,风险都是客观存在的。只要你做出决策,就必须承担相应的风险。这是因为,人们对经济变量未来变动趋势的预期,是借助于一定的计算方法,根据所掌握的过去和现在的信息所作出的,是对经济变量未来变动结果的一种估计。既然是估计,就不会与现实完全吻合。所以,主观预期与客观现实必然有偏离,即风险具有客观性。

(2)风险发生的不确定性。风险虽然是客观存在的,但就某一风险而言,它的发生却是不确定的,是一种随机现象。在其发生之前,人们无法准确预测风险何时发生以及其发生的后果。这是因为,任一风险的发生,必是诸多风险因素和其他因素共同作用的结果。由于决策者受到所掌握信息的充分性、准确性、及时性和有效性等的约束,所以不能对每一因素的出现都做出与事实相符的判断,这便导致风险的发生存在不确定性。

(3)风险大小的相对性。同一事件在不同的决策者身上发生的概率及其影响程度是不同的。某一风险对于有的决策者来说是大风险,而对于其他决策者来说可能是小风险,即风险的大小是相对而言的。不同的决策者在对同一经济变量的变动趋势进行预测时,由于他们对经济变量的控制能力以及对可能损失的承受能力是不同的,从而导致了预测结果的准确性有所差异。所以,有的决策者敢冒风险,有的决策者不敢冒风险。

(4)风险的可变性。风险的可变性是指在一定条件下风险可转化的特性。随着科学技术的进步和社会的发展,经济主体预测技术和方法不断得到完善,对风险的预测日趋精确,这无疑会在一定的空间和时间范围内消除一定的风险。然而,任何一项新活动的开始,无论是政治还是经济、技术,又都会带来新的风险。因此,就整体而言,无论是"天灾"还是"人祸",都使得风险处于不断的变化之中,即出现了现存风险被控制、减弱以及新风险不断出现的共融局面。

3. 风险的类别

按风险的影响范围,风险分为系统风险和非系统风险两大类别。

(1)系统风险。系统风险是指那些影响全部公司的因素所引起的风险。如战争、经济衰退、通货膨胀等外部经济、政治环境发生的变动,对绝大多数资产都会有影响。例如,各种股票处于同一经济系统之中,它们的价格变动有趋同性,多数股票的报酬率在一定程度上正相关,即:经济繁荣时多数股票的价格都上涨,经济衰退时多数股票价格都下跌。尽管各股票的涨跌幅度有区别,但大多数股票的变动方向是一致的。所以,即便投资多样化,即使购买全部股票的市场组合,也不可能消除全部风险。由于系统风险是影响整个市场的风险,所以也称"市场风险";又由于系统风险没有有效的消除方法,所以也称为"不可分散风险"。

具体而言,系统风险可分为利率风险、再投资风险和购买力风险。利率风险是由于市场利率上升而使资产价格普遍下跌的可能性;再投资风险是由于市场利率下降而造成的无法通过投资实现预期收益的可能性;购买力风险是由于通货膨胀使货币购买力下降而造成的真实报酬下降的可能性。

(2)非系统风险。非系统性风险是指发生于个别行业或公司的特有事件所造成的风险。例如,一家公司的工人罢工、新产品开发失败、失去重要的销售合同、诉讼失败、宣告发现新矿藏、取得一个重要合同等。这类事件是非预期的、随机发生的,它只影响一个或少数公司,不会对整个市场产生太大影响。这种风险可以通过多样化投资来分散,即发生于一家公司的不利事件可以被其他公司的有利事件所抵消。非系统性风险可以通过投资多样化举措分散掉,因此被称为"可分散风险"。

从公司自身角度,可将公司风险分为经营风险和财务风险。

(1)经营风险是指因生产经营方面的原因给公司赢利带来的不确定性。公司生产经营的许多方面都会受到来自公司外部和内部的诸多因素的影响,其经营结果具有很大的不确定性。经营风险包括:①市场风险。市场需求、市场价格等不确定因素造成的,尤其是竞争带来的供、产、销情况不稳定的风险。②成本风险。原料供应和价格、工人和机器的生产率、工人的工资和奖金等不确定因素造成成本上升、利润下降的风险。③技术风险。由技术进步带来的产品淘汰、资产贬值等产生的风险。④其他风险。

(2)财务风险是指由于举债而给公司财务成果带来的不确定性。它主要体现在两个方面。①对公司赢利能力的影响。当公司资产报酬率大于借入资本成本率时,公司的负债经营能给公司带来正的效益;反之,则会给公司带来负的效益。②对公司偿债能力(即:还本付息能力)的影响。由于借入资金需要还本付息,公司一旦无力偿付到期债务,便会陷入财务困境甚至破产。例如,A公司现有权益资本20亿元,当公司经营年景好时可产生盈利3亿元,权益资本报酬率(又叫股东权益资本报酬率,是指税后盈利/权益成本,权益报酬率是用来衡量普通股的赢利能力的重要指标之一)达到15%;公司经营年景差时将亏损2亿元,权益资本报酬率变为−10%。假定公司估计明年经营年景好,资本报酬率〔即税后盈利与资本总额的比率,也叫净收入比率,是公司资本总额中平均每百元所能获得的纯利润,即税后盈利/(权益成本+债务成本)〕能够保持15%的水平,现准备再借入债务资本20亿元(利息率10%),预期盈利6亿元(15%×40亿元),付息后剩余盈利4亿元,权益资本报酬率将上升为20%,提高了股东的权益资本报酬率。但是,如果借款后遇上的是坏年景,公司付息前将亏损4亿元(−10%×40亿元),付息2亿元后损失6亿元,股东权益资本报酬率将会是−30%,这就是负债经营的风险所在。如果公司不负债经营,全部使用股东的资本,那么该公司就没有财务风险,只有经营风险。

本部分内容为拓展知识,读者可自行扫码阅读。

阅读资料2-6:欧债危机及其对中国经济的影响

2.2.2 风险应对

公司应当根据风险分析的结果,结合风险承受度,权衡风险与收益,确定风险应对策略。而且应当合理分析和准确掌握董事、经理及其他高级管理人员、关键岗位员工的风险偏好,采取适当的控制措施,避免因个人风险偏好给企业经营带来重大损失。公司可以综合运用风险规避、风险降低、风险分担和风险承受等风险应对策略,实现对风险的有效控制。

（1）风险规避。风险规避是公司对超出风险承受度的风险，通过放弃或者停止与该风险相关的业务活动，来避免或减轻损失。

（2）风险降低。风险降低是公司在权衡成本、效益之后，准备采取适当的控制措施，降低风险或者减轻损失，将风险控制在风险承受度之内。

（3）风险分担。风险分担是公司准备借助他人力量，采取业务分包、购买保险等方式和适当的控制措施，将风险控制在风险承受度之内。

（4）风险承受。风险承受是公司对风险承受度之内的风险，在权衡成本与效益之后，不准备采取降低风险或者减轻损失的控制措施。

公司应当结合自身的发展阶段和业务拓展情况，持续收集与风险变化相关的信息，进行风险识别和风险分析，及时调整风险应对策略。

2.2.3 风险的衡量

风险是一个令人费解的概念，当人们试图去定义并衡量它时，常常会引起许多争论。然而，有一种方法已被大家普遍接受而且可以达到目的，那就是利用标准差和变异系数来衡量风险。

1. 标准差

要理解标准差，要先了解期望值这个概念。期望值是指各种可能的结果与其相应概率的加权平均数。期望值可用公式表示为

$$E = \sum P_i K_i \tag{2-18}$$

式中，P_i 表示第 i 种可能结果出现的概率；K_i 表示第 i 种可能结果。

下面举例说明标准差的计算过程。

【例 2-14】 A 公司和 B 公司投资收益率及其相应的概率如表 2-1 所示。

表 2-1 投资收益率及其概率

经济情况	发生概率	收益率	
		A 公司	B 公司
繁荣	0.3	100%	20%
正常	0.4	15%	15%
衰退	0.3	−70%	10%

（1）计算收益率的期望值。

$$E_A = 0.3 \times 100\% + 0.4 \times 15\% + 0.3 \times (-70\%) = 15\%$$
$$E_B = 0.3 \times 20\% + 0.4 \times 15\% + 0.3 \times (10\%) = 15\%$$

（2）计算离差。

$$d^2 = \sum (K_i - E)^2 P_i$$

根据上述公式，A 公司的离差计算过程如表 2-2 所示。

表 2-2　离差计算过程表

$K_i - E_A$	$(K_i - E_A)^2$	$(K_i - E_A)^2 P_i$
$100 - 15 = 85$	7 225	$7\ 225 \times 0.3 = 2\ 167.5$
$15 - 15 = 0$	0	0
$-70 - 15 = -85$	7 225	$7\ 225 \times 0.3 = 2\ 167.5$
合计		4 335

同理，B 公司的离差 $d^2 = 15$。

（3）计算标准差。

$$d = \sqrt{\sum (K_i - E)^2 P_i}$$

A 公司的标准差为 65.84%；B 公司的标准差为 3.87%。可见，A 公司的风险比 B 公司的风险大。

2. 变异系数

由于标准差受可能结果的数额影响，如果概率分布相同，可能结果的数额越大，标准差就越大，因而不利于不同规模项目之间的风险比较。为了解决这个问题，引入变异系数这个概念。变异系数是标准差与期望值的比值。

仍以上面例题资料为例，变异系数计算如下。

$$A\ 公司变异系数 = \frac{65.84\%}{15\%} \approx 4.389$$

$$B\ 公司变异系数 = \frac{3.87\%}{15\%} \approx 0.258$$

一般来说，投资者都会尽量规避风险。在一个由规避风险的投资者支配的市场中，风险越大，投资者所要求的收益率就越高。若这种情况无法维持，投资者会在市场中采取措施，使其发生。例如，A 公司和 B 公司的股票价格都是 100 元，收益率都是 15%，而 A 公司的风险大于 B 公司的风险。这时，出于规避风险的考量，投资者往往喜欢购买 B 公司的股票。这便导致 B 公司的股票价格上升，收益率下降；而 A 公司的股票价格下跌，收益率上升。两者收益率的差异就是风险溢价。

2.2.4　风险与报酬的关系

一般来说，公司理财中各项决策都应尽可能规避风险，以减少损失。但是，企业同样会接受一些风险较大的投资项目，其原因在于风险大的项目可能带来较大损失，也可能带来较大的投资报酬。因冒风险进行投资而获得的超过资金时间价值的那部分额外报酬，通常称为投资的风险报酬或风险价值。

在不考虑通货膨胀的情况下，投资报酬率包括两部分：①资金的时间价值，即无风险投资报酬率；②风险价值，即风险投资报酬率。其关系式如下。

投资报酬率＝无风险投资报酬率＋风险投资报酬率

投资者在考虑投资项目时,心中已对投资报酬率有一定要求:如果所要投资项目的预期盈利水平低于投资者要求的报酬率,那么投资者一般不会对这个项目进行投资。但是,较高报酬率的投资,其风险也大,风险与报酬之间存在着正比的关系。如果将公司进行投资要求的报酬率简称为必要报酬率,那么这个必要报酬率会随着投资风险的增大而提高。

在市场经济条件下,市场竞争的最终结果是:高风险的投资项目必然有高报酬,否则就没有投资者去投资;而低报酬的投资项目必然风险低,否则也会没有投资者去投资。因此,风险与报酬的关系是,风险越高,投资者要求的报酬率也越高;风险越小,投资者要求的报酬率也越小。也可以说,高风险意味着高的风险报酬,低风险意味着低的风险报酬,无风险则没有风险报酬。

知识训练

一、判断题

1. 货币时间价值所代表的是没有投资风险和通货膨胀因素的投资报酬率。 (　　)
2. 递延年金终值的大小与递延期无关,计算方法和普通年金终值的计算方法相同。
   (　　)
3. 永续年金可以视为期限趋于无穷的普通年金。 (　　)
4. 风险总是和收益对等。风险越大,期望的收益率越高。 (　　)
5. 凡在一定时期内每期都有收款或付款的现金流量,均属于年金问题。 (　　)

二、计算题

1. 某人购买了 100 万元的房屋,首付 20%,剩余款项从当年开始每年年末等额支付,分 10 年付清。若银行贷款的年利率为 6%,那么此人每年年末应付贷款的金额是多少?
2. 企业有一笔 6 年后到期的长期借款为 100 万元,年利率 8%。
   (1) 如每年年末偿还,每期应偿还多少?
   (2) 如每年年初偿还,每期应偿还多少?
3. 四方公司 2017 年年初对乙设备的投资额为 100 万元,项目于 2019 年年初完工投产。2019 年、2020 年、2021 年每年年末的现金流入量分别为 50 万元、40 万元和 30 万元,年复利率为 6%。按复利计算投资额在 2018 年年末的终值和各年现金流入量在 2019 年年初的现值,并论证该投资方案的可行性。
4. 林敏在 2017 年年初存入一笔现金,从 2019 年年末起,每年取出 3 000 元,至 2021 年年末全部取完,银行存款的年利率为 9%。问:林敏 2017 年年初一次性存入银行的款项是多少?
5. 发达公司准备购买一台生产设备,购置成本 150 000 元,预计可以使用 8 年,估计该设备每年可以为企业增加收益 30 000 元。假定年利率为 8%,计算并分析此设备是否值得购买。

能力训练

1. 案例资料

林氏公司是浙江省某市一家设立2年的中小型民营机械加工企业，主要为一些国内大型机械制造企业配套加工机械零部件。由于公司创始人兼总经理林深（简称"林总"）从事过多年的机械零部件销售工作，在业内具有非常广泛的人脉关系，再加上公司内部对产品质量把关严格，能根据客户的要求及时供货，因此公司在很短的时间内同众多的大型机械制造企业建立了稳固的供求关系，很快走上了良性的发展轨道。

林总是一个吃苦耐劳、勤于动脑、善于思考的人，虽然学历不高，但有很强的求知欲。在公司初创期，林总里外兼顾，十分繁忙，没有时间系统地学习企业管理的相关知识。随着公司日益走上正轨，林总逐渐摆脱了一部分事务性工作，挤出时间自学企业管理知识，尤其是财务方面的知识。最近，林总在学习"财务管理学"中有关资金时间价值方面的内容。为了巩固所学的知识，他想找几个与资金时间价值相关的问题与公司财务人员探讨一下。考虑到财务人员在月末和月初的时候工作较忙，林总特意选了月中一个周五的下午，召集4名财务人员开了一个小型会议，讨论他预先设想好的几个问题。

（1）公司在4年后将有一笔贷款到期，需一次性偿还2 000万元。为此，公司拟设置偿债基金，银行的存款年利率为6%。

（2）有一个老客户希望公司为其生产一种新的零件，该客户在预计未来几年将会有持续的采购需求。而且，该零件为通用产品，没有专利保护，可以同时向其他采购商供货。因此，公司有意向上马这个新的产品项目。问题是，该项目需要一次性投入资金1 000万元，用于生产线的改造和加工设备的更新与添置。公司目前的投资收益率水平为15%，拟上马项目的建设期为1个月，可实现当年投产、当年见效益，产品生命周期预计为10年。

（3）公司在初创期资金紧张，选用的部分生产设备为二手设备，尽管目前使用没有问题，但预计未来的设备维修费用会很高。因此，公司决定有计划地更新设备，而且根据公司财力，尽量购买同类设备中的最新型号，以先进的设备来进一步提高生产效率。最近，公司拟购买一台新型号的机床，以更新目前在使用的一台老型号的旧机床。老型号的机床目前仍在销售，并且比新型号机床的价格低40 000元；但是，如使用新型号的机床，每年可节约能源费用10 000元。

（4）林总最后要讨论的是一个关于个人理财方面的问题。林总有一个女儿，目前在本市一所省级重点中学上高中一年级，学习成绩一直在全年级名列前茅，如果3年后能够顺利考上北上广的大学，届时需要一笔学费和生活费，预计总额为6万元。林总想按目前存款年利率4%为计算基础，给女儿预先存上一笔钱，以备上大学之需。

2. 案例分析要求

（1）根据第一个问题的资料，计算公司每年年末应存入偿债基金的数额。

（2）根据第二个问题的资料，公司上马该产品项目之后平均每年至少要创造多少收益？

（3）根据第三个问题的资料，当公司要达到的必要收益率为 10% 时，新型号机床至少应使用多少年，才对企业有利？

（4）根据第四个问题的资料，假设该新型号机床最多能使用 5 年，则必要收益率应达到多少时，对企业而言才有利？

（5）根据第五个问题的资料，计算单利现值，按复利计息计算复利现值。

3．问题探讨

（1）为解决偿债基金和资本回收的问题，通常用到何种系数表？

（2）在已知年金现值、终值和贴现率（或收益率）的情况下计算期限，或者在已知年金现值、终值和期限的情况下计算贴现率（或收益率），这两者都是复杂的计算过程，试总结一下经验或规律。

（3）如何理解"时间价值和风险报酬是现代企业财务管理的两大基本观念"？

第 2 篇

财务管理

第3章 财务预测与计划

 学习目标

1. 知识目标

了解财务预测概念；明确财务预测的方法；掌握财务预算的内容。

2. 能力目标

认识公司主要财务预算业务；熟悉公司财务预测对公司的影响。

引导案例

随着云计算、移动互联网、移动终端、数据感应器、物联网等技术的高速发展，人类已进入一个崭新的时代——大数据时代。从电子商务、社交网络到移动通信，从教育、公共服务、商业到政府等，正爆炸式产生结构化与非结构化的"海量"数据。据统计，2013年全球产生的数据达到3.5ZB，到2020年产生的数量达到60ZB。"海量"的数据蕴含巨大的科学价值、经济价值和社会价值，人类对大数据的挖掘与应用，将改变市场结构、商业模式、组织结构以及人类生活方式，使社会各个领域发生颠覆性变革。

财务预测是企业财务管理循环中重要的一环，是企业进行财务决策的基础，也是制定财务预算和计划的依据。大数据时代的到来，使财务预测的基础、模式、方法正经历深刻的变革。通过收集企业经营活动相关的财务数据和非财务数据以及与之相关的其他来源的海量数据，并对这些数据进行分析与挖掘，可以发现影响企业经营的关键因素，准确地把握企业的经营现状，为提高企业运营效率、提升企业价值和开拓企业新业务提供参考与导向。而且，从这些数据中可以获取新的洞察力，预测企业经营的未来趋势，并制定适应企业未来发展规划的财务战略，更全面地推进科学财务决策。财务数据是财务预测的基础，是财务预测方法的选择及结果的精准程度的保障。近年来，随着大数据时代的到来，财务数据的内涵发生了深刻变化，主要表现在以下几个方面。

（1）财务数据的规模发生了重大变化。IDC的研究报告称，全球每年产生的数据总量为2.7ZB～3.5ZB，未来10年全球大数据将增加50倍，使得全球数据量呈现出前所未有的爆发式增长态势。企业在经营的过程中，通过物联网、互联网、ERP系统、电子交易平台、销售点的数据收集技术（条形码扫描仪、射频识别、智能卡技术）、收银台客户记录、电子商务网站的日志、电子购物中心顾客服务技术，收集大规模的海量数据。这些数据是传统财务数据的几十倍甚至更多，可以在大数据分析技术的支持下成为财务预测的依据。

例如,淘宝网围绕着买卖双方的交易、搜索、浏览、评价等活动,每天活跃着超过50TB的数据量;针对用户,提供免费数据魔方、量子恒道、超级分析、金牌统计、云镜数据等信息,使用户可以获取行业、品牌的市场状况、消费者行为情况等,及时调整营销手段,进而提高销量。

(2) 财务数据的范围更宽泛。在大数据时代,由于数据收集与处理技术发生了质的变化,财务预测所需的数据不仅依赖于结构化的财务数据,更依赖于与企业日常经营活动相关的非财务数据和与企业经营无关的其他数据,因此数据范围更宽泛。这些数据不仅包括企业内部的采购、销售、库存、生产等数据,也包括来自市场的经济数据、行业数据、客户数据、交易数据、供应商数据等,还包括来自政府的法律法规、税收、审计数据以及银行的信用、融资等数据。这些数据可能分布在不同的地域、不同的机构,并且以不同的数据类型存在,数量异常庞大,维度更广,范围更宽。例如,对销售收入的预测,在传统预测中主要是以历史的销售数据及某个单一市场数据作为预测的依据;但在大数据背景下可采用的数据范围更宽,如电子商务平台上的点击率、客户的收货评价、销售终端的付款记录等都可以作为预测的数据基础。这些数据是传统财务决策系统无法收集和处理的,只有借助大数据技术才能实现对这些分布式数据的采集与预处理。

(3) 财务数据更具多样性,价值更巨大,但利用密度低。财务数据多样性不仅表现为财务数据来源多样,如传统财务报表、企业内部控制系统等结构化的数据,电子商务平台、社交网络等非关系型数据库的半结构化数据和非结构化数据,同时也表现为数据类型、语态、语义的多样性,如数据表单、传感数据、文本、日志、音频、视频等。利用密度低主要是指海量数据下蕴含的相关信息、有效信息可能只是其很小一部分,信息"提纯"面广,也就是说需要在海量的数据中去挖掘有限的可用信息。

大数据时代下,由于财务数据基础、财务数据处理技术、财务数据分析技术发生了根本性的变化,财务预测的流程也发生了革命性的变化。财务预测流程主要分为财务数据收集与存储、财务数据处理、财务数据分析与挖掘、财务预测结果可视化。

① 财务数据收集与存储。财务数据收集是按照确定的数据分析内容,收集相关数据的过程,它为数据分析提供了素材和依据。借助互联网、物联网、电子商务交易平台、社会化网络和大数据交易平台,企业可以从企业内部、市场、税务部门、财政部门、会计师事务所、银行和交易所等机构获取各种与财务预测相关的多样化数据,为后续采用大数据技术和方法进行数据处理提供数据支持。

② 财务数据处理。财务数据来源、结构、形态的多样化,决定了这些海量数据的复杂化、混沌化、抽象化及碎片化。面对如此庞大而复杂的数据,传统的数据处理方法已无能为力,而必须利用大数据处理技术对杂乱无章的数据进行加工整理(主要包括数据清洗、数据转化、数据提取、数据计算等处理环节),从中抽取出对预测有价值的数据,进而形成适合数据分析的样式。

③ 财务数据分析与挖掘。财务数据分析与挖掘就是从大量的数据中挖掘出有用的信息,并发现数据的内部关系和规律,为解决问题提供参考。在大数据时代下,面对内涵更深、结构多样复杂、数量庞大的财务数据,数据的分析与挖掘成为财务预测的关键。财务数据分析与挖掘主要对数据实行分类、聚类、关联,进而利用数据的关联性进行预测。

Hadoop、HPCC 和 NoSQL 等大数据分析与挖掘技术的快速发展,为企业进行财务分析与预测带来了全新的分析视角,以日新月异的速度改变着企业的分析能力,并逐步形成财务预测的全新生态系统。在未来,对大数据的分析和挖掘能力将成为企业的核心竞争力之一。

④ 财务预测结果可视化。传统财务预测结果是通过表格和图形等可视化方式来呈现。而面对多维、海量、动态的大数据,传统的方法难以清晰地传递预测结果,这就需要利用大数据的可视化方式进行解释。一般性的可视化方式有:反映复杂社交网络的宇宙星球图、标识对象知名度的标签云、显示集群成员分配的聚类分析可视化技术、反映事物历史变化的历史流图和空间信息流等。通过这些可视化技术,就可以将预测结果以图像、图表、动画等形式表示出来,进而利用其他分析手段发现未知信息。

传统财务预测以结构化数据为基础,以定量或定性化的模型为支撑,以从因到果的逻辑推理得到预测结果,如时间序列预测、回归分析、趋势分析等。但在大数据时代,预测的数据基础已发生了质的变化:主要以非结构化数据为主,因其结构混乱,已无法找到像传统财务预测一样精确化的处理方式。大数据时代下,财务预测方法已发生了深刻的变化。

(4) 大数据时代下以"全部数据"为基础的预测改变了财务预测的基础。传统的财务预测包括定性与定量分析。其中,定量分析主要有时间序列预测法、因果分析预测法,其基础主要是统计分析中的"抽样分析",是基于有限的样本数据来进行论证,是"小数据时代"不可能收集和分析全部数据的情况下的无奈选择。但是,传统的抽样分析存在很大的缺陷和局限——因为抽样分析结果的准确性与样本的数量及样本选择的随机性有关,而实现这种随机性是很难的。

在大数据背景下,财务预测不再依赖抽样的方法,而是依赖全部数据。数据收集、存储、处理技术的变化,云计算、物联网、数据库等技术的发展,为获取足够大的样本数据乃至全体数据提供了技术支撑。Hadoop 等开源技术的发展也为数据的分析与挖掘提供了条件。2009 年,谷歌对流感趋势的预测是基于全部数据分析预测的经典案例。谷歌当时共检索了 5 000 万条词条,处理了 4.5 亿个数据模型,并与美国疾控中心历史实际病例进行比较之后得出结论,其威力至今令人惊叹。

(5) 大数据时代下基于"相关性"的预测,改变了财务预测的方法逻辑。Viktor Mayer-Schonberger 在《大数据时代》中指出,"建立在相关关系分析基础上的预测是大数据的核心"。与"小数据时代"基于因果关系的财务预测不同,大数据时代的财务预测主要通过寻找事物间的相关关系寻找答案。传统财务管理依赖于对因果关系的寻找来分析问题,先通过假设两个变量之间存在某种因果关系,然后进行证明。这种方式是通过揭示其内部的运作机制来进行分析,极大地限制了人们的思维视角。例如,传统销售百分法对资金需求的预测,主要依据是会计科目与销售收入之间的依存关系,利用销售收入增长率来预测财务报表,预测出资金需求。显然,这种分析——无论是科学性还是准确性上——存在着很大的局限性。大数据时代的财务预测不再过度依赖因果关系,而更多的是依赖量化两个变量之间的关联性来分析一个现象。沃尔玛"啤酒与尿布"的故事,就是大数据利用相关关系的著名应用。从表面上看,啤酒与尿布是两个毫不相关的东西,但沃尔玛利用大数据技术发现了其中的规律,并获得巨大的利益。沃尔玛通过对财务大数据的比较、聚类、分类等分析,找出两个或两个以上变量之间的某种规律性,找出数据集里隐藏的相互关系,进而对企业的未来趋势做出判断与预测。这种思维模式的突破,使得大数据背景下的财务预测获得了更大的创新空间。

(6)大数据时代下财务预测结果转向多样化。传统财务预测以结构化数据为基础,依赖统计方法对数据进行处理,利用数学模型进行预测,其结果追求精准性。大数据以非结构化数据为主,数据结构混乱,需要改变传统财务预测的结构化、标准化和精确化的信息处理方式,设计新的且适合大数据特征的数据处理方式。同时,大数据分析以全体或总体为对象,几乎不可能找到合适的统计学或数学模型来描述全体或总体的特征、规律、联系,也很难直接或直观地发现全体或总体的本质、属性、特征、规律、联系。大数据财务预测不再追求精确的结果,而是可能提供更多需要的结果和发现,财务预测结果转向多样化和发现新知识。

资料来源:张高胜.大数据时代财务预测的变革探索[J].商业会计,2016(6).

3.1 财务预测概述

3.1.1 财务预测的概念

财务预测是根据财务活动的历史资料,考虑现实的要求和条件,对未来的财务活动和财务成果做出科学的预计和测算。财务预测的目的是,测算企业投资、筹资各项方案的经济效益,为财务决策提供依据,预计财务收支(现金流量)的发展情况,为编制财务计划服务。

财务预测有广义和狭义之分。广义的财务预测是对企业未来整体财务状况的预测,包括对企业收入、成本、利润的预测,对投资项目所需资金的预测和对如何筹集资金的预测等。狭义的财务预测是估计企业未来的融资需求,即:企业在正常经营活动中以及重大的投资活动中需要多少资金。

3.1.2 财务预测的作用

1. 财务预测是进行经营决策的重要依据

管理的关键在决策,决策的关键是预测。预测可以为企业经营决策提供依据,以助决策者权衡利弊,进行正确选择。例如,公司进行经营决策时,必然要涉及成本费用、收益以及资金需要量等问题,而这些大多需要通过财务预测进行估算。

2. 财务预测是融资计划的前提

企业要对外提供产品和服务,必须要有一定的资产。当企业销售量增加时,就要相应增加现金、应收账款、存货等流动资产,甚至还需增加固定资产。为了取得扩大销售规模所需增加的资产,企业要筹措相应的资金。这些资金中,一部分来自企业获得的利润,另一部分通过负债的方式取得。企业通过借款的方式融资时,需要寻找提供资金的投资者。一般可通过发行公司债券或向银行借款等方式,借助金融工具承诺到期还本付息,以此筹集资金,企业要使投资者相信自己投资的资金是安全的、可以获取利润,而且这个过程往往需要较长时间。因此,企业需要预先知道自己的财务需求,提前安排融资计划;否则,就可能因缺少可使用的现金而发生资金周转问题。

为了做好资金的筹集和使用工作,企业要回看过去的现金流入流出情况,合理预测未来的现金流量,即企业在计划期内有哪些资金流入和流出,流入和流出的时间节点是否一致。企业要做到瞻前顾后,长远规划,预防企业出现现金流断流等现象。

3. 财务预测是提高公司管理水平的重要手段

财务预测不仅为科学的财务决策和财务计划提供支持,也有利于培养财务管理人员的超前性、预见性思维,使之居安思危、未雨绸缪。同时,财务预测中涉及大量的科学方法以及现代化的管理手段,这无疑对提高财务管理人员的素质大有裨益。

4. 财务预测有助于提高企业应变能力

预测,顾名思义,是根据过去的、现在的资料预先进行测算。凡涉及预测的活动,都不可能非常准确。从表面上看,不准确的预测只能导致不准确的计划,从而使预测和计划失去意义。其实,并非如此。预测给人们展现了未来可能出现的各种前景,依据多种可能出现的情况制订多种计划。因此,预测可以提高企业对不确定事件的反应能力,从而减少不利事件带来的损失,增加机会收益。

只有科学的财务预测,才能有利于企业合理安排企业材料采购、生产经营、销售所需要的现金流,掌握生产经营的主动权;才能有利于提高计划和决策的科学性,改善企业的经营管理,扩大经营规模,增加企业利润,达到企业利润最大化的目标。因此说,没有科学的预测,就没有科学的决策;正是为了实现财务管理的核心职能——决策,才有必要进行科学的财务预测。

需要指出的是,财务预测的作用大小受到其准确性的影响。准确性越高,作用越大;反之,则越小。影响企业预测准确性的因素有很多,可以分为主观因素和客观因素。主观因素如数理统计分析能力和预测经验等。客观因素主要是指企业所处内外环境的急剧变化,例如,SARS(非典型性肺炎)等突发事件。因此,财务预测工作者要不断提高自己的预测能力,在实践中积累经验,提高预测的准确性。

3.1.3 财务预测的原则

(1) 连续性原则。财务预测必须具有连续性,即必须以过去和现在的财务资料为依据来推断未来的财务状况。

(2) 关键因素原则。财务预测应集中精力于主要项目(如销售、成本),而不必面面俱到,以节约时间和费用。

(3) 客观性原则。财务预测只有建立在客观性的基础上,减少主观因素的影响,才有

48

可能制订出相对准确的财务计划。

（4）科学性原则。进行财务预测时，一方面要使用科学方法（数理统计方法）；另一方面要善于发现预测变量之间的相关性和相似性等规律，进行正确预测。

（5）经济性原则。财务预测涉及成本和收益问题，所以要尽量使用最低的预测成本，达到较为满意的预测质量。

3.1.4　财务预测的程序

（1）明确预测对象和目标。财务预测要明确预测对象、要达到什么样的目标、预测什么内容、有什么样的要求以及确定预测的范围和时间。

（2）制订预测计划。预测计划包括预测工作组织领导、人事安排、工作进度、经费预算等。

（3）收集整理资料。资料收集是预测的基础。资料收集的质量影响预测的质量。公司应根据预测的对象和目的，明确收集资料的内容、方式和途径，然后进行收集。对收集到的资料，要注意其可靠性、广泛性和适用性，分析其可用程度及偶然事件的影响，做到去伪存真、去粗取精，并根据需要对资料进行归类和汇总。

（4）确定预测方法。财务预测工作必须通过一定的科学方法才能完成。预测的不同方法会影响最终的结果。公司应根据预测的目的以及取得信息资料的特点，选择适当的预测方法。预测方法有定性预测法和定量预测法。使用定量方法时，应建立数理统计模型；使用定性方法时，要按照一定的逻辑思维，制定预算的提纲。

（5）数据处理。运用所选择的科学预测方法进行财务预算，例如，运用线性回归分析法对数据进行回归，并得出初步的预算结果。预测结果可用文字、表格或图等形式表示。

（6）评价与修正预测结果。预测是对未来财务活动的设想和推断，而个人认识的局限性难免会出现预测误差。所以，要及时发现误差，要判断这种误差是否在可以接受的范围内，不对企业产生重大的影响；要分析原因，加以改进。若误差较大，就应进行修正或重新预测，以确定最佳预测值。

3.1.5　财务预测的内容

编制公司财务计划时，要综合各种影响因素，通过财务预测，对企业的资产利用和资金需求做出估计。财务预测的内容主要包括资金需要量预测、成本预测、销售预测和利润预测。其中，销售预测是进行财务预测的起点，企业的一切财务需求都可以看作是因市场销售引起的。销售量的增减变化，将会引起库存、现金流量、应收与应付账款以及公司其他资产和负债的变化。因此，销售预测也是企业制订财务计划的基础。影响销售预测目标制定的因素，主要有企业的利润目标、实现企业市场份额的目标以及市场需求变化对销售和利润的影响等。销售预测是一项比较复杂的工作，需要考虑的因素很多，做出准确的预测是非常困难的。因此，销售预测通常利用相关的历史数据进行统计技术分析，并根据企业资产能力和政治经济环境，对未来市场的影响进行估计，使销售预测的结果尽可能贴近客观事实,以达到预测目的。

3.2 财务预测方法

财务预测是根据财务活动的历史资料,结合现实的要求和条件,对企业未来的财务活动和财务成果做出科学的预计和测算。财务预测方法有定性预测法和定量预测法两类。

3.2.1 定性预测法

1. 定性预测法的概念

定性预测是通过判断事物所具有的各种因素、属性进行预测的方法。它是建立在经验判断、逻辑思维和逻辑推理基础之上的,主要特点是由掌握一定理论知识和实践经验的人员利用直观的材料,对事物未来状况进行预测。经常采用的定性预测方法有专家会议法、菲尔调查法、顾客调查法、现场观察法、座谈法等。

定性预测的优点在于注重事物发展在性质方面的预测,具有较大的灵活性,易于充分发挥人的主观能动作用,且简单、迅速,省时、省费用。定性预测的缺点是易受主观因素的影响,比较注重人的经验和主观判断能力,从而易受人的知识、经验和能力的多少、大小的限制,因而这种方法的精确度和客观性较差。

2. 定性预测法的分类

1)德尔菲法

德尔菲法是根据有专门知识的人的直接经验,对研究的问题进行判断、预测的一种方法,也称专家调查法。它是美国兰德公司于 1964 年首先应用于预测领域的。德尔菲法的优点在于可以加快预测速度和节约预测费用,可以获得各种不同但有价值的观点和意见。它适用于长期预测和对新产品的预测,在历史资料不足或不可预测因素较多时尤为适用。德尔菲法的缺点是对分地区的顾客群或产品的预测可能不可靠。

德尔菲法有以下三个特点。

(1)匿名性。专家组通常由 15~20 人组成,从事预测的专家彼此互不知道有哪些人参加预测,保证成员之间的交流具有独立性,不会相互影响彼此的观点。德尔菲法采取匿名的发函调查的形式,各位专家不会因其他更具权威的专家的观点而影响到自己的观点。专家们可以不受任何干扰地独立对调查表所提问题做出自己的判断,而且有充分的时间进行思考、调查研究、查阅资料。匿名性保证了专家意见的充分性和可靠性。

(2)反馈性。由于德尔菲法采用匿名形式,专家之间互不接触,仅靠一轮调查,专家意见往往比较分散,不易做出结论。调查者要对每一轮咨询的结果进行整理、分析、综合,并在下一轮咨询中反馈给每一位受邀专家,让每一位专家在吸取其他专家的意见后,进一步修正自己的观点。经过若干次的反复,使得自己的意见趋于成熟。

(3)统计性。在应用德尔菲法进行信息分析与预测研究时,对研究课题的评价或预测既不是由信息分析研究人员做出的,也不是由个别专家给出的,而是由一批有关的专家给出的,并对诸多专家的回答必须进行统计学处理。所以,应用德尔菲法所得的结果带有统计学的特征,往往以概率的形式出现——它既可以反映专家意见的集中程度,又可以反映专家意见的离散程度。

德尔菲法的调查步骤如下。

(1) 确定调查预测目标。调查组织者明确调查主题,设计调查问卷或调查提纲,收集整理有关调查主题的背景材料,做好调查前的准备工作。

(2) 选聘专家。人数一般为 15～20 人,如果是重大预测项目,可以超过此数。一般以 10～15 人为宜。如人数太少,则学科的代表性受到限制,缺乏权威,影响预测精度。如人数太多,则组织较困难;但对一些重大问题,也可扩大到 100 人以上。在确定专家人数时要注意,即使专家同意参加该项目研究,因种种原因也不一定每轮必答,有时甚至会中途退出。因此,在预选专家人数时,应适当多选一些专家,以留有余地。

(3) 反复征询专家意见。一般实施 3 轮征询。在第一轮专家意见回收后,由预测者进行归纳,然后与第二轮调查的要求一起寄回给专家们。这样,各位专家在第二轮调查中就能够了解到第一轮调查时意见的集中或分散程度,进而再次发表自己的意见。第三轮在第二轮调查的基础上与前面的过程一样。如此反复,直到意见趋于一致或大多数专家不再修改自己的意见为止。

(4) 对各专家最后一次征询的意见进行统计处理,做出调查预测结果。

2) 专家会议法

专家会议法又称为集合意见法,是将有关人员集中起来,针对预测的对象进行充分的、广泛的调查和讨论,根据研究成果做出最后的判断结果。选择参加会议的人员时,一般选择对经营和管理熟悉的、具有丰富经验的、有一定专长的各方面专家,避免依靠个人的经验进行预测而产生的片面性。专家需要以下的能力:首先,专家要有丰富的实践经验和专业领域的相关基础理论。专家一般应具有较高学历,有丰富的与预测课题相关的工作经验,思维判断能力敏锐,逻辑性比较强,语言表达能力较强。其次,专家要有代表性。专家组要有各方面专家,如有市场营销专家、管理专家、生产技术专家等。最后,专家要有一定的市场调查和市场预测方面的知识和经验。

专家会议法有以下两个优点。

(1) 专家集体在一起讨论可互相启发,取长补短,发挥专家的创造性思维,能把调查预测与讨论研究结合起来分析,考虑的影响因素全面细致。

(2) 节省预测的人力与时间,能在较短的时间内获得比较正确的预测结果。

专家会议法有以下四个缺点。

(1) 参加会议的专家往往受人数的限制使代表性不充分。

(2) 预测时可能受心理因素的影响。

(3) 对于一些机密等级较高的问题,不宜在预测会上交谈。

(4) 较多地占用了专家的时间。

3) 主观概率法

主观概率是人们凭经验或预感而估算出来的概率,是在对预测对象进行理论分析的

51

基础上,根据预测者的知识经验,确定一个未来可能发生的程度的主观估计数,反映预测者对该预测事物的信念。客观概率,是指某一事物在大量的观察和试验中,某事件出现的相对频率,是一种客观存在。客观概率只适用于在相同情况下某一试验可以多次重复的情况。但是,影响市场营销的因素很多,往往瞬息万变,在市场预测中,许多事件不可能多次重复试验,无法事先估计某事物出现的客观概率,只能依靠主观概率。主观概率法是一种适用性很强的统计预测方法,可以用于人类活动的各个领域。使用主观概率法的步骤如下:准备相关资料;编制主观概率调查表;汇总整理;判断预测。

主观概率是凭个人经验的主观判断,反映个人对某事件的信念程度。

4) 市场调查预测法

市场调查预测是指预测者深入实际进行市场调查研究,取得必要的经济信息,再根据自己的经验和专业水平,对市场商情发展变化前景做出分析判断。

(1) 经济管理人员意见调查预测法

该调查预测法由企业的经理(厂长)组织熟悉市场情况的各业务部门主管人员,召开座谈会,将与会人员对市场商情的意见加以归纳、分析、判断,制定企业的预测方案。具体步骤如下:首先,经理(厂长)根据经营管理决策的需要,向各业务主管部门(如企划、生产、物料、市场营销、计划统计、市场情报、财务会计等部门)提出预测项目和预测期限的要求。其次,各业务主管部门分头准备,根据自己掌握的情况提出各自的预测意见。最后,经理(厂长)召开座谈会,对各种预测意见进行讨论分析,综合判断,得出反映客观实际的预测结果。

这种方法的优点是上下结合进行预测,有利于发挥集体智慧,充分调动全体人员开展市场预测的积极性。判断时以市场商品供需发展变化为依据,预测结果一般比较准确可靠。预测不需要经过复杂计算,比较迅速和经济。当市场发生剧烈变化时,可以及时对预测结果进行调整。其缺点是对市场商情变化的了解不够深入具体,主要依靠经验判断,受主观因素影响大,只能做出粗略的数量估计。

(2) 推销人员估计法

推销人员估计法是将不同销售人员的估计值综合汇总起来,作为预测结果值。由于销售人员一般都很熟悉市场情况,因此,这一方法具有一些显著的优势。其步骤如下:首先,由负责本单位产品的销售(或代销)人员提供本单位的销售策略、措施和有关产供销的统计资料及市场信息,作为预测的参考。其次,各地区的销售人员根据本身所经营的产品、顾客和经营情况,估计下季、下年的销售量和销售额。各地区、各店铺的负责人,对所属销售人员的估计结果进行审核、修正、整理汇总,按规定日期上报公司、企业管理部门。最后,公司各业务主管部门对各地区估计数字进行进一步的审核、修正、汇总和综合平衡,得到总预测数,以此编制营销计划草案。经企业决策层批准后,将营销计划下达至各销售区、店铺。各销售区根据营销计划进行商品调拨,编制日常销售计划。

(3) 消费者购买意向调查预测法

该方法采用随机抽样或典型调查的方式,从调查对象中抽选一定数目的消费者,通过发表、访问进行调查,将消费者的购买意向加以汇总分析,推断商品未来需要量。问卷调查的数据直接来源于商品的使用者和消费者,只要购买者愿意合作,能如实回答问卷中的问题,就可以获得比较准确的预测结果。在生产资料和耐用消费品的需求预测中经常用到该方法。

3.2.2 定量预测法

定量预测是通过分析事物各项因素、属性的数量关系进行预测。它的主要特点是根据历史数据找出其内在规律,运用连贯性原则和类推性原则,通过数学运算对事物未来状况进行数量预测。定量预测的方法很多,应用比较广泛的有趋势预测法(算术平均法、加权平均法、移动平均法、指数平滑法和最小二乘法等)、因果分析法(一元线性回归法、多元线性回归法、销售百分比法等)。

定性预测法和定量预测法各有优缺点,在实际工作中可把两者结合起来应用,既进行定性分析,又进行定量分析。

1. 销售百分比法

销售百分比法是根据会计恒等式(资产=负债+所有者权益)及销售与资产负债表和利润表中有关项目之间的比例关系,预测企业融资需求数量的一种方法。

1) 销售百分比法的基本假设

(1) 资产负债表的各项目可以划分为敏感项目与非敏感项目。凡是随销售变动而变动并呈现一定比例关系的项目,称为敏感项目;凡是不随销售变动而变动的项目,称为非敏感项目。敏感项目在短时期内随销售的变动而发生成比例变动,其隐含的前提是,现有的资产负债水平对现在的销售是最优的,即所有的生产能力已经全部使用。这个条件直接影响敏感项目的确定。例如,只有当固定资产利用率已经达到最优状态,产销量的增加将导致机器设备、厂房等固定资产的增加,此时的固定资产净值才应列为敏感资产;如果固定资产目前的利用率并不完全,则在一定范围内的产量增加就不需要增加固定资产的投入,此时的固定资产净值不应列为敏感项目。

(2) 敏感项目与销售额之间呈正比例关系。这一假设包含两方面意义:一是线性假设,即敏感项目与销售额之间正相关;二是直线过原点,即销售额为零时,项目的初始值也为零。这一假设与现实的经济生活不相符,例如,现金的持有动机除了与销售有关的交易动机外,还包括投机动机和预防动机。所以,即使销售额为零,也应持有一部分现金。又如,存货应留有一定数量的安全库存以应付意外情况,这也导致存货与销售额并不总呈现正比例关系。

(3) 基期与预测期的情况基本不变。这一假设包含三重含义:一是基期与预测期的敏感项目和非敏感项目的划分不变;二是敏感项目与销售额之间呈固定比例关系,或称比例不变;三是销售结构和价格水平与基期相比基本不变。由于实际经济情况总是处于不断变动之中,基期与预测期的情况不可能一成不变。一般来说,各个项目的利用不可能同时达到最优,所以基期与预测期的敏感项目与非敏感项目的划分会发生一定的变化,同样,敏感项目与销售额的比例也可能发生变化。

（4）企业的内部资金来源仅包括留用利润,或者说,企业当期计提的折旧在当期全部用来更新固定资产。但是,企业固定资产的更新是有一定周期的,各期计提的折旧在未使用以前可以作为内部资金来源使用,与之类似的还有无形资产和递延资产的摊销费用。

（5）销售的预测比较准确。销售预测是销售百分比法应用的重要前提之一。只有销售预测准确,才能比较准确地预测资金需要量。但是,产品的销售受市场供求、同业竞争以及国家宏观经济政策等的影响,销售预测结果不可能是一个准确的数值。

2）销售百分比法的基本步骤

（1）进行销售预测。分析基础资产负债表中各个项目与销售收入总额之间的依存关系,划分敏感项目与非敏感项目。敏感项目包括货币资金、应收账款、存货、应付账款、应付费用、其他应付款。非敏感项目包括对外投资、固定资产净值、非流动负债、实收资本、短期贷款。

（2）根据资产负债表资料,计算各敏感项目销售百分比。各敏感项目销售百分比的计算公式如下。

$$某敏感项目销售百分比 = 该敏感项目金额 \div 销售额 \times 100\%$$

（3）计算预测期各敏感项目预计数,并填入预计资产负债表。预测期各敏感项目预计数的计算公式如下。

$$预测期各敏感项目预计数 = 预计销售额 \times 该敏感项目销售百分比$$

（4）计算预测期需要增加的流动资金额。预测期需要增加的流动资金额的计算公式如下。

$$预测期需要增加流动资金额 = 预计资产总额 - 预计负债总额 - 预计所有者权益总额$$

（5）计算预测期外部筹资。预测期外部筹资额的计算公式如下。

$$预测期外部筹资额 = 预测期追加投资额 - 预测期内部筹资额$$

【例 3-1】 某企业 2016 年 12 月 31 日的资产负债表(简表)如表 3-1 所示。

表 3-1　资产负债表　　　　　　　　　　　　　　　　单位:元

资　产	金　额	负债及所有者权益	金　额
货币资金	8 000	应付票据	5 000
应收账款	20 000	应付费用	1 000
存货	50 000	应付账款	20 000
预付费用	4 000	短期借款	50 000
固定资产净值	212 000	非流动负债	80 000
		实收资本	128 000
		留存收益	10 000
资产总额	294 000	负债及所有者权益总额	294 000

该企业 2016 年的销售收入为 200 000 元。假定 2017 年企业的经营情况与上年基本相同,生产能力不变,根据市场情况预计 2017 年销售收入将提高到 240 000 元,要求预测

2017 年的全部资金需求量。

某企业 2017 年 12 月 31 日的资产负债表预测(简表)如表 3-2 所示。

表 3-2　资产负债表预测　　　　　　　　单位:元

资　产			负债及所有者权益		
项　目	销售/%	预计数	项　目	销售/%	预计数
货币资金	4	9 600	应付票据	2.5	6 000
应收账款	10	2 4000	应付费用	0.5	1 200
存货	25	60 000	应付账款	10	24 000
预付费用	2	4 800	短期借款		50 000
固定资产净值		212 000	非流动负债		80 000
			实收资本		128 000
			留存收益		10 000
			总预计		299 200
			追加资金		11 200
合计	41	310 400	合计	13	310 400

确定需要增加的资金额,主要有以下两种方法。

(1) 根据预计资产负债表,直接确认需追加的资金额。如表 3-2 中,预计资产总额为 310 400 元,而负债与所有者权益总额为 299 200 元,资金占用大于资金来源,则需追加资金 11 200 元(310 400－299 200)。

(2) 确定对外筹资需求量。对于上述 11 200 元的资金需求,可先由企业内部预计产生的留存收益加以解决,超出部分则可通过对外筹资解决。假定 2017 年预计净利润为 24 000 元,如果公司 30% 的利润被留用,则企业对外筹资的数额为 11 200－24 000×30%＝ 4 000(元)。

2. 因素分析法

因素分析法又称分析调整法,是以有关资本项目上年度的实际平均需要量为基础,根据预测年度的经营业务和加速资本周转的要求,进行分析调整,来预测资本需要量的一种方法。这种方法计算比较简单,容易掌握,但预测结果不太精确,因此通常用于匡算企业全部资本的需要额,也可以用于对品种繁多、规格复杂、用量较小、价格较低的资本占用项目的预测。采用这种方法时,应先在上年度资本平均占用额的基础上,剔除呆滞积压等不合理占用部分,然后根据预测期的经营业务和加速资本周转的要求进行测算。因素分析法的基本模型如下。

资本需要量＝(上年资本实际平均占用量－不合理平均占用额)×(1±预测年度销售增减率) ×(1±预测年度资本周转速度变动率)

【例 3-2】　某企业上年度资本实际平均占用额为 3 000 万元,其中不合理部分为 300 万元,预计本年度销售增长 6%,资本周转速度加快 2%,则预测年度资本需要额为多少?

(3 000－300)×(1＋6%)×(1－2%)＝2 804.76(万元)

由于因素分析法比较简单,预测结果不太精确,所以运用这一方法时应当注意以下问题:①对决定资本需要额的众多因素进行充分的分析与研究,确定各种因素与资本需要额之间的关系,以提高预测质量。②因素分析法限于对企业经营业务资本需要额的预测。当企业存在新的投资项目时,应根据新投资项目的具体情况单独预测其资本需要额。③运用因素分析法匡算企业全部资本的需要额,只是对资本需要额的一个基本估计。在进行筹资预算时,还需要采用其他预测方法对资本需要额做出具体的预测。

3.3 财务预算

3.3.1 财务预算概述

1. 财务预算的概念

财务预算是集中反映未来一定期间(预算年度)现金收支、经营成果和财务状况的预算,是企业经营预算的重要组成部分。财务预算的内容一般包括现金预算、预计损益表和预计资金平衡表(预计资产负债表)。其中,现金预算反映企业在预算期内,因生产经营和投资活动所引起的现金收入、现金支出和现金余缺情况;预计损益表反映企业在预算期内的经营业绩,即销售收入、变动成本、固定成本和税后净收益等构成情况;预计资金平衡表反映企业在预算期末的财务状况,即资金来源、资金占用以及它们各自的构成情况。

2. 财务预算的目的

(1) 使决策目标具体化、系统化和定量化。在现代企业财务管理中,财务预算要全面、综合地协调、规划企业内部各部门、各层次的经济关系与职能,使之统一服从于未来经营总体目标的要求;同时,财务预算又能使决策目标具体化、系统化和定量化,能够明确规定企业有关生产经营人员各自职责及相应的奋斗目标,做到人人事先心中有数。财务预算作为全面预算体系中的最后环节,可以从价值方面总括地反映经营期特种决策预算与业务预算的结果,使预算执行情况一目了然。

(2) 有助于财务目标的顺利实现。通过财务预算,可以建立评价企业财务状况的标准。将实际数与预算数对比,可及时发现问题和调整偏差,使企业的经济活动按预定的目标进行,从而实现企业的财务目标。

(3) 实现总预算。财务预算是总预算,也是作为全面预算体系中的最后环节的预算。它可以从价值方面总括地反映经营期特种决策预算与业务预算的结果,使预算执行一目了然。其余预算均是财务预算的辅助预算。

(4) 调动各个部门协同发展。企业财务预算是在预测和决策的基础上,围绕企业战略目标,对一定时期内的企业资金做出具体安排。通过财务预算,对企业内部各部门、各单位的各种财务及非财务资源进行分配、考核、控制,以便有效地组织和协调企业的生产经营活动,完成既定的经营目标。

3. 财务预算在全面预算中的地位

全面预算是指对有关企业未来一段期间内全部经营活动各项目标的行动计划与相应措施,采取货币及其他数量形式反映其数量。按其涉及的业务活动领域,全面预算分为投资预算(如资本预算)、营业预算(或称经营预算,包括销售预算、生产预算、成本预算等)和财务预算(包括利润表预算、现金预算和资产负债表预算等)。财务预算主要以现金预算、预计资产负债表和预计损益表等形式反映。全面预算从销售预算开始,每一个环节互相衔接,相互补充,形成了一个完整的预算体系。这个体系以经营目标为出发点,以市场需求为基础,从销售预算开始,进而对企业的生产成本、现金收支各个方面进行预算,最终反映企业一定时期内的财务状况和某一时点的经营结果。

4. 财务预算的基本原则

(1) 坚持效益优先原则,实行总量平衡,进行全面预算管理。
(2) 坚持积极稳健原则,确保以收定支,加强财务风险控制。
(3) 坚持权责对等原则,确保切实可行,围绕经营战略实施。

5. 财务预算的编制步骤

(1) 最高领导机构根据长期规划,利用本量利分析等工具,提出企业一定时期的总目标,并下达规划目标。
(2) 最基层成本控制人员自行草编预算,使预算能较为可靠、较为符合实际。
(3) 各部门汇总预算,并初步协调本部门预算,编出销售、生产现金收支预算。
(4) 预算委员会审查、平衡各预算,汇总出公司的总预算。
(5) 经过行政首长批准,审议机构通过或者驳回修改预算。
(6) 主要预算指标报告给董事会或上级主管单位,讨论通过或者驳回修改。
(7) 批准后的预算下达给各部门执行。

3.3.2 财务预算的编制方法

1. 固定预算

固定预算又称静态预算,是把企业预算期的业务量固定在某一预计水平上,以此为基础来确定其他项目预计数的预算方法。也就是说,预算期内编制财务预算所依据的成本费用和利润信息,都是在一个预定的业务量水平的基础上确定的。显然,以未来固定不变的业务水平所编制的预算,其前提条件是预计业务量与实际业务量相一致(或相差很小)。

固定预算有两个缺点:一是过于呆板。因为编制预算的业务量基础是事先假定的某个业务量,所以在这种方法下,不论预算期内业务量实际发生哪些变动,都只能以事先确定的业务量水平为编制预算的基础。二是可比性差。当实际的业务量与编制预算所依据的业务量发生较大差异时,有关预算指标的实际数与预算数就会因业务量基础不同而失去可比性。例如,编制财务预算时,预计业务量为生产能力的 90%,其成本预算总额为 40 000 元;而实际业务量为生产能力的 100%,其成本实际总额为 55 000 元。此时,实际成本与预算相比,则超支很大。但是,实际成本脱离预算成本的差异包括了因业务量增长而增加的成本差异,而业务量差异对成本分析来说是无意义的。

2. 弹性预算

弹性预算是按照成本(费用)习性分类的基础上,根据量、本、利之间的依存关系,考虑到计划期间业务量可能发生的变动,编制出一套适应多种业务量的费用预算。在编制预算时,变动成本随业务量的变动而予以增减,固定成本则在相关的业务量范围内稳定不变。就这样,分别按一系列可能达到的预计业务量水平,编制能适应企业在预算期内任何生产经营水平的预算。由于这种预算是随着业务量的变动作机动调整,适用面广,具有弹性,故称为弹性预算或变动预算。

弹性预算的优点如下:一是弹性预算是按一系列业务量水平编制的,从而扩大了预算的适用范围;二是弹性预算是按成本性态分类列示的,在预算执行中可以计算出实际业务量的预算成本,便于预算执行的评价和考核。

弹性预算的编制程序如下。

(1) 预测可能达到的各种经营活动的计量单位,确定某一相关范围,一般定在正常生产能力的 70%～110%。

(2) 选择业务量的计量单位,如消耗量、人工小时等。例如,运输费、维修费、修理人员工资应当采用人工工时的方法计算成本。

(3) 按照成本性态分析的方法,将企业的成本分为固定成本和变动成本两大类。成本系统记录资源如材料、人工和设备的取得成本,并追踪这些资源如何用于生产和销售产品或服务。记录资源的取得和使用成本,使得管理人员能够认清成本的性态。在许多会计系统中,都能发现两种基本成本性态模式:变动成本(variable cost)是总额变动与相关作业或数量总水平变动成比例的成本;固定成本(fixed cost)是在一定时期内在总额上保持不变,而不论相关作业或数量的总水平变化有多大。成本根据特定的作业和特定的时间段而被定义为变动或固定。实务调查一再显示,确认一项成本是变动成本还是固定成本,能为制定管理决策提供有价值的信息,也是评价业绩的重要资料。

(4) 确定预算期内各业务量水平的预算额。

① 公式法。按照成本性态分析的方法,将企业的成本分为固定成本和变动成本两大类,并确定成本函数($y=a+bx$)(y 表示成本总额,a 表示预算固定成本总额,b 表示预算单位变动成本额,x 表示预计业务量)。

根据表 3-3,可利用 $y=21\,000+0.7x$,计算出人工工时在 7 000～12 000 的范围内,任一业务量基础上的制造费用预算总额;也可以计算出人工工时变动范围内,任一业务量的制造费用中某一费用项目的预算额。

表 3-3　制造费用弹性预算(公式法)　　　　　　　　　　单位:元

费用项目	7 000～12 000(人工工时)	
	固定费用 a	变动费用 b
管理人员工资	9 000	—
设备租金	5 000	—

费 用 项 目	7 000～12 000(人工工时)	
	固定费用 a	变动费用 b
保险费	3 000	—
维修费	3 000	0.1
辅助材料	1 000	0.15
辅助工人工资	—	0.2
检验员工资	—	0.25
合 计	21 000	0.7

② 列表法。在预计的业务量范围内将业务量分为若干个水平,然后按不同的业务量水平分别计算各项预算值,汇总列入一个预算表格。其优点是不管实际业务量多少,不必经过计算即可找到与业务量相近的预算成本。其缺点是在评价和考核实际成本时,往往需要使用插值法来计算实际业务量的预算成本,比较麻烦。

3. 增量预算

增量预算是指以基期成本费用水平为基础,结合预算业务量水平及有关降低成本的措施,通过调整原有费用项目而编制预算。增量预算方法比较简单,但它是以过去的水平为基础,实际上就是承认过去是合理的,无须改进。因为这种方法不加分析地保留或接受原有的成本项目,就可能使原来不合理的费用继续开支,得不到控制,继而形成不必要开支合理化,造成预算上的浪费。

4. 零基预算

零基预算也称零底预算,是区别于传统的增量预算而设计的一种编制费用预算的方法。在编制预算时,对所有的预算支出均以零为基底,从实际需要与可能出发,逐项审议各种费用开支的必要性、合理性以及开支数额的大小,从而确定预算成本。其基本做法如下。

(1) 划分和确定基层预算单位。企业里各基层单位通常被视为能独立编制预算的基层单位,如销售部门、生产车间及管理部门。

(2) 根据企业的总体目标和各部门的具体任务,各部门提出预算期内需要发生的各种业务活动及其费用开支的性质、目的和数额。

(3) 对各项预算方案进行成本—效益分析,即对每一项业务活动的所费与所得进行对比,权衡得失,据以判断各项费用开支的合理性及优先顺序。

(4) 根据生产经营的客观需要与一定期间内资金供应的可能,在预算中对各个项目进行择优安排,分配资金,落实预算。

(5) 划分不可延缓费用项目和可延缓费用项目。在编制预算时,应根据预算期内可供支配的资金数额在各费用之间进行分配。一般而言,应优先安排不可延缓费用项目的支出;然后根据需要和可能,按照费用项目的轻重缓急,确定可延缓项的开支。

59

(6) 编制并执行预算。资金分配方案确定后,制定零基预算表。

零基预算的优点是不受现有条条框框限制,对一切费用都以零为出发点,这样不仅能压缩资金开支,而且能切实做到把有限的资金用在最需要的地方,从而调动各部门人员的积极性和创造性,提高效益。而且,零基预算从零出发,按照实际需求出发预算各项支出,可以合理使用资金,提高预算管理水平。

不过,零基预算的工作量较大,编制预算需要较长的时间。而且,分配排序按照主观意思进行,可能产生部门之间的矛盾。为了克服上述不足之处,不需要每年都按零基预算的方法编制预算,只需每隔几年按此方法编制一次预算即可。

5. 定期预算

定期预算是指在编制预算时,以不变的会计期间(如日历年度)作为预算期的一种编制预算的方法。这种方法的优点是便于将实际数与预算数进行对比,也有利于对预算执行情况进行分析和评价。其缺点如下:第一,盲目性。定期预算多在其执行年度开始前两三个月进行,难以预测预算期后期情况;特别是在多变的市场下,许多数据资料只能估计,因此具有盲目性。第二,不变性。在预算执行中,许多不测因素会妨碍预算的指导功能,甚至使之失去作用,而预算在实施过程中又往往不能进行调整。第三,间断性。定期预算只考虑一个会计年度的经营活动,即使年中修订的预算也只针对剩余的预算期,很少考虑下一个会计年度,由此造成了人为的预算间断。

6. 滚动预算

滚动预算又称连续预算或永续预算,是指在编制预算时,将预算期与会计期间脱离开,随着预算的执行而不断地补充预算,逐期向后滚动,使预算期始终保持为 12 个月。这种预算方法的特点在于将预算期与会计年度挂钩,始终保持 12 个月。每过去 1 个月,就根据新的情况调整和修订后几个月的预算,并在原预算基础上增补下 1 个月预算,从而逐期向后滚动,连续不断地以预算形式规划未来经营活动。

滚动预算的优点:①有助于提高预算的准确性。②有助于保持预算的连续性,克服预算管理过程中的短期行为。③有助于发挥预算的监控功能,提高预算的监控效果。

滚动预算的缺点:①采用动态预算法会大大增加预算管理的工作量,使预算管理工作变得更加烦琐。②预算"年度"与会计年度不一致,容易造成预算监控、考评、奖惩所需的信息与会计信息脱节。③对预算管理的技术水平和信息化程度要求较高,适用性较差。

3.3.3　财务预算的编制

1. 销售预算

销售预算是全面预算的出发点,也是日常预算的基础。销售取得的现金量与销量、单价和销售方式息息相关。销售数量应当结合各种产品历史销售量进行分析,结合市场预测中的各种产品发展前景等资料进行预测。

销售预算中还包括对现金收入的计算,是为后面编制现金预算提供必要的资料。第一季度现金收入由上一年度应收账款在本年度第一季度收到的货款以及本年度销售中可能收到的货款两部分组成。以新民公司为例,编制其 2023 年的销售预算,如表 3-4 所示。假设在每季度的销售收入中,本季度收到现金 70%,另外的 30% 现金至下一季度才能收回。

表 3-4　销售预算

季度	第一季度	第二季度	第三季度	第四季度	全年
预计销售量/件	100	150	200	180	630
预计单位售价/元	200	200	200	200	200
预计销售收入/元	20 000	30 000	40 000	36 000	126 000
预计现金收入					
上年应收账款/元	6 200				6 200
第一季度/元	14 000	6 000			20 000
第二季度/元		21 000	9 000		30 000
第三季度/元			28 000	12 000	40 000
第四季度/元				25 200	25 200
现金收入合计					121 400

本部分内容为拓展知识,读者可自行扫码阅读。

知识链接 3-1:编制财务预算的起点

2. 生产预算

生产预算是根据销售预算编制的,为成本和费用预算提供编制依据。预计生产量的计算公式如下。

预计生产量=预计销售量+预计期末存货量-预计期初存货量

等式中的预计销售量可从销售预算中获取,预计期初存货量是上一期的期末存货量,预计期末存货量可以根据企业实际需要,按照下期销售量的一定比例来确定。生产预算在实际编制时比较复杂,一方面,产量受到生产能力的限制;另一方面,存货数量又会受到仓储容量现状的限制。为了了解现有生产能力是否能够完成预计的生产量,生产设备管理部门有必要再审核生产预算。若生产能力无法完成预计生产量,预算委员会可以修订销售预算或考虑增加生产能力;若生产能力超过需要量,则可以考虑把生产能力用于其他方面。

新民公司的期末存货量为下期销售量的 10%,预算年度第一季度期初存货量为 10 件,期末存货量为 20 件。生产预算如表 3-5 所示。

表 3-5　生产预算　　　　　　　　　　　　　　　　　　　　　　　　单位:元

季度	第一季度	第二季度	第三季度	第四季度	全年
预计销售量/件	100	150	200	180	630
加:预计期末存货	15	20	18	20	20
合计	115	170	218	200	650
减:预计期初存货	10	15	20	18	10
预计生产量	105	155	198	182	640

3. 直接材料预算

直接材料预算是为规划预算期直接材料消耗活动而编制的,用于反映预算期各种材料消耗量和材料消耗成本等计划信息的一种业务预算。这种预算的主要编制依据是生产预算,此外,还要考虑材料单耗、原材料存货水平等因素。有关计算公式如下。

某期某种材料的生产需用量＝预计生产量×单位产品材料消耗量

某期某种材料预计采购量＝该种材料生产需用量＋该材料预计期末存量
　　　　　　　　　　　　　－该材料预计期初存量

某期某种材料预计采购金额＝该材料预计当期采购量×该材料单价

下面以新民公司为例,编制 2021 年的直接材料预算和采购预算,如表 3-6 和表 3-7 所示。假设新民公司的产品只需要一种原材料,单位产品材料用量为 4 千克/件,材料采购单价为 5 元/千克,每季度末的材料存量为下季度生产用量的 20%,估计预算年度期初存货量 120 千克,期末材料存货量 150 千克。假定每季采购金额中,有 60% 需要当季付现金,其余 40% 到下季支付。预算年度第一季应付上年第四季度的赊购材料款为 2 500 元。

表 3-6　直接材料预算

季度	第一季度	第二季度	第三季度	第四季度	全年
预计生产量/件	105	155	198	182	640
单位产品材料用量/(千克/件)	4	4	4	4	4
生产需用量/千克	420	620	792	728	2 560
加:预计期初存量/千克	124	158	146	150	150
减:预计期初存量/千克	120	124	158	146	120
预计采购量/件	424	654	780	732	2 590
材料采购单价/(元/件)	5	5	5	5	5
预计采购成本/元	2 120	3 270	3 900	3 660	12 950

表 3-7　采购预算　　　　　　　　　　　　　　　　　　　　　　　　单位:元

季度	第一季度	第二季度	第三季度	第四季度	全年
上年应付账款	2 500				2 500
第一季度	1 488	992			2 480
第二季度		2 296	1 530		3 826

続表

季度	第一季度	第二季度	第三季度	第四季度	全年
第三季度			2 738	1 852	4 563
第四季度				2 569	2 569
合计	3 988	3 288	4 268	4 394	15 938

4. 直接人工预算

直接人工预算的编制依据是生产预算。直接工资及其他直接支出预算,是一种反映预算期内人工工时消耗水平、规划人工成本开支的业务预算。有关计算公式如下。

$$直接人工总工时=预计产量×单位产品工时$$

$$直接人工总成本=直接人工总工时×每小时人工成本$$

下面编制新民公司 2021 年直接人工预算,如表 3-8 所示。

表 3-8　直接人工预算

季度	第一季度	第二季度	第三季度	第四季度	全年
预计生产量/件	105	155	198	182	640
单位产品工时/(时/件)	5	5	5	5	5
人工总工时/时	525	775	990	910	3 200
单位工时工资率/(元/小时)	8	8	8	8	8
人工总成本/元	4 200	6 200	7 920	7 280	2 560

5. 制造费用预算

制造费用通常可按其成本性态分为变动制造费用和固定制造费用两部分。制造费用以生产预算为编制基础。固定制造费用通常与本期产量无关,需要逐项统计,按每季实际需要的支付额预计,然后计算出全年数;变动制造费用根据预计生产量乘以单位产品预定分配率进行预计,如表 3-9 所示。对于制造费用中的混合成本项目,应将其分解为变动费用和固定费用两部分,并分别列入制造费用预算的变动费用和固定费用。

表 3-9　制造费用预算　　　　单位:元

季度	第一季度	第二季度	第三季度	第四季度	全年
变动制造费用:					
间接人工	105	155	198	182	640
间接材料	105	155	198	182	640
修理费	210	310	396	364	1 280
水电费	105	155	198	182	640
小计	525	775	990	910	3 200
固定制造费用:					
修理费	1 000	1 120	920	900	3 940
折旧	1 000	1 000	1 000	1 000	4 000

63

季度	第一季度	第二季度	第三季度	第四季度	全年
管理人员工资	200	200	200	200	800
保险费	70	90	100	200	460
财产税	100	100	100	100	400
小计	2 370	2 510	2 320	2 400	9 600
合计	2 895	3 285	3 310	3 310	12 800
减:折旧	1 000	1 000	1 000	1 000	4 000
现金支出的费用	1 700	2 300	2 400	2 400	8 800

变动制造费用分配率＝3 200/6 400＝0.5(元/小时)

固定制造费用分配率＝9 600/6 400＝1.5(元/小时)

6. 产品生产成本预算

产品成本预算是为了规划一定预算期内每种产品的单位产品成本、生产成本、销售成本等内容而编制的一种日常业务预算。产品成本预算主要依据生产预算、直接材料预算、直接人工预算、制造费用预算等汇总编制,如表 3-10 所示。

产品单位成本＝单位直接材料＋单位直接人工＋单位变动制造费用

＋单位固定制造费用

表 3-10　产品生产成本预算

费用项目	单位成本			生产成本 (640 件)	期末存货 (20 件)	销货成本 (630 件)
	元每千克或 每小时	投入量	成本/元			
直接材料	5	4	20	12 800	400	12 600
直接人工	8	5	40	25 600	800	25 200
变动制造费用	0.5	5	2.5	1 600	50	1 576
固定制造费用	1.5	5	7.5	4 800	150	4 725
合计			70	44 800	1 400	44 101

7. 销售费用预算

销售费用预算是指为了实现销售所需支付的费用预算。它以销售预算为基础,分析销售收入、销售利润和销售费用的关系,力求实现销售费用的最有效使用。在安排销售费用时,要利用量本利分析方法,费用的支出应能获取更多的收益。在草拟销售费用预算时,要对过去的销售费用进行分析,考查过去销售费用支出的必要性和效果。对销售费用的预算,应和销售预算相配合,应有按品种、按地区、按用途的具体预算数额,如表 3-11 所示。

表 3-11　销售及管理费用预算　　　　　　　　　　单位:元

费 用 项 目	预 算 金 额
销售费用:	
销售人员工资	2 000
广告费	5 500
包装运输费	3 000
保管费	2 700
管理费用:	
管理人员薪资	4 000
福利费	800
保险费	600
办公费	1 400
合计	20 000
每季度支付现金	5 000

本部分内容为拓展知识,读者可自行扫码阅读。

阅读资料 3-1:大数据背景下企业财务管理创新路径

知识训练

一、判断题

1. 总预算是企业对未来一段时间内全部经营活动各项目标的行动计划与相应措施,采取货币及其他数量形式反映其数量。　　　　　　　　　　　　　　　　(　　)

2. 按照财务控制的时序,财务控制分为事前控制和事中控制。　　　　　(　　)

3. 责任中心是指承担一定的经济责任的企业内部单位。　　　　　　　(　　)

4. 只要是有成本发生,需要对成本负责并实施成本控制的单位,都可以称为成本中心。　　　　　　　　　　　　　　　　　　　　　　　　　　　　　　　(　　)

5. 利润中心是指既对成本负责又对收入和利润负责的责任中心,它有独立或相对独立的收入和生产经营决策权。　　　　　　　　　　　　　　　　　　　　(　　)

二、思考题

1. 如何根据企业的发展阶段安排财务战略。

2. 试分析预测筹资数量的销售百分比法的局限性及改进思路。

65

能力训练

区块链:财务预测的新思路

财务预测是财务决策的基础。"凡事预则立,不预则废。"遗憾的是,目前财务预测的准确性仍有待提高,其为财务决策提供的支持仍十分有限。因此,我们需要另辟蹊径,对财务预测的思路进行方向性调整。在美国,已经出现了一种基于区块链、按照市场规则进行公司化运作的预测公司。这种新生事物中蕴含的新理念,颠覆了人们对传统预测理论和方法的认识,可以为财务预测的改进提供新思路。

传统的财务预测方法可以分为定性预测法和定量预测法,但都存在较大的局限性。定性预测法包括专家会议法、德菲尔法等,其预测的准确性在很大程度上依赖于专家的经验判断、逻辑推理和综合分析,组织工作的专业性和严密性也会对预测结果产生直接影响。定量预测运用比较广泛的方法包括时间序列预测法、相关因素预测法、概率预测法等。

定量预测方法的局限性主要表现在:①依赖于历史数据。从过去的经验到未来的预测之间,没有演绎逻辑的保证。②以有限的样本为基础。但通过有限的归纳,不能得到具有普遍性和必然性的结论。③模型一般设定为线性的,因而不能获取非线性属性。由于样本数据不一定呈正态分布,模型参数的估计结果不一定具有无偏性、有效性和一致性。④建立在很多假设的基础之上。例如,预计企业未来资金需要量采用的销售百分比法假定资产、负债等有关项目随销售收入的增加而等比例增加,销售净利率、股利支付率不变。这些假设不一定符合实际,因而会影响预测结果的准确性。

(1)从专家预测转变为大众预测。依靠群众的智慧,充分利用每一个人的专业知识,将社会公众分散的、隐形的知识集聚起来,形成对未来事件结果的预测。专家的突出优点是专业水平高,但也有人数少、不接地气等劣势。而社会公众中也不乏高手,大量社会公众的非专业判断有可能优于少数专家的专业判断。就像对于足球比赛,大量球迷的预测可能比少数专家的预测更准确。

(2)从管理活动转变为市场交易。传统财务预测是企业内部的一项财务管理活动,是由企业内设的财务机构完成的。大量的实践表明,企业的财务机构难以很好地履行财务预测职能。所以,可以尝试将财务预测外包给预测公司,按照市场规则运作。

在有效的市场中,价格机制可以自动地将零散的信息聚集起来。交易价格是分散的交易者对未来预期的集中反映,价格变化是交易者对新信息做出的反应。市场价格及其变化,可以预示一个未来事件的发生概率。

(3)从基于模型静态预测转变为基于经验和最新信息的动态预测。国内外企业实践表明,学者在书斋里建立的各种财务预测模型难有用武之地,罩在各种基于模型预测方法上的科学光环具有欺骗性。这是由财务预测的复杂性和多变性所决定的。所以,不能一味迷信模型而排斥经验。在实践中,可以根据最新信息对经验估计不断地进行修正,从而使预测过程动态化。

也就是说，从在企业内部由财务机构和财务专家依据模型进行预测，转变为由广大社会有识之士依据经验和市场规则进行预测。要实现这种转变，一是要建立一个预测公司或平台；二是要建立一种吸引广大社会公众参与其中，并充分利用参与者的知识和能力，保证参与者诚实守信的市场机制；三是要尽量避免政府、中介机构等外部力量干预或影响预测结果；四是要保证资金在参与者之间便捷地、安全地转移。区块链技术的发展和应用，为这种新思路的实现提供了契机。区块链是区块链接在一起而形成的区块网络。在区块链中，每一个参与交易的人都是区块网络的一个节点，将每次交易信息记录存放在区块中。存放同一交易主体多次交易记录的区块以及存放不同交易主体交易信息记录的区块，都可以链接在一起，从而形成一种链状结构网络，即区块链。

在区块链技术的发明者看来，政府部门、中介组织、金融机构等建立的制度或规则运行成本很高，中心化体系创建的信用并不可信。中心化体系还可能滥用权力，凭借垄断地位或利用私有信息，侵犯公民或消费者权益。所以，要去中心化，运用数学原理（非对称加密算法），低成本地建立信用体系，形成共识。

去中心化将给参与者一个更自由、更透明、更公平的环境。在区块链中，任何参与者都可以发起一笔交易，都可以对交易信息进行验证，都可以读取区块链上的所有信息。但去中心化后靠什么来维护交易秩序呢？依靠共识机制，记账需要在整个网络中达成共识。

共识机制为参与者的诚信，以及数据的真实性提供了充分的保障。因为区块中所记录的信息无法删除或修改，所以只能不断地增加区块网络的节点，从而保证了历史记录的可追溯。如果一个参与者做了错事或坏事，其他参与者都会知道，而且会被永远地记录在区块链中。所以，在区块链中，做错事或坏事将付出极大的代价或高昂的成本，参与者不得不恪守规则，严格自律。参与者在区块链中受到的约束比在现实市场交易中受到的约束要大得多。尽管现实市场交易中也有各种规则，但规则是否得到严格的执行，事后才能知道；对不执行规则交易者的处罚，也是在事后进行的，容易受到人为因素的干扰。而在区块链中，这一切都是由机器即时地、自动地完成的。共识机制是一种能自动执行的自治机制，是构建机器信任的基础，而机器信任又为共识机制的有效性提供了保证。信任与合作以及建立在信任与合作基础上的交易，不再依靠个人和制度，而是靠相信机器。建立在机器信任基础上的交易以及对交易信息所做的记录，都是十分可靠的。

资料来源：黄晓波，王英婷，胡晓馨. 区块链：财务预测的新思路[J]. 企业管理，2019(2).

思考：什么是区块链？区块链技术下的财务预测有何优势？

第4章　财务报表分析

学习目标

1．知识目标

了解公司财务报表分析概念、目的和特征；掌握三种常用财务报表的结构和内容；熟悉偿债能力、营运能力、赢利能力等比率分析的指标；熟悉财务报表分析的基本方法，掌握杜邦分析体系的计算和评价方法。

2．能力目标

能运用财务指标对公司的财务状况进行综合分析与评价，为改进公司财务工作和优化经济决策提供财务信息。

引导案例

贵州茅台酒股份有限公司（股票代码600519，简称贵州茅台）主要经营茅台酒及系列酒的生产与销售，茅台酒是与苏格兰威士忌、法国科涅克白兰地齐名的三大蒸馏酒之一。贵州茅台于2001年7月31日在上海证券交易所上市，当时的发行价是31.39元。在贵州茅台上市的这些年中，其股价也在较稳定地持续上涨，至2019年11月一度攀升到1 241.61元。2018年6月，贵州茅台的市值就超过了万亿元，成为中国第七家破万亿的上市公司。可以说，贵州茅台自上市以来，其股价和市值的增长与其业绩的增速是基本匹配的。贵州茅台2018年年报显示，截至2018年12月31日，公司的营业收入772亿元，同比增长26.49%，净利润352亿元，同比增长30%；每股收益28.02元，每股净资产89.83元，净资产收益率34.46%；公司再次高增长，2018年公司年报提出分红预案为每10股分红145.39元，分红183亿，占净利润比例约为51.88%，比2017年微微上升。

问题：如何解读贵州茅台的财务报表？股东、债权人与管理层如何分析并利用财务报表？影响贵州茅台营业收入、净利润以及股价的因素是什么？能否从财务报表的角度寻找贵州茅台市值变动的原因？带着这些问题，我们进入本章学习。

4.1　财务分析概述

财务报表分析又称财务分析，是通过收集、整理公司财务会计报告中的有关数据，并结合其他有关补充信息，对公司的财务状况、经营成果和现金流量情况进行综合比较和评价,为财务会计报告使用者提供管理决策和控制依据的一项管理工作。

财务报表分析的对象是公司的各项基本活动。财务报表分析就是从报表中获取符合报表使用人分析目的的信息,认识公司活动的特点,评价其业绩,发现其问题。

财务报表能够全面反映公司的财务状况、经营成果和现金流量情况,但是财务报表上的数据还不能直接或全面说明公司的财务状况,特别是不能说明公司经营状况的好坏和经营成果的高低。只有将公司的财务指标与有关的数据进行比较,才能说明公司财务状况所处的地位。因此,要进行财务报表分析。

财务报表分析是由不同的使用者进行的——他们各自有不同的分析重点,也有共同的要求。从公司总体来看,财务报表分析的基本内容主要包括以下三个方面。

(1) 分析公司的偿债能力,分析公司权益的结构,估量对债务资金的利用程度。

(2) 评价公司资产的营运能力,分析公司资产的分布情况和周转使用情况。

(3) 评价公司的赢利能力,分析公司利润目标的完成情况和不同年度盈利水平的变动情况。

以上三个方面的分析内容互相关联,互相补充,可以综合描述公司生产经营的财务状况、经营成果和现金流量情况,以满足不同使用者对会计信息的基本需要。其中,偿债能力是公司财务目标实现的稳健保证,营运能力是公司财务目标实现的物质基础,赢利能力则是前两种能力共同作用的结果,同时也对前两种能力的增强起推动作用。

4.1.1 财务报表的分类

1. 财务报表的含义

财务报表是指在日常会计核算资料的基础上,按照规定的格式、内容和方法定期编制的,综合反映公司某一特定日期财务状况和某一特定时期经营成果、现金流量状况的书面文件。一套完整的财务报表至少应当包括资产负债表、利润表、现金流量表、所有者权益(或股东权益,下同)变动表以及附注。

2. 财务报表的种类

财务报表可以按照不同的标准进行分类。

(1) 按服务对象,可以分为对外报表和内部报表。

① 对外报表是公司定期编制,定期向上级主管部门、投资者、财税部门等报送或按规定向社会公布的财务报表。这是一种主要的、定期规范化的财务报表,要求有统一的报表格式、指标体系和编制时间等。如资产负债表、利润表和现金流量表等,均属于对外报表。

② 内部报表是公司根据其内部经营管理的需要而编制的,供其内部管理人员使用的财务报表。它不要求统一格式,没有统一指标体系。如成本报表,属于内部报表。

(2) 按报表所提供会计信息的重要性,可以分为主表和附表。

① 主表即主要财务报表,是指会计信息比较全面、完整,能基本满足信息需要者的不同要求的财务报表。现行的主表主要有资产负债表、利润表和现金流量表。

② 附表即从属报表,是指对主表中不能或难以详细反映的一些重要信息做补充说明

的报表。现行的附表主要有利润分配表和分部报表,是利润表的附表;应交增值税明细表和资产减值准备明细表,是资产负债表的附表。主表与有关附表之间存在着联系,主表反映公司的主要财务状况、经营成果和现金流量,附表则对主表进一步补充说明。

（3）按报表编制和报送的时间分类,可分为中期财务报表和年度财务报表。

① 广义的中期财务报表包括月份、季度、半年期财务报表;狭义的中期财务报表仅指半年期财务报表。

② 年度财务报表是全面反映公司整个会计年度的经营成果、现金流量情况及年末财务状况的财务报表。公司每年年底必须编制并报送年度财务报表。

（4）按报表编报的单位分类,可分为基层财务报表和汇总财务报表。

① 基层财务报表是由独立核算的基层单位编制的财务报表,是用以反映本单位财务状况和经营成果的报表。

② 汇总财务报表是指上级主管部门将本身的财务报表与其所属单位报送的基层报表汇总编制而成的财务报表。

（5）按报表编报的会计主体分类,可分为个别报表和合并报表。

① 个别报表是指在以母公司和子公司组成的具有控股关系的公司集团中,由母公司和子公司各自为主体分别单独编制的报表,用以分别反映母公司和子公司本身各自的财务状况和经营成果。

② 合并报表是以母公司和子公司组成的公司集团为一个会计主体,以母公司和子公司单独编制的个别财务报表为基础,由母公司编制的综合反映公司集团经营成果、财务状况及其资金变动情况的财务报表。

公司编制的资产负债表、利润表、现金流量表、其他附表和财务状况说明书,能够全面地反映公司的经营成果和现金流量情况等信息。根据财务报表对公司进行更深入的财务分析,可以更加系统地揭示公司的偿债能力、资金营运能力、赢利能力和资产价值的增值能力等财务状况。下面将依次介绍进行财务分析常用的三种财务报表——资产负债表、利润表和现金流量表。

4.1.2　资产负债表

1. 资产负债表的概念及功能

资产负债表是反映公司在某一特定日期（月末、季末、半年末、年末）财务状况的会计报表。它表明公司在某一特定日期所拥有或可控制的、预期能为公司带来利益的经济资源、所承担的现有义务和所有者对净资产的要求权。它以"资产＝负债＋所有者权益"这一会计等式为依据,按照一定的分类标准和顺序,把公司在一定日期的资产、负债、所有者权益各个项目予以适当排列,编制成公司的第一张主要财务报表。资产负债表是一张静态报表,反映的是公司在某一会计期间期末的财务状况,是报表编制日财务状况的一幅"快照"。它主要有五个方面的功能:一是可以了解公司的资产总额及分布与结构;二是可以了解公司的负债总额及结构;三是可以了解公司的短期偿债能力、现金支付能力等;四是通过前后两期或更多期资产负债表资料的比较,可以推断公司财务状况发展的趋势;五是可以了解公司所有者权益的内容及构成。

2. 资产负债表的构成

资产负债表的整体框架由三部分组成,即表首、正表和附注。表首标明报表的名称、编制日期以及表中所用的货币单位等内容。附注是对正表中列示项目所作的进一步说明以及对未能在报表中列示项目的说明。而正表是资产负债表的主体内容,由上面的会计等式可以看出,资产负债表由三大部分构成:资产、负债和所有者权益。在账户式资产负债表中,资产、负债和所有者权益分左右列示,左方列示各项资产,右方列示各项负债和所有者权益。在报告式资产负债表中,资产、负债和所有者权益按顺序上下排列。我国公司普遍采用的是账户式资产负债表。

资产负债表的三大构成部分如下。

1) 资产

资产是指公司过去的交易或事项形成的,由公司拥有或控制的,预期会给公司带来经济利益的资源。将一项资源确认为资产,除了要符合资产的定义外,还应同时满足以下两个条件:第一,与该资源有关的经济利益可能流入公司。第二,该资源的成本或者价值能够可靠地计量。资产负债表项目一般按流动性分类。资产按其流动性可以分为流动资产和非流动资产。流动资产是指主要为交易目的而持有的,预计在一个正常营业周期内变现、出售或者耗用的资产,或者在资产负债表制定一日起一年内(含一年)变现的资产以及交换其他资产或清偿负债的能力不受限制的现金或现金等价物,包括货币资金、交易性金融资产、应收票据、应收账款、预付款项、应收利息、应收股利、存货、一年内到期的非流动资产和其他流动资产等。非流动资产是指流动资产以外的资产,包括可供出售的金融资产、持有至到期日的投资、长期应收款、固定资产、无形资产、在建工程、长期待摊费用和其他非流动资产等。

2) 负债

负债是指公司过去的交易或者事项形成的,预期会导致经济利益流出公司的现时义务。将一项现时义务确认为负债,除了要符合负债的定义外,还需要同时满足以下两个条件:第一,与该义务有关的经济利益可能流出公司。第二,未来流出的经济利益的金额能够可靠地计量。按流动性的不同,可以将负债划分为流动负债和非流动负债。流动负债是指主要为交易目的而持有,预计在一个正常营业周期中清偿的负债,或自资产负债表日起一年内到期应予以清偿的负债以及公司无权自主地将清偿推迟至资产负债表日后的一年以内的负债,包括短期借款、交易性金融负债、应付账款、应交税费、其他应付款和一年内到期的非流动负债等。非流动负债是指流动负债以外的负债,包括长期借款、应付债券、长期应付款等。

3) 所有者权益

所有者权益是指公司资产扣除负债后由所有者享有的剩余权益。所有者权益反映了所有者对公司资产的剩余索取权,是公司资产中扣除债权人权益后应由所有者享有的部分。所有者权益有如下特点。

(1) 一般情况下所有者权益无须进行清偿,除非公司发生减资、清算。

(2) 公司清算时,所有者权益的清偿顺序排在债权人之后。

(3) 所有者凭借所有者权益可以参与公司的经营管理和利润的分配。所有者权益包括实收资本、资本公积、盈余公积和未分配利润四部分。

3. 资产负债表实例

表 4-1 给出了 ABC 股份有限公司 2023 年资产负债表的简要内容及格式。为了分析解读报表，本节所提到的占比是指将资产负债表的项目的实际数与同时期总资产数的百分比、期初与期末同一项目增减百分比。

表 4-1　ABC 股份有限公司资产负债表

2023 年 12 月 31 日　　　　　　　　　　　　　　　单位:百万元

资　　产	增减百分比/%	20×9年报	20×8年报	负债和所有者权益（或股东权益）	增减百分比/%	20×9年报	20×8年报
流动资产:				流动负债:			
货币资金	67.72	1 041.01	620.68	短期借款			
交易性金融资产	−55.98	402.22	913.66	应付账款	2.90	1 639.63	1 593.47
应收票据	24.36	604.77	486.32	预收账款	2.11	363.05	355.56
应收账款	5.27	1 057.15	1 004.26	应付职工薪酬	6.45	209.10	196.27
预付款项	−36.48	108.84	171.34	应交税费	−28.88	95.97	134.95
应收利息	−9.02	1.21	1.33	其他应付款	26.23	66.61	52.77
应收股利				流动负债合计	1.77	2 374.37	2 333.01
其他应收款	−28.34	34.92	48.73	非流动负债:			
存货	−9.04	1 426.75	1 568.48	长期借款			
其他流动资产	206.47	1 375.17	448.72	长期应付职工薪酬	−3.80	7.35	7.64
流动资产合计	14.98	6 052.05	5 263.51	预计负债	−76.94	3.00	13.01
非流动资产:				递延所得税负债	43.10	1.66	1.16
长期股权投资	5.88	51.33	48.48	非流动负债合计	−44.96	12.01	21.82
长期债权投资				负债合计	1.34	2 386.37	2 354.83
长期应收款				所有者权益（或股东权益）:			
固定资产	−3.75	920.31	956.19	实收资本（或股本）	−0.15	632.88	633.85
在建工程	−9.74	22.57	24.93	资本公积	2.44	557.58	544.29
无形资产	−2.16	220.72	225.59	其他综合收益	−20.33		
递延所得税资产	12.34	129.14	114.95	盈余公积	27.39	197.41	154.97
长期待摊费用				未分配利润	23.17	3 053.47	2 479.04
非流动资产合计	−1.90	1 344.05	1 370.14	归属于母公司所有者权益合计	16.71	4 421.10	3 788.07
				少数股东权益	19.94	588.63	490.75
				所有者权益（或股东权益）总计	17.08	5 009.73	4 278.82
资产总计	11.49	7 396.11	6 633.64	负债和所有者权益（或股东权益）	11.49	7 396.11	6 633.64

资产负债表内各项目按对应的排列顺序排列。资产类项目按资产流动性程度的高低顺序,即资产的变现能力排列,先流动资产,后非流动资产,这对投资者进行投资决策和债权人进行信贷决策有重要意义。负债类项目按偿还期限长短和偿债风险大小排列,风险大的项目排在前面。一般来说,流动负债对公司的风险和压力要大于非流动负债。所有者权益项目一般按其永久性程度递减的顺序排列,先实收资本,后资本公积、其他综合收益、盈余公积,最后是未分配利润。

其他综合收益项目反映公司根据其他会计准则规定未在损益中确认的各项利得和损失扣除所得税影响后的净额,具体内容在利润表解读中详细介绍。在资产负债表中作为所有者权益的构成部分,采用总额列报的方式进行列报,无须按照明细子目列示,但列示的总额是扣除所得税影响后的金额。

少数股东权益,简称少数股权。在母公司拥有子公司股份不足100%(即只拥有子公司净资产的部分产权)时,子公司股东权益的一部分属于母公司所有(即多数股权),其余部分仍属外界其他股东所有。由于后者在子公司全部股权中不足半数,对子公司没有控制能力,故被称为少数股权。少数股东权益包括以下两种情况:①没有达到控股比例的公司股东权益,即公司51%以上控股权益外的其他股东权益。②公司股东在未完全控股的分公司、子公司中的权益。在合并附属公司的财务报表时,附属公司中的非本公司股份权益被视为公司对外负债。

4.1.3　利润表

1. 利润表的概念及功能

利润表是反映公司在一定会计期间(月度、季度、半年度、年度)的经营成果的财务报表。利润表以"利润＝收入－费用"这一会计等式为依据,根据公司一定会计期间发生的各项收入与各项成本费用支出经过配比计算编制而成。利润表属于动态报表,它表现的是公司一定会计期间的生产经营成果,好比公司一定会计期间生产经营成果的一部"录像"。利润表是公司第二张主要财务报表。

利润表主要有以下四个方面的功能。

(1) 可以反映公司一定会计期间收入的实际情况,方便所有者了解和考核管理人员的经营业绩,分析和预测公司的获利能力,从而把公司的经营管理导向正确的发展道路。

(2) 可以反映公司一定会计期间实现的净利润或者发生净亏损的实际情况,方便管理人员分析出公司损益的形成原因,做出合理的经营决策。

(3) 可以反映公司一定会计期间成本和费用的发生情况。

(4) 债权人和所有者都可以分析测定公司损益的发展变化趋势,做出对其有利的信贷和投资决策。

2. 利润表的构成

利润表的整体框架由三部分组成,即表首、正表和附注。正表是利润表的主体内容,从上面的会计等式中,可以看出利润表内容有三大组成部分:收入、费用和利润。从结构上看,利润表由营业利润、利润总额、净利润和每股收益四部分构成。利润表的格式差别主要就在于正表部分,目前国际上流行的格式一般有多步式和单步式两种。在单步式利润表中,全部收入列在报表的上半部,全部费用列在报表的下半部,收入总额减去费用总额即为本期利润。在多步式利润表中,不同层次的收入和费用相互匹配,计算出不同层次意义上的"利润"指标。根据现行会计准则的规定,我国公司要求采用多步式利润表。

利润表的三大组成部分如下。

(1) 收入。收入是指公司在日常活动中形成的,会导致所有者权益增加的,与所有者投入资本无关的经济利益的总流入。对于收入的确认,除了要符合定义外,还要至少满足下列条件:①与收入有关的经济利益可能流入公司;②经济利益的流入会导致公司资产的增加或负债的减少;③经济利益的流入金额能可靠地计量出来。

(2) 费用。费用是指公司在日常活动中发生的,会导致所有者权益减少的,与向所有者分配利润无关的经济利益的总流出。费用的确认除了要符合定义外,还要至少满足以下条件:①与费用有关的经济利益可能流出公司;②经济利益的流出会导致资产的减少或负债的增加;③经济利益的流出金额能可靠地计量出来。

(3) 利润。利润是指公司一定会计期间的经营成果。利润包括营业利润、利润总额和净利润。利润是一定时期的收入与费用配比的结果。如果收入大于费用,就实现了盈利,增加所有者权益;如果收入小于费用,公司就会亏损,所有者权益就会减少。利润是反映经营成果的最终要素。

利润表各项目之间的关系如下。

营业总成本＝营业成本＋税金及附加＋销售费用＋管理费用
　　　　　＋财务费用＋资产减值损失
营业利润＝营业总收入－营业总成本＋公允价值变动收益＋投资收益
利润总额＝营业利润＋营业外收入－营业外支出
净利润＝利润总额－所得税费用
综合收益总额＝净利润＋其他综合收益的税后净额

3. 利润表实例

表 4-2 给出了 ABC 股份有限公司 2023 年利润表的简要内容及格式。为便于报表分析,本节所提到的占比是指将利润表各项目的实际数据除以当年的营业收入得到百分比、期初与期末同一项目增减百分比在利润表中列示。

表 4-2　ABC 股份有限公司利润表

2023 年度 单位:百万元

项　目	20×9 年报	20×8 年报	增减百分比/%
一、营业总收入	10 909.69	9 534.64	14.42
其中:营业收入	10 909.69	9 534.64	14.42
二、营业总成本	9 802.30	8 659.28	13.20
其中:营业成本	7 749.21	6 766.78	14.52
税金及附加	69.39	55.82	24.31

项　　目	20×9年报	20×8年报	增减百分比/%
销售费用	1 580.07	1 481.09	6.68
管理费用	367.20	324.56	13.14
财务费用	−23.05	−19.28	19.55
资产减值损失	59.48	50.31	18.23
加:公允价值变动收益(损失以"−"号填列)	−1.44	3.67	−139.24
投资收益(损失以"−"号填列)	38.51	26.28	46.54
其中:对联营公司和合营公司的投资收益	3.29	2.61	26.05
三、营业利润(亏损以"−"号填列)	1 144.46	905.31	26.42
加:营业外收入	48.61	32.75	48.43
减:营业外支出	19.40	29.98	−35.29
四、利润总额(亏损总额以"−"号填列)	1 173.67	908.08	29.25
减:所得税费用	187.18	143.13	30.78
五、净利润(净亏损以"−"号填列)	986.49	764.95	28.96
归属于母公司所有者的净利润	889.00	689.89	28.86
少数股东损益	97.49	75.06	29.88
六、其他综合收益的税后净额	3.85	−0.80	−581.25
七、综合收益总额	990.34	764.15	29.60
归属于母公司所有者的综合收益总额	892.85	689.09	29.57
归属于少数股东的综合收益总额	97.49	75.06	29.88
八、每股收益			
1. 基本每股收益/(元/每股)	1.42	1.09	30.26
2. 稀释每股收益/(元/每股)	1.40	1.09	28.44

总体来看,营业收入、营业成本、各类费用和利润项目构成利润表的主体。多步式利润表中,收入列报应能反映公司的赢利渠道和发展方向。对于各类费用,公司应按照费用在公司经营与管理活动中所发挥的功能进行分类列报,通常分为从事生产经营业务发生的成本、销售费用、管理费用和财务费用等。这样有助于财务报告使用者了解公司的活动领域和相应的开支。其中,销售费用反映公司在市场营销这一领域的开支大小,管理费用意味着公司为日常经营管理所发生的费用,财务费用表示公司为融资所发生的费用等。向财务报告使用者提供这种结构性信息,能更清楚地揭示公司经营业绩的主要源泉和构成,使相关会计信息更加有用。

对于"其他综合收益的税后净额"项目,应当根据其他相关会计准则的规定,分为下列两类列报。

(1) 以后会计期间不能重分类进损益的其他综合收益项目,如按照权益法核算的、在被投资单位以后会计期间不能重分类进损益的其他综合收益中所享有的份额。

(2) 以后会计期间在满足规定条件时将重分类进损益的其他综合收益项目,例如,可供出售金融资产公允价值变动所形成的利得或损益、持有至到期投资重分类为可供出售金融资产所形成的利得或损益等。在综合收益总额项目之下,单独列示归属于母公司所有者的综合收益总额和归属于少数股东的综合收益总额。

4.1.4　现金流量表

1. 现金流量表的概念及功能

现金流量表是指反映公司在一定会计期间现金和现金等价物流入和流出情况的报表。其中,现金包括库存现金、银行存款和其他货币资金,现金等价物主要是指公司持有的期限短、流动性强、易于转换为已知金额现金、价值变动风险很小的投资。期限短一般是指从购买日起 3 个月内到期,而现金等价物通常包括 3 个月内到期的债券投资等。股权投资变现的金额通常不确定,因而不属于现金等价物。现金流量是指公司一定会计期间内现金和现金等价物流入和流出的数量,它包括经营活动产生的现金流量、投资活动产生的现金流量和筹资活动产生的现金流量。

现金流量表是公司的第三张主要财务报表,主要有四个方面的功能:①反映公司的现金流量,评价公司未来产生现金净流量的能力。②评价公司偿还债务、支付投资利润的能力,谨慎判断公司财务状况。③分析净收益与现金流量间的差异,并解释差异产生的原因。④通过对现金投资与融资、非现金投资与融资的分析,全面了解公司财务状况。

2. 现金流量表的构成

现金流量表的整体框架由三部分组成,即表首、正表和附注。其中,表首标明报表的名称、编制日期以及表中所用的货币单位等内容。附注是对正表中列示项目所做的进一步说明以及对未能在报表中列示项目的说明,包括将净利润调节为经营活动现金流量的信息、以总额披露当期取得或处置子公司及其他营业单位的信息、与现金和现金等价物有关的信息。正表是现金流量表的主体内容,主要由经营活动产生的现金流量、投资活动产生的现金流量、筹资活动产生的现金流量、汇率变动对现金及现金等价物的影响以及现金及现金等价物净增加额五部分构成。现金流量表正表中的前三大组成部分最为主要。

现金流量表的三大组成部分如下。

(1) 经营活动产生的现金流量。经营活动产生的现金流量是指公司投资活动和筹资活动以外的所有交易和事项产生的现金流量,包括销售商品或提供劳务、经营性租赁、购买货物、接受劳务、制造产品、缴纳税款等。

经营活动的现金流入分为三类:①销售商品、提供劳务收到的现金;②收到的税费返还;③收到的其他与经营活动有关的现金。

经营活动的现金流出分为四类:①购买商品、接受劳务支付的现金;②支付给职工以及为职工支付的现金;③支付的各项税费;④支付的其他与经营活动有关的现金。

通过上述各项目分别反映经营活动产生的现金流入和现金流出,可以说明公司经营活动对现金流入和现金流出净额的影响程度,分析经营活动的各项现金流入的来源与流出的去向及其发展趋势,反映公司从事经营活动获取现金的能力。

(2) 投资活动产生的现金流量。投资活动是指公司购置与处置非流动资产的各项事项,即公司长期资产的购建和不包括在现金等价物范围内的投资及处置活动。投资活动产生的现金流量,既包括对外投资产生的流量,也包括对内投资产生的现金流量,但不包括作为现金等价物的投资。作为现金等价物的投资属于现金内部各项目的转换,不会影响现金流量净额的变动。现金流量表中反映的投资活动的流量,对公司现金流量净额会产生影响。

投资活动产生的现金流入分为五类:①收回投资所收到的现金;②取得投资收益所收到的现金;③处置固定资产、无形资产和其他长期资产所收回的现金净额;④处置子公司及其他营业单位收到的现金净额;⑤收到的其他与投资活动有关的现金。

投资活动产生的现金流出分为四类:①购建固定资产、无形资产和其他长期资产所支付的现金;②投资所支付的现金;③取得子公司及其他营业单位支付的现金净额;④支付的其他与投资活动有关的现金。

通过上述各项目分别反映投资活动现金流入和流出,可以说明投资活动对公司现金流量的影响程度,分析投资活动的各项目现金流入和流出及其发展趋势,反映公司从事投资活动获取现金的能力。

(3) 筹资活动产生的现金流量。筹资活动是指导致公司资本及债务规模和构成发生变化的活动。公司向投资者筹集资金,包括吸收权益性资本、分配股利或利润、减少注册资本等活动;公司向债权人筹集资金,包括短期借款和长期借款的借入与偿还,公司债券发行的到期还本、融资租入固定资产应付款、应付引进设备以及其他长期负债的形成与偿还,各种负债筹资应支付的利息费用等。这部分资金不包括经营活动中所发生的"应付票据""应付账款""其他应付款"和"应付工资"等经营形成负债项目。虽然这些项目也能形成公司的一定资金来源,但其性质不属于筹资活动而属于经营活动。

筹资活动产生的现金流入分为三类:①吸收投资所收到的现金;②取得借款所收到的现金;③收到的其他与筹资活动有关的现金。

筹资活动产生的现金流出分为三类:①偿还债务所支付的现金;②分配股利、利润或偿付利息所支付的现金;③支付的其他与筹资活动有关的现金。

通过上述各项目分别反映筹资活动产生的现金流量,可以分析筹资产生的现金流入与流出对公司现金流量净额的影响程度,反映公司筹资能力。现金流量按照经营活动、投资活动和筹资活动进行分类报告,其目的是便于报表使用者深入了解各类活动对公司财务状况的影响以及预测评估公司现金流量的未来前景。对于公司日常活动之外的、不经常发生的特殊项目(如自然灾害损失、保险赔款、捐款等),应在现金流量表中归至相关类别中,并单独予以反映。

现金流量表中各项目之间的关系如下。

$$现金及现金等价物的净增加额 = 经营活动产生的现金流量净额 + 投资活动产生的现金流量净额 + 筹资活动产生的现金流量净额 + 汇率变动对现金及现金等价物的影响$$

$$\begin{array}{l} \text{期末现金及现金} \\ \text{等价物余额} \end{array} = \text{现金及现金等价物的净增加额} + \text{期初现金及现金等价物余额}$$

3. 现金流量表实例

我国公司现金流量表采用报告式结构,分类反映经营活动产生的现金流量、投资活动产生的现金流量和筹资活动产生的现金流量,最后汇总反映公司某一期间现金及现金等价物的净增加额。表 4-3 给出了 ABC 股份有限公司 2023 年现金流量表的简要内容及格式。

表 4-3 ABC 股份有限公司现金流量表

2023 年 12 月 31 日　　　　　　　　　　　　　单位:百万元

项　　目	行次	20×9年 年报	20×8年 年报	增减百 分比/%
一、经营活动产生的现金流量	1			
销售商品、提供劳务收到的现金	2	12 004.77	10 490.88	14.43
收到的税费返还	3	158.58	186.07	−14.77
收到的其他与经营活动有关的现金	4	55.72	36.95	50.80
现金流入小计(一)	5	12 219.07	10 713.90	14.05
购买商品、接受劳务支付的现金	6	8 039.69	7 353.54	9.33
支付给职工以及为职工支付的现金	7	1 097.84	1 013.18	8.36
支付的各项税费	8	638.34	507.93	25.67
支付的其他与经营活动有关的现金	9	1 310.11	1 006.06	30.22
现金流出小计(一)	10	11 085.98	9 880.72	12.20
经营活动产生的现金流量净额	11	1 133.09	833.19	35.99
二、投资活动产生的现金流量	12			
收回投资所收到的现金	13	0	0	0
取得投资收益所收到的现金	14	30.25	21.41	41.29
处置固定资产、无形资产和其他长期资产所收回的现金净额	15	2.40	3.72	−35.48
处置子公司及其他营业单位收到的现金净额	16	0	0	0
收到的其他与投资活动有关的现金	17	1 542.33	1 369.80	12.60
现金流入小计(二)	18	1 574.98	1 394.93	12.91
购建固定资产、无形资产和其他长期资产所支付的现金净额	19	75.92	124.46	−39.00
投资所支付的现金	20	0	0	0
取得子公司及其他营业单位支付的现金净额	21	0	0	0
支付的其他与投资活动有关的现金	22	1 905.40	1 840.76	3.51

项　目	行次	20×9年年报	20×8年年报	增减百分比/%
现金流出小计(二)	23	1 981.32	1 965.21	0.82
投资活动产生的现金流量净额	24	−406.34	−570.29	−28.75
三、筹资活动产生的现金流量	25			
吸收投资所收到的现金	26	0	0	0
取得借款收到的现金	27	0	0	0
收到的其他与筹资活动有关的现金	28	0	0	0
现金流入小计(三)	29	0	0	0
偿还债务所支付的现金	30	0	0	0
分配股利、利润或偿付利息所支付的现金	31	271.09	234.66	15.52
支付的其他与筹资活动有关的现金	32	0	0	0
现金流出小计(三)	33	271.09	234.66	15.52
筹资活动产生的现金流量净额	34	−271.09	−234.66	15.52
四、汇率变动对现金的影响	35	15.28	−1.62	−1 043.21
五、现金及现金等价物净增加额	36	470.94	26.62	1 669.12
加:期初现金及现金等价物余额	37	416.88	390.26	6.82
六、期末现金及现金等价物余额	38	887.82	416.88	112.97

4.1.5　财务分析的基本方法

财务报表分析的方法多种多样,最主要的方法为比较分析法和因素分析法。

1. 比较分析法

比较分析法是将不同时期的两个或两个以上的相同项目的财务数据直接加以比较,以分析财务指标变动差异及其趋势的方法。

1) 根据财务报表的比较(参照)标准进行分类

(1) 趋势分析。将实际达到的结果与不同时期财务报表中同类指标的历史数据进行比较,从而确定财务状况、经营状况和现金流量的变化趋势和变化规律的一种分析方法。通过对比期与前期(上季、上年同期)财务报表中有关项目金额的差异,可以及时发现问题,查找原因,改进工作。对连续数期的财务报表项目的比较,能够反映出公司的发展动态,以揭示当期财务状况和营业情况增减变化,判断引起变动的主要项目是什么,这种变化的性质是有利还是不利,发现问题并评价公司财务管理水平,同时也可以预测公司未来的发展趋势。

(2) 同业分析。将公司的主要财务指标与同行业的平均指标或同行业中先进公司指标对比,从而分析判断该公司在同行业中所处的位置,或吸收行业中的先进经验,克服本公司的缺点。

（3）预算差异分析。将分析期的预算数额作为比较的标准,实际数与预算数的差距就能反映完成预算的程度,可以给进一步分析和寻找公司潜力提供方向。

比较法的主要作用在于揭示客观存在的差距以及形成这种差距的原因,帮助人们发现问题,挖掘潜力,改进工作。比较法是各种分析方法的基础,不仅报表中的绝对数要通过比较来说明问题,报表中计算出来的财务比率和结构百分数也都要与有关资料(比较标准)进行对比,才能得出有意义的结论。

在比较分析时,必须选择比较的基础,作为评价本公司当期实际数据的参照标准,包括本公司的历史数据、同业数据和计划预算数据。横向比较时,使用同业标准。同业的平均数,只起一般性的指导作用,不一定有代表性,也不是合理性的标志。通常,选一组有代表性的公司数据求其平均数,以之作为同业标准,可能比整个行业的平均数更好。近年来,人们更重视以竞争对手的数据作为分析基础。在纵向比较时,则以本公司历史数据作为比较基础。历史数据代表公司的过去,并不代表合理性。经营环境是变化的。今年的利润比去年提高了,不一定说明公司已经达到了应该达到的水平,甚至不一定说明公司的管理有了改进。ABC 股份有限公司近 3 年主要财务指标如表 4-4 所示。

表 4-4　ABC 股份有限公司近 3 年主要财务指标

财 务 指 标	2023-12-31	2022-12-31	2021-12-31	行业均值
销售净利润率/%	9.04	8.02	7.65	7.65
净资产收益率/%	21.24	18.21	17.73	8.86
销售毛利率/%	28.97	—	28.54	25.95
流动比率/%	2.55	2.26	2.23	2.15
速动比率/%	1.95	1.58	1.56	1.75
资产负债率/%	32.27	35.5	34.94	42.19
产权比率/%	47.63	54.52	53.28	101
应收账款周转率/次	10.58	11.49	12.67	13.32
存货周转率/次	4.99	4.68	5.17	5.36
总资产周转率/次	1.56	1.54	1.57	0.94
现金流量比率/%	0.48	0.35	0.29	0.27

2）根据财务报表的比较指标进行分类

（1）总量指标。总量是指财务报表某个项目的金额总量。不同公司的会计报表中各项目的金额之间不具有可比性。因此,总量比较主要用于历史和预算比较。有时候,总量指标也用于不同公司的比较,例如,证券分析机构按资产规模或利润额建立的公司排行榜。

（2）财务比率。财务比率是用倍数或比例表示的分数式,它反映各会计要素的相互关系和内在联系,代表了公司某一方面的特征、属性或能力。财务比率的比较是最重要的比较。它们是相对数,排除了规模的影响,使不同比较对象建立起可比性,因此广泛用于历史比较、同业比较和预算比较。

（3）结构百分比。结构百分比是用百分率表示某一报表项目的内部结构。它反映该项目内各组成部分的比例关系,代表了公司某一方面的特征、属性或能力。

应用比较分析法对同一性质指标进行数量比较时,要注意所用指标的可比性,必须在指标内容、期间、计算口径、计价基础等方面保持一致。

2. 因素分析法

比较分析法能够帮助我们确定财务报表中因各项经济指标变动而产生的差异,但是,对于差异形成的原因及各种原因对差异的影响程度,则需要进一步进行因素分析。因素分析法又叫因素替代法或连环替代法,是对某项综合指标的变动原因按其内在的组成因素进行数量分析,用于确定各个因素对指标的影响程度和方向。在分析多种因素影响的事物变动时,根据指数法的原理,如观察某一因素变动的影响,则将其他因素固定下来,如此逐项分析,逐项替代,故称因素分析法。因素分析法可细分为以下方法。

1) 比率因素分解法

比率因素分解法是指把一个财务比率分解为若干个影响因素的方法。例如,资产收益率可以分解为资产周转率和销售净利润率两个比率的乘积。在实际的分析中,分解法和比较法是结合使用的。比较之后需要分解,以深入了解差异的原因;分解之后还需要比较,以进一步认识其特征。不断地比较和分解,构成了财务报表分析的主要过程。

2) 差异因素分解法

为了解释比较分析中差异形成的原因,需要使用差异分解法。例如,产品材料成本差异的产生原因可以分为价格差异和数量差异。差异因素分解法又分为定基替代法和连环替代法两种。

(1) 定基替代法。定基替代法是测定比较差异成因的一种定量方法。按照这种方法,需要分别用标准值(历史的、同业公司的或预算的标准)替代实际值,以测定各因素对财务指标的影响。

(2) 连环替代法。连环替代法是另一种测定比较差异成因的方法。按照这种方法,需要依次用标准值替代实际值,以测定各因素对财务指标的影响。

采用因素分析法时应注意以下问题。

(1) 注意因素分解的关联性。

(2) 因素替代的顺序性。

(3) 顺序替代的连环性,即计算每一个因素变动时,都应在前一次计算的基础上进行,并采用连环比较的方法确定因素变化造成的影响结果。

(4) 计算结果的假定性,连环替代法计算的各因素变动的影响数,会因替代计算的顺序不同而有差别,即其计算结果只是在某种假定前提下的结果。为此,财务分析人员在运用此方法时,应力求使这种假定是合乎逻辑的假定,是具有实际经济意义的假定,这样,计算结果的假定性就不会妨碍分析的有效性。

【例 4-1】 20×9 年,ABC 公司某种材料费用的实际数是 9 200 万元,其计划数是 8 500 万元。其中,实际产品产量为 100 万件,单位产品材料耗用量为 4 件,材料单价为 23 元;计划产品产量为 85 万件,单位产品材料耗用量为 5 件,材料单价为 20 元。

第一步：确定需要分析的财务指标，比较其实际数额和标准数额的差额。财务指标为材料费用，差额为 9 200－8 500＝700（万元）。

第二步：确定该财务指标的驱动因素以及替代顺序。这里按顺序确定的驱动因素分别为产品产量、单位产品材料耗用量、材料单价。

第三步：顺序计算各驱动因素对财务指标的影响。

计划指标：	$85 \times 5 \times 20 = 8\ 500$（万元）	①
第一次替代：	$100 \times 5 \times 20 = 10\ 000$（万元）	②
第二次替代：	$100 \times 4 \times 20 = 8\ 000$（万元）	③
第三次替代：	$100 \times 4 \times 23 = 9\ 200$（万元）（实际数）	④

各因素变动的影响程度分析：

②－①＝10 000－8 500＝1 500（万元）　　　产量增加的影响

③－②＝8 000－10 000＝－2 000（万元）　　材料节约的影响

④－③＝9 200－8 000＝1 200（万元）　　　价格提高的影响

1 500－2 000＋1 200＝700（万元）　　　　全部因素的影响

4.1.6 财务报表分析的局限性

财务报表分析对了解公司的财务状况和经营业绩。评价公司的偿债能力和赢利能力，制定经济决策有着显著的作用。但由于种种因素的影响，财务报表分析及其分析方法也存在着一定的局限性。在分析中，应注意这些局限性的影响，以保证分析结果的正确性。具体表现如下。

1. 会计核算方法及报表分析方法对可比性的影响

1) 会计核算方法选择的影响

有些会计核算方法可以由公司根据自身的情况选择，采用不同处理方法所产生的数据会有差别。例如，存货计价，在物价变动时，采用先进先出法与后进先出法计价所确定的期末存货余额和有关费用额是不同的。再比如固定资产折旧，采用直线法计提折旧和采用加速折旧法计提折旧，其年折旧费也不同。公司长期投资采用成本法或采用权益法确认的投资收益也不一样。因此，如果公司前后时期会计方法改变，那么就会对前后时期财务报表分析产生影响。同样，如果一个公司与另一个公司比较，而两公司对同一会计事项的会计处理采用的方法不一样，那么数据可比性也会降低。因此，在财务报表分析时一定重视附注等资料的作用，了解公司使用的是哪种方法，有无变更等，从而尽量避免其对财务报表分析产生的不利影响。

2) 报表分析方法选择的影响

从会计报表分析方法中的指标分析来看，某些指标的计算方法也会给不同公司之间的比较带来不同程度的影响。如应收账款周转率、存货周转率等，其平均余额的计算会受到数据的限制——报表使用者往往用年初数与年末数进行平均。这样计算的应收账款余额和存货余额，对经营业务在一年内较平均的公司而言是基本符合实际情况的，但对季节性的公司或单月变动情况较大的公司而言就是偏离实际的。如期初、期末正好是经营旺季,其平均余额会过大;如是淡季,其平均余额又会偏小,影响指标的准确性,进而影响财务报表分析的质量。

2. 比较基础问题

现实中,财务报表分析、指标评价往往要与其他公司及行业的平均指标进行比较才有意义。但公司自身的情况不同(如环境影响、公司规模的差别),有时会使得财务报表分析中相关数据的比较基础存在局限性。

1)同业比较的局限性

同业比较时往往使用同业标准,而行业平均指标多是各种情况的综合和折中,只起一般性指导作用,不一定有代表性,不是合理性标志。采用不同财务政策的公司可能会包括在同一个行业平均数中;资本密集型公司与劳动密集型公司包括在一组内;采用激进财务政策的公司和采用保守财务政策的公司包括在同一平均数中。还有近年来,一些公司重视以竞争对手的数据为分析基础,但有的公司进行多种经营,没有明确的行业归属,这时进行同行比较就相对困难。

2)趋势分析的局限性

趋势分析是以本公司历史数据作为比较基础。可是,历史数据往往代表过去,并不代表合理性。短期的利润增加并不一定说明公司管理上有了改进,也可能是公司所处的行业大环境变化所致。

3)实际与计划差异分析的局限性

实际与计划的差异分析,是以计划预算作比较基础。而实际值与预算的差异,有时可能是预算不合理所致,并非执行中的问题。在财务报表分析中必须加以重视,合理分析。

3. 财务报表本身的局限性

1)报表资料对未来决策价值的不完全性

由于我国的财务报表是按照历史成本原则编制的,很多数据不代表其现行成本或变现价值。在通货膨胀时期,有关数据会受到物价变动的影响。由于假设币值不变,将不同时点的货币数据简单相加,使其不能真实地反映公司的财务状况和经营成果,有时难以对报表使用者的经济决策有实质性的参考价值。例如,以历史成本为基础的资产价值必然小于资产当前的价值,以前以 500 万元购买的固定资产,现在的重置成本可能为 800 万元,但账上及报表上仍反映为 500 万元固定资产原价。折旧费是按固定资产原价提取的,利润是扣减这种折旧费计算出来的。而由于折旧费定低了,公司将无力重置价格已上涨的资产;同时,由于折旧费定低了,利润算多了,又可能导致公司多交所得税,最终使公司的简单再生产也难以维持。

2)缺少反映长期信息的数据

按年度分期报告时,通常只报告了短期信息,而不能提供反映长期潜力的信息。同时,由于报表本身的原因,提供的数据是有限的。这对报表使用者来说,可能导致不少必需的信息难以在财务报告中找到。

3）一些重要的非货币化决策信息未在报表中反映

列入公司财务报表的信息，仅是可以利用的、能以货币计量的经济来源。而在现实中，因为客观条件制约或因会计惯例制约，公司还有不少难以用货币计量但对决策很有用的信息并未在报表中体现。例如，知识产权是公司的巨大财富，但由于计量方面的原因，其真正价值也难以在无形资产中客观地显示出来。而这些内容对决策又具有重大的参考价值。因此说，报表仅仅反映了公司经济资源的一部分。

4. 财务报表的真实性问题

1）人为操纵

在很多情况下，公司出于各种目的，需要向外界展示良好的财务状况和经营成果。一旦实际经营状况难以达到目标，公司会主动选择有利于提高利润的会计核算方法，或者采取其他手段来粉饰会计报表。例如，以赊购方式购买货物时，故意将年终要采购的物资推迟到下年初再购买，或有意将借款在年终偿还，等下年初再重新借入，从而达到提高本年流动比率的目的。在会计期结束之前，公司如果意识到当期销售收入未达目标，有时会采取假销售的办法，虚增当期收入与利润，以使信息使用者对本公司的利润水平有较高的评价。在制造业，有的公司为提高利润水平，往往采用高估期末在产品成本，低估入库产成品的成本的方法。这些人为操纵造成的结果，极有可能是使信息使用者得到的报表信息与公司实际状况相距甚远，从而误导信息使用者，也使得财务报表分析失去意义。

2）与理财活动结合的操纵

随着公司产权结构的不断变动，子公司的购买、处理行为已不鲜见，由此引起合并范围的频繁变动。同时，合并范围政策的变化，也会引起合并范围的变动。根据这些情况，必须解决子公司变动时的规范合并处理问题，以解决当期利用合并范围的变动任意调节利润、任意改变已形成的财务状况，扭曲会计信息的问题。从上市公司的资产重组实务来看，公司集团内部转让股权这种内部交易往往金额大，可能对公司财务状况产生重要影响，而且，由于在关联方之间发生，可能有失公允，甚至被大股东利用控股关系进行操纵，用以调节转移集团内部利润，粉饰上市公司业绩。

因此，在进行财务报表分析时，有必要采取关联交易剔除法还原真实的财务报表，即：将来自关联公司的营业收入和利润总额予以剔除，分析某一特定公司的赢利能力在多大程度上依赖于关联公司，以判断这一公司的赢利基础是否扎实、利润来源是否稳定。

如果公司的营业收入和利润主要来源于关联公司，会计信息使用者就应当特别关注关联交易的定价政策，分析公司是否以不等价交换的方式与关联公司发生交易而进行会计报表粉饰。关联交易剔除法的延伸运用是，将上市公司的会计报表与其母公司编制的合并会计报表进行对比分析，如果母公司合并会计报表的利润总额（应剔除上市公司的利润总额）大大低于上市公司的利润总额，就可能意味着母公司通过关联交易将利润"包装注入"上市公司。

综上所述，财务报表分析是一个具体又复杂的过程，其自身也存在着不可忽视的局限性。报表使用者在进行财务分析时，不能完全依赖于报表分析结果，还要关注报表之外的信息。

知识链接 4-1：财务报表体系的形成

4.2 财务比率分析

财务比率是财务分析的工具，能揭示财务报表中不同数字之间的关系。一般来说，可用四个方面的比率来衡量公司的风险和收益的关系，即（长短期）偿债能力的比率、营运能力比率、赢利能力比率、市场价值比率。

4.2.1 偿债能力比率分析

偿债能力是公司清偿全部到期债务的现金保证程度。按债务偿还期限的不同（通常以 1 年为限），公司的偿债能力可分为短期偿债能力和长期偿债能力。短期偿债能力（即流动性）一般取决于公司资产变现能力及公司再融资或现款筹措能力，与公司一定时期的获利能力大小关系不大。由于债务是长期的，所以长期偿债能力的强弱不仅取决于当时的现金净流量，而且与公司的获利能力密切相关。

1. 短期偿债能力分析（流动性分析）

短期偿债能力是公司流动资产对流动负债及时、足额偿还的保证程度，是公司当前财务能力（特别是流动资产变现能力）的重要标志。反映公司短期偿债能力的指标主要有流动比率、速动比率、现金比率、现金流量比率等。

1）流动比率

（1）流动比率的概念及计算。流动比率是流动资产与流动负债的比值。公司能否偿还流动负债，取决于公司有多少流动负债以及有多少流动资产。其计算公式如下。

$$流动比率＝流动资产÷流动负债$$

根据表 4-1 的有关资料，ABC 公司 2023 年的流动比率计算如下。

$$流动比率＝6\,052.05÷2\,374.37＝2.55$$

根据表 4-4，比较近 3 年流动比率情况，ABC 公司近 3 年流动比率呈上升趋势，且高于同行业平均水平，因此，ABC 公司的流动比率表现良好。

（2）流动比率分析。一般而言，流动比率越大，其偿债能力就越强，对债权人也越有保障。国际上通常认为，流动比率为 2∶1 比较适当，过高或过低的流动比率都不好。这是因为，流动比率过高，表明公司流动资产积压太多，未能得到有效利用，会影响资金的使用效率，进而影响公司的获利能力；如果流动比率过低，则说明公司缺乏偿还短期债务的能力，甚至可能导致破产。

85

在分析流动比率时,要注意以下几个问题。

① 流动比率为 2∶1 较理想的观点,是从全社会公司平均水平而言的,具体到各行业又有其行业的不同特点,如加工业和制造业的平均流动比率一般要高于商业、旅游业和服务业。所以,考察此比率时须与同一行业的其他公司相比较,才能得出较为合理的解释。

② 孤立地看某公司在某个时点的流动比率,往往只能得到肤浅的解释;而如果把它同去年同期或前几年的数据进行比较,则可能会更进一步地了解到公司短期偿债能力改善或恶化的情况,从而采取相应的措施。

③ 流动比率反映公司短期偿债能力,仅仅是一个粗略的估计,没有考虑流动资产各项目的流动性,而流动资产中各项目流动性并不是一样的,例如,存货、预付账款是不一定能立即变现的。所以,要更准确地分析公司偿还短期债务的能力,应扣除这些因素,即利用速动比率做进一步分析。

2) 速动比率

(1) 速动比率的概念及计算。速动比率是指公司速动资产与流动负债的比率,是衡量公司在某一时点上运用随时可变现资产去偿付到期债务的能力,是对流动比率的补充。流动资产中相当大的一部分是存货,包括原材料、在产品、产成品,甚至包括低值易耗品、包装物、委托代销加工的物资等。存货不能用来偿债,所以在流动资产中扣除存货之后剩下的那部分资产称为速动资产。速动资产就是可以立即用来偿还债务的资产。其计算公式如下:

$$速动比率 = 速动资产 \div 流动负债$$

式中,

$$速动资产 = 流动资产 - 存货(粗略计算)$$

或

$$速动资产 = 流动资产 - 存货 - 预付账款 - 待摊费用$$

速动资产剔除了存货等变现能力较弱且不稳定的资产,因此,速动比率比流动比率更能准确、客观地反映公司的短期偿债能力。从理论上讲,前面所谈到的流动性不强或者若在短时间内变现则可能会有很大折价的资产,都不属于速动资产。计算速动比率时,从流动资产中扣除存货,是因为存货在流动资产中变现速度较慢,有些存货可能滞销,无法变现。预付账款和待摊费用根本不具有变现能力,只是减少公司未来的现金流出量,所以在理论上应加以剔除。这样,速动资产就只包括货币资金、交易性金融资产、应收票据、应收账款、应收利息、应收股利和其他应收款。但在实务中,由于预付账款和待摊费用在流动资产中所占的比重较小,计算速动资产时也可以不扣除。

根据表 4-1 的有关资料,ABC 公司 20×9 年的速动比率如下。

$$速动比率 = (6\,052.05 - 1\,426.75) \div 2\,374.37 = 1.95$$

根据表 4-4,ABC 公司近 3 年速动比率呈上升趋势,且高于同行业平均水平。因此,ABC 公司的速动比率表现良好。

(2) 速动比率分析。国际上一般认为,速动比率是 1∶1 比较适当。与流动比率一样,速动比率过高也可能说明公司投资过于保守,而过低则会被认为是短期偿债能力偏低。当然,要注意的是不同的行业速动比率不完全一样,有的甚至差别很大。如大量采用

86

现金销售的零售商店几乎没有应收账款,速动比率低于1,这是很正常的;相反,一些公司的应收账款较多,速动比率大于1,这也可能是正常的。所以,在分析时一般要参考同行业资料和本公司历史情况进行判断。

3)现金比率

(1)现金比率的概念及计算。现金比率是指现金资产与流动负债的比率。它表明:对于1元流动负债,公司有多少现金资产可以作为偿还保障。所谓"现金资产",是指流动资产中流动性最强,可以直接用于偿债的那一部分,其金额等于资产负债表中的货币资金与以公允价值计量且其变动计入当期损益的金融资产之和。其计算公式如下。

现金比率=现金类资产÷流动负债

=(货币资金+以公允价值计量且其变动计入当期损益的金融资产)

÷流动负债

根据表4-1的有关资料,该ABC公司20×9年的现金比率如下。

现金比率=(1 041.01+402.22)÷2 374.37=0.61

(2)现金比率分析。现金比率计量的是可用于偿还流动负债的现金,衡量的是公司实时偿还流动负债的能力,是最保守的短期偿债能力比率。现金比率高,说明公司即刻变现能力强,即随时可以偿还短期债务。一般情况下,公司的现金比率会低于1。如果这个指标很高,也不一定是好事。它可能反映出该公司不善于充分利用现金资源,没有把现金投入经营以获取更多的利润。一般说来,在评价公司变现能力时,现金比率的重要性不大——因为不可能要求公司用货币资金和短期有价证券来偿还全部流动负债,公司也没有必要总是保持足以还债的货币资金和短期有价证券。但是,当发现公司的应收账款和存货的变现能力存在问题时,现金比率就显得很重要了。它的作用是表明在最坏情况下的短期偿债能力。

4)现金流量比率

(1)现金流量比率的概念及计算。现金流量比率是经营净现金流量和流动负债的比,表明对于1元流动负债,有多少经营净现金流量可以作为保障。其计算公式如下。

现金流量比率=经营净现金流量÷流动负债

计算指标时,流动负债可从资产负债表中直接取得期末值。公式中的经营净现金流量金额是现金流量表中的"经营活动产生的现金流量净额",是公司可以用来偿债的现金流量。

根据表4-1、表4-3的有关资料,该ABC公司20×9年的现金流量比率如下。

现金流量比率=1 133.09÷2 374.37=0.48

根据表4-4可知,ABC公司近三年的现金流量比率呈上升趋势,且高于同期行业均值,说明ABC公司的现金流量比率表现良好,偿债能力较好。

(2)现金流量比率分析。现金流量比率反映了公司通过经营活动产生的净现金流量对于短期债务偿还的保障程度。该指标是从现金流入和流出的动态角度,对公司实际偿债能力进行考察,用该指标评价公司的短期偿债能力更为谨慎。该指标较大表明,公司经营活动产生的现金净流量较多,能够保障公司按时偿还到期债务。但是,该指标不是越大越好,其太大则表示公司流动资金利用不充分,收益能力不强;如果该指标过低,则表明公司可能出现了现金危机。

5）其他影响因素

公司的流动性和短期偿债能力并非完全反映在基本的财务比率中,还有一些报表之外的因素也会影响公司的短期偿债能力。在进行报表分析时,也应当尽可能地了解这些能够反映公司流动性和短期偿债能力的表外信息。当存在以下几种情况时,公司的偿债能力比财务比率所反映的情况要好:可动用的银行贷款指标、一些长期资产可以在短期内变现、公司偿债信誉较好容易筹集到新的贷款。当存在以下几种情况时,公司的偿债能力比财务比率所反映的情况要差:数额较大并且可能发生的或有负债、有追索权的已贴现票据、长期资产购置合同中的分阶段付款等。

2. 长期偿债能力分析

长期偿债能力是指公司偿还长期负债的能力。公司的长期负债一般包括长期借款、应付债券、长期应付款等。反映长期偿债能力的指标主要有负债比率、产权比率、权益乘数、利息保障倍数和现金流量债务总额比等。

1）负债比率

（1）负债比率的概念及计算。负债比率也称资产负债率或举债经营比率,是公司负债总额与资产总额的比率,它反映在公司的总资产中有多少资金来自债权人,揭示一个公司的负债水平和长期偿债能力。其计算公式如下。

$$负债比率 = (负债总额 ÷ 资产总额) × 100\%$$

根据表 4-1 的有关资料,ABC 公司 2023 年的负债比率如下。

$$负债比率 = (2\,386.37 ÷ 7\,396.11) × 100\% = 32.27\%$$

根据表 4-4,比较近 3 年资产负债率情况,ABC 公司 2023 年负债比率有所降低,且显著低于同行业平均水平,说明公司在 20×9 年长期偿债能力有所提升。

（2）负债比率分析。该指标表示公司对债权人资金的利用程度。该指标对不同信息使用者的意义不同。

① 从债权人的立场看,他们强调公司负债比率要低,总希望把钱借给那些负债比率比较低的公司——因为如果一个公司负债比率比较低,钱收回的可能性就会大一些。他们非常关心公司每 1 元钱的背后有多少资产作为坚实后盾,到期能否收回本息。因此,对债权人来说,公司负债比率越低,自身越安全。

② 从股东的角度看,资产负债率越高,意味着可以吸收到的资金越多。通过财务杠杆增加股东的回报,可分散自身对公司承担的总风险。但是,过高的资产负债率可能适得其反。

③ 公司经营者对负债比率强调的是负债要适度——因为负债比率高,风险就大;负债比率低,又显得太保守。经营者应该平衡各渠道的资金来源,维持适度的资产负债率,这样既可以保障债权人的资金安全,又可以持续增加给股东的回报。

有关经验表明,资产负债率的适当范围介于 30%～70%。事实上,如果资产负债率高于 50%,债权人的利益就缺乏保障。不同资产的变现能力有着很大区别。因此,不同行业的资产负债率存在差异,不同行业之间不具可比性。在分析资产负债率时,一般通过与行业平均值比较而得出结论。

2）产权比率

（1）产权比率的概念及计算。产权比率是指公司负债总额对所有者权益总额的比率,反映公司资金来源的结构比率关系,用来衡量公司清算时对债权人的保护程度。其计算公式如下。

$$产权比率＝（负债总额÷所有者权益总额）×100\%$$

根据表4-1的有关资料,ABC公司2023年的产权比率如下：

$$产权比率＝（2\,386.37÷5\,009.73）×100\%＝47.63\%$$

根据表4-4,ABC公司近3年产权比率呈下降趋势,且显著低于同行业平均水平,说明公司在2023年长期偿债能力有所提高。

（2）产权比率分析。从投资人的角度来讲,这一比率越大,只要资产报酬率高于贷款利率,通过财务杠杆效应,就能够提高投资报酬率,所以希望该比率尽可能大。而从债权人的角度讲,这一比率越高,风险也就越大,所以希望该比率越小越好。在西方,财务分析师通常建议公司把负债与权益的比率维持在1∶1的水平上。当然,这必须视公司的营运情况而定。

3）权益乘数

（1）权益乘数的概念及计算。权益乘数是公司的资产总额与所有者权益总额的比值,反映了1元的股东权益所拥有的资产。其计算公式如下。

$$权益乘数＝资产总额÷所有者权益总额$$

根据表4-1的有关资料,ABC公司2023年的权益乘数如下。

$$权益乘数＝7\,396.11÷5\,009.73＝1.48$$

（2）权益乘数分析。其实,权益乘数和产权比率是负债比率的另外两种表达形式,都可以衡量公司清算时对债权人利益的保护程度以及股权资本推动总资本的能力。权益乘数越大,表明公司负债越多,可能会导致公司财务杠杆率提高,财务风险增大。它们之间的关系如下。

$$权益乘数＝1＋产权比率＝1÷（1－负债比率）$$

因此,权益乘数总比产权比率大1,权益乘数和产权比率是两种常用的财务杠杆,权益乘数大小所表示的意义与对应的产权比率相同。

4）利息保障倍数

（1）利息保障倍数的概念及计算。利息保障倍数又称为已获利息倍数,是公司息税前利润与债务利息费用的比率,反映了公司经营所得支付利息的能力。其计算公式如下：

$$利息保障倍数＝息税前利润÷债务利息$$

式中,

$$息税前利润＝利润总额＋债务利息$$

根据表4-1～表4-3的有关资料,ABC公司2023年没有利息支出,也就没有必要计算利息保障倍数。事实上,该公司2023年的偿债能力非常强。

（2）利息保障倍数分析。一般来说,利息保障倍数至少大于1,且比值越大越好,这说明公司支付债务利息的能力越强;如果比值过小,则公司面临亏损,偿债风险增大,而确保利息费用的支付是公司避免破产而必备的条件。在利用利息保障倍数这个指标时,要注意以下几点。

① 利润总额是指正常的经营利润,由非正常项目带来的收支净额应当扣除。

② 债务利息应包含短期债务与长期债务利息在内,若单独分析长期偿债能力,只需将"债务利息"改为长期债务利息即可。

③ 若已获利息倍数小于1,公司在短期内也有可能支付到期债务利息,主要是因为有些费用属于非付现成本(如折旧等)。所以,在评价公司短期偿还债务利息的能力时,可将上述公式调整为

短期已获利息倍数＝(利润总额＋债务利息＋非付现成本)÷债务利息

5) 现金流量债务总额比

(1) 现金流量债务总额比的概念及计算。现金流量债务总额比是指经营活动现金流量净额与债务总额的比值,其计算公式如下。

现金流量债务总额比＝(经营活动现金流量净额÷债务总额)×100%

根据表4-1和表4-3的有关资料,ABC公司2023年的现金流量债务总额比如下。

现金流量债务总额比＝(1 133.09÷2 386.37)×100%＝47.48%

(2) 现金流量债务总额比分析。这个比率越高,则公司承担债务能力越强。2023年,该公司最大的付息能力是47.48%(即利率高达47.48%)时,公司仍能按时付息。只要能按时付息,就能借新债还旧债,维持债务规模。假设市场利率是15%,那么该公司最大的负债能力是7 553.93百万元。仅从付息能力看,还可借债5 167.56百万元(7 553.93－2 386.37),可见该公司举债能力是非常强的。

4.2.2 营运能力比率分析

营运能力是公司对其有限资源配置和利用的能力,揭示公司资金周转的快慢,集中展示整个公司的管理水平。资产营运能力的强弱,关键取决于周转速度。周转速度越快,资产的使用效率越高,资产营运能力越强;反之,则其营运能力就越差。一般地,反映公司资产营运效率的核心比率有应收账款周转率、存货周转率、流动资产周转率和总资产周转率等。

1. 应收账款周转率

1) 应收账款周转率的概念及计算

应收账款周转率,是公司赊销收入净额与应收账款平均余额的比率,说明年度内应收账款转换为现金的平均次数,体现应收账款的变现速度和收账效率。它有两种表示方式:一种是应收账款周转次数(率),另一种是应收账款周转天数。其计算公式如下。

应收账款周转次数(率)＝当期营业收入净额÷平均应收账款余额

应收账款周转天数＝计算期天数÷应收账款周转次数

式中,

当期营业收入净额＝销售收入－销售退回

应收账款平均余额＝(期初应收账款余额＋期末应收账款余额)÷2

根据表 4-1 和表 4-2 的有关资料,设 2023 年 ABC 公司营业收入中销售退回为 0,则应收账款周转率为

$$应收账款周转次数(率)=10.58 次$$

$$应收账款周转天数=360÷10.58=34.03(天)$$

根据表 4-4 可知,ABC 公司近 3 年应收账款周转率有所下降,且低于同期行业均值,说明公司应收账款周转较慢。所以应加强对应收账款的收账管理,减少坏账损失。

2) 应收账款周转率的分析

一般来说,应收账款周转次数越多,其周转天数也就越短,说明应收账款周转速度越快,公司应收账款管理工作的效率就越高。反之,则表明应收账款周转速度慢。考察应收账款周转次数或应收账款周转天数时要注意几个问题。

(1) 计算周转次数时分母是应收账款平均余额,如对于应收账款发生较均匀的公司来说,考察 1 年中的应收账款周转次数可用年初与年末的应收账款平均余额,如对销售季节性强的公司,应取每一阶段(如季度或月份)的期初、期末分别平均而得到的余额才有可能更真实地反映公司营运能力的实际情况。

(2) 应收账款周转率是对流动比率和速动比率的修正和补充。在一般情况下,流动比率和速动比率的提高有利于短期债权人收债,但公司应收账款平均余额增大,应收账款回收变现速度缓慢,也会提高流动比率与速动比率。在这种情况下,流动比率和速动比率提高反而不利于债权人收回债款,这样流动比率和速动比率提高对债权人有利便成为一种误解。

(3) 一般说来,应收账款周转次数越多,周转天数越少,对公司越有利。但从另一角度说,如平均收款期太短,则说明公司可能对赊销条件或付款期限控制过紧,销售政策过严,有可能因此而失去许多销售机会。因此,公司生产应根据实际情况,把科学合理的信用政策与加速应收账款周转速度结合起来考虑,统筹安排。

(4) 从理论上说,计算应收账款周转次数时,其分子应该用"赊销净额",但在实际中,由于"赊销净额"这项数据很难取得,一般也就用"营业收入净额"来代替"赊销净额",只要保持历史的一贯性,使用"营业收入净额"来计算该指标一般不影响其分析和利用价值。

2. 存货周转率

1) 存货周转率的概念及计算

存货周转率是反映存货周转速度的指标,是产品营业成本与存货平均余额的比率,反映了公司存货的周转速度。存货周转率越高,说明流动资产的变现能力越强,公司的资金利用效率和赢利能力越好。存货周转率也有两种表示方法:一种是存货周转次数(率),另一种是存货周转天数。

存货周转率的计算公式如下。

$$存货周转次数(率)=营业成本÷存货平均余额$$

$$存货周转天数=计算期天数÷存货周转次数$$

式中,

$$存货平均余额=(期初存货余额+期末存货余额)÷2$$

91

根据表 4-1 和表 4-2 的有关资料,ABC 公司 20×9 年的存货周转率如下。

$$存货周转次数(率)=5.17 次$$

$$存货周转天数=360÷5.17=69.63(天)$$

根据表 4-4 可知,ABC 公司近 3 年存货周转率有所提高,且略低于同期行业均值。这说明公司的存货管理水平有所改善,但仍需提高管理水平。

2) 存货周转率的分析

在一般情况下,存货周转次数越多,存货周转天数就越短,表明存货周转速度就越快;反之,表明其周转速度越慢。存货周转速度的快慢,不仅能反映公司的销售能力,而且能用以衡量公司生产经营中的各有关方面运用和管理存货的工作水平;不仅可以衡量存货的储存是否适当,而且可以反映存货结构是否合理以及质量的合格状况。存货是流动资产中重要的组成部分,往往达到流动资产总额的一半以上。因此,存货的质量和流动性对公司的流动比率具有举足轻重的影响,并影响了公司的短期偿债能力。存货周转速度的这些重要作用,使其成为综合评价公司营运能力的一项重要指标。

在计算存货周转率时,应注意以下几个问题。

(1) 存货计价方法对存货周转率具有较大影响。因此,分析公司在不同时期的存货周转率或不同公司的存货周转率时,应注意存货计价方法的口径是否一致。

(2) 分子、分母的数据应注意时间上的对应性。

3. 流动资产周转率

1) 流动资产周转率的概念及计算

流动资产周转率是指公司在一定时期的主营业务收入净额与全部流动资产的平均余额的比率,是反映全部流动资产利用效率的指标,表示 1 元流动资产所支持的销售收入。它有两种表示方法:一种是流动资产周转次数(率),另一种是流动资产周转天数。流动资产周转率的计算公式如下。

$$流动资产周转次数(率)=营业收入÷流动资产平均余额$$

$$流动资产周转天数=计算期天数÷流动资产周转次数$$

式中,

$$流动资产平均余额=(期初流动资产余额+期末流动资产余额)×2$$

根据表 4-1 和表 4-2 的有关资料,ABC 公司 2023 年流动资产周转率如下。

$$流动资产周转率(次数)=1.93 次$$

$$流动资产周转天数=360÷1.93=186.52(天)$$

2) 流动资产周转率的分析

流动资产周转率反映了公司流动资产的周转速度,是从公司全部资产中最强的流动资产角度,对公司资产的利用效率进行分析,以进一步揭示影响公司资产质量的主要因素。要实现该指标的良性变动,应以主营业务收入增幅高于流动资产增幅为保证。通过该指标的对比分析,可以促使公司加强内部管理,充分有效地利用流动资产,如降低成本、调动暂时闲置的货币资金用于短期投资创造收益等;还可以促使公司采取措施扩大销售,提高流动资产的综合使用效率。一般情况下,该指标越高,表明公司流动资产周转速度越快,利用效果越好。在较快的周转速度下,流动资产会相对节约,相当于流动资产投入的增加,在一定程度上增强了公司的赢利能力;而周转速度慢,则需要补充流动资金参加周转,会形成资金浪费,降低公司赢利能力。

4. 总资产周转率

1)总资产周转率的概念及计算

总资产周转率是指公司在一定时期的主营业务收入净额与平均资产总额的比值,表示总资产在一年中的周转次数,也表示1元总资产所支持的营业收入。它有两种表示方法:一种是总资产周转次数(率),另一种是总资产周转天数。其计算公式如下。

$$总资产周转次数(率)=营业收入÷平均资产总额$$
$$总资产周转天数=计算期天数÷总资产周转次数$$

式中,

$$平均资产总额=(期初资产总额+期末资产总额)÷2$$

根据表 4-1 和表 4-2 的有关资料,ABC 公司 20×9 年的总资产周转率如下。

$$总资产周转率(次数)=10\,909.69÷7\,014.88=1.56(次)$$

根据表 4-4 可知,ABC 公司近 3 年总资产周转率有略微下降,但显著高于同期行业均值。这说明公司总资产周转较快,总资产使用效率较高。

2)总资产周转率的分析

总资产周转率是考察公司资产营运效率的一项重要指标,反映了公司全部资产的管理质量和使用效率。总资产周转的次数值越大、周转天数值越小,则总资产周转速度越快,总资产使用效率越高,公司营运能力越强。一般来说,公司的总资产周转率要与行业平均值比较。若公司的周转率低于行业平均值,则说明公司并没有充分利用现有的生产能力。此时,公司应当提高现有的销售能力,或者出售一部分资产,以提高总资产周转率。

运用该指标时要注意,平均资产总额要按分析期的不同来确定,要与营业收入净额在时间上保持一致。同时,平均资产总额一般取期初与期末的平均值,如果资产总额的波动较大,还应分阶段予以平均。例如,欲得到年平均资产总额,可分别取各月期初与期末平均值,再将这些平均值予以平均而得到。

4.2.3 赢利能力比率分析

公司经营的主要目的是获得利润,这也是投资者投资的主要考虑因素。因此,公司赢利能力分析自然会成为公司财务分析的主要组成部分。赢利能力分析实质上是对投资报酬率进行分析,公司获得的净利润便是公司获得的投资报酬。赢利能力分析指标的不同之处便是投资基数的不同。分析赢利能力经常用到的指标有销售净利润率(ROS)、资产利润率(ROA)、股东权益净利率(ROE)。

1. 销售净利润率(ROS)

1)销售净利润率的概念及计算

销售净利润率是指以销售收入为基数计算出的投资报酬率,是净利润与销售收入的比率,表明1元销售收入带来多少净利润。其计算公式如下。

$$销售净利润率=(净利润÷销售收入)×100\%$$

根据表4-2的有关数据,ABC公司2023年销售净利润率如下。

$$销售净利润率=986.50÷10\ 909.69×100\%=9.049\%$$

根据表4-4可知,ABC公司近3年销售净利润率逐年上升,且高于同期行业均值,这说明 ABC 公司的销售净利润率较好。

2)销售净利润率的分析

公司销售净利润率通常与行业平均值比较。销售净利润率越大,表明公司的赢利能力越强;如果销售净利润率低于行业平均水平,则表明公司的成本费用占用过高,公司的经营效率相对较低。销售净利润率的变动是由利润表各个项目的变动引起的。分析销售净利润率的变动时,要结合利润表各项目的变动,应当重点分析金额变动比较大的项目。此外,还要结合报表附注提供的资料,分析利润表各项目的金额是否正常,应当如何提高收入、降低费用。

一般来说,销售净利润率反映了公司以较低的成本或较高的价格提供产品和劳务的能力。由于这是基于总销售收入而不是基于公司或权益投资者所投资的资产而计算的利润率,所以不能直接衡量公司的赢利能力。例如,商业行业的销售净利润率较低,而服务行业的销售净利润率较高,但这并不能直接说明两者赢利能力的高低。

2. 资产净利润率(ROA)

1)资产净利润率的概念及计算

资产净利润率是衡量公司管理绩效的一个常见指标,是净利润与平均资产总额的比值,表明1元资产可以产生的净利润。其计算公式如下。

$$资产净利润率=(净利润÷平均总资产额)×100\%$$

根据表4-1和表4-2的有关数据,ABC公司2023年资产净利润率如下。

$$资产净利润率=986.50÷7\ 014.88×100\%=14.06\%$$

2)资产净利润率分析

资产净利润率反映公司资产的获利水平,可以揭示公司资产是否得到有效利用,是否给公司带来了利润。该指标越高,表明公司资产的利用率越高,说明公司在增加收入和节约资本使用等方面取得了良好的效果;反之,则相反。资产净利润率是公司赢利能力的关键,被认为是衡量公司经营绩效的最佳标准,它可以在不增加公司风险的同时增加公司的价值。该指标通常与公司前期和行业平均水平作比较。

对资产净利润率进行分析时,通常使用因素分析法。首先,将资产净利润率分解为销售净利润率和总资产周转率,计算公式如下。

$$资产净利润率=(净利润÷总资产)=(净利润÷销售收入)×(销售收入÷总资产)$$
$$=销售净利润率×总资产周转率$$

然后,依次替代两个因素,分析资产净利润率的变化是由销售净利润率的变化还是由总资产周转次数的变化引起的,分析哪个是主要影响因素,再根据分析结果来决定对策,从而提高资产利润率。

3. 权益净利率（ROE）

1）权益净利率的概念及计算

权益净利率也称净资产收益率、净值报酬率，是以所有者权益为基数计算出的投资报酬率，是净利润与所有者权益的比率，表明 1 元股东资本可以赚取的净利润。其计算公式如下。

$$净资产收益率＝（净利润÷所有者权益）×100\%$$

在计算该指标时，净利润的数额可以直接从利润表中取得，所有者权益的金额一般是资产负债表中期初余额和期末余额的平均数。

根据表 4-1 和表 4-2 的有关数据，ABC 公司 2023 年净资产收益率如下。

$$净资产收益率＝986.50÷[（5\ 009.73＋4\ 278.82）÷2]×100\%$$
$$＝986.5÷4\ 644.28×100\%＝21.24\%$$

根据表 4-4 可知，ABC 公司近 3 年权益净利率逐年上涨，且显著高于同期行业均值。这说明 ABC 公司的权益净利率表现良好，赢利情况良好。

2）权益净利率的分析

权益净利率是评价所有者投入资本获取报酬水平的最具综合性与代表性的指标。它之所以被看得如此重要，是因为它反映了一个公司股东权益资本的使用效益，衡量了权益资本中每 1 元钱的盈利。该指标的通用性强，适用范围广泛，不受行业限制，在我国上市公司业绩综合排序中居于首位。一般认为，该指标越高，公司权益资本获取收益的能力越强，运营效益越好，对公司投资者保证程度越高。

对权益净利率进行分析时，通常会使用因素分析法。首先，将权益净利率分解为销售净利润率、总资产周转率和权益乘数，即

$$权益净利率＝（净利润÷所有者权益）$$
$$＝（净利润÷销售收入）×（销售收入÷总资产）×（总资产÷所有者权益）$$
$$＝销售净利润率×总资产周转率×权益乘数（财务杠杆率）$$

然后，依次替代三个因素，分析权益净利率的变化是由哪个因素的变化引起的，各因素对权益净利率的影响是多少，从而确定哪个是主要影响因素。分析出结果之后，便可以根据结果来决定对策，从而提高权益净利率。这个因素分析法是本章 4.3 节"杜邦财务分析体系"的基础。

4.2.4　市场价值比率分析

市场价值比率又称市价比率，是指普通股每股市价与公司盈余、每股账面价值的比率。市场价值比率是以"每股市价"来说明公司的营运绩效，是基于非财务信息——股票的市场价格考量公司价值的综合性指标。市场价值比率主要包括市盈率（PE）、股利收益

率、每股净资产和市价对账面价值比等指标。

1. 市盈率(PE)

1) 市盈率的概念及计算

市盈率是每股股票的市场价格与每股股票收益之间的比率,也称价格与收益比率。市盈率反映公司每股股票的市场价格是其收益的倍数,是判断股票价格在资本市场上是否有吸引力以及有多大风险的财务指标。市盈率的计算公式如下。

$$市盈率(倍数)=普通股每股市价÷普通股每股收益$$

式中,普通股每股收益一般按上年度的每股收益或本年度中期每股收益的两倍计算。

2) 市盈率的分析

市盈率是通过公司股票价格的市场表现,间接评价公司赢利能力。市盈率是投资者比较。它反映了投资者对每股收益所愿支付的价格,可以用来估计股票的投资风险和报酬。市盈率的高低对投资者而言是一把"双刃剑"。一般来说,市盈率越高,表明市场对公司未来的赢利能力和发展前景越看好。股票市价一定,每股收益越高,市盈率越低,投资风险越小;反之亦然。每股收益一定,市价越高,市盈率越高,投资风险越大;反之亦然。进行市盈率分析时,应注意以下问题。

(1)影响市盈率变动的因素之一是股票市价,而股票市价变动的因素非常复杂。所以,在分析时,要注重市盈率的长期变动趋势,而不应只看短期的高低。

(2)在每股收益很少或亏损时,市价不会降至零,而很高的市盈率也往往说明不了任何问题。

(3)该指标不能用于不同行业公司的比较。充满扩展机会的新兴行业股票市盈率普遍较高,而成熟工业的股票市盈率普遍较低,但不能说后者的股票没有投资价值。

2. 股利收益率

1) 股利收益率的概念及计算

股利收益率又称市价股利比率,指股份公司以现金形式派发的股息与股票买入价格的比率。以现金股利收入为分子,计算股利收益率,可以确定投资者投资于普通股股票的可确定的最低收益。投资者从投资普通股股票中所获得的收益,除了现金股息外还有出售股票所获得的价差收益即资本利得。持有期收益率指标就是指投资者持有股票期间的股息收入与买卖价差之和与股票买入价的比率。股利收益率的计算公式如下。

$$股利收益率=\frac{普通股每股现金股利}{股票买入价}$$

2) 股利收益率的分析

股利收益率反映股利和股价的比例关系。股票持有者取得收益的来源包括股利和股价上涨的收益。股票持有者只有认为股价将上升,才会接受较低的股利收益率。这样,股利收益率就成了衡量股票投资价值的主要依据。如果某公司多年连续发放股利,且收益率超过同期1年期银行存款利率,则可以说这只股票是收益型股票。股利收益率越高,越会吸引投资人。但是,如果公司采用非常稳健的股利政策,则股利收益率仅仅是对股票投资价值非常保守的估计,分析股价未来趋势会成为评价股票投资价值的主要依据。

3. 每股净资产

1) 每股净资产的概念及计算

每股净资产是期末净资产与普通股股数之比。其计算方式如下。

$$每股净资产＝期末净资产÷普通股股数$$

根据表 4-1 的有关资料,ABC 公司 2024 年的每股净资产(普通股股数按年末数)如下。

$$每股净资产＝4\ 421.10÷632.87＝6.986(元)$$

2) 每股净资产的分析

该指标反映了每一股普通股所拥有的净资产,是公司对投资者回报的实力基础。它可以衡量公司股票的含金量,该指标越大,说明公司每股拥有的净资产越多,公司的发展潜力越强;它是支撑股票市价的物质基础,数值越大,表明公司实力强,抵御外来因素影响和打击能力越强,从而带动股价上升;它是公司在清算时股票的账面价值,通常被认为是股票市价下跌的最低限。但在分析时,只能有限地使用这一指标——因为净资产是用历史成本计量的,既不反映净资产的变现价值,也不反映净资产的产出能力。

3) 延伸指标——市净率

市净率是每股市价与每股净资产的倍数关系。其计算公式如下。

$$市净率(倍数)＝每股市价÷每股净资产$$

市净率在一定程度上揭示了股票价格背离价值的投资风险。每股净资产是股票的账面价值,是用成本计量的。每股市价是这些资产的现在价值,是证券市场上交易的结果。稳健的投资者认为,市净率太高,说明股票市价背离价值太多,投资风险较大;反之则相反。而投机者可能认为,买股票就是买未来,市净率高的股票有发展潜力,而市净率低的股票没有发展前景。

4. 市价对账面价值比率

1) 市价对账面价值比率的概念及计算

市价对账面价值比率也称市值面值比,是指每股股票的市场价值与其账面价值的比率。其计算公式如下。

$$市值面值比＝每股市场价值÷每股账面价值$$

式中,每股账面价值是股东权益总额减去优先股权益后的余额与发行在外的普通股股数的比值。其计算公式如下。

$$每股账面价值＝(股东权益总额－优先股权益)÷发行在外的普通股股数$$

2) 市价对账面价值比率的分析

公司股票的市场价值与其账面价值的比率反映了投资者对公司的认识。市值是由股票的市场价格计算出来的市场价值,股票账面价值是指会计上的历史成本,是财务报表所反映的股东的权益。在长期内,账面价值的增长与股价的上涨之间存在很强的相关关系。

如果一个公司能够持续地、较快地提高其每股的账面价值,那么,其账面价值的增长必然导致公司的真实价值和股票价格按照相应比例增长。相反,在长期内,如果公司的每股账面价值几乎没有什么上升,其股票的市场价格也不会有好的表现。

4.3 公司财务综合分析

　　财务分析的最终目的在于全面了解公司的经营状况、财务状况以及现金流量状况,并借此对公司经营效益的优劣做出系统的、合理的评价。公司的经营状况和财务成果受多种因素制约,上述财务比率分析方法只能揭示公司财务状况和经营成果的某一个侧面,难以全面表述公司的整体财务状况。所以,应进行财务综合分析。

　　所谓财务综合分析,就是将公司财务活动看作一个大系统,对系统内的相互依存、相互作用的各种因素进行综合分析,从而对公司的经营状况、财务状况以及现金流量的优劣做出准确的评价和判断。公司财务综合分析的方法主要有杜邦财务分析体系、沃尔评分法和 EVA 评价法。

4.3.1 杜邦财务分析体系

1. 杜邦财务分析方法及其原理

1) 杜邦财务分析方法简介

　　杜邦财务分析方法是美国著名的化学制品生产商杜邦公司,为考评集团下属公司的业绩,于 1910 年制定的一个以投资报酬率为核心的财务比率考评体系。这个体系出现后,迅速在全球范围传播,从最初的用于公司内部业绩考评,逐渐发展到投资者、债权人用于分析公司的营运能力和偿债能力。20 世纪后半叶,这一分析体系被引入中国,并被广泛应用于综合财务分析的实践。由于该方法是由杜邦公司创造并最先成功应用的,因而被称为杜邦财务分析方法。

2) 杜邦财务分析方法的原理

　　杜邦财务分析方法又称杜邦财务分析体系,是利用各主要财务比率指标之间的内在联系,来综合评价公司经营理财状况及其经济效益的方法。传统的评价公司获利能力的比率主要有资产报酬率、营业利润率、净资产收益率等;而对股份制公司来说,还有每股利润、市盈率、股利发放率等指标。评价公司偿债能力的有资产负债率、权益乘数、流动比率、速动比率等指标;评价公司营运能力的有总资产周转率、流动资产周转率、固定资产周转率等指标。这些指标从某一特定的角度对公司的财务状况以及经营成果进行分析,但它们都不足以全面地评价公司的总体财务状况以及经营成果。杜邦财务分析方法正好弥补了这种缺陷,可以对公司经营活动进行综合分析和评价。

　　同时,由于公司各项财务活动、各项财务指标是相互联系、相互影响的,这便要求财务分析人员将公司财务活动看作一个大系统,对系统内相互依存、相互作用的各种因素进行综合分析。如果只进行公司单方面状况的分析,将一些孤立的财务分析指标堆积在一起,彼此毫无联系地观察、分析,就违背了普遍联系的观点,很难得到公司的全面、真实、准确的信息,进而影响了公司的经营决策。运用杜邦财务分析方法,利用几个主要财务指标之间的内在联系,就可以很好地对公司整体财务状况进行综合分析与评价。

2. 杜邦财务分析方法的基本思路

杜邦财务分析方法是以净资产收益率为综合指标,以总资产净利率、权益乘数为核心,进行层层分解,让分解后的各个指标彼此发生关联,构成一个完整的指标体系(见图 4-1)。

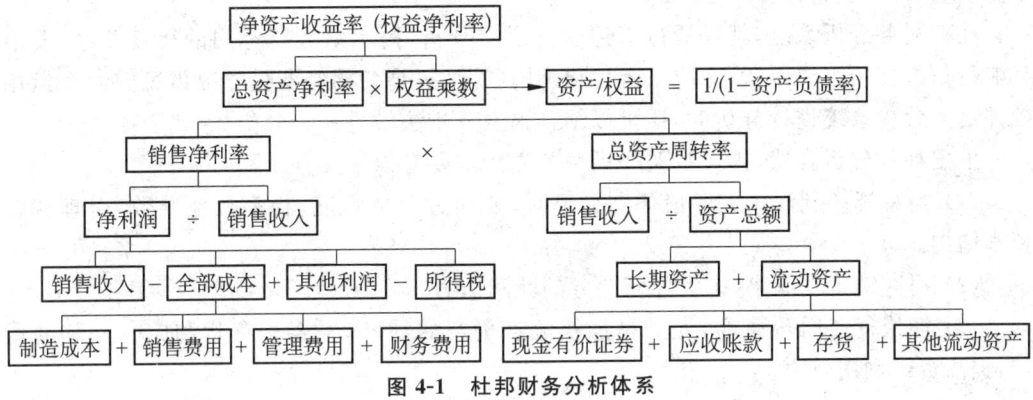

图 4-1 杜邦财务分析体系

指标分析体系各指标之间的关系用公式表示如下。

$$净资产收益率=总资产净利率×权益乘数$$

式中,

$$总资产净利率=销售净利润率×总资产周转率$$

因此,净资产收益率高低主要取决于销售净利润率、总资产周转率、权益乘数三个方面,用公式表示如下。

$$净资产收益率=销售净利润率×总资产周转率×权益乘数$$

为了更深入地分析净资产收益率变化的原因,还可对销售净利润率、总资产周转率这两个指标进一步进行分解。图 4-1 反映了有关财务指标之间的内在关系,其主要意义如下。

(1) 净资产收益率是杜邦财务分析系统的核心,直接代表了公司净资产的赢利能力。因为净资产(即所有者财富)的不断增加,体现了公司经营活动的最终成果。从图 4-1 可以看出,净资产收益率的变化,不但受总资产净利润率的影响,而且还受权益乘数的影响。因此,净资产收益率是总资产赢利水平与权益乘数(资本结构)的综合体现。

(2) 总资产净利润率是销售净利润率与总资产周转率的综合体现,是确保获得较好的净资产收益率的重要前提。因此,要进一步分析销售净利润率和总资产的营运情况。

(3) 销售净利润率反映了主营业务收入与净利润的关系。要提高销售净利润率,就必须增加主营业务收入,降低各种成本费用水平。增加主营业务收入不仅有利于提高销售净利润率,还有利于提高总资产周转率。而降低成本费用水平,要研究成本费用水平、结构是否合理,加强成本费用水平的预测和控制。

99

（4）总资产周转率体现了公司生产经营期间，总资产从投入到实现销售周而复始的周转速度。影响总资产周转速度的因素主要有主营业务收入、总资产水平以及资产结构。要加速总资产周转，必须合理配置各种资产，尤其是流动资产与长期资产的结构，以最少的资产占用，实现尽可能多的销售收入。

（5）权益乘数是总资产与净资产（股东权益）之比。在总资产既定的前提下，增加负债，也就提高了权益乘数，能给公司带来较大的财务杠杆利益，同时也带来了较大的财务风险。因此，既要合理运用全部资产，又要妥善安排资本结构，这样才能有效地提高净资产收益率。

杜邦财务分析系统，就是通过上述这样层层分析，揭示财务指标间的相互关系，找出影响财务指标的主要因素，为决策者优化理财状况、提高公司经营效益提供思路。在运用杜邦财务分析系统进行分析时，还可以结合因素分析法做进一步分析。

根据杜邦分析公式，提高权益净利率的方法主要有以下几种。

（1）当总资产利润率大于债务利息率时，要加大负债程度，提高权益乘数，合理调整资本结构。

（2）提高销售利润率，扩大经营业务的获利能力。

（3）加快资产周转速度，尤其是加快流动资产的周转，主要是存货和应收账款的周转，提高资产利用效率。

3. 杜邦分析法的优缺点

杜邦分析法不仅可以揭示公司各项财务指标间的结构关系，查明各项主要指标变动的影响因素，而且有助于公司管理层更加清晰地看到权益资本收益率的决定因素以及销售净利润率与总资产周转率、债务比率之间的相互关联关系，给管理层提供了一张明晰的考察公司资产管理效率和股东投资回报是否最大化的路线图。

杜邦分析法也存在一定的缺陷。

（1）该方法侧重于公司的短期财务成果，忽略公司长期的价值创造，易导致公司管理层出现短期行为。

（2）该指标更偏重于公司股东的权益。从杜邦分析的指标体系来看，公司利用的负债越多，导致资产负债率越高。当其他因素不变时，权益净利率就越高，但同时导致公司的财务风险越大，偿债压力也就越大。

（3）财务指标反映的是公司过去的经营业绩，在衡量工业时代的公司时，该指标能够满足要求。但在目前的信息时代里，顾客、供应商、雇员、技术创新等因素对公司经营业绩的影响越来越大，而杜邦分析法在这些方面是无能为力的。

（4）在目前的市场环境中，公司的无形知识资产对提高公司长期竞争力至关重要，杜邦分析法却不能解决无形资产的估值问题。

4. 杜邦财务分析法实例

杜邦财务分析法可以解释指标变动的原因和变动趋势以及为采取措施指明方向。下面以某家上市公司 D 为例，说明杜邦财务分析法的运用。

【例 4-2】 D公司的基本财务数据如表4-5所示。

表 4-5　D公司的基本财务数据　　　　　　单位:万元

年度	净利润	销售收入	资产总额	负债总额	全部成本	销售收入
2018	10 284.04	411 224.01	306 222.94	205 677.07	403 967.43	411 224.01
2019	12 653.92	757 613.81	330 580.21	215 659.54	736 747.24	757 613.81

D公司2018—2019年财务比率如表4-6所示。

表 4-6　D公司2018—2019年财务比率　　　　　　单位:万元

年度	权益净利率	权益乘数	资产负债率	资产净利率	销售净利率	总资产周转率
2018	0.097	3.049	0.672	0.032	0.025	1.34
2019	0.112	2.874	0.652	0.039	0.017	2.29

D公司2018—2019年全部成本简表如表4-7所示。

表 4-7　D公司2018—2019年全部成本简表　　　　　　单位:万元

年度	全部成本	制造成本	销售费用	管理费用	财务费用
2018	403 967.43	373 534.53	10 203.05	18 667.77	1 562.08
2019	736 747.24	684 559.91	21 740.96	25 718.20	5 026.17

1) 对权益净利率的分析

权益净利率指标是衡量公司利用资产获取利润能力的指标。权益净利率充分考虑了筹资方式对公司获利能力的影响,因此它所反映的获利能力是公司经营能力、财务决策和筹资方式等多种因素综合作用的结果。

该公司的权益净利率在2018年和2019年出现了一定程度的好转,2018年增加至0.097,2019年增加至0.112(D公司的权益净利率分析如表4-8所示)。公司的投资者在很大程度上依据这个指标来判断是否投资或是否转让股份,考察经营者业绩和决定股利分配政策。这些指标对公司的管理者也至关重要。公司经理们为改善财务决策而进行财务分析,可以将权益净利率分解为权益乘数和资产净利率(表4-8),以找到问题产生的原因。

表 4-8　权益净利率分析　　　　　　单位:万元

D公司(年度)	权益净利率	权益乘数	资产净利率
2018	0.097	3.049	0.032
2019	0.112	2.874	0.039

通过分解可以明显地看出,该公司权益净利率的变动在于资本结构(权益乘数)变动和资产利用效果(资产净利率)变动两方面共同作用的结果。如果该公司的资产净利率太低,则会显示出很差的资产利用效果。

2) 分解分析过程

(1) 权益净利率＝资产净利率×权益乘数。

2018年:0.097＝0.032×3.049;

2019 年:0.112＝0.039×2.874。

上述分解表明,权益净利率的改变是因资本结构的改变(权益乘数下降)引起的,同时资产利用和成本控制出现了变动(资产净利率也有改变)。下面继续对资产净利率进行分解。

(2) 资产净利率＝销售净利率×总资产周转率。

2018 年:0.032＝0.025×1.34;

2019 年:0.039＝0.017×2.29。

通过分解可以看出,2019 年的总资产周转率有所提高,说明资产的利用得到了比较好的控制,显示出比前一年更好的效果,这表明该公司利用其总资产产生销售收入的效率在增加。总资产周转率的提高和销售净利率的减少阻碍了资产净利率的增加,接着对销售净利率进行分解。

(3) 销售净利率＝净利润÷销售收入。

2018 年:0.025＝10 284.04÷411 224.01;

2019 年:0.017＝12 653.924÷757 613.81。

2019 年,该公司大幅度地提高了销售收入,但是净利润的提高幅度却很小,其原因是成本费用增多。从表 4-5 可知,全部成本从 2018 年的 403 967.43 万元增加到 2019 年的 736 747.24 万元,与销售收入的增加幅度大致相当。下面是对全部成本进行的分解(具体资料见表 4-7),计算公式为

全部成本＝制造成本＋销售费用＋管理费用＋财务费用

2018 年:403 967.43＝373 534.53＋10 203.05＋18 667.77＋1 562.08;

2019 年:736 747.24＝684 559.91＋21 740.96＋25 718.20＋5 026.17。

通过分解可以看出,导致权益利润率小的主要原因是全部成本过大。全部成本的大幅度提高,导致净利润提高幅度不大,而销售收入大幅度增加,由此引起了销售净利率的减少,显示出该公司销售赢利能力的降低。资产净利率的提高,应归功于总资产周转率的提高,而销售净利率的减少却起到了阻碍的作用。

由表 4-8 可知,D 公司的权益乘数下降,说明他们的资本结构在 2018—2019 年发生了变动,2019 年的权益乘数较 2018 年有所减小。权益乘数越小,公司负债程度越低,偿还债务能力越强,财务风险程度越低。这个指标同时也反映了财务杠杆对利润水平的影响。财务杠杆具有正反两方面的作用。在收益较好的年度,它可以使股东获得的潜在报酬增加,但股东要承担因负债增加而引起的风险;在收益不好的年度,则可能使股东潜在的报酬下降。该公司的权益乘数一直处于 2～5 之间,即负债率在 50%～80% 之间,属于激进战略型公司。管理者应该准确把握公司所处的环境,准确预测利润,合理控制负债带来的风险。

因此,对于 D 公司,当前最为重要的就是要努力减少各项成本,在控制成本上下力气。同时,要保持较高的总资产周转率。这样,可以使销售利润率得到提高,进而使资产净利率有大的提高。

4.3.2　沃尔评分法

在进行财务分析时,人们遇到的一个主要困难就是计算出财务比率之后,无法判断它是偏高还是偏低。与公司的历史比较,也只能看出自身的变化,却难以评价其在市场竞争中的优劣地位。为了弥补这些缺陷,1928年,亚历山大·沃尔在其出版的《信用晴雨表研究》和《财务报表比率分析》中提出了信用能力指数的概念。他选择了7个财务比率,即流动比率、产权比率、固定资产比率、存货周转率、应收账款周转率、固定资产周转率和自有资金周转率,分别给定各指标在总评价中占的比重,总和为100分。然后,通过与标准比率进行比较,确定各项指标的得分及总体指标的累计分数,从而对公司的信用水平做出评价。

1. 沃尔评分法的基本步骤

(1)选择评价指标,并分配指标权重。

(2)确定各项评价指标的标准值。财务指标的标准值一般以行业平均数、公司历史先进数、国家有关标准或者国际公认数为基准来加以确定。

(3)求出各指标实际值与标准值的比率,称为关系比率或相对比率。

(4)对各项评价指标计分,并计算综合分数。

$$各项指标得分 = 各项指标权重 \times (指标的实际值 \div 标准值)$$

$$综合得分 = \sum 各项评价指标得分$$

(5)形成评价结果。在最终评价时,若实际得分超过100,说明公司财务状况良好;若综合得分为100或接近100,说明公司财务状况基本良好;若综合得分远低于100,则说明公司财务状况不佳,需要查明原因,积极采取措施加以改善。

2. 沃尔综合评分法实例

【例4-3】 沃尔综合评分法简单应用。

(1)先选择评价指标,并分配指标权重,具体见表4-9。

表4-9　沃尔综合评分法权重分配表

选择的指标	流动比率	产权比率	固定资产比率	存货周转率	应收账款周转率	固定资产周转率	净资产周转率	合计
分配的权重	18.00	12.00	10.00	18.00	18.00	12.00	12.00	100.00

(2)确定各个指标的标准值,具体见表4-10。

表4-10　沃尔综合评分法各指标标准值表

行　次	选择的指标	分配的权重
第1行	流动比率	1.80
第2行	产权比率	40.00
第3行	固定资产比率	0.60

行　次	选择的指标	分配的权重
第4行	存货周转率	6.00
第5行	应收账款周转率	12.00
第6行	固定资产周转率	4.00
第7行	净资产周转率	2.00

（3）计算出各指标的实际值,并与所确定的标准值进行比较,计算出相对比率,再将各项指标的相对比率与其重要性权数相乘,得出各项比率指标的指数,具体见表 4-11。

表 4-11　沃尔综合评分法各指标实际值计算表

行次	选择的指标	①分配的权重	②指标的标准值	③指标的实际值	④实际得分（④＝①×③÷②）
第1行	流动比率	18.00	1.80	1.91	19.10
第2行	产权比率	12.00	40%	36.66%	11.00
第3行	固定资产比率	10.00	0.60	0.58	9.67
第4行	存货周转率	18.00	6.00	5.45	16.35
第5行	应收账款周转率	18.00	12.00	10.35	15.53
第6行	固定资产周转率	12.00	4.00	4.74	14.22
第7行	净资产周转率	12.00	2.00	1.96	11.76
第8行	合计	100.00			97.63

（4）计算出本期公司的综合指标,并做出适当评价。

上述 4 步是原始的沃尔综合评分法的综合分析过程。从举例的结果来看,该公司的综合得分为 97.63 分,小于 100 分,说明公司的财务状况有待提高。

3. 沃尔评分法在我国的应用

1995 年 1 月 9 日,我国财政部发布《公司经济效益评价指标体系（试行）》,公布了销售利润率、总资产周转率、资本收益率、资本保值增值率、资产负债率、流动或速动比率、应收账款周转率、存货周转率、社会贡献率和社会积累率等 10 项考核指标,要求选择一批公司采用沃尔综合评分法,按照新的指标进行经济效益综合评价。这套公司经济效益评价指标体系综合评分的一般方法及内容如下。

（1）所有指标均以行业平均先进水平为标准值。

（2）标准值的重要性权数总和为 100 分,其具体分配如表 4-12 所示。

表 4-12　沃尔综合评分法的权重分配表

行　次	选择的指标	分配的权重
第 1 行	销售利润率	15.00
第 2 行	总资产报酬率	15.00

行　　次	选择的指标	分配的权重
第3行	资本收益率	15.00
第4行	资本保值增值率	10.00
第5行	资产负债率	5.00
第6行	流动比率(速动比率)	5.00
第7行	应收账款周转率	5.00
第8行	存货周转率	5.00
第9行	社会贡献率	10.00
第10行	社会积累率	15.00
第11行	合计	100.00

(3) 在经济效益综合分析评价时,选择的各项经济效益指标在评价标准上应尽量保持方向的一致性,尽量选择正指标,不要选择逆指标。在选择各项指标为正指数时,单项指数越高越好。

4. 沃尔评分法的实践应用

沃尔评分法最主要的贡献就是它将互不关联的财务指标按照一定的权重予以综合联动,使得综合评价成为可能。但沃尔评分法从理论上讲有一个缺陷,就是没有说明为什么要选择这 7 个指标,并且未能证明每个指标所占比重的合理性。此外,沃尔评分法从技术上也存在问题,就是当某一指标严重异常时,会对总评分产生不合逻辑的重大问题。这个缺陷是由相对比率与比重相"乘"引起的。财务比率提高一倍,其评分增加 100%;而缩小一半,其评分只减少 50%。

5. 沃尔评分法的改进

沃尔比重评分法是评价公司总体财务状况的一种比较可取的方法,其关键在于指标的选定、权重的分配、标准值的确定等。由于沃尔评分法存在缺陷性以及现代社会与沃尔所在的时代相比已有很大变化,所以在实际运用沃尔评分法时,可进行一定的调整。

(1) 将财务比率的标准值由公司最优值调整为本行业平均值;设定评分值的上限(正常值的 1.5 倍)和下限(正常值的一半)。

(2) 综合得分=评分值+调整分。

(3) 调整分=(实际比率-标准比率)÷每分比率。

(4) 每分比率=(行业最高比率-标准比率)÷(最高评分-评分值)。

4.3.3　经济增加值(EVA)评价法——部门经营业绩评价法

1. EVA 评价法的原理

经济增加值(EVA)是一种新型的公司绩效衡量指标。它以货币形式来衡量公司投

105

资回报与资本成本之间的差异,并从实际经营状况出发考虑资本成本来衡量业绩。通过建立复杂的模型,以确定根据投资者投资的、有竞争力的、资本收益所需的、预期的 EVA 增长额作为衡量公司绩效的目标,即公司创造的利润是对公司股权资本和债权资本所构成的全部资产进行运营的结果。而这两种资本的占用都是有成本的,因而只有当公司创造的利润大于两者的成本,才能说公司是为股东创造了价值。该指标最早来源于亚当·斯密的思想,即公司投入的资金应当带来最低限度的、具有竞争力的回报。1991 年,美国财务管理咨询公司 Stem Stewart 的创始人乔尔·斯特恩和贝内特·斯图尔特最先对其进行定义,并将其作为公司管理评价工具加以发展和推广。

EVA 评价法实际上是一种将上市公司报告期内的税后利润加以调整,进而评估股东价值增值的方法。其调整的因素主要是增加当年计提坏账准备与扣减包括有息负债与股东权益在内的资本成本。与传统的财务指标相比,EVA 评价主要是考虑了所有投入资本的成本,比较准确地反映了公司在一定时期内为股东创造的价值,更准确、更真实地反映了公司的实际经营状况。具体表达如下。

$$EVA = NOPAT - TC \times WACC$$

$$EVA\ 回报率 = EVA \div TC = 投入资本回报率 - 加权平均资本成本$$

式中,NOPAT 表示各部门报告期调整后的净经营利润;TC(total capital)表示各部门期初资产净额的账面价值(包括债务资本和权益资本);WACC 表示加权平均资本成本。

若 EVA 为正值,表明公司创造了价值;若 EVA 为负值,表明公司发生价值损失;若 EVA 为零,说明公司的利润仅能满足债权人和投资者预期获得的收益。

由于 EVA 指标考虑了各部门资本的加权平均资本成本即机会成本,从而使它优于利润等指标。EVA 是一个绝对数指标,而公司的财富大小一般也是用绝对数指标来衡量的。公司各个部门 EVA 之和就是整个公司的价值增值。在我国应用 EVA 指标时,不能直接使用利润表中营业利润的有关数据,而必须将利息费用加回营业利润中,然后减去该公司现有资产净额的机会成本。

2. EVA 评价法的意义

对公司来说,各部门及其经营管理者的业绩最终应表现为公司投入资本的价值的增加。公司采用经济增加值(EVA)指标时,可以综合评价各部门的经营管理绩效,具有以下优点。

(1) EVA 指标与公司的财务目标根本上是一致的。公司的财务目标是股东财富最大化,实现了各部门 EVA 最大化,也就实现了公司股东财富最大化。

(2) 以 EVA 为核心的指标体系能较为准确地向公司传递各部门的业绩信息。

(3) 以 EVA 为核心的指标体系能适应公司分权化经营管理的需要。

(4) 以 EVA 为核心的指标体系能满足公司对各部门业绩进行综合评价的需要。

从理论上讲,在计算 EVA 的过程中,资产净额应使用资产的市场价值。但也可以使用各部门资产的账面价值来表示资产净额,这比使用市场价值和重置价值更符合成本效益原则,也更符合我国的实际情况。此外,账面价值的缺陷可以用以下方法来解决:不是将各部门管理人员的奖惩与 EVA 的绝对指标相联系,而是与年复一年的 EVA 的变化相联系;重视财务业绩的不断改进,并根据业绩的改进程度对各部门经理人员进行奖励。

知识链接 4-2: 欣泰电气财务造假案例

本部分内容为拓展知识,读者可自行扫码阅读。

知识训练

一、判断题

1. 权益乘数的高低取决于企业的资本结构,负债比率越低,权益乘数越大。　　(　　)
2. 权益乘数是资产、负债和企业三者关系的体现。　　(　　)
3. 通过资产负债表可以计算流动比率、速动比率等,以了解公司的短期偿债能力。

　　(　　)
4. 产权比率为 4/5,则权益乘数为 5/4。　　(　　)
5. 流动负债是指那些在一年或超过一年的一个营业周期内必须偿还的贷款和债务。

　　(　　)

二、思考题

1. 什么是财务分析?财务分析的目的和步骤是什么?
2. 公司的偿债能力比率分析包括哪些指标?分别有什么含义?

第3篇

筹资管理

第5章　　　　筹　　资

学习目标

1. 知识目标

理解企业融资决策的差异；学会区分直接融资与间接融资；掌握股权发行、上市的基本概念；掌握不同种类的债务融资方式。

2. 能力目标

学会比较、分析不同融资方法间的优缺点；了解中国上市公司的融资现状，结合中国实际理解融资方式的选择。

引导案例

海南航空的资本裂变

海南航空于1993年创立，总资产由创业之初的1 000万元迅速膨胀到1 340.35亿元，拥有飞机200多架，十二次蝉联"SKYTRAX五星航空公司"荣誉称号。

1989年，经海南省政府担保获得1 000万元人民币，3个月后募集2.5亿元，以2.5亿元为信用担保，取得交通银行贷款6亿元，买了2架飞机，并用这两架飞机作担保再购买2架飞机，这样海航一下子就有了4架飞机；1997年，海航溢价发行每股面值为人民币1元的B股7 100万股，募集资金27 669万元；1999年，海航发行A股20 500万股，募集资金94 300万元；2002年，海航控股的美兰机场2.017亿H股在香港联交所上市，融资约1亿美元；1995年，美国航空集团以2 500万美元购买海航25%的股份；2000年，海航与合作银行融资8 000万美元；2001年，海航通过摩根大通银行融到了2.5亿美元购机筹资；2005年，海航组建中国新华航空集团，实现从地方航空品牌到国家航空品牌的蜕变。2021年3月，海南省高级人民法院裁定对海航集团有限公司进行实质合并重整。

问题： 海南航空的资本裂变带给我们什么启示？

5.1　筹资概述

5.1.1　筹资的含义

资金是企业的血液，是企业设立、生存和发展的物质基础，是企业开展生产经营业务活动的基本前提。为了形成生产经营能力、保证生产经营正常运行，任何一个企业都必须持有一定数量的资金。筹资是指企业为了满足其经营活动、投资活动、资本结构调整等需要，运用一定的筹资方式，筹措和获取所需资金的一种行为。筹资活动是获得资金的重要手段，是企业资金运动的起点。

5.1.2　投资决策和融资决策的差异

企业需要的资金从哪里来，用什么方式获得，这些问题的明确就是企业的融资决策。在发达的资本市场里，融资的方式多种多样，其对应的融资成本和特点也各不一样。通过不同融资方式的组合，将一个企业的平均融资成本（即加权平均资本）降低，而降低资本成本能提高企业的市场价值。这就是企业融资决策的主要目标。

大多数企业融资的主要方式是权益融资和债务融资，而且权益融资的成本一般要比债务融资的成本高，即股东要求的回报率高于债权人要求的利息率。对大多数的企业来说，优化融资方法的决策主要集中于两点：是不是多用一些借债能够降低平均的融资成本；有没有一个最优的负债率，使融资成本降到最低或使股东的价值极大化。

投资决策和融资决策在以下三个方面都有差异。

（1）投资决策与融资决策的目的不同。投资决策追求企业价值最大化，决定了企业创造收益的能力大小。而融资决策追求低资本成本，决定了企业能否获得投资的资金以及这些资金的成本高低。同时，不同的融资决策决定了企业不同的资本结构，会对企业未来的融资、价值创造能力产生一定的影响。

（2）投资决策与融资决策的市场环境不同。投资决策的市场环境是不完全竞争市场。在产品市场和服务市场可能出现垄断和经济租金（economic rents）。有能力的人获得垄断优势，可以从中获取超额利润。而融资决策的市场环境接近于完全竞争市场，资金市场上有很多的资金供给者和需求者，没有参与者能够进行价格垄断，每一类资本都形成了其完全竞争下的价格，融资者只能选择其中符合自身风险收益状况的资金，并筹措这些资金用于企业发展。

（3）投资决策与融资决策的变更成本不同。投资决策的变更成本高，融资决策的变更成本低。投资决策一旦做出，往往难以变更，改变投资决策的代价高昂。而融资决策的变更相对容易。如果企业认为公司权益资本过高，可以发行债券、回购股票，减少权益资本，增加债务资本；如果企业认为公司债务资本过高，可以发行股份来偿还债务，达到降低债务比例的效果。在发达的资本市场中，这些融资决策行为的成本是较低的。

5.1.3　筹资的作用

筹资的作用主要有以下两个方面。

（1）用于企业经营运转。企业筹资，能够为企业生产经营活动的正常开展提供财务保障，决定着企业资金运动的规模和生产经营发展的程度。企业新建时，要按照企业战略所确定的生产经营规模，来核定长期资本需要量和流动资金需要量。在企业日常生产经营活动运行期间，需要维持一定数额的资金，以满足营业活动的正常波动需求。这些都需要筹措相应数额的资金,来满足生产经营活动的需要。

(2) 用于企业投资发展。企业在成长时期,为了扩大生产经营规模或对外投资往往需要大量资金,由此会产生大额的资金需求。

5.1.4 筹资遵循的原则

企业筹资是一项重要而复杂的工作。为了有效地筹集企业所需资金,企业必须遵循以下基本原则。

(1) 筹资数额合理性的原则。企业在不同时期的资金需求量是不同的。企业财务人员要认真分析生产经营状况,采用一定的方法,预测资金的需要数量,合理地确定筹资规模。

(2) 资金来源合理性的原则。资金市场为企业提供了不同种类的资金源泉和筹资场所,反映了资金的分布状况和供求关系,决定着筹资的难易程度。不同来源的资金,对企业的收益和成本有着不同的影响。因此,企业应认真研究资金的来源和资金市场,合理地选择资金来源。

(3) 筹资方式合理性的原则。企业在筹资时,必须认真研究各种筹资方式。企业筹集资金必然要付出一定的代价,而在不同的筹资方式下,资金成本有高有低。因此,企业需要对各种筹资方式进行分析、对比,选择经济、可行的筹资方式,确定合理的资金结构,以便降低成本、减少风险。

5.1.5 筹资政策

1. 筹资决策目标

解决资金缺口和创造价值是筹资决策目标,公司 CFO 更应该关注价值创造,即应基于公司价值最大化原则或融资成本最小化原则做出融资决策。如果举债融资比普通股融资带给公司更多的价值增值,或者举债融资成本低于普通股融资成本,则举债融资优于普通股融资。

为了说明融资决策与公司价值之间的关系,美国著名金融学家默顿·米勒曾生动地将公司价值视为一个圆饼(见图 5-1 和图 5-2),圆饼的大小基于公司在金融市场上的价值。圆饼的大小取决于投资决策,同时也取决于不同资本的配置(资本结构),即取决于公司的融资决策。假如公司的价值为 V,B 表示债权或负债的价值,S 表示股权或所有者权益的价值,T 表示上缴给国家的所得税,这些变量之间的关系可表示为:$V = S + B + T$。

根据圆饼理论,公司价值是一个大小既定的圆饼,该圆饼归国家、股东和债权人共同所有。其中,国家以税收形式对圆饼具有部分要求权,股东以股权形式对该圆饼拥有部分要求权,债权人以债权形式对圆饼享有部分要求权。股东和债权人对圆饼的要求权取决于股权和债权的数量或比例。如果公司选择举债融资,在不考虑其他因素的情况下,由于利息在税前列支,那么公司的税前利润会因为利息的增加而下降,其上缴的税收相应减少,国家对圆饼的要求权随之减少,股东和债权人对圆饼的要求权之和相对增加(对比图 5-1 和图 5-2)。因此,举债融资增加了税后公司价值(B+S)。

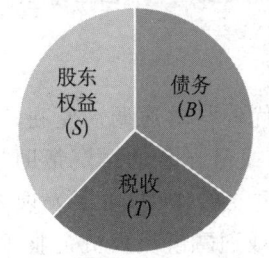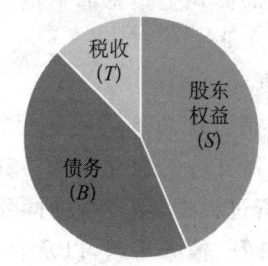

图 5-1　公司资本结构圆饼图(1)　　图 5-2　公司资本结构圆饼图(2)

显然,公司资本结构的变化将影响公司价值,为此,公司财务总监需要选择合适的融资方式,合理配置资本。这种融资决策就是选择能够使公司价值最大化的负债和所有者权益的比率,或者说选择最恰当的资本结构。

2. 筹资管理内容

发挥集团的聚合能力,不断拓展或创造更多的融资渠道,并借助集团的复合优势在有效控制财务风险的同时,为母公司及成员企业的投资或生产运营提供强有力的融资支持,这是总部融资管理的基本目标。为了实现这一目标,集团在开展融资活动时,必须将管理的内容放在如下几个方面。

(1) 制定融资政策与决策制度。

(2) 规划资本结构(包括融资规模、性质、结构及时间进度安排等)。

(3) 落实融资主体。

(4) 选择融资渠道与融资方式。

(5) 监控融资过程并提供必要帮助。

(6) 考察融资及其运用效果,并合理安排还款计划。

3. 筹资监控与筹资帮助

1) 筹资监控

对于重大的融资事项的监控方面,公司总部应有以下几个方面安排。

(1) 审查子公司等成员企业的融资项目是否已纳入融资的预算范畴,融资的规模、结构、期限以及具体的进度安排等是否符合预算规定。

(2) 无论由谁具体执行融资事宜,总部都应当有专门的机构与人员共同介入,以便随时掌握融资的进度、到位情况及可能发生的问题,即遵循实时控制的原则。

(3) 在融资过程中,融资执行主体必须将融资的具体情况,会同总部专门机构与人员所掌握的情况,报告给管理总部。

(4) 资金一旦到位,必须及时交由用资单位投入既定项目,并按照总部要求,定期或不定期地将所筹资金的使用情况报告给管理总部。任何成员企业未经总部批准,不得擅自改变融资用途。

（5）对于未纳入预算的例外或追增融资项目,用资单位必须连同申请支持性理由与可行性报告以书面形式呈报总部审批。在得到总部批复之前,任何子公司或其他重要成员企业不得自作主张。

2）筹资帮助

筹资帮助是指管理总部利用集团的资源聚合优势与融通调剂便利,对总部或成员企业的融资活动提供支持的财务安排。其中,最系统或最显著的融资帮助是上市包装。此外,在日常的融资过程中,融资帮助同样也发挥着重要的作用,主要表现为相互抵押担保融资、相互债务转移、债务重组,以及通过现金调剂或通融解决成员企业债务支付困难等。

（1）相互抵押担保融资。当母公司急需筹措债务资金而自身又缺乏足够的授信资产时,可以动用其他成员企业的资产进行抵押或担保;同样,某一成员企业的负债融资也可以通过其他成员企业或母公司的资产提供抵押或担保。如果相互抵押担保遭遇债权人的抵制,企业集团也可采用一种变通的方式,即通过内部调剂,将其他成员企业的资产转移到筹资单位的账下,从而达到相同的融资目的。这样通过相互的抵押担保或资产内部转移调剂,可以突破某一融资单位自身能力的限制,筹措到更多的资金。这也是作为联合体的企业集团与单一经济组织相比在融资方面特有的一种优势。

（2）债务转移。当母公司或子公司等成员企业需要增加资金来源量,但由于资本结构等的限制而不宜提高负债额度与负债比例时,可以以其他成员企业的名义筹措债务资金,然后调剂转移给母公司或子公司等重要成员企业使用。在这种情况下,筹资单位并非直接的用资单位,即用资单位将债务负担转移给了筹资单位,从而使用资单位既保持了良好的资本结构又满足了生产经营的资金需要。就存量债务而言,企业集团也可以通过债务重组的方式达到整体资本结构优化,特别是母公司及其他重要成员企业资本结构优化的目的。

在相互抵押担保及债务转移交互融合的融资帮助中,还有一种重要的方式,即杠杆融资。管理总部以某一成员企业的名义及其资产为抵押进行负债融资,然后借助财务公司或通过其他调剂通融手段,将所筹措的债务资金提供给母公司或其他成员企业使用。这种方式具有抵押融资与债务转移的双重特征。

（3）债务重组。从集团整体来看,存量债务重组包括两个层面:一是集团内部母公司及成员企业相互间进行的债务重组,其主要形式是债权转股权,即彼此存在债权债务关系的成员企业可以通过债权转股权的方式,实现局部资本结构的调整;二是对外负债的成员企业或母公司可以借助管理总部或集团整体的力量,将对银行或其他债权人的负债转换为银行或债权人在企业集团中的股本,从而在整体上实现资本结构的调整与优化。

4. 筹资效果评价与还款计划安排

1）筹资效果评价

筹资效果评价总体上分为两个方面:一是融资的完成效果,评价的依据是企业集团的融资政策与融资预算;二是所融资金的使用效果,评价依据是融资政策与融资预算。融资使用效果评价的方式是通过对融资运用情况的追踪分析,考查是否符合投资政策的要求以及是否达到了投资的预期目的。

在对融资完成效果进行评价时,管理总部需要考查以下内容。

(1) 融资的总规模、资本负债的比例是否符合融资预算的要求。

(2) 融资进度是否符合融资预算的时间安排。

(3) 融资成本是否符合经济原则,成本确定的依据是什么;这一成本是否有助于融资效率的提高,是否发生了相对的浪费;成本的可降低幅度有多大。

(4) 融资的期限结构是否符合融资预算的要求。如果发生了变更,是否会对未来的投资活动产生不利的影响,可能的影响程度多大。

(5) 融资来源有哪些附加性约束条款,这些约束条款是否会对企业集团未来的发展产生不良的影响,可能会带来哪些隐含成本或潜在的风险损失,风险程度有多大。

(6) 在融资过程中,执行主体是否严格遵循了法定的程序,有无非法的筹措费用开支。

(7) 筹措到位的资金是否由用资单位及时投入了预定项目,是否由于融资效率低下、时间进度不相符而影响了投资的需要,程度多大,等等。

2) 还款计划安排

还款计划安排的主体是具体的用资单位,即各用资单位必须依据借款契约的偿还要求,确定各时间阶段本息的到期额度;结合其他方面现金流出的需要,通过对现金流入量的相宜安排,保障本金与利息的如期偿付。如果营业现金流入量不足以满足营业活动、纳税以及偿付到期债务本息对现金流出的需要,可以考虑以票据贴现、应收账款让售或出售部分短期投资的方式加以弥补。如果还有缺口,可以向总部申请增加新的融资,或直接向总部提出融资帮助。

管理总部对成员企业提出的增加融资申请,应考虑其必要性以及集团整体的财务安全再决定是否予以批准。在还款计划安排方面,财务公司的作用显得尤为重要。财务公司必须充分发挥资金调剂与融通的功能,依据战略发展结构以及投资政策、融资政策的要求,做好现金流量的协调控制工作,满足企业集团各方面投资需要,协助总部及其他成员企业做好还款计划安排,从而保障企业集团财务结构的安全与运转效率的不断提高。

5.1.6　影响筹资的因素

在市场经济体制下,企业需要建立多种筹资方式并存的筹资体系和筹资结构,形成全方位、多层次的筹资新体系。如何构建筹资体系? 这就需要考虑影响企业筹资的六大因素。

(1) 筹集资金的数额。企业筹集资金的多少要与企业的资金需求量成正比。企业需要根据资金需求量来确定筹资数量。筹资过多,会增加筹资费用;筹资过少,又会影响资金供求。所以,企业必须合理确定筹资数额,在能供给企业正常的资金需求下节约成本。

(2) 筹资结构。资本结构是一个产权结构问题,是社会资本在企业经济组织形式中的资源配置结果。资本结构的变化,将直接影响社会资本所有者的利益。企业在筹集资金时,应在财务杠杆利益和财务风险之间做出权衡。根据企业的具体情况,正确安排权益资金和负债资金的比例。债务与权益的比例增大,负债筹资的难度加大,结果会使企业综合资本成本率提高。可见,应当找出一个最适当的债务—权益结构,在这点上,企业的综合资本成本最低。

(3) 筹资成本。筹资成本是选择资金来源的重要依据。企业筹资应寻求筹资成本最低的方案。资本成本是衡量资本结构优化程度的标准,也是对投资获得经济效益的最低要求。只有在投资报酬率高于资本成本率时,才能表明企业筹集的资金取得了较好的经济效益。所以,要选择适合企业自身发展的筹资方式。

(4) 筹资收益。企业在评价比较各种不同的筹资方式时,同样要考虑到所投入项目收益的大小。只有企业筹资项目的收益大于筹资的总代价时,这个方案才是可行的。在这个基础上,再比较哪个筹资方案的收益最大,这是选择筹资方案的一个主要因素。

(5) 筹资的环境和筹资的机会。环境的优越程度制约着企业的经营管理,所以要打造良好的筹资环境。另外,企业要确定具体的筹资时间和筹资时机,把握筹资机会,以获得最大的收益。

(6) 筹资风险。筹资方式不同,其风险是不同的。企业要严格地把资产负债比率控制在一定的幅度内,实行谨慎财务决策;按资产运营期限长短,来安排和使用相应期限的债务资金。企业筹资所面临的风险主要有两个方面:一是企业自身的经营风险,二是资金市场上存在的固有财务风险。经营风险是由产品需求、价格变动、经营杠杆等引起的,财务风险是由负债引起的。

筹资的途径是多方面的,影响筹资的因素也很多。在谋求企业价值最大化的目标下,使企业的资金结构尽可能与企业的目标相一致,是筹资的前提和基础。

5.1.7　直接融资和间接融资

本部分内容为拓展知识,读者可自行扫码阅读。

5.2　权益资本筹资

5.2.1　普通股

1. 普通股的概念

普通股是股份有限公司发行的无特别权利的股份,也是最基本的、标准的股份。通常情况下,股份有限公司只发行普通股。持有普通股股份者为普通股股东。我国《公司法》的规定,普通股股东主要有如下权利:出席或委托代理人出席股东大会,并依公司章程规定行使权力,这是普通股股东参与公司经营管理的基本方式;普通股股东持有的股份可以自由转让,但必须符合《公司法》、其他法规和公司章程规定的条件和程序;股利分配请求权;对公司账目和股东大会决议的审查权和对公司事务的质询权;分配公司剩余财产的权利;公司章程规定的其他权利。同时,普通股股东也基于其资格,对公司负有义务。我国《公司法》中规定了股东具有遵守公司章程、缴纳股款、对公司负有限责任、不得退股等义务。

2. 普通股的种类

股份有限公司根据有关法规的规定以及筹资和投资者的需要,可以发行不同种类的普通股。

(1) 按股票有无记名,可分为记名股和不记名股。记名股是在股票票面上记载股东姓名或名称,这种股票除了股票上所记载的股东,其他人不得行使其股权,且股份的转让有严格的法律程序与手续,需办理过户。不记名股是不在票面上记载股东姓名或名称的股票。这类股票的持有人即股份的所有人,具有股东资格,股票的转让也比较自由、方便,无须办理过户手续。

(2) 按股票是否标明金额,可分为面值股票和无面值股票。面值股是在票面上标有一定金额的股票。持有这种股票的股东,对公司享有的权利及义务大小,依其所持有的股票票面金额占公司发行在外股票总面值的比例而定。无面值股票是在票面上未标出金额,只载明所占公司股本总额的比例或股份数的股票。无面值股票的价值随公司财产的增减而变动,而股东对公司享有的权利和承担义务的大小,直接依股票标明的比例而定。

(3) 按投资主体的不同,可分为国家股、法人股、个人股等。国家股是有权代表国家投资的部门或机构以国有资产向公司投资而形成的股份。法人股是企业法人依法以其可支配的财产向公司投资而形成的股份,或具有法人资格的事业单位和社会团体以国家允许用于经营的资产向公司投资而形成的股份。个人股是社会个人或公司内部职工以个人合法财产投入公司而形成的股份。

(4) 按发行对象和上市地点的不同,又可将股票分为 A 股、B 股、H 股和 N 股等。A 股是供我国内地的个人或法人买卖的,以人民币标明票面金额并以人民币认购的股票。B 股、H 股和 N 股是供外国投资者和我国港澳台地区投资者买卖的,以人民币标明票面金额,但以外币认购和交易的股票(从 2001 年 2 月 19 日起,B 股开始对境内居民开放)。其中,B 股在上海、深圳上市,H 股在香港上市,N 股在纽约上市。后两种分类是我国目前实务中为了便于对公司股份来源的认识和股票发行而做出的分类。在一些国家,还按是否拥有完全的表决权和获利权,将普通股分为若干级别。例如,A 级普通股卖给社会公众,支付股利,但一段时期内无表决权;B 级普通股由公司创办人保留,有表决权,但在一段时期内不支付股利;E 级普通股拥有部分表决权等。

3. 普通股的发行

股份有限公司在设立时要发行股票。此外,公司设立之后,为了扩大经营、改善资本结构,也会增资发行新股。股份的发行,遵循公平、公正的原则,必须同股同权、同股同利。

同次发行的股票,每股的发行条件和价格应当相同。任何单位或个人所认购的股份,每股应支付相同的价款。同时,发行股票还应接受国务院证券监督管理机构的管理和监督,股票发行具体应执行的管理规定主要包括股票发行条件、发行程序和方式、销售方式等。

1) 股票发行的规定与条件

按照我国《公司法》和《证券法》的有关规定,股份有限公司发行股票,应符合以下规定与条件。第一,每股金额相等。同次发行的股票,每股的发行条件和价格应当相同。第二,股票发行价格可以按票面金额,也可以超过票面金额,但不得低于票面金额。第三,股票应当载明公司名称、公司登记日期、股票种类、票面金额及代表的股份数、股票编号等主要事项。第四,向发起人、国家授权投资的机构、法人发行的股票,应当为记名股票;对社会公众发行的股票,可以为记名股票,也可以为无记名股票。第五,公司发行记名股票的,应当置备股东名册,记载股东的姓名或者名称、住所、各股东所持股份、各股东所持股票编号、各股东取得其股份的日期;发行无记名股票的,公司应当记载其股票数量、编号及发行日期。第六,公司发行新股,必须具备下列条件:具备健全且运行良好的组织结构;具有持续赢利能力,财务状态良好;最近 3 年财务会计文件无虚假记载,无其他重大违法行为;证券监督管理机构规定的其他条件。公司发行新股,应由股东大会做出有关下列事项的决议:新股种类及数额、新股发行价格、新股发行的起止日期、向原有股东发行新股的种类及数额。

2) 股票发行的程序

股份有限公司在设立时发行股票与增资发行新股,程序如下。

(1) 设立时发行股票的程序:提出募集股份申请;公告招股说明书,制作认股书,签订承销协议和代收股款协议;招认股份,缴纳股款;召开创立大会,选举董事会、监事会;办理设立登记,交割股票。

(2) 增资发行新股的程序:股东大会做出发行新股的决议;由董事会向国务院授权的部门或省级人民政府申请并经批准;公告新股招股说明书和财务会计报表及附属明细表,与证券经营机构签订承销合同,定向募集时向新股认购人发出认购公告或通知;招认股份,交纳股款;改组董事会、监事会,办理变更登记并向社会公告。

3) 股票的发行方式、销售方式和发行价格

公司发行股票筹资,应当选择适宜的股票发行方式和销售方式,并恰当地制定发行价格,以便及时募足资本。

(1) 股票发行方式。股票发行方式指的是公司通过何种途径发行股票。总的来讲,股票的发行方式可分为如下两类。

① 公开间接发行,是指通过中介机构,公开向社会公众发行股票。我国股份有限公司采用募集设立方式向社会公开发行新股时,须由证券经营机构承销的做法,就属于股票的公开间接发行。这种发行方式的发行范围广、发行对象多,易于足额募集资本。股票的公开发行还有助于提高发行公司的知名度和扩大其影响力。但这种发行方式也有不足,主要是手续繁杂,发行成本高。

② 不公开直接发行,是指不公开对外发行股票,只向少数特定的对象直接发行,因而不需经中介机构承销。我国股份有限公司采用发起设立方式和以不向社会公开募集的方

式发行新股的做法,即属于股票的不公开直接发行。这种发行方式弹性较大,发行成本低;但发行范围小,股票变现性差。

（2）股票的销售方式。股票的销售方式是指股份有限公司向社会公开发行股票时所采取的股票销售方法。股票销售方式有两类:自销和委托承销。股票发行的自销方式是指发行公司自己直接将股票销售给认购者。这种销售方式可由发行公司直接控制发行过程,实现发行意图,并可以节省发行费用;但往往筹资时间长,发行公司要承担全部发行风险,并需要发行公司有较高的知名度、信誉和实力。股票发行的承销方式是指发行公司将股票销售业务委托给证券经营机构代理。这种销售方式是发行股票所普遍采用的。我国《公司法》规定股份有限公司向社会公开发行股票,必须与依法设立的证券经营机构签订承销协议,由证券经营机构承销。股票承销又分为包销和代销两种具体办法。所谓包销,是根据承销协议商定的价格,证券经营机构一次性全部购进发行公司公开募集的全部股份,然后以较高的价格出售给社会上的认购者。对发行公司来说,包销的办法可及时筹足资本,免于承担发行风险(股款未募足的风险由承销商承担);但股票以较低的价格售给承销商会损失部分溢价。所谓代销,是指证券经营机构代替发行公司代售股票,并由此获取一定的佣金,但不承担股款未募足的风险。

（3）股票的发行价格。股票的发行价格是股票发行时所使用的价格,也就是投资者认购股票时所支付的价格。股票发行价格通常由发行公司根据股票面额、股市行情和其他有关因素决定。以募集设立方式设立公司首次发行的股票价格,由发起人决定;公司增资发行新股的股票价格,由股东大会做出决议。股票的发行价格可以和股票的面额一致,但多数情况下不一致。股票的发行价格一般有以下三种。

① 等价。等价就是以股票的票面额为发行价格,也称为平价发行。这种发行价格一般在股票的初次发行或在股东内部分摊增资的情况下采用。等价发行股票容易推销但无法取得股票溢价收入。

② 时价。时价就是以本公司股票在流通市场上买卖的实际价格为基准确定的股票发行价格。其原因是股票在第二次发行时已经增值,收益率已经变化。选用时价发行股票,是考虑了股票的现行市场价值,对投资者也有较大的吸引力。

③ 中间价。中间价就是以时价和等价的中间值确定的股票发行价格。按时价或中间价发行股票,股票发行价格会高于或低于其面额。前者称溢价发行,后者称折价发行。如属溢价发行,发行公司所获得的溢价款列入资本公积。我国《公司法》规定,股票发行价格可以等于票面金额(等价),也可以超过票面金额(溢价),但不得低于票面金额(折价)。

4. 股票上市

1) 股票上市的目的

股票上市是指股份有限公司公开发行的股票经批准在证券交易所进行挂牌交易。经批准在交易所上市交易的股票称为上市股票。按照国际通行做法,非公开募集发行的股票或未向证券交易所申请上市的非上市证券,应在证券交易所外的柜台交易市场上流通转让;只有公开募集发行并经批准上市的股票才能进入证券交易所流通转让。

股份公司申请股票上市,一般出于以下目的。

（1）资本大众化，分散风险。股票上市后，会有更多的投资者认购公司股份。公司则可将部分股份转售给这些投资者，再将得到的资金用于其他方面，从而分散了公司的风险。

（2）提高股票变现力。股票上市后便于投资者购买，自然提高了股票的流动性和变现力。

（3）便于筹措新资金。股票上市必须经过有关机构的审查批准并接受相应的管理，执行各种信息披露和股票上市的规定，这就大大增强了社会公众对公司的信赖，乐于购买公司的股票。同时，由于一般人认为上市公司实力雄厚，也便于公司采用其他方式（如负债）筹措资金。

（4）提高公司知名度，吸引更多顾客。上市公司广为社会所知，并被认为经营优良。股票上市会给公司带来良好声誉，吸引更多的顾客，从而扩大销售量。

（5）便于确定公司价值。股票上市后，公司股价有市价可循，便于确定公司的价值，有利于促进公司财富最大化。

但股票上市也有对公司不利的一面。这主要是指，公司将负担较高的信息披露成本；各种信息公开的要求可能会暴露公司的商业秘密；股价有时会歪曲公司的实际状况，丑化公司声誉；可能会分散公司的控制权，造成管理上的困难。

2）股票上市的条件

公司公开发行的股票进入证券交易所挂牌买卖（即股票上市），须受严格的条件限制。我国《证券法》规定，股份有限公司申请其股票上市，必须符合下列条件：股票经国务院证券监督管理机构核准已公开发行；公司股本总额不少于人民币3 000万元；公司发行的股份达到公司股份总数的25%以上；公司股本总额超过人民币4亿元的，公开发行的比例为10%以上；公司最近3年无重大违法行为，财务会计报告无虚假记载；此外，公司股票上市还应符合证券交易所规定的其他条件。

5. 普通股的优缺点

1）普通股筹资的优点

与其他筹资方式相比，普通股筹措资本具有如下优点。

（1）发行普通股筹措资本具有永久性，无到期日，不需归还。这对保证公司对资本的最低需要、维持公司长期稳定发展极为有益。

（2）发行普通股筹资没有固定的股利负担。股利的支付与否和支付多少，视公司有无营利和经营需要而定，经营波动给公司带来的财务负担相对较小。由于普通股筹资没有固定的到期还本付息的压力，所以筹资风险较小。

（3）发行普通股筹集的资本是公司基本的资金来源，反映了公司的实力，可作为其他方式筹资的基础，尤其可为债权人提供保障，增强公司的举债能力。

由于普通股的预期收益较高并可一定程度地抵消通货膨胀的影响（通常在通货膨胀期间，不动产升值时普通股也随之升值），所以普通股筹资容易吸收资金。

2）普通股筹资的缺点

普通股的资本成本较高。从投资者的角度讲，投资普通股风险较高，相应地要求有较高的投资报酬率。而对于筹资公司来讲,普通股股利从税后利润中支付,不像债券利息那样作为费用从税前支付,因而不具抵税作用。此外,普通股的发行费用一般也高于其他证券。

以普通股筹资会增加新股东,这可能分散公司的控制权。此外,新股东分享公司未发行新股前积累的盈余,又会降低普通股的每股净收益,从而可能引发股价的下跌。

5.2.2　留存盈余

公司不但可以从外部融资,同样也可以从公司内部获得所需要的资金,这就涉及留存盈余。留存盈余也称为内源融资,是指公司将税后利润的一部分以保留盈余的方式留下来使用,增加了公司可运用资金的总量,实际上是公司的一种融资活动。

1. 留存盈余的优点

(1) 留存盈余不发生筹资费。公司向外界筹措资金,不论是采取发行股票、债券的方式,还是采取向银行借款的方式,都需要支付一定的融资费用;而公司如果利用留存盈余,则无须支付融资费用。因此,留存盈余对公司非常有益。

(2) 留存盈余可使股东获得税收利益。留存盈余的资金来源于税后利润,属于所有者权益范畴。如果公司将实现的利润以股利的方式全部分配给股东,股东收到股利之后要缴纳个人所得税,税率一般很高。如果公司适当地利用留存盈余,少发股利,相当于股东对公司追加投资,所有者权益并未减少,股东不用缴纳所得税。同时,随着公司以保留盈余的方式追加股本,公司股票价格就会上扬,股东可出售部分股票获取资本利得来代替股利收入,而出售股票收入所缴纳的资本利得税税率一般较个人所得税税率为低。

(3) 留存盈余可增加对债权人的保障程度,增加公司的信用价值。

2. 留存盈余的缺点

(1) 留存盈余的数量常常会受到某股东的限制。有些股东依靠股利维持生活,希望多发股利;有些股东对风险有反感,宁愿目前收到较少的股利,也不愿等到将来再收到不确定的较多的股利或较高价格出售股票的价款。所以,有些公司的股东总是要求股利支付比例维持在一定的水平上。

(2) 留存盈余过多,股利支付过少,可能会影响公司今后的外部融资。有研究发现,股利支付比例较高的公司的股票比股利支付比例较少的公司的股票容易出售。因此,较多地支付股利,虽然不利于内源融资,但会有力地说明公司具有较高的赢利水平和较好的财务状况。

(3) 留存盈余过多,股利支付过少,可能不利于股票价格的稳定或上升。

实质上,留存盈余(通常也称为内源融资)与股利政策是同一个问题的两个方面,所以在这里,不再对留存盈余做更多的解释,有兴趣的读者可以自行学习股利政策的相关内容。

121

5.3 债务资本筹资

5.3.1 长期借款

长期借款是指企业向银行或其他金融机构借入的期限在一年以上（不含一年）的各项借款。长期借款主要用于构建固定资产和满足长期流动资金占用的需要。长期借款是企业筹措长期负债资金的重要方式之一。

1. 取得长期借款的条件

按照《中华人民共和国商业银行法》的第四章规定，我国金融部门对企业发放贷款的原则是，对借款人的借款用途、偿还能力、还款方式等情况进行严格审查；实行审贷分离、分级审批的制度；借款人应当提供担保。商业银行应当对保证人的偿还能力，抵押物、质物的权属和价值以及实现抵押权、质权的可行性进行严格审查。经商业银行审查、评估，确认借款人资信良好、确能偿还贷款的，可以不提供担保。银行应当与借款人订立书面合同，合同应当约定贷款种类、借款用途、金额、利率、还款期限、还款方式、违约责任和双方认为需要约定的其他事项。

企业取得长期借款的条件主要有：企业实行独立核算，自负盈亏，具有法人资格，有健全的机构和相应的企业管理的技术人才；用途合理合法，具有借款项目的可行性报告；具有一定的物资和财产保证，担保单位具有相应的经济实力；具有偿还贷款本息的能力；财务管理和经济核算制度健全，资金使用效果良好；在有关金融部门开立账户，并能办理结算。

2. 长期借款的保护性条款

由于长期借款的期限长、风险大，按照国际惯例，银行通常对贷款企业提出一些有助于保证贷款按时足额偿还的条件。这些条件写进贷款合同中，形成了合同的保护性条款。归纳起来，保护性条款主要有以下两类。

（1）一般性保护条款。一般性保护条款应用于大多数借款合同，但根据具体的情况会有不同内容，主要包括：对借款企业流动资金保持量的规定，以保持借款企业资金的流动性和偿债能力；对支付现金股利和再购入股票的限制，以限制企业现金外流；对资本支出规模的限制，以减小企业日后不得不变卖固定资产以偿还贷款的可能性，仍着眼于保持借款企业的资金流动性；限制其他长期债务，以防止其他贷款人获得对企业资产的优先求偿权；借款企业定期向银行提交财务报表，以及时掌握企业的财务状况；不准在正常情况下出售较多资产，以保持企业正常的生产经营能力；如期缴纳税金和其他到期债务，以防被罚款造成的现金流失；不准以任何资产作为其他承诺的担保和抵押，以避免企业过重的负担；不准贴现应收票据或出售应收账款，以避免或有负债；限制租赁固定资产的规模，防止企业负担租金以致削弱其偿债能力，也防止企业以租赁固定资产的办法摆脱对其资本支出和负债的约束。

（2）特殊性保护条款。特殊性保护条款是针对某些特殊情况而在部分借款合同中加以规定的,主要包括:贷款专款专用;不准企业投资于短期内不能收回资金的项目;限制企业高级职员的薪金和奖金总额;要求企业主要领导人在合同有效期间担任领导职务;要求企业主要领导人购买人身保险等。

此外,"短期借款筹资"中的周转信贷协定、补偿性余额等条件,也同样适用于长期借款。

3. 长期借款的种类

长期借款的种类很多,各企业可根据自身的情况和各种借款条件选用。我国目前各金融机构的长期借款主要有以下分类。

按照用途,长期借款分为固定资产投资借款、更新改造借款、科技开发和新产品试制借款等。

按照提供贷款的机构,长期借款分为政策性银行贷款、商业银行贷款等。此外,企业还可从信托投资公司取得实物或货币形式的信托投资贷款、从财务公司取得各种中长期贷款等。

按照有无担保,长期借款分为信用贷款和抵押贷款。信用贷款指不需企业提供抵押品,仅凭其信用或担保人信誉而发放的贷款。抵押贷款指要求企业以抵押品作为担保的贷款。长期贷款的抵押品常常是房屋、建筑物、机器设备、股票、债券等。

4. 长期借款的偿还方式

长期借款的偿还方式主要有三种:①定期支付利息、到期一次性偿还本金;②如同短期借款那样的定期等额偿还;③平时逐期偿还小额本金和利息,期末偿还余下的大额部分。第一种方式会加大企业借款到期时的还款压力;而第二种方式又会提高企业使用贷款的实际利率。

5. 长期借款筹资的优缺点

1）优点

（1）筹资成本低。长期借款利率一般低于发行公司债,且不涉及审批、发行等,交易成本低。而且,借款利息具有减税效应,减少了企业实际的资金成本。

（2）筹资效率高。长期借款融资是企业与银行等金融机构双方间的债权债务关系,一般不涉及公众和其他利益相关者,因此,只要借贷双方达成协议,借款企业即可取得借款。相比公募资金,所需时间较短。

（3）筹资弹性大。长期借款是借贷双方的直接协商,在借款期限、利率、规模及还款等有关事项上都具有较大的灵活性,使借款企业可以根据自己的实际情况与银行协商确定。

（4）债权银行通常不干预企业的生产经营活动,不会影响企业的股权结构,有利于保护股东对企业的控制力。

2）缺点

（1）财务风险较大。长期负债的利息是企业必须定期支付的固定费用,如果企业经营状况不好,将成为企业沉重的负担。如果企业因经营不善而财务流动性差,还将面临破产的风险。

（2）融资额度有限。基于风险的考虑，银行一般不愿意发放巨额的长期借款。与发行股票和债券相比，长期借款的融资规模有限。

（3）限制条款较多。银行基于自身资金安全的考虑，往往会在借款合同中附加很多保护性条款。这些条款对企业资金用途、资产处置等经营行为都有严格的约束，对企业的经营活动有很强的限制作用。

本部分内容为拓展知识，读者可自行扫码阅读。

知识链接 5-1：结构性融资：银企合作新模式

5.3.2 债券

债券是经济主体为筹集资金而发行的，用以记载和反映债权债务关系的有价证券。由企业发行的债券称为企业债券或公司债券。这里所说的债券，指的是期限超过一年的公司债券，其发行的目的通常是为建设大型项目筹集大笔长期资金。

1. 债券的发行条件

我国《证券法》规定，公开发行公司债券的公司必须具备相关条件：股份有限公司的净资产额不低于人民币 3 000 万元，有限责任公司的净资产额不低于人民币 6 000 万元；累计债券总额不超过公司净资产额的 40％；最近 3 年平均可分配利润足以支付公司债券 1 年的利息；所筹集资金的投向符合国家产业政策；债券的利率不得超过国务院限定的利率水平；国务院规定的其他条件。

2. 债券的发行程序

债券发行的程序包括：做出发行债券的决议；向国务院授权的部门提交发债申请；发行公司债券的批准；公告募集办法。募集办法中应当载明公司名称、债券总额、票面金额、票面利率、还本付息的期限和方式、债券发行起止日期、承销机构等相关事项。

公司发行公司债券应当置备公司债券存根簿，记载债券持有人的姓名或者名称及住所，债券持有人取得债券的日期、债券的编号以及债券本身需要载明的事项。国务院授权的部门对已做出的审批公司债券发行的决定，发现不符合法律、行政法规规定的，应当予以撤销；尚未发行的，停止发行；已经发行公司债券的，发行公司应当向认购人退还所缴股款并加算银行同期存款利息。

3. 债券的发行价格

债券的发行价格是债券发行时所使用的价格，即投资者购买债券时所支付的价格。

公司债券的发行价格通常有三种:平价、溢价和折价。平价是指以债券的票面金额为发行价格。溢价是指以高出债券的票面金额为发行价格。折价是指以低于债券的票面金额为发行价格。

债券发行价格的形成受诸多因素的影响,其中主要是票面利率与市场利率的一致程度。债券的票面金额、票面利率在债券发行前即已参照市场利率和发行公司的具体情况确定下来,并载明于债券之上。但在发行债券时已确定的票面利率不一定与当时的市场利率相一致。为了协调债券购销双方在债券利息上的利益,就要调整发行价格,即当票面利率高于市场利率时,以溢价发行债券;当票面利率低于市场价格时,以折价发行债券;当票面利率与市场价格一致时,则以平价发行债券。

债券发行价格的计算公式如下。

$$债券发行价格的计算 = \frac{票面金额}{(1+市场利率)^n} + \sum \frac{票面金额 \times 票面利率}{(1+市场利率)^t} \qquad (5\text{-}1)$$

式中,n 为债券期限;t 为付息期数;市场利率为债券发行时的市场利率。

【例 5-1】 某公司要发行面值为 1 000 元、票面利率为 10%、期限为 10 年,每年年末付息的债券。公司在决定发行债券时,认为 10% 的市场利率是合理的。如果到债券正式发行时,市场利率发生了变化,那么需要调整债券的发行价格,具体可以分三种情况讨论。

(1) 市场利率保持不变,该公司可以平价发行该债券,求得债券价格 P 为

$$P = \frac{1\,000}{(1+10)^{10}} + \sum \frac{1\,000 \times 10\%}{(1+10\%)^t} = 1\,000 \times 0.385\,5 + 100 \times 6.144\,6 = 1\,000(元)$$

(2) 市场利率大幅上升,达到 12%,公司采取折价发行方式,求得债券价格 P 为

$$P = \frac{1\,000}{(1+12)^{10}} + \sum \frac{1\,000 \times 10\%}{(1+12\%)^t} = 1\,000 \times 0.322 + 100 \times 5.650\,2 = 887.02(元)$$

(3) 市场利率大幅下降,达到 8%,公司采取溢价发行方式,求得债券价格 P 为

$$P = \frac{1\,000}{(1+8)^{10}} + \sum \frac{1\,000 \times 10\%}{(1+8\%)^t} = 1\,000 \times 0.463\,2 + 100 \times 6.710\,1 = 1\,134.21(元)$$

4. 债券的信用等级

公司公开发行债券通常需要由债券评信机构评定等级。债券的信用等级对于发行公司和购买人都有重要影响。国际上流行的债券等级是 3 等 9 级。AAA 级为最高级,AA 级为高级,A 级为上中级,BBB 级为中级,BB 级为中下级,B 级为投机级,CCC 级为完全投机级,CC 级为最大投机级,C 级为最低级。

我国的债券评级工作正在开展,但尚无统一的债券等级标准和系统评级制度。根据中国人民银行的有关规定,凡是向社会公开发行的企业债券,需要由经中国人民银行认可的资信评级机构进行评信。这些机构对发行债券企业的企业素质、财务质量、项目状况、项目前景和偿债能力进行评分,以此评定信用级别。

5. 债券筹资的特点

与其他长期负债筹资方式相比,发行债券的突出优点在于筹资对象广、市场大。债券

融资属于直接融资,市场容量较大,也不会受到金融中介机构自身资产规模的约束,可以筹集到的资金也比较多。同时,债券是公开发行的,投资者是否买卖债券取决于自己的判断,债券市场流动性的提高,可以让投资者方便、自由地转让手中的债券,这将有利于市场配置资源效率的提升。

但是,债券筹资方式也存在一定缺陷,它的成本高、风险大、限制条件多。企业公开发行债券的程序复杂,需要聘请保荐人、会计师、律师、资产评估机构等中介,发行成本高。在债券发行后,还要履行信息披露义务,有较高的信息披露成本。同时,债券发行的契约书中也会对企业设置一定的限制性条款,这些条款比优先股和短期债务的条款更为严格,可能会影响企业正常经营和未来的筹资能力。

6. 债券的种类

(1) 按债券上是否记有持券人的姓名或名称,分为记名债券和无记名债券。这种分类类似于记名股票和无记名股票。在公司债券上记载持券人姓名或名称的为记名公司债券,反之为无记名公司债券。两种债券在转让上的差别也与记名股票和无记名股票相似。

(2) 按是否能转换为公司股票,分为可转换债券和不可转换债券。若公司债券能转换为本公司股票,为可转换债券;反之,为不可转换债券。一般来讲,前一种债券的利率要低于后一种债券。按照我国《公司法》的规定,发行可转换债券主体只限于股份有限公司中的上市公司。

以上两种分类为我国《公司法》所确认。除此之外,按照国际通行做法,公司债券还有另外一些分类。

(3) 按有无特定的财产担保,分为抵押债券和信用债券。发行公司以特定财产作为抵押品的债券为抵押债券;没有特定财产作为抵押,凭信用发行的债券为信用债券。抵押债券又分为以下几种:①一般抵押债券,即以公司产业的抵押品而发行的债券;②不动产抵押债券,以公司的不动产作为抵押而发行的债券;③设备抵押债券,即以公司的机器设备为抵押而发行的债券;④证券信托债券,即以公司持有的股票证券以及其他保证书交付给信托公司作为抵押而发行的债券等。

(4) 按是否参加公司盈余分配,分为参加公司债券和不参加公司债券。公司债券债权人除享有到期向公司请求还本付息的权利外,还有权按规定参加公司盈余分配的债券,为参加公司债券;反之,则为不参加公司债券。

(5) 按利率的不同,分为固定利率债券和浮动利率债券。将利率明确记载于债券上,按这一固定利率向债权人支付利息的债券,为固定利率债券;债券上明确利率,发放利息时利率水平按某一标准(如政府债券利率、银行存款利率)的变化而同方向调整的债券,为浮动利率债券。

(6) 按能否上市,分为上市债券和非上市债券。可在证券交易所挂牌交易的债券,为上市债券;反之,为非上市债券。上市债券信用度高,价值高,且变现速度快,故而较吸引投资者;但上市条件严格,并要承担上市费用。

(7) 按照偿还方式,分为到期一次债券和分期债券。发行公司于债券到期日一次集中清偿本金的,为到期一次债券;一次发行、分批偿还的债券,为分期债券。分期债券的偿还又有不同的办法。

（8）按照其他特征，分为收益公司债券、附认股权债券、附属信用债券等。收益公司债券是只有当公司获得盈利时才向持券人支付利息的债券、这种债券不会给发行公司带来固定的利息费用，对投资者而言收益较高，但风险也较大。附认股权债券是附带允许债券持有人按特定价格认购公司股票权利的债券。这种认购权通常随债券发放，具有与可转换债券类似的属性，与可转换公司债券一样，票面利率通常低于一般公司债券。附属信用债券是当公司清偿时，受偿权排列顺序低于其他债券的债券。为了补偿其受偿顺序可能带来的损失，这种债券的利率高于一般债券。

7. 债券的优缺点

1）债券的优点

（1）资金成本较低。债券发行费用比股票低，而且债券的利息费用可在税前支付，起到了抵减税款的作用，使得债券的实际筹资成本较低。

（2）保障股东控制权。债券持有人并非公司股东，无权参与公司的经营，只能从公司获取固定利息，因而发行债券不会影响股东对公司的控制权。

（3）可利用财务杠杆作用。由于债券的利息是固定的，且在所得税前支付，公司如能保证债券所筹集的资金的投资收益率高于债券利息率，就可以将更多的收益分配给股东，或留归企业以扩大经营。

2）债券的缺点

（1）筹资风险高。债券筹资除了要支付固定的利息外，还要在到期日偿还全部本金。债券的还本付息增加了公司的财务压力。如果公司经营状况不佳，特别是投资收益率低于债券利息率时，公司就会背上沉重的负担，此种状况持续一段时间后，公司就会出现无力偿还债务的局面，最终导致破产。

（2）限制条件多。债券筹资的限制条件比长期借款、租赁筹资的限制条件要多，这种限制可能影响企业的投资收益以及以后的筹资能力。

（3）筹资额有限。利用债券筹资有一定的限度。当公司的负债比率超过一定程度后，债券筹资的成本会迅速上升，风险增大，继而导致债券难以发行。

知识链接 5-2：中小企业集合债券

本部分内容为拓展知识，读者可自行扫码阅读。

8. 权益类筹资方式和负债类筹资方式的比较

筹措长期资金主要有股权筹资和债务筹资两种方式。如前所述，股权筹资主要是股票筹资，债务筹资包括发行债券和向金融机构借入长期借款两种方式。股权筹资与债务筹资相比主要有以下几个方面的不同。

（1）收益的固定性不同。股权筹资现在多表现为普通股筹资，普通股与债券相比具有永久性，没有到期日，具有不需要归还的特点。普通股股票的红利分配是根据公司营利情况，经股东会讨论批准发放的。营利多，红利分配也多；营利少，红利分配也少。在亏损年份通常不分配股利。股东持有股票的收益性通常具有不确定性。公司债券则的收益具有固定性，债券的利息是在债券发行时已明确标于债券上的——无论是浮动利率债券还是固定利率债券，债券的持有人在一定时期都能按事先的约定，按期取得利息。

（2）索偿权的顺序不同。负债是债权人对企业资产的索偿权；而股权是股东对企业净资产的索偿权。股权和债券的索偿权在索偿顺序上有很大区别。在企业经营出现意外、出现破产或倒闭的情况，需要进行企业清偿时，首先清偿银行借款和发行的债券，之后如有资产剩余才可清偿股权部分。清偿完债务之后的剩余资产，有限责任公司按照股东出资比例分配，股份有限公司按照股东持有股份的比例分配。因此，持有公司股权在公司破产或倒闭时得到的补偿往往极为有限。

（3）管理权限不同。股权的持有者是公司的股东，无论他持有的股份数量多少，都有权参加企业的股东大会，有权就公司的经营情况、经营决策发表自己的意见，通过选举董事行使对公司的经营决策权和监督权，参加公司的管理。股东对公司有着法定的管理权和委托他人管理公司的权利。债券的持有者，只是公司的债权人，只有要求公司按期按规定还本付息的权利，无论其拥有多少债权，都无权参加公司的管理——债权人与公司只有债权债务关系，没有参加公司管理的权利。

（4）税收优惠不同。债务筹资无论是银行借款筹资还是发行债券筹资，从税收方面考虑，对公司都是有利的。作为银行借款的利息支出，借款企业可以将其列入财务费用，在所得税前扣除。作为发债的利息支出，发债公司同样可以在利息支出当期将其列为费用开支，在所得税前扣除。作为股权融资支付的股利，从会计角度来讲是从所得税后的净利润中支付的，不能作为税前费用扣除。因此，股权融资没有税收优惠，而债务筹资可以拥有此优惠，这也是很多公司倾向于债务融资的一个主要原因。

5.4 混合性筹资

5.4.1 优先股筹资

1. 优先股的概念

优先股是一种混合证券，介于债券与普通股之间。和普通股不同，优先股一般有固定的股息，例如面值为 100 元、股息率为 12% 的优先股，每年有 12 元的固定股息（分红）。和企业债的区别在于，如果公司盈利不够时，优先股可以不分红，这也不会造成公司的破产。未分的股息一般会累积起来，待公司盈利足够时再支付。而且，优先股股息不派发时，普通股是不能派发股息的。这就是优先股的优先权。如果公司破产被清算，优先股的优先权在普通股之前、在公司借债之后。

可转换优先股和可转换债券有些类似,主要的区别在于可转换优先股有票面股息率而不是票面利率,而且一般没有到期期限。例如,一种可转换优先股的面值是 1 000 元,票面股息率可以是 8%,它可以被转换成 50 股公司的普通股。在公司盈利为负时,公司可以不派发优先股的股息,但不支付债券的利息的话,就会造成违约和破产,这是可转换优先股和可转换债券的最大区别。

优先股兼具债券和优先股的特点。和债券相比,不支付优先股的股利不会导致公司破产;与普通股相比,发行优先股一般不会稀释现有股东的权益。同时,无期限的优先股没有到期日,不会减少公司现金流,不需要偿还本金。但是,优先股的收益率低于普通股,既没有高的固定股利,又不能像债券利息费用那样免税,没有税盾效应,不能获得省税好处。那么,为什么公司要发行优先股呢?这就是"优先股之谜"。

在西方发达资本主义国家,例如美国,其优先股股利的税收政策有两个重要内容。一是发行公司发放的优先股股利不能从应税收入中扣除;二是公司投资优先股所获得的股利可以部分减免所得税,即可以免除 70% 的合格股利收入的联邦所得税,这也是优先股为众多公司投资的理由。但是,由此产生的税收优势和税收劣势基本抵消。因此,优先股存在的理由并非仅仅在于税收因素,还在于以下两个因素。

一个因素是避免破产威胁。债务融资面临本金和利息支付压力,未付债务会使得发行公司直接面临破产威胁。而由于未付优先股股利并非负债,因此,优先股股东不能以发行公司不付股利而胁迫公司破产。但是,作为对延期支付鼓励的补偿,发行人可能被迫赋予优先股持有人一定数量的表决权。另一个因素是,规范的公用事业公司偏好优先股,大部分优先股都是由公共事业公司发放的。这类企业对下游企业或者客户具有绝对的议价能力,可以将发行优先股的税收劣势转嫁给顾客或者下游企业。

2. 优先股的特征

优先股股票简称优先股,是股份有限公司依法发行的具有一定优先权的股票。从法律上来讲,企业的优先股不承担法定的还本义务,是企业自有资金的一部分。优先股是一种复杂的证券,虽属于自有资金,但却具有债券的性质。其特征表现在以下两个方面。

(1) 优先股较普通股而言,具有一定的优先权。优先股股利分配先于普通股股利分配;优先股股东对公司剩余财产的求偿权虽在债权人之后,但先于普通股股东,其求偿额为优先股的票面价值加累计未支付的股利。

(2) 优先股股息是固定的。优先股股息在发行股票之前就已确定下来,这一点与债券利息率的确定相同。但债券利息必须无条件支付,而优先股股息的支付则具有很大的灵活性。当公司无利润或利润不足时,优先股股息可不支付,以后也不一定补偿。这与债券有着根本性的区别。

3. 优先股的种类

(1) 按是否参与公司利润分配,优先股可以分为参与分红优先股和不参与分红优先股。所谓参与分红优先股,是指拥有参与分配股利权利的优先权的优先股。在企业年度收益额增长幅度较大时,优先股股东除了可以分到优先股股利,经董事会决定还可以分到额外的股利。这种股票的发行量一般较少。

不参与分红优先股是指除分配定额股利,不再与普通股共同分配剩余收益的优先股。

(2) 按股利是否可以累积,将优先股分为累积优先股和非累积优先股。累积优先股是指拥有累积股利权利的优先股,即公司收益不够分配优先股股利时,欠付的数额应累积起来以后补付。只有对累积优先股股利付清后,才能支付普通股股利。非累积优先股是指公司净收益不足以支付优先股定额股利时,以后不再补发。

(3) 按股票是否可以转换,将优先股分为可转换优先股和不可转换优先股。可转换优先股是指可以在未来某一个既定日期或时期,按既定价格转换为一定股份的普通股的优先股。反之,则为不可转换优先股。

(4) 按是否可以赎回,将优先股分为可赎回优先股和不可赎回优先股。可赎回优先股是指按规定可以在某一时期以后按一定价格赎回的优先股,其赎回价格通常高于面值。反之,为不可赎回优先股。

4. 优先股的优缺点

1) 优先股的优点

(1) 优先股没有固定的到期日,不用偿还本金。而且,大多数优先股又附有收回条款,这就使得使用这种资金更有弹性。当财务状况较弱时发行,而财务状况较强时收回,既有利于公司结合资金需求,同时能控制公司的资本结构。

(2) 股利的支付既固定又有一定弹性。一般而言,优先股都采用固定股利,但固定股利的支付并不构成公司的法定义务。如果财务状况不佳,则可暂时不支付优先股股利。

(3) 优先股扩大了权益基础,可增加公司的信誉,增强公司偿付债务的能力,吸引更多的借入资金。

(4) 优先股的发行不会改变普通股股东对公司的控制权。优先股股东通常不能参与公司的经营管理,这就保证了普通股股东对公司的控制权。

2) 优先股的缺点

由于优先股股息支付具有固定性,所以当企业盈利下降时,其可能带来较大的财务负担。

知识链接 5-3: 我国的优先股融资制度

本部分内容为拓展知识,读者可自行扫码阅读。

5.4.2 可转换债券筹资

1. 可转换债券的概念

可转换债券简称可转债,是一种被赋予了股票转换权的公司债券,是普通债券和认股权证的组合,具有公司债券和股票的双重特点。可转换债券的投资者同时拥有债权和股票期权两项权益。发行公司也相当于同时发行了债券和认股权证。可转债首创于19世纪中叶的美国,至今已走过了150多年的历史。我国从1992年深宝安可转债券的探索,到1997年《可转换公司债券管理暂行办法》的颁布,再到2006年5月8日正式实施《上市公司公开发行证券管理办法》,可转换债券走过了一段坎坷的历程。

2. 可转换债券的要素

可转换债券又称可转换公司债券(简称可转债),是指发行人依照法定程序发行,在一定期间内依据约定的条件可以转换成股份的公司债券。可转换债券的要素是指构成可转换债券基本特征的必要因素。可转换债券与不可转换债券(或普通债券)的区别,主要包括七个方面。

1)标的股票

可转换债券对股票的可转换性,实际上是一种股票期权或股票选择权,它的标的物就是可以转换成的股票。可转换债券的标的股票一般是其发行公司自己的股票,但也有其他公司的股票,如可转换债券发行公司的上市子公司的股票(以下介绍中,标的股票仅指发行公司的股票,略去其他公司的股票)。

2)转换价格

可转换债券发行之时,明确了以怎样的价格转换为普通股,这一规定的价格就是可转换债券的转换价格(也称转股价格),即转换发生时投资者为取得普通股所支付的每股实际价格。按照我国《可转换公司债券管理暂行办法》的规定,上市公司发行可转换债券的,以发行可转换公司债券前1个月股票的平均价格为基准,上浮一定幅度作为转换价格;重点国有企业发行可转换公司债券的,以拟发行股票的价格为基准,按一定比例的折扣作为转换价格。

3)转换比率

转换比率是债权人通过转换可获得的普通股股数。

4)转换期

转换期是指可转换债券转换为股份的起始日至结束日的期间。可转换债券的转换期可以与债券的期限相同,也可以短于债券的期限。例如,某种可转换债券规定只能从其发行一定时间之后(如发行若干年之后)才能够行使转换权,这种转换期称为递延转换期,短于其债券期限。还有的可转换债券规定只能在一定时间内(如发行日后的若干年之内)行使转换权,超过这一段时间即转换权失效,因此转换期也会短于债券的期限,这种转换期称为有限转换期。超过转换期后的可转换债券,不再具有转换权,自动成为不可转换债券(或普通债券)。

5)赎回条款

赎回条款是可转换债券的发行企业可以在债券到期日之前提前赎回债券的规定。赎回条款包括下列内容。

(1)不可赎回期。不可赎回期是可转换债券从发行时开始,不能被赎回的那段期间。例如,某债券的有关条款规定,该债券自发行日起2年之内不能由发行公司赎回,则债券

131

发行日后的前2年就是不可赎回期。设立不可赎回期的目的,在于保护债券持有人的利益,防止发行企业滥用赎回权,强制债券持有人过早转换债券。不过,并不是所有可转换债券都设有不可赎回期。

(2)赎回期。赎回期是可转换债券的发行公司可以赎回债券的期间。赎回期安排在不可赎回期之后,也就是在不可赎回期结束之后,即进入可转换债券的赎回期。

(3)赎回价格。赎回价格是事前规定的发行公司赎回债券的出价。赎回价格一般高于可转换债券的面值,两者之差为赎回溢价。赎回溢价随债券到期日的临近而减少。

(4)赎回条件。赎回条件是对可转换债券发行公司赎回债券的情况要求,即公司在什么样的情况下才能赎回债券。赎回条件分为无条件赎回和有条件赎回。无条件赎回是在赎回期内,发行公司可随时按照赎回价格赎回债券。有条件赎回是对赎回债券有一些条件限制,只有在满足了这些条件之后才能由发行公司赎回债券。

发行公司在赎回债券之前,要向债券持有人发出通知,要求他们在将债券转换为普通股与卖给发行公司(即发行公司赎回)之间做出选择。一般而言,债券持有人会将债券转换为普通股。可见,设置赎回条款是为了促使债券持有人转换股份,因此又被称为加速条款。同时,发行公司也能避免市场利率下降后,继续向债券持有人支付较高的债券票面利率而蒙受损失,或限制债券持有人过分享受公司收益大幅度上升所带来的回报。

6)回售条款

回售条款是在可转换债券发行公司的股票价格达到某种恶劣程度时,债券持有人有权按照约定的价格将可转换债券卖给发行公司的有关规定。回售条款也包括回售时间、回售价格等内容。设置回售条款是为了保护债券投资人的利益,使他们能够避免遭受过大的投资损失,从而降低投资风险。合理的回售条件款可以使投资者产生安全感,有利于吸引投资者持有该债券。

7)强制性转换条款

强制性转换条款是在某些条件具备之后,债券持有人必须将可转换债券转换为股票,无权要求偿还债券本金的规定。设置强制性转换条款的目的在于保证可转换债券顺利地转换成股票,使发行公司扩大权益筹资。

3. 可转债券融资的特点

1)可转换债券融资的优点

(1)筹资成本较低。可转换债券可使债券持有人以优惠的价格转换公司股票,故而其利率低于同一条件下的不可转换债券(或普通债券)的利率,降低了公司的筹资成本。此外,在可转换债券转换为普通股时,公司无须另外支付筹资费用,又节约了股票的筹资成本。

(2)便于筹集资金。可转换债券一方面可以使投资者获得固定利息;另一方面,又向其提供了进行债权投资或股权投资的选择权,对投资者具有一定的吸引力,有利于债券的发行,便于资金的筹集。

(3)有利于稳定股票价格和减少对每股收益的稀释。由于可转换债券规定的可转换价格一般要高于其发行时的公司股票价格,因此,在发行新股或配股时机不佳时,可以先发行可转换债券,然后通过转换实现较高价位的股权筹资。事实上,一些公司正是认为当前其股票价格太低,为避免直接发行新股而遭受损失,才通过发行可转换债券变相发行普通股的。这样,一来不至于因为直接发行新股而进一步降低公司股票市价;二来因为可转换债券的转换期较长,即使在将来转换成股票,对公司股价的影响也较温和,从而有利于稳定公司股票价格。可转换债券的转换价格高于其发行时的股票价格,转换成的股票股数会较少,就相对降低了因增发股票而对公司每股收益造成的稀释。

(4)减少筹资中的利益冲突。由于日后会有相当一部分投资者将其持有的可转换债券转换成普通股,发行可转换债券不会太多地增加公司的偿债压力,所以其他债权人对此的反对较小,受其他债务的限制性约束较少。同时,可转换债券持有人是公司的潜在股东,与公司有着较大的利益趋同性,而冲突较少。

2)可转换债券融资的缺点

(1)股价上扬风险。虽然可转换债券的转换价格高于其发行时的股票价格,但如果转换时股票价格大幅度上扬,公司只能以较低的固定转换价格换出股票,因此会降低公司的股权筹资额。

(2)财务风险。发行可转换债券后,可能出现公司业绩不佳,股价长期低迷,或虽然公司业绩尚可,但股价随大盘下跌等情况。此时,如果持券者没有如期转换普通股,则会增加公司偿还债务的压力,加大公司的财务风险——特别是在订有回售条款的情况下,公司短期内集中偿还债务的压力会更明显。

(3)丧失低息优势。可转换债券转换成普通股后,其原有的低利息优势不复存在,公司将要承担较高的普通股成本,从而可能导致公司的综合资本成本上升。

本部分内容为拓展知识,读者可自行扫码阅读。

知识链接 5-4:可交换公司债券

5.4.3 认股权证筹资

权证是一种股票类金融衍生产品,是企业为充分吸引投资者以满足其融资需要而应用金融工程技术创造的一种金融衍生工具,是表明持有人拥有特定权利的契约。它实质上是一种以普通股股票为标的物的期权,包括认股权证(也称认购权证)和认沽权证,这里详述前者。

1. 认股权证的概念及种类

认股权证也叫股票认购授权证,是属于公司发行,给予投资者可以在确定的时间内以确定的价格购买一定数量该公司普通股股票的一种权利。认股权证的基本要素包括认购数量、认购价格、认购期限、赎回条款。认购数量是指认股权证认购股份的数量,认购价格是公司在发行认股权证时确定的认股价格;认购期限是指认股权证的有效期。在有效期内认股权证的持有人可以随时认购股份;超过有效期,认股权证自动失效。赎回条款即在特定状况下,公司有权赎回其发行的认股权证的规则。

在西方,认股权证是一种成熟的金融衍生产品。2000年年底,在国际证券交易联合会(FIBV)的55个会员交易所中,已有42个交易所推出了认股权证。在我国,最早的权证产生于2005年8月第一只股改权证——宝钢权证。认股权证的发行,一方面保证原有股东的所有者权益不被稀释,另一方面使投资人可以将认股权证单独进行交易,而不必动用原来持有的股票,具有一定的灵活性,所以也是一种比较好的筹资方式。

依据行使价格的高低,认股权证分为两个品种:一是股票先购权证,行使价格低于市场价格,有效期限较短,最长不超过一个月;二是股票购买权证,行使价格高于市场价格,有效期较长,一般在一年,甚至可以是无期限的。

2. 认股权证的基本特征

(1) 认股权证是优先购买公司发行普通股的权利证书,而不是公司的资金来源。认股权证往往是随公司债券或优先股一起发行的,或者是公司按发行证券的一定比例赠送给投资者,或者是公司按发行证券的一定比例低价出售给投资者。认股权证持有者有权按照某种优惠价格,优先购买公司发行的普通股。因此,认股权证通常被认为有助于吸引投资者购买公司新发行的债券或优先股。

(2) 认股权证上规定了每张认股权证所能认购的固定的普通股股数。当认股权证持有人行使认股权时,应将认股权证交回公司。

(3) 认股权证上规定了认购普通股的价格,这个价格通常称为执行价格。执行价格一般高于该种普通股当前市场价格的10%~30%。执行价格一般是固定的,也可以随普通股的市场行情进行调整,调整趋势通常是随时间的推移而逐渐提高。

(4) 认股权证上规定了认股权证持有人行使认股权的有效时间。在有效时间内,认股权证持有人可以行使认股权,也可以放弃认股权。

3. 认股权证在公司融资中的作用

公司发行认股权证一般采用免费或较低的价格,因此,认股权证发行本身并非公司的一种直接融资手段,而是起到辅助融资的作用。具体表现在以下几个方面。

(1) 提高企业融资能力。发行认股权证是提升融资成功率的策略之一。上市公司往往把认股权证与其他证券搭售发行。当前证券的投资者能获得未来认购标的股票的选择权,这有利于提高公司股票对投资者的吸引力,有助于发行人顺利实现融资目的。更重要的是,公司发行的认股权证等于现在就预约了一批未来新股的潜在认购者。一旦将来投资者行权,公司就能够增加新的股本额,从而增加公司的资金来源。

(2) 降低公司的融资成本。因为赋予了投资人将来认股的权利,所以如果公司在发行债券的同时发行认股权证,则可以将债券的票面利率定得低一些,公司由此获得低息债务资本。如果公司在发行股票的同时发行认股权证,公司可以提高股票的发行溢价。此外,非免费发行情况下的认股权证销售收入,还可以冲抵一部分公司其他证券的发行费用。

（3）改善公司资本结构。投资者行使认股权证时公司会增发普通股，从而给公司注入新的股权资本。但原有的负债筹资额保持不变，权益资本比例上升，债务资本比例相对下降，有利于改善公司的资本结构，增加公司的负债筹资能力。同时，在再融资中引入认股权证后，如果公司业绩下滑，就可能导致大量权证不被执行，发行人募集不到计划的资金规模，因此，发行人自然会在认股期限内提高经营效率以维护公司股价。

（4）保护老股东利益。在公司增发新股、老股东无力参与再融资情况下，老股东不仅要遭受利益损失，而且会面临控制权的稀释。如果在增发新股时向老股东发行部分认股权证，老股东既可以通过出售认股权证来弥补股票损失，也可以通过在标的股票价格大于执行价格时相机行权来获利。此外，认股权证的分期实施，还可以减少频繁的再融资行为对市场的冲击。

| 知识链接 5-5：上交所研究新股发行方式拟发行认沽权证 | 本部分内容为拓展知识，读者可自行扫码阅读。 |

5.5 其他筹资方式

5.5.1 融资租赁

租赁是指出租人在承租人给予一定报酬的条件下，授予承租人在约定的期限内占有和使用财产权的一种契约性行为。租赁行为实质上具有借贷性质，但它直接涉及的是实物而不是资金。在租赁业务中，出租人主要是各种专业租赁公司，承租人主要是企业，租赁的对象主要是机器设备等固定资产。

租赁主要有经营性租赁和融资性租赁两种方式。经营性租赁是一种以提供设备短期使用权为特征的租赁形式，主要为满足临时性的生产经营需要，体现了短期筹资的特点。这里主要介绍作为长期筹资方式之一的融资性租赁。

1. 融资性租赁的含义和特点

融资性租赁是指出租人对承租人所选定的租赁物件，进行以其融资为目的购买，然后再以收取租金为条件将该租赁物件按中长期出租给该承租人使用的信用性租赁业务。详细来说，融资租赁是这样一种交易行为：出租人根据承租人提供的规格，与第三方（供货商）订立一项供货合同，出租人按照承租人与其利益有关的范围内所同意的合同条款取得工厂、资本、货物或其他设备；并且，出租人与承租人订立一项租赁合同，以承租人支付租金为条件，授予承租人使用设备的权利。通俗来说，融资租赁就是"借鸡下蛋，卖鸡买蛋"。

这种模式促进了设备制造企业的销售,解决了使用设备企业融资难的问题,还具有理财、资产管理、盘活闲置资产等功能。

融资租赁的产生是有一定动因的。在经济发展到一定程度时,传统经济模式就会出现滞涨的现象,主要体现在销售难和融资难并存。这时,就需要一种新的经济模式突破这种滞涨现象。融资租赁是贸易与金融结合的产物,既是贸易的创新,又是金融的创新,是一种非常有效的边缘经济形态。

融资租赁是以融物的方式来达到融资的目的。尽管冠名"融资",但也可理解为"融物"。因为企业在租赁交易过程中不仅得不到资金,还要支付租金。在租赁期间,承租企业可以获得租赁物件的占有、使用和收益三项权益,以满足企业发展的需要。

融资租赁有以下基本特点。

(1)融资租赁至少涉及出租人、承租人和供货商三方当事人,并且至少由买卖合同和租赁合同两个合同构成,是一个三边协议。这三方当事人相互关联,两个合同相互制约。

(2)由承租人选定拟租赁投资物件,由出租人出资购买,由承租方负责对设备的质量、数量、技术上的检验。出租人不负责设备缺陷、延迟交货等责任。

(3)租赁合同相对稳定。在合同有效期内,双方均无权单方面撤销合同,这既保证了承租人使用资产的长期性,又保证了出租人能够在基本租期内收回投资并获得一定利润。

(4)融资租赁的期限较长。按照惯例,租赁期超过租赁资产经济寿命的 75%,即融资租赁。

(5)融资租赁业务中,出租方的主要责任是融通资金。因此,在租赁期内有关设备的保养维修费用全部由承租人承担。

(6)租期结束时,承租人一般对设备拥有留购、续租或退租三种选择。

2. 融资性租赁的种类

融资性租赁按其业务的不同特点,可分为如下五种形式。

(1)直接租赁。直接租赁是融资性租赁业务中最简单的一种形式。它是指承租人直接向出租人租入所需资产,并向出租人支付租金。直接租赁的主要出租人是制造商、租赁公司、金融机构等。在直接租赁方式下,出租人既是租赁物的全资购买者,又是租赁物的出租者。

(2)售后租回。售后租回也称回租租赁,是指承租人因资金的需要将原属于自己需继续使用的资产卖给出租人,然后向其租回的租赁形式。在这种租赁方式下,承租人既可以获得出售资产的资金,又保留了资产使用权。这是当公司缺乏资金时,改善其业务状况的一种有效筹资方式。

(3)杠杆租赁。杠杆租赁要涉及承租人、出租人和资金出借者三方当事人。在杠杆租赁形式下,出租人一般只支付相当于租赁资产价款 20%～40% 的资金,其余 60%～80% 的资金由其将欲购置的资产作抵押,并以转让收取部分租金的权利作为担保,向资金出借者(银行或长期贷款提供者)申请贷款,然后购入设备再出租给承租人。这一租赁形式适用于巨额资产的租赁业务。从承租者角度看,杠杆租赁与其他租赁形式并无区别,同样是按合同的规定,在租期内获得资产的使用权,按期支付租金。但对于出租方却不同。第一,出租方既是出租人又是借款者,据此既要收租金又要支付债务。如果还款不及时,资产的所有权要归资金出借者所有。第二,出租方以较少投资(20%~40%)换取100%的折旧扣除或投资减税额(指国外的投资减税优惠),从而获得税务上的好处,降低出租方的租赁成本。在正常情况下,杠杆租赁的出租人一般愿意将上述利益以低租金的方式转让一部分给承租人,使杠杆租赁的租金低于一般融资性租赁的租金。

(4) 项目融资租赁。项目融资租赁是承租人以项目自身的财产和效益为保证,与出租人签订项目融资租赁合同,出租人对承租人项目以外的财产和收益无追索权,租金的收取也只能以项目的现金流量和效益来确定。通信设备、大型医疗设备、运输设备甚至高速公路经营权都可以采用这种方法。

(5) 转租赁。转租赁是指租赁公司从其他租赁公司融资租入相关资产,再转租给下一个承租人使用的租赁。企业通过融资租赁获取资金来源,一般按如下程序办理:①选择租赁公司;②办理租赁委托;③签订购货协议;④签订租赁合同;⑤办理验货与保险;⑥支付租金;⑦合同期满处理设备。

3. 融资性租赁的程序

(1) 选择租赁公司。在我国,进行融资租赁业务的公司要有金融许可证,设立条件较严格,因此,当企业决定采用融资性租赁方式筹得设备时,应对从事该业务的金融机构的综合情况(如经营范围、业务能力、资信情况等)进行比较和选择。

(2) 办理租赁委托。企业选定出租人后,便可提出融资租赁申请,并提供公司自身财务状况的会计报表,办理租赁委托手续。

(3) 签订租赁合同。租赁合同由承租人与出租人签订,是具有法律效力的重要文件。

(4) 办理验货。承租人收到租赁物后,按照购货协议中的有关条款进行验收,并将验收合格证明交给出租人。出租人据合格证明,向制造商或销售商付款。

(5) 支付租金。承租人在租赁期内按租赁合同规定的租金数额、支付方式,向出租人支付租金。

(6) 租赁期满的设备处理。融资租赁期满,承租人可依据合同约定选择续租、退租或留购。

4. 融资性租赁租金的计算与支付

融资租赁租金的数额和支付方式对承租企业未来财务状况具有直接的影响,也是租赁筹资决策的重要依据。

1) 融资租赁租金的内容

融资租赁租金的具体内容,主要包括设备价款和租息两部分,其中租息又可分为租赁公司的融资成本和租赁手续费等。设备价款是租金的主要内容,它由设备的买价、运杂费和途中保险费等构成。融资成本是指出租人承办租赁设备的营业费用和一定的盈利,租赁手续费包括出租人租赁设备的营业费用及合理的利润,由承租企业与租赁公司协商确定,其高低并无固定标准。总的来说,融资租赁的租金可以通过租赁双方的协商,灵活地采取多种方式确定。归纳起来,大致有如下三种做法。

(1) 租金包括租赁资产的成本、成本利息、租赁手续费。

(2) 租金包括租赁资产的成本、成本利息,租赁手续费单独一次性支付。

(3) 租金仅含租赁资产的成本,成本利息和租赁手续费均单独计算和支付。

2) 融资租赁租金支付方式的分类

按支付间隔期的长短,分为年付、半年付、季付和月付等方式;按在期初或期末支付,分为先付租金和后付租金两种;按每次支付额,分为等额支付和不等额支付两种。

【例 5-2】 某企业向租赁公司租入一套价值为 1 300 000 元的设备。租赁合同规定,租期 5 年,租金包括租赁资产的成本及成本利息,租金每年支付一次,利率 6%;租赁手续费按设备成本的 2% 单独计算,分 5 次与租金同时支付;租期满后,设备归承租企业所有。请分别计算每年年初及年末支付情况下承租企业应付的租金。

每年年初支付的情况下:

$$承租企业应付租金及手续费 = \frac{1\ 300\ 000}{\left(\frac{P}{A}, 6\%, 4\right)} + \frac{1\ 300\ 000 \times 2\%}{5} = 296\ 346(元)$$

每年年末支付的情况下:

$$承租企业应付租金及手续费 = \frac{1\ 300\ 000}{\left(\frac{P}{A}, 6\%, 5\right)} + \frac{1\ 300\ 000 \times 2\%}{5} = 313\ 813(元)$$

5. 租赁筹资的优缺点

1) 租赁筹资的优点

(1) 可以迅速获得所需资产。租赁比借款后再购置资产设备更迅速,更灵活。租赁是筹资与设备购置同时进行,可以缩短企业设备购进时间,使企业尽快形成生产能力。

(2) 保存企业借款能力。利用租赁筹资并不使企业负债增加,不会改变企业资本结构,会直接影响承租企业的借款能力。

(3) 租赁资产限制较少。企业运用股票、债券、长期债款方式筹资,都受到许多条件限制,而租赁筹资的限制相比较少。

(4) 可以避免设备淘汰和陈旧过时的风险。随着科学技术的不断进步,设备陈旧被淘汰的可能性很大,而多数租赁协议规定由出租人承担这种风险,承租企业可避免这种风险。

(5) 租金在整个租期内分摊,不用一次归还大量资金。

(6) 租金费用可在税前扣除,能享受税收上的优惠。

2) 租赁筹资的缺点

(1) 成本较高。租金总额往往超过设备价值总额。

(2) 承租企业在经济不景气、财务困难时,固定的租金支付成为企业的沉重负担。

(3) 丧失资产残值。租赁期满,资产的残值一般归出租人所有。但若购买资产,则可享受资产残值,这也应视为承租企业的一种机会损失。

(4) 难以改良资产。承租企业未经出租人同意,不得擅自对租赁资产加以改良。

知识链接 5-6：信托融资——中小企业融资新模式

本部分内容为拓展知识，读者可自行扫码阅读。

5.5.2　私募股权融资

1. 私募股权融资的特点

资本有两种基本形态，一种是债务资本，另一种是股权资本。企业的融资方式按照是否在公开市场融资分为私募融资和公募融资两种。把两者结合起来，则形成四种融资手段，即私募债务融资、私募股权融资、公募债务融资和公募股权融资。

私募股权融资具有以下特点。

（1）私募不同于公募，募集人可以节省大量的注册登记费用，同时可以减少对注册会计师和律师服务的要求，因此降低了整个募集费用。尤其是在我国的中小民营企业，私募股权融资是占绝对优势的一种融资方式。

（2）私募股权可以有效解决企业和投资者在风险承担与收益分配方面的分歧。另外，私募股权融资不像股票市场那样要求有公开信息披露，有利于募集人保护自己的商业秘密。

（3）私募可以提高企业的再融资能力，中小企业一个明显的财务特征就是资产负债率过高，过高的资产负债率增加了中小企业的财务风险，降低了中小企业的债务融资能力。

补充资金短缺是私募股权融资的主要目的，此外还有其他目的，例如，帮助原股东套现；帮助企业快速扩张；企业股权多样化，调整企业治理结构；引进战略投资者，帮助整合产业价值链；帮助引进高水平的经营管理人才；帮助企业进入国际市场，融入国际产业链，进行收购和兼并；帮助企业进行海外红筹上市；帮助企业进行管理层收购（MBO）。

在美国，私募是相对于公募而言的。私募的对象是合格的机构投资人，主要包括保险公司、资产管理公司等金融投资者，私募的载体包括股票、债券、可转换债券等多种形式。而在中国特定市场环境下，我们所说的私募更多的是指通过非公共市场的手段定向引入具有战略价值的股权投资人的一种融资方法。

2. 风险资本

私募资本市场可以分为风险资本市场和非风险资本市场。对于风险资本的定义，目前仍没有形成一致的意见。欧洲风险投资协会（EVCA）认为，"风险投资是为公司的创立、发展、扩展、重组或并购投入的一种资本。它是为未在股票市场中上市的企业提供的一种权益资本，也称作私人权益资本"。美国风险投资协会（NVCA）认为，"风险投资是由职业金融家投入到新兴的、迅速发展的、有巨大竞争潜力的企业的一种权益资本"。经济

139

合作与发展组织(OECD)认为,"凡以高科技与知识为基础,生产与经营技术密集的创新产品或服务的投资,都可以视为风险投资"。从总体上看,风险投资具有以下五个基本特点。

(1) 属于私人权益资本,即不必经过证券监督管理机构审批登记,在私人之间或各金融与非金融机构之间交易的权益资本。

(2) 由职业的风险投资家或天使投资者负责运作。

(3) 投资于新兴企业的创立、发展、扩展、重组阶段或用于并购。大部分的风险投资协会都将风险投资分为两类:一类是专业从事对新创与年轻的、快速成长的且通常是技术型企业的投资;另一类则专业投资于企业重组过程。古典风险投资仅指前一类。

(4) 风险投资的目的是获取高额资本增值回报,而不是利息或分红。

(5) 风险投资主要依靠 IPO、并购、清算等方式退出。

戴维·格拉斯通(David Gladstone)对风险企业发展的四阶段划分很有代表性。在不同阶段,风险企业有不同的特点,对风险投资的需求也是不一样的。

(1) 开创阶段,也称种子资金阶段。在这个阶段,风险企业专注于产品研发、探索有效的商业模式或制造出产品原型。通常,创业者会投入自己的个人资金或向亲戚朋友借钱,资金需求规模一般在 5 万~50 万美元。

(2) 创立阶段。在该阶段,风险企业已形成商业模式或开发出产品。但是,公司尚没有成功纪录,也没有利润。对风险投资者而言,该阶段的风险最大,因为企业资金需求量大,又缺乏可以证明企业可以成功的可靠证据。有相当一部分的企业在这个阶段就夭折了。根据行业的不同,创立期从半年到一年不等,典型的资金需求在 50 万~200 万美元。

(3) 扩展阶段。在此阶段,企业已完全创立,并有了良好的财务记录,但急需资金扩大经营和市场营销能力。典型融资在 200 万~1 000 万美元,有部分企业已经转向银行融资。

(4) 成熟阶段。这个阶段的融资也称麦则恩融资、夹层融资或市前融资,旨在帮助企业做好上市前准备,筹集的资金也可能用于并购。而麦则恩投资者通常具备丰富的上市运作经验,同时可以引进部分名人为董事,进行企业包装。资金需求在 1 000 万~5 000万美元。

5.5.3 项目融资

1. 项目融资(BOT 模式)概念

BOT 模式是国际上近年来逐渐兴起的一种基础设施建设的融资模式,是一种利用外资和民营资本兴建基础设施的融资模式。BOT 是 build(建设)、operate(经营)和 transfer(转让)三个英文单词第一个字母的缩写,代表着一个完整的项目融资过程。BOT 模式的基本思路是,由一国财团或投资人作为项目的发起人,从一个国家的政府或所属机构获得某些基础设施的建设特许权,然后由其独立或联合其他方组建项目公司,负责项目的融资、设计、建造和运营。在整个特许期内,项目公司通过项目的运营来获得利润,并用此利润来偿还债务。在特许期满之时,整个项目至由项目公司无偿或以极低的名义价格转交给东道国政府。BOT 模式一出现,就引起了国际金融界的广泛重视,被认为是代表国际项目融资发展趋势的一种新型形式。BOT模式主要由以下三方组成。

(1) 项目的最终所有者(项目发起人)。项目发起人是项目所在国政府、政府机构或政府指定的公司。从项目所在国政府的角度考虑,采用BOT融资模式的主要吸引力在于:①可以减少项目建设的初始投入。大型基础设施项目(如发电站、高速公路、铁路等公共设施)的建设,资金占用量大,投资回收期长,而资金紧缺和投资不足是发展中国家面临的一个普遍性的问题。利用BOT模式,政府部门可以将有限的资金投入到更多的领域。②可以吸引外资,引进先进技术,改善和提高项目管理水平。

(2) 项目的直接投资者和经营者(项目经营者)。项目经营者是以BOT融资模式为主体。项目经营者从项目所在国政府获得建设和经营项目的特许权,负责组织项目建设和生产经营,提供项目开发所必需的股本资金和技术,安排融资,承担项目风险,并从项目经营中获得利润。项目经营者的角色一般由一个专门组织起来的项目公司承担,项目公司的组成以在这一领域具有技术能力的经营公司和工程承包公司作为主体,有时也吸收项目产品的购买者和一些金融性投资者参与。在特许权协议结束时,项目最终要交给项目发起人。

(3) 项目的贷款银行。BOT模式中的贷款银行组成较为复杂。除了商业银行组成的贷款银团,政府的出口信贷机构和世界银行或地区性开发银行的政策性贷款在BOT模式中通常也扮演着很重要的角色。

2. BOT模式的特点

BOT模式实质上是一种债权与股权相混合的产权组合形式。项目公司对项目的计划、咨询、供货和施工实行一揽子总承包模式。

(1) 能减轻政府的直接财政负担,减少政府的借款负债义务,所有项目融资的责任都被转移给项目发起人,政府无须保证或承诺支付项目的借款。

(2) BOT项目通常都由外国的公司来承包,会给项目所在国带来先进的技术和管理经验,这既给本国的承包商带来了较多的发展机会,又促进了国际经济的融合。

(3) 有利于提高项目的运作效率。BOT多被视为提高设计和管理实效的一种方式。

BOT项目一般具有巨额资本投入和项目周期长等因素带来的风险。项目公司为了减少风险,获得较多的收益,就会加强管理。所以,尽管项目前期的工作量较大,但一旦进入实施阶段,项目的设计、建设和运营效率就会比较高。

5.5.4 资产证券化

1. 资产证券化的概念

资产证券化(ABS)是近30年来金融领域最重大的创新之一。资产证券化是指将缺乏流动性、但预期未来具有稳定现金流的资产汇集起来,形成一个资产池,然后通过结构性重组,将其转变为可以在金融市场上出售和流通的证券,据以融资的过程。证券化的实质是融资者将被证券化的金融资产的未来现金流收益权转让给投资者,而金融资产的所有权可以转让,也可以不转让。

资产证券化在国外使用相当普遍,是当前颇为流行的主要融资工具之一。资产证券化开始于美国20世纪60年代末的住宅抵押贷款市场,现已成为仅次于联邦政府债券的第二大市场。除了美国,资产证券化在国际资本市场上的发展也是极为迅速的。

2. 资产证券化的前提条件

要保证资产证券化交易结构严谨、有效,必须满足以下五个条件:将被证券化的资产能产生固定的或者循环的现金收入流;原始权益人对资产拥有完整的所有权;该资产的所有权以真实出售的方式转让给特设信托机构;特设信托机构本身的经营有严格的法律限制和优惠的税收待遇;投资者具备对资产证券化的知识、投资能力和投资意愿。以上任何一个条件不具备,都会使资产证券化面临很大的交易结构风险。

3. 资产证券化的操作步骤

在以上基本交易结构的基础上,资产证券化的运作还需要一套行之有效的程序。

(1) 组建特设信托机构。

(2) 筛选可证券化的资产,组成资产池。

(3) 原始权益人将资产"真实出售"给特设信托机构,有效地实现风险隔离,最大限度地降低发行人的破产风险对证券化的影响。

(4) 特设信托机构发行资产支撑证券。这一阶段包括构造完善的交易结构,进行内部评级,进行信用升级及安排证券销售等步骤。这一阶段是整个资产证券化过程中最复杂、参与者最多、技术要求最高的实质性阶段。

(5) 特设信托机构清偿债务阶段。在这一阶段,特设信托机构从证券承销商获取证券发行收入,向原始权益人支付购买价格。原始权益人自己或委托资产管理公司管理资产池中的资产,将其现金收入存入托管行,然后对投资者还本付息,并支付聘用机构的费用。

4. 资产证券化融资的特点

(1) 以转让资产的方式获取资金,所获资金不表现为负债,因此不影响资产负债率。

(2) 将多个发起人所需融资的资产集中成一个资产池,进行证券化,实现了基础资产多样性,而且风险小,资金成本低。

(3) 有限追索权。投资者仅追索剥离出去的基础资产。

(4) 对投资人来说,由于设立特设信托机构(SPV),特设信托机构,以一定的价差收购受益人的资产。该资产从发起人的资产负债表上移开,实现了真实出售,资产证券化收益不受发起人的破产牵连。另外,资产证券化信用增级后,可获得高于普通储蓄的收益率。

5.5.5 售后回购

1. 售后回购的确认

售后回购是一种特殊形式的销售业务,是指销售方在销售商品的同时,与购货方签订合同,并按照合同条款(如回购价格)等内容,将售出的商品重新买回的一种方式。售后回购方式下是否按销售、回购两项业务分别处理,主要看其是否满足收入确认的条件,《企业会计准则——收入》《企业会计准则》对收入的实现都做了原则性的规定。

对照这五个条件,销货方没有回购选择权的情况下,分两种情况讨论。

(1) 在销货方回购商品时,回购价格以当日的市场价格确定,则是将商品价格变动产生的风险和报酬都转移给了买方,但买方无权对该商品进行处理,商品的控制权仍在卖方。

(2) 销货方在商品销售后的一定时间内回购,且回购价格在合同中订明,则商品价格变动产生的风险和报酬由卖方所有或控制,且卖方仍对售出的商品进行控制。通过以上分析,售后回购业务与收入确认的第二个条件不符,同时回购价格在合同中订明与收入确认的第一个条件也不符。所以,一般而言,售后回购不能确认为收入,其实质上是一种融资行为。在会计核算中,该业务不作为收入处理,体现了实质重于形式的原则。

当然,如果销货方有回购选择权,并且回购价以回购当日的市场价确定,同时回购的可能性很小,那么也可在售出商品时确认收入的实现。但是,在税收上不承认这种融资,而视为销售和采购两项经济业务。销售方在销售实现时要按规定开具发票,并收取价款。从税法上讲,这本身构成计税收入的实现,因此销售方要按规定上税。

2. 售后回购与售后租回的区别

(1) 从业务形式上,售后租回交易是租赁业务,承租方对于资产的使用需要付出租金,售后回购业务是销售业务,卖方把资产买回来要付出相应的价款。

(2) 从交易对象的性质来看,售后租回交易出售的一般是固定资产,而售后回购业务出售的一般是流动资产,如库存商品、原材料等。

(3) 从资产的最终所有权来看,售后租回交易要确认的是融资租赁还是经营租赁,如果是融资租赁,资产的所有权归承租方;如果是经营租赁,资产的所有权归出租方。而售后回购业务中,资产的所有权不会转移,归原所有者拥有。

3. 售后回购融资的优缺点

售后回购业务为销货方提供了一种新的融资渠道,是以自己的商品作为抵押的一种融资。这种融资方式容易获得买方的信任,资金的取得方便,在销货的同时就能够获得所需的资金。但这种业务也存在着信用风险。如果销货方没有按照合同要求回购所销售的商品,就会成为变相促销的方式。另外,作为一种融资方式,这种方式在税收上没有获得相应的优惠。

【讨论】 对于不同类型、不同发展阶段的企业,应如何考虑合适的筹资方式?

知识训练

一、多项选择题

1. 在下列筹资方式中,筹集资金属于企业负债的有(　　)。
  A. 银行借款　　　　B. 发行债券　　　　C. 融资租赁　　　　D. 商业信用

2. 对企业而言,发行股票筹集资金的优点有(　　)。
　　A. 增强公司筹资能力　　　　　　　　B. 降低公司财务风险
　　C. 降低公司资金成本　　　　　　　　D. 没有使用约束
3. 企业权益资金的筹集方式主要有(　　)。
　　A. 吸收直接投资　　B. 发行普通股票　　　C. 发行优先股票　　　D. 银行借款
　　E. 利用留存利润
4. 与股票筹资方式相比,银行借款筹资的优点包括(　　)。
　　A. 筹资速度快　　B. 借款弹性大　　　C. 使用限制小　　　D. 筹资费用低
　　E. 借款期限长

二、思考题

1. 利用债券进行投资具有哪些优点和缺点?
2. 论述普通股的特点。

第6章 资 本 成 本

学习目标

1. 知识目标

理解企业资本成本的含义；掌握个别资本成本、综合资本成本与边际资本成本的计算方法。

2. 能力目标

学会比较与计算债务融资与权益融资的成本区别；了解全球知名上市公司的资本成本控制方针。

引导案例

某车企在发展过程中，需要大量资金用于建设超级工厂、研发新技术（如电池技术、自动驾驶技术）等。

一方面，该公司通过发行公司债券来筹集资金，债券的利率会根据市场情况和企业自身的信用评级等因素而定。比如，该公司某期债券的票面利率可能是5%左右，考虑到发行费用、税收等因素后，其债务资本成本会有所调整。

另一方面，该公司也利用股权融资。其股票在证券市场上交易，对于股权资本成本而言，投资者预期的回报率是重要因素。如果该公司的股价是每股200元，预计下一年每股分红2元，并且市场预期其股息增长率为10%，按照股息增长模型来算，股权资本成本就比较高。

在实际决策中，该公司要权衡债务和股权资本成本。当债务资本成本相对较低时，适当增加债务融资可以利用财务杠杆来提高股东回报率。但债务过多会使公司面临偿债压力和信用风险。企业在大规模扩张阶段，综合考虑自身的发展前景、赢利预期、市场对其风险的评估等因素，合理安排债务和股权融资的比例，以平衡资本成本和企业发展的资金需求。这种资本成本的考量对其全球布局、新技术研发的推进等战略决策有着深远的影响。

6.1 资本成本概述

6.1.1 资本成本的概念

对于一个项目、一个经营部门或整个公司来说，资本成本就是投资者将资本投入其他任何有类似风险的项目、资产或公司时预期的资本回报率。或者说，资本成本就是机会成本。例如,项目 A 的资本成本就是因投资项目 A 而没有投资有类似风险的其他项目而放弃的利益。为什么要投资项目 A 呢? 因为预期投资项目 A 的回报将比投资其他项目的回报更高。这样,在讨论资本成本的详细计算方法之前,我们已对资本成本有了下列两点重要的认识:资本成本是基于投资者的预期回报,而不是历史回报;资本成本是机会成本,它反映投资者在其他有相似风险的投资中的预期回报。

风险因素对于理解资本成本及其计算至关重要。一般来说,投资者都想规避风险,他们想承担尽可能小的风险。当然,这并不是说投资者不能承担风险,而只是说他们不喜欢风险,他们要求为承担风险而得到补偿。那么,他们又如何为承担风险而得到补偿呢? 当然是更高的回报,这是再简单不过的事情了。但是,投资者应该得到多少回报才能补偿他所承担的风险呢? 回答这个问题就不那么简单了,我们将在本章的后面详细讨论这个问题。

以上对于资本成本的论述是站在投资者的角度来认识的。从筹资者角度来看,资本成本是指公司筹集和使用资金必须支付的各种费用。在市场经济条件下,公司不能无偿使用投资者的资金,必须从其经营收益中拿出一定数量的资金来支付给投资者。换句话说,公司使用资金都是要付出代价的,所以,公司必须节约使用资金。

资本成本是指企业为筹集和使用资金而付出的代价,它包括筹集费用和使用费用两部分:取得资本所付出的代价,主要指发行债券、股票的费用,向非银行金融机构借款的手续费用等;使用资本所付出的代价,主要由货币时间价值构成,如股利、利息等。从广义上讲,企业筹集和使用任何资金,不论短期的还是长期的,都要付出代价。狭义的资本成本,仅指筹集和使用长期资金(包括自有资本和借入长期资金)的成本。由于长期资金也被称为资本,所以,长期资金的成本也称为资本成本。

资本成本是由于资本所有权和资本使用权相分离而形成的一种财务概念。它既是筹资者筹集和使用资本而付出的代价,即获得资本所必须支付的最低价格,同时也是资本提供者让渡资本使用权所要求的最低收益率。

资本成本按其用途可分为三类,即个别资本成本、加权平均资本成本、边际资本。

6.1.2 资本成本的表现形式

资本成本既可以用绝对数表示,也可以用相对数表示。用绝对数表示的,如借入长期资本成本资金,是指资金占用费和资金筹集费;用相对数表示的,如借入长期资本成本,是指资金占用费与实际取得资金之间的比率,但是它不简单地等同于利息率,两者之间在含义和数值上是有区别的。在财务管理中,一般用相对数表示,称为资本成本率,简称资本成本。

如果不考虑时间价值因素,资本成本的表达式如下。

$$资本成本 = \frac{年使用费用}{筹资数额 - 筹资费用} \tag{6-1}$$

如果考虑时间价值因素,资本成本是指企业取得资金的净额的现值与各期支付的使用费用现值相等时的折现率,其用公式表示如下。

$$P(1-f) = \frac{CF_0}{(1+k)^0} + \frac{CF_1}{(1+k)^1} + \frac{CF_2}{(1+k)^2} + \cdots + \frac{CF_n}{(1+k)^n} \tag{6-2}$$

146

6.1.3　资本成本的性质

资本成本具有四个性质。①资本成本是指企业取得和使用资本时所付出的代价。取得资本所付出的代价,主要指发行债券、股票的费用,向非银行金融机构借款的手续费用等;使用资本所付出的代价,主要由货币时间价值构成,如股利、利息等。②资本成本是一种建立在假设基础上的不太精确的估算值。③资本成本主要是为企业筹资、投资决策服务的,其着眼点在于将来资金筹措和使用的代价。④资本成本是一种税后的成本。

6.1.4　影响资本成本的因素

在不考虑筹资费用的前提下,资本成本既是筹资者为获得资本使用权所必须支付的最低价格,也是投资者提供资本所要求的最低收益率。资本成本的计算公式如下。

$$资本成本＝无风险收益率＋风险报酬率 \tag{6-3}$$

(1) 无风险收益率。无风险收益率是指无风险投资所要求的报酬率。典型的无风险投资的例子就是政府债券投资。一般情况下,国库券的利率或储蓄存款利率可以视为无风险收益率,在通货膨胀的情况下,还应加上保值增值率。无风险收益率主要受资本市场供求关系和社会通货膨胀水平的影响。这两个因素是影响资本成本的外部客观因素,企业无法对之加以控制。

(2) 风险报酬率。风险报酬率又称为风险补偿率,它取决于投资者投资的风险程度,即投资风险。

(3) 其他影响因素。除上述两方面因素外,企业的筹资规模和资本市场的条件也是影响资本成本的因素。由于公司经营的业务不同(经营风险不同),资本结构不同(财务风险不同),因此各公司的资本成本不同。公司的经营风险和财务风险大,投资人要求的报酬率较高,公司的资本成本也较高。

6.2　个别资本成本

为了满足企业进行长期筹资决策的需要,应区别各种来源,测算其资金成本,主要包括债券成本、借款成本、优先股成本、普通股成本和留存收益成本。前两者统称为负债资金成本,后三者统称为权益资金成本。

本部分内容为拓展知识,读者可自行扫码阅读。

知识链接 6-1:首次公开募股(IPO)发行费用知多少

6.2.1 长期债务资金的成本

企业长期债务包括银行长期借款和公开发行的债务。长期债务资金的成本是指债务利息和筹资费用。债务利息一般允许在上缴所得税之前支付,因此企业实际负担的利息为税后利息。

1. 长期借款资金的成本

长期借款资金的成本计算公式如下。

$$K_1 = \frac{L_1(1-T)}{L(1-f)} \times 100\% = \frac{R_1(1-T)}{L(1-f)} \times 100\% \tag{6-4}$$

式中,L_1 为长期借款年利息;T 为所得税税率;L 为长期借款总额;f 为筹资费用率;R_1 为长期借款的年利率。

以下公式中相同符号的含义同此公式。

对于长期银行借款,如果存在银行补偿性余额(补偿性余额是银行要求借款人在银行中保持按贷款限额或实际借用额一定百分比计算的最低存款余额)的要求,则在计算长期借款成本时还需要考虑补偿性余额的影响。其计算公式如下。

$$K_1 = \frac{L_1(1-T)}{L(1-f-c)} \times 100\% = \frac{R_1(1-T)}{L(1-f-c)} \times 100\% \tag{6-5}$$

式中,c 为补偿性余额率。

2. 债券资金的成本

债券资金的成本是指债券利息和筹资费用。其计算公式如下。

$$K_b = \frac{I_b(1-T)}{B(1-f)} \times 100\% \tag{6-6}$$

式中,I_b 为债券年利息;B 为债券筹资总额(按实际发行价格计算)。

【例 6-1】 甲公司向银行取得 200 万元 5 年期借款,年利率为 10%。每年付息一次,到期一次还本,借款手续费率为 0.3%。银行要求甲公司长期借款保留 10% 的补偿性余额。乙公司发行面值为 1 000 万元、票面利率为 7% 的 5 年期长期债券,利息每年支付一次,发行费为发行价格的 5%,公司所得税税率为 25%。

要求:①分别计算甲公司在不考虑补偿性余额和考虑补偿性余额情况下的银行借款成本;②计算乙公司长期债券按面值的 120% 发行时的资金成本。

甲公司不考虑补偿性余额要求时的银行借款资金成本如下。

$$K_1 = \frac{200 \times 10\% \times (1-25\%)}{200 \times (1-0.3\%)} \times 100\% = 7.52\%$$

甲公司考虑补偿性余额要求时的银行借款资金成本如下。

$$K_1 = \frac{200 \times 10\% \times (1-25\%)}{200 \times (1-0.3\%-10\%)} \times 100\% = 8.36\%$$

乙公司发行债券的资金成本如下。

$$K_b = \frac{1\,000 \times 7\% \times (1 - 25\%)}{1\,000 \times 120\% \times (1 - 5\%)} \times 100\% = 4.61\%$$

本部分内容为拓展知识，读者可自行扫码阅读。

知识链接 6-2：考虑货币时间价值的长期债务成本计算

6.2.2 股权资金的成本

权益资金的使用费是向股东分派的股利和股息，而股息是以缴纳所得税后的净利支付的。因此，权益资金股息和股利均不能抵减所得税。

1. 优先股资金的成本

优先股一般按事先确定的固定股息率给投资者支付股息。其成本计算公式如下：

$$K_p = \frac{D_p}{P_p(1 - f)} \times 100\% \tag{6-7}$$

式中，D_p 为优先股年利息；P_p 为优先股筹资总额。

2. 普通股的资金成本

普通股的资金成本计算有以下几种方法。

1）股利模型法

如果股份制企业采用固定股利政策，则每股股票每年可得到相等金额的股利。因此，在固定股利政策下，普通股资金成本的计算与优先股一样，不再赘述。

如果股份制企业采用固定股利率分配政策，那么当企业的收益每年按一个固定的比率增长时，股利也会每年按一个固定的比率增长。此时，普通股资金成本的计算公式如下。

$$K_s = \frac{D_1}{P_0(1 - f)} + g \tag{6-8}$$

式中，D_1 为第一年的预计股利；P_0 为普通股筹资总额，按发行价格计算；g 为股利的预计年增长率。

2）资本资产定价模型（CAPM）法

资本成本从投资人的角度可以理解为因投入资金而要求的收益率水平。普通股成本可以理解为普通股股东要求的收益率水平。因此，可以用 CAPM 来计算普通股的成本，其计算公式如下。

$$K_s = E(r_i) = r_f + \beta_i [E(r_m) - r_f] \tag{6-9}$$

式中，K_s 为普通股成本；$E(r_i)$ 为股票的预期收益率；r_f 为无风险利率；β_i 为股票的系统风险；$E(r_m)$ 为预期市场收益率。

这个公式表明,一项风险资产(如一项证券投资),其预期回报应等于无风险资产的回报(r_f)加上风险报酬($\beta \times (r_m - r_f)$)。这个风险报酬等于由公司风险因素β调节的市场风险报酬($r_m - r_f$),而市场风险报酬则反映了股票市场向所有证券投资者支付的价格。r_m通常用有代表性的市场指数,如标准普尔500指数的预期收益率来表示。

【例6-2】 某公司股票的β系数为1.5,无风险利率为6%,市场上所有股票的平均报酬率为10%,那么该公司股票的成本是多少?

$$K_s = 6\% + 1.5 \times (10\% - 6\%) = 12\%$$

利用资本资产定价模型估算普通股成本,存在着许多争议。资本资产定价模型是一个预测模型,它是基于投资者预期发生的情况,而不是已经发生的现实情况。因此,模型中的无风险利率、市场风险报酬和β值都只能根据股票市场投资者的行为来估计或推断。在这些因素的估算中存在着主观的判断和解释,会得出不同的结论。

其中,关于市场风险报酬的解读如下。

市场风险报酬是指股票市场报酬率(r_m)减去无风险利率(r_f),它衡量了股票市场给投资者带来的高出无风险报酬率的风险回报水平。预测市场风险报酬的最常用方法是历史性方法,即基于历史数据计算过去平均的市场报酬率与无风险利率,从而估计未来的市场风险报酬。此外常用的还有前瞻性方法,即使用股利增长模型或盈利增长模型来预测未来市场的风险报酬。

对于美国市场风险报酬的估计,Damodanran(2013)选取了1928—2012年标准普尔500指数的回报率作为市场报酬率,以三个月的美国国库券利率作为无风险利率,计算得到美国的市场风险报酬的平均数为7.65%。此外,Fama和French(2002)使用美国1872—2000年的数据,分别根据股利增长模型和盈利增长模型,计算得到市场风险报酬为3.54%和4.32%。

对于发达国家市场风险报酬的估计,Dimson、Marsh和Staunton(2013)使用历史性方法,计算了1900—2012年20个发达国家市场风险报酬,部分结果如表6-1所示。市场报酬率采用MSC(Morgan Stanley Capital International)指数,无风险利率采用短期政府债券利率。

表 6-1　主要发达国家 1900—2012 年市场风险报酬(年度)　　　　单位:%

国　家	年度平均	标准差
美国	7.2	19.6
英国	6.0	19.8
法国	8.6	24.4
德国	9.8	31.7
日本	8.9	27.6
平均	8.1	24.6

对于新兴市场风险报酬的估计,Donadel和Prosperi(2011)采用了MSCI指数的月回报率与一个月短期国库券利率,计算了2000—2010年19个新兴市场的月度市场风险报酬,部分结果如表6-2所示。

表 6-2　主要新兴市场国家或地区 2000—2010 年市场风险报酬(月度)　单位:%

国家或地区	月度平均	标准差
中国	0.90	8.62
巴西	1.83	10.80
印度	1.38	9.31
俄罗斯	1.66	11.19
韩国	1.14	9.74
平均	1.38	9.93

其中,关于 β 系数的解读如下。

在资本资产定价模型中,市场风险被称为系统风险,而公司自身风险被称为非系统风险。公司自身风险能够通过投资多元化消除,所以,资本市场不会由于投资者承担了这种风险而给予他们补偿。不过,市场风险却不同,因为它是无法通过多元化而化解的。由于市场风险具有不可化解性,资本市场必须对承担此风险的投资者给予补偿。系统风险越大,预期回报越大。系统风险的程度通常用 β 系数来衡量。假定市场上所有证券 β 系数平均为 1,如果每种股票的风险情况与整个证券市场的风险情况一致,则这种股票的 β 系数也等于 1;如果某种股票的 β 系数大于 1,说明其风险大于整个市场的风险;如果某种股票的 β 系数小于 1,说明其风险小于整个市场的风险。所以,当市场风险报酬已知时,公司用于计算加权平均资本成本(WACC)的风险报酬取决于公司的 β 系数。β 系数越大,公司的风险报酬就越大;而风险报酬越大,权益成本就越高;权益成本越高,WACC 就越高。

3) 风险溢价法

普通股股东的投资风险高于债券投资者的投资风险。因此,股东会要求在债券投资者要求的收益率上加一定的风险溢价。其计算公式如下。

$$K_{\mathrm{s}} = K_{\mathrm{b}} + RP_{\mathrm{c}} \tag{6-10}$$

式中,RP_{c} 为普通股股东相对债权人因承担更高风险而要求的风险溢价,一般为 $4\% \sim 6\%$。

3. 留存收益成本

公司的留存收益从表面上看似乎没有成本。但实际上,留存收益是属于普通股股东的。如果普通股股东同意将其留在公司而不作为股利发放,则意味着要求与普通股等价的报酬。因此,留存收益成本的确定方法与普通股成本基本相同,只是在用股利模型法时不用考虑筹资费用。

【例 6-3】　丙公司为了进行一项投资,按面值发行优先股 240 万元,预计年利率为 10%,筹资费率为 5%。丁公司在市场上发行面值为 1 元的普通股 1 000 万股,每股发行价格为 5 元,筹资费用为全部发行筹资额的 5%,预计第一年每股股利为 0.1 元,以后每年递增 4%。

要求:计算丙公司的优先股成本和丁公司的普通股成本。

丙公司的优先股资金成本: $K_{\mathrm{p}} = \dfrac{240 \times 10\%}{240 \times (1 - 5\%)} \times 100\% = 10.53\%$

丁公司的普通股资金成本率: $K_{\mathrm{s}} = \dfrac{1\,000 \times 0.1}{1\,000 \times 5 \times (1 - 5\%)} + 4\% = 6.1\%$

6.3　综合资本成本

6.3.1　综合资本成本的概念

综合资本成本也称加权平均资本成本（WACC）当企业通过多种方式筹资时,综合资本成本（加权平均资本成本）是衡量企业筹资的总体代价。综合资本成本是企业全部长期资金的加权平均值,即以各种不同筹资方式的资本成本为基数,以各种不同筹资方式占资本总额的比重为权重计算的加权平均数。

加权平均资本成本在金融活动中用来衡量一个公司的资本成本。因为融资成本被看作一个逻辑上的价格标签,它过去被很多公司用作一个融资项目的贴现率。

公司从外部获取资金的来源主要是股权和债务。因此,一个公司的资本结构主要包含三个成分:优先股、普通股和负债（常见的有债券和期票）。加权平均资本成本考虑资本结构中的每个成分的相对权重,并体现出该公司新资产的预期成本。

6.3.2　综合资本成本的计算

加权平均资本成本的计算公式如下。

$$K_w = \sum W_j K_j \tag{6-11}$$

式中,K_j 为第 j 种筹资方式的资本成本;W_j 为第 j 种筹资方式的资本比重。也可以采用如下公式计算综合资本成本。

$$K_w = W_d K_d(1-T) + W_p K_p + W_e(K_s 或 K_e) \tag{6-12}$$

式中,K_w 为加权平均资本成本;W_d、W_p、W_e 分别为债务资本、优先股资本和普通股资本占总资本额的比重。K_d、K_p、K_s、K_e 分别为税前债务成本、优先股成本和普通股成本。

关于加权平均资金成本权数的确定,有三种方法,即账面价值权数法、市场价值权数法和目标价值权数法。

例如,某企业共有资金 100 万元,其中债券（W_d）30 万元,优先股（W_p）10 万元,普通股（W_s）40 万元,留存收益（W_e）20 万元,各种资金的成本分别为 6%、12%、15.5%、15%。请计算该企业加权平均资金成本。

（1）计算各种资金所占的比重。

$$W_d = 30 \div 100 \times 100\% = 30\%$$
$$W_p = 10 \div 100 \times 100\% = 10\%$$
$$W_s = 40 \div 100 \times 100\% = 40\%$$
$$W_e = 20 \div 100 \times 100\% = 20\%$$

（2）计算加权平均资本成本。

$$K_w = 30\% \times 6\% + 10\% \times 12\% + 40\% \times 15\% + 12\% \times 15\% = 12.2\%$$

6.4 边际资本成本

6.4.1 边际资本成本的含义

公司无法以某一固定的资本成本来筹措无限的资金,当其筹集的资金超过一定限度时,原来的资本成本就会增加。在公司追加筹资时,需要知道筹资额在什么数额时会引起资本成本发生怎样的变化。边际资本成本是指资金每增加一个单位而增加的成本。边际资本成本也是按加权平均法计算的,是追加筹资时所使用的加权平均成本。

在实践中,企业在使用不同的资本成本进行成本分析时,还是更多地采用边际资本成本,因为企业创立后根据发展需要持续扩充资本以增加投资项目,所以边际资本成本的实用性更强。"边际成本"这个概念,源于数学在经济学中的应用,是指在对方案进行决策时,比较方案带来的收入增量和对应的成本增量之间的关系。当增加的收入大于增加的成本时,则方案经济可行;反之,当增加的收入小于增加的成本时,则方案不可行。如果把成本的增量单位化,也就是我们所讲的边际成本。

6.4.2 影响边际资本成本的因素

影响边际资本成本的因素有个别资本成本和资本来源构成(即资本结构)。两者变动对边际资本成本的影响有四种情况,如表 6-3 所示。

表 6-3　个别资本成本和资本结构对边际资本成本的影响

情况	个别资本成本	资本结构	边际资本成本
1	保持不变	保持不变	与增资前相同
2	保持不变	变动	变动
3	变动	保持不变	变动
4	变动	变动	变动

6.4.3 边际资本成本的计算

基本计算程序如下。

(1)确定追加筹资后的目标资本结构。

(2)确定在不同筹资方式中个别资金成本的筹资总额分界点。筹资总额分界点也称筹资突破点,是指现有资本结构下,保持某一资金成本不变时可以筹集到的资金总限额,即特定筹资方式下的资金成本变化的分界点。其计算公式如下。

$$筹资总额分界点 = \frac{可用某一特定资金成本率筹资的某种资金额}{该种资金在目标资本结构中所占的权重} \quad (6\text{-}13)$$

(3)确定追加筹资总额范围。根据不同筹资总额分界点,确定不同筹资总额范围。

(4) 确定不同筹资总额范围的边际资本成本。

边际资本成本会随筹资额的不断增长而上升。在这种情况下,企业应结合自身的需要做出筹资决策。

【例 6-4】 某企业拥有长期资金 400 万元,其中,长期借款 60 万元,长期债券 100 万元,普通股 240 万元。由于扩大经营规模的需要,拟追加筹资。经分析,认为追加筹资后仍应保持目前的资本结构,即长期借款占 15%,长期债券占 25%,普通股占 60%,并测算出各种资金成本随着筹资数额的增加所发生的变化。企业各种资金成本的变化如表 6-4 所示。

要求:计算该企业不同筹资规模下的边际资本。

表 6-4　企业各种资金成本的变化表

资金种类	目标资本结构/%	新筹资额/万元	资金成本/%
长期借款	15	150 以内(含)	5
		150 以上	7
长期债券	25	200 以内(含)	10
		200 以上	11
普通股	60	300 以内(含)	13
		300~600(含)	14
		600 以上	15

该企业目标资本结构已经明确。因此,首先要计算的是筹资突破点,如表 6-5 所示。

表 6-5　筹资突破点计算表

资金种类	目标资本结构/%	新筹资额/万元	资金成本/%	筹资突破点/万元
长期借款	15	150 以内(含)	5	1 000
		150 以上	7	
长期债券	25	200 以内(含)	10	800
		200 以上	11	
普通股	60	300 以内(含)	13	500
		300~600(含)	14	1 200
		600 以上	15	

其次,根据计算的筹资突破点,可以得到 5 组筹资总额范围:500 万元以内;500 万~800 万元;800 万~1 000 万元;1 000 万~1 200 万元;1 200 万元以上。

最后,对以上 5 组筹资范围分别计算加权平均资金成本,即可得到各种筹资范围的边际资本成本。计算过程如表 6-6 所示。

表 6-6　资本成本计算表

筹资总额范围	资金种类	目标资本结构/%	新筹资额/万元	资本成本/%	综合资本成本/%
500 万元以内	长期借款	15	75	5	11.05
	长期债权	25	125	10	
	普通股	60	300	13	

筹资总额范围	资金种类	目标资本结构/%	新筹资额/万元	资本成本/%	综合资本成本/%
500万～ 800万元	长期借款	15	120	5	11.65
	长期债权	25	200	10	
	普通股	60	480	14	
800万～ 1 000万元	长期借款	15	150	5	11.9
	长期债权	25	250	11	
	普通股	60	600	14	
1 000万～ 1 200万元	长期借款	15	180	7	12.8
	长期债权	25	300	11	
	普通股	60	720	15	
1 200万元 以上	长期借款	15	180以上	7	12.8
	长期债权	25	300以上	11	
	普通股	60	720以上	15	

注:各筹资范围内综合资本成本的计算如下,筹资总额为500万元以内时,综合资本成本=5%×15%+10%×25%+13%×60%=11.05%,其他计算方法相同。

企业可根据各筹资总额范围内的边际资本成本,结合投资项目的情况追加筹资。

【例6-5】 某企业拥有长期资金400万元。其中,长期借款60万元,资本成本3%;长期债券100万元,资本成本10%;普通股240万元,资本成本13%,平均资本成本为10.75%。基于扩大经营规模的需要,拟筹集新资金。经分析,认为筹集新资金后,仍应保持目前的资本结构,即长期借款占15%,长期债券占25%,普通股占60%,并测算出随筹资的增加各种资本成本的变化,如表6-7所示。

要求:计算在目前资本结构下,各种筹资总额范围的边际资本。

表 6-7 企业筹资后资本成本的变化

资金种类	目标资本结构/%	新筹资额/元	资本成本/%
长期借款	15	45 000以内	3
		45 000～90 000	5
		90 000以上	7
长期债权	25	200 000以内	10
		200 000～400 000	11
		400 000以上	12
普通股	60	300 000以内	13
		300 000～600 000	14
		600 000以上	15

(1) 计算筹资突破点。因为花费一定的资本成本率只能筹集到一定限度的资金,超过这一限度,多筹集资金就要多花费资本成本,引起原资本成本的变化,所以,在保持某资本成本的条件下可以筹集到的资金总限度被称为现有资本结构下的筹资突破点。在筹资

突破点范围内筹资,原来的资本成本不会改变;一旦筹资额超过筹资突破点,即使维持现有的资本结构,其资本成本也会增加。筹资突破点的计算公式如下。

筹资突破点=可用某一待定成本筹集到的某种资金额

÷该种资金在资金结构中所占比重

在花费3%资本成本时,取得的长期借款筹资限额为45 000元,其筹资突破点便为4 500÷15%＝300 000(元)。而在花费5%的资本成本时,取得的长期借款筹资限额为90 000元,其筹资突破点则为90 000÷15%＝600 000(元)。

按此方法,资料中各种情况下的筹资突破点的计算结果如表6-8所示。

表6-8　企业各种情况下的筹资突破点

资金种类	资本结构/%	资金成本	新筹资额/元	筹资突破点/万元
长期借款	15	3	45 000 以内	300 000
		5	45 000~90 000	
		7	90 000 以上	600 000
长期债券	25	10	200 000 以内	800 000
		11	200 000~400 000	
		12	400 000 以上	1 600 000
普通股	60	13	300 000 以内	500 000
		14	300 000~600 000	
		15	600 000 以上	1 000 000

(2)计算边际资本成本。任何项目的边际成本是该项目增加一个产出量的同时相应增加的成本。例如,目前平均人工成本为每人10元,如果增加10个人,人工的边际成本可能是每人15元;如果增加100人,人工的边际成本是每人20元。这种现象可能是由于比较难找到愿意从事该项工作的工人所导致的。同样的观念用于筹集资本,企业想筹措更多的资金时,每筹措1元的成本也会上升。边际资本成本就是取得1元新资本的成本,筹措的资金增加时,边际资金成本会上升。

根据上一步计算出的筹资突破点,可以得到7组筹资总额范围:①30万元以内;②30万元~50万元;③50万元~60万元;④60万元~80万元;⑤80万元~100万元;⑥100万元~160万元;⑦160万元以上。对以上7组筹资总额范围分别计算加权平均资本成本,即可得到各种筹资总额范围的边际资本成本。计算结果如表6-9所示。

表6-9　筹资总额范围的边际资本成本

筹资总额范围/元	资金种类	目标资本结构/%	资本成本/%	加权平均资本成本
300 000 以内	长期借款	15	3	3%×15%＝0.45%
	长期债权	25	10	10%×25%＝2.5%
	普通股	60	13	13%×60%＝7.8%,共10.75%

156

筹资总额范围/元	资金种类	目标资本结构/%	资本成本/%	加权平均资本成本
300 000~500 000	长期借款	15	15	5%×15%=0.75%
	长期债权	25	10	10%×25%=2.5%
	普通股	60	13	13%×60%=7.8%,共11.05%
500 000~600 000	长期借款	15	5	5%×15%=0.75%
	长期债权	25	10	10%×25%=2.5%
	普通股	60	14	14%×60%=8.4%,共11.65%
600 000~800 000	长期借款	15	7	7%×15%=1.05%
	长期债权	25	10	10%×25%=2.5%
	普通股	60	14	14%×60%=8.4%,共11.95%
800 000~1 000 000	长期借款	15	7	7%×15%=1.05%
	长期债权	25	11	11%×25%=2.75%
	普通股	60	14	14%×60%=8.4%,共12.2%
1 000 000~1 600 000	长期借款	15	7	7%×15%=1.05%
	长期债权	25	11	11%×25%=2.75%
	普通股	60	15	15%×60%=9%,共12.8%
1 600 000 以上	长期借款	15	7	7%×15%=1.05%
	长期债权	25	12	12%×25%=3%
	普通股	60	15	15%×60%=9%,共13.05%

【例 6-6】 某公司正在编制明年的财务计划,有关信息如下:公司明年的银行借款利率为 8.93%;公司债券面值为 1 元,票面利率为 8%,期限为 10 年,分期付息,当前市价为 0.85 元。若按当期市价发行新的债券,发行成本为市价的 4%;公司股票面值为 1 元,当前每股市价 5.5 元,本年派发现金股利 0.35 元,预计每股盈余(EPS)增长率 7%,股利支付率保持 25%。公司当前的资本结构如下:银行借款 150 万元;普通股 400 万元;长期债券 650 万元;留存收益 420 万元。公司所得税率为 40%,公司普通股的 β 值为 1.1,当前国债收益率为 5.5%,市场上普通股平均收益率 13.5%。

要求:①求银行借款和债券的资本成本;②分别利用现金流量法和资本资产定价模式,估计内部股权资本成本,并计算其平均值作为内部股权成本;③若不增加外部融资,仅靠内部融资,计算明年的平均资本成本。

(1) 银行借款的资本成本=8.93%×(1−40%)=5.36%

债券的资本成本=1×8%×(1−40%)=0.85×(1−4%)=5.88%

(2)现金流量法:

普通股资本成本=0.35×(1+7%)÷5.5+7%=13.81%

资本资产定价模式:

普通股成本=5.5%+1.1×(13.5%−5.5%)=14.3%

普通股平均成本=(13.81%+14.3%)÷2=14.06%

(3)　　明年的 EPS＝（0.35÷25%）×（1＋7%）＝1.498

留存收益数额＝420＋1.498×400×（1－25%）＝869.4（万元）

案例分析:迪士尼投融资决策

本部分内容为拓展知识，读者可自行扫码阅读。

知识训练

单项选择题

1. 调整企业资金结构并不能（　　　）。
   A. 降低财务风险　　　　　　　　B. 降低经营风险
   C. 降低资金成本　　　　　　　　D. 增强融资弹性

2. 可以作为比较各种筹资方式优劣的尺度的成本是（　　　）。
   A. 个别资本成本　　　　　　　　B. 边际资本成本
   C. 综合资本成本　　　　　　　　D. 资本总成本

3. 在个别资本成本的计算中,不用考虑筹资费用影响因素的是（　　　）。
   A. 长期借款成本　　　　　　　　B. 债券成本
   C. 留存收益成本　　　　　　　　D. 普通股成本

4. 企业在筹措新的资金时,从理论上而言,应该按（　　　）计算综合资本成本更为合适。
   A. 目标价值　　　　B. 账面价值　　　　C. 市场价值　　　　D. 任一价值

5. 要使资本结构达到最佳,应使（　　　）达到最低。
   A. 边际资本成本　　　　　　　　B. 债务资本成本
   C. 个别资本成本　　　　　　　　D. 综合资本成本

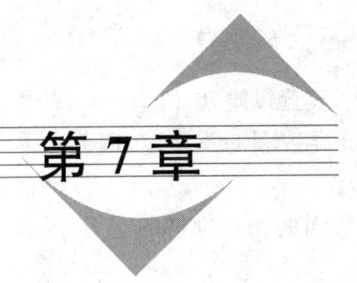

第7章　　　　　资本结构

学习目标

1. 知识目标

理解经营风险与财务风险的含义；掌握经营杠杆、财务杠杆与总杠杆的计算方法。

2. 能力目标

学会分析经营杠杆与财务杠杆对企业的影响；学会分析全球知名上市公司资本结构部署的出发点。

引导案例

　　某公司曾是一家知名的互联网企业，业务涵盖多个领域。其在扩张过程中，通过多种渠道筹资。一方面大量使用债务融资，包括银行贷款、发行债券等方式，如发行大量的公司债券，许诺给投资者较高的利息回报。另一方面进行股权融资，吸引了众多投资者。因在各个业务板块都进行大规模投资，该公司不断地从上市公司抽血投入新的业务，期望通过扩张来实现协同效应，但资金缺口却越来越大。

　　最终，公司资金链断裂，股价暴跌。众多投资者遭受巨大损失，债券无法兑付，银行贷款逾期。公司陷入严重的债务危机，经营难以为继。

7.1　杠杆原理与风险

7.1.1　经营风险和财务风险

1. 经营风险

1) 经营风险的概念

经营风险是指企业由于生产经营方面(主要指产品需求、售价、生产成本、调价能力等方面)的原因给企业的收益所带来的不确定性。

2) 影响经营风险的因素

影响企业经营风险的因素很多，主要有以下五类。

(1) 产品需求。市场对企业产品的需求越稳定，经营风险就越小；反之，经营风险则越大。

（2）产品售价。产品售价变动不大，经营风险就小；反之，经营风险就大。

（3）产品成本。产品成本是收入的抵减，成本不稳定，会导致利润不稳定，因此产品成本变动大的，经营风险就大；反之，经营风险就小。

（4）调整价格的能力。当产品成本变动时，若企业具有较强的调整价格的能力，风险就小；反之，经营风险就大。

（5）固定成本的比重。在企业全部成本中，固定成本所占比重较大时，单位产品分摊固定成本额就多。若产品量发生变动，单位产品分摊的固定成本会随之变动，最后导致利润出现更大幅度的变动，经营风险就大；反之，经营风险就越小。

【例 7-1】 某公司 2009—2011 年的年营业总额分别为 3 000 万元、2 600 万元和 2 400 万元，每年的固定成本都是 800 万元，变动成本率为 60%。

当该公司的营业总额为 2 400 万～3 000 万元时，固定成本总额每年都是 800 万元并保持不变。随着营业总额的下降，息税前利润以更快的速度下降。与 2009 年相比，2010 年营业总额的降低率为 13%，同期息税前利润的降低率则为 40%；与 2010 年相比，2011 年营业总额的降低率为 8%，同期息税前利润的降低率则为 33%。由此可知，由于该公司没有有效地利用营业杠杆，导致了营业风险，即息税前利润的降低幅度高于营业总额的降低幅度。

2. 财务风险

1）财务风险的概念

财务风险也称筹资风险，是指企业因借入资金而产生的丧失偿债能力的可能性和企业利润（股东收益）的可变性。企业在筹资、投资和生产经营活动各环节中无不承担一定程度的风险。企业因负债方式、期限及资金使用方式等不同，面临的偿债压力也有所不同。因此，筹资决策除规划资金需要数量，并以合适的方式筹到所需资金以外，还必须正确权衡不同筹资方式下的风险程度，并提出规避和防范风险的措施。

也就是说，财务风险是企业因使用债务资本而产生的，在未来收益不确定的情况下，由主权资本承担的附加风险。如果企业经营状况良好，投资收益率大于负债利息率，则获得财务杠杆利益；如果企业经营状况不佳，投资收益率小于负债利息率，则获得财务杠杆损失，甚至导致企业破产。这种不确定性就是企业运用负债所承担的财务风险。

2）影响财务风险的因素

（1）财务风险产生的外部因素

财务风险产生的外部原因是企业外部环境具有复杂性。财务管理的宏观环境复杂多变，作用于企业财务管理的宏观环境错综复杂，这是企业产生财务风险的外部原因。企业财务管理活动的外部影响因素包括自然因素、市场因素和社会因素等。虽然这些因素存在于企业之外，但对企业财务风险的预测和防范同样会产生重大的影响。由于财务管理的环境有多变性和复杂性，这就使外部环境的变化既可能为企业带来发展机遇，又可能使企业面临一定的威胁。对于外部因素所带来的威胁，势必会给企业带来财务风险。众所周知，长时间的通货膨胀，将使企业的资金供给持续短缺，货币性资金持续贬值，实物性资金相对升值,资金成本持续升高。例如,全球原油价格的上涨导致了成品油价格的上涨,企业增加了运营成本,减少了利润,无法实现企业的预期收益。而利率的变动会产生利率风险,包括过多支付利息的风险、投资发生亏损的风险和不能履行偿债义务的风险。由此表明,外部环境的风险因素会对财务风险有很大的影响。

(2)财务风险产生的内部因素

① 财务人员对风险认识。企业的财务活动贯穿于企业活动的全过程,随着经济全球化进程的加快,企业的跨国贸易日益频繁,我国企业的财务活动变得越来越复杂,由此所面临的财务风险也随之增大。同时,在财务工作中,财务管理人员风险意识仍然相对淡薄,没有把握风险的本质,没有清醒地认识风险,使得其对风险的认识滞后于风险的存在,这是造成我国企业财务风险的重要因素。由于我国市场已经过渡成为买方市场,在企业之间普遍存在产品滞销的现象。一些企业为了增加销量,迅速扩大市场占有率,大量采用赊销商品的方式销售产品,使企业应收账款大量增加。同时,由于企业在赊销的过程中,对客户的信用等级欠缺了解,盲目赊销,造成应收账款失控;大量的应收账款长期无法收回,直至成为坏账;企业的资产长期被债务人无偿占用,严重影响了企业资产的流动性和安全性,也给企业带来了巨大的财务风险。所以,只有加强财务人员风险防范意识,才能认识风险,把握风险本质,及时拿出应对风险的措施。

② 财务决策的科学性。财务决策失误是产生财务风险的一个重要原因。目前,我国企业在财务决策过程中普遍存在着经验决策或主观决策现象,并没有利用科学的决策和分析方法,由此导致决策失误经常发生,产生了财务风险。例如,在固定资产投资决策过程中,由于对投资项目的可行性缺乏周密、系统的分析和研究,加之决策所依据的经济信息不全面、不真实以及决策者决策能力低下等原因,导致投资决策失误频繁发生。决策失误使投资项目不能获得预期的收益,投资无法按期收回,就给企业带来了巨大的财务风险。由于投资决策者对投资风险的认识不足,决策失误及盲目投资导致一些企业产生巨额投资损失,也必然影响企业的投资效益,影响企业的长期偿债能力,从而给企业带来较大的财务风险。避免财务决策失误的前提是财务决策的科学化。

③ 企业的资金结构(负债资金的比例)。在我国,资金结构主要是指企业全部资金来源中权益资金与负债资金的比例关系。目前,我国企业资金结构不合理的现象普遍存在,具体表现在负债资金占全部资金的比例过高。据资料显示,很多企业资产负债率达到30％以上。资金结构的不合理导致企业财务负担沉重,偿债能力严重不足,由此产生财务风险。

④ 企业内部财务监控机制。企业内部财务关系混乱是我国企业产生财务风险的一个重要原因。我国的企业大多没有建立内部财务监控机制,企业内部各部门之间及企业与上级企业之间,资金管理及使用、利益分配等方面,存在权责不明,管理混乱,资金结构不合理,负债资金比例过高,资金使用效率低下,资金流失严重,资金的安全性、完整性无法得到保障等问题。有些企业即使建立内部财务监控机制,财务监督制度执行也并不十分有效。而且,一些企业管理与监督合二为一,缺乏资产损失责任追究制度,对财经纪律置若罔闻,难以进行有效的约束,财务风险极易发生。

7.1.2 经营杠杆

1. 经营杠杆的概念

根据成本性态,在一定产销量范围内,产销量的增加一般不会影响固定成本总额,但会使单位产品固定成本降低,从而提高单位产品利润,并使利润增长率大于产销量增长率;反之,产销量减少,会使单位产品固定成本升高,从而降低单位产品利润,并使利润下降率大于产销量的下降率。这种在企业生产经营中由于存在固定成本而使息税前利润变动率大于产销业务量变动率的效应,称为经营杠杆,又称营业杠杆或营运杠杆。

2. 经营杠杆的度量

按照资本资产定价模型,必要报酬率与系统风险有关。由股东承担的系统风险由两部分组成,即经营风险和财务风险。经营风险和财务风险越大,企业的 β 系数就越大。经营风险和财务风险分别取决于经营杠杆和财务杠杆。也就是说,经营杠杆和财务杠杆越大,企业的 β 系数也越大。经营杠杆受固定成本和变动成本构成的影响。不同项目的成本构成不同,所以,不同的项目的经营杠杆、经营风险和 β 系数也不同。公司整体的经营风险是由其资产组合中各资产的经营风险决定的。因此,组合中各资产的 β 系数共同决定了企业整体的营业风险。企业资产的 β 系数就是它的各项资产 β 系数的加权平均数,其计算公式为

$$\beta_A = \sum W_j \beta_j$$

式中,W_j 为第 j 种资产占企业价值的比重;β_j 为第 j 种资产的 β 系数。

这时,WACC 可用 β_A 表示为

$$WACC = R_f + \beta_A X (R_m - R_f) \tag{7-1}$$

该公式是建立在市价表示的资产负债表的左方基础上的。而 WACC 也可采用另一种表达公式。

$$WACC = (1-L)r_e + L(1-T)r_d \tag{7-2}$$

这个公式是建立在市价表示的资产负债表的右方基础上的。从上述两个公式可以看出,即使项目的风险与企业整体风险一致,权益资本的必要报酬率 r_e 也不一定与 WACC 相等。

公司可以在对资产的选择中通过经营杠杆来影响它的经营风险,进而影响 β_A。但对资产的选择通常会受到一些限制。比如,技术上的某些问题会迫使企业选择固定成本较高的生产工艺。也就是说,经营风险不易控制。

除此之外,经营杠杆效应的大小也可以用经营杠杆系数(DOL)衡量。经营杠杆系数是指息税前利润变动率相当于产销量(或销售收入)变动率的倍数,也叫经营杠杆率。其计算公式为

$$DOL = \frac{\Delta EBIT/EBIT}{\Delta Q/Q} = \frac{Q(P-V)}{Q(P-V)-F} = \frac{M}{EBIT} \tag{7-3}$$

式中，ΔEBIT/EBIT 表示息税前利润变动率；$\Delta Q/Q$ 表示产销量变动率（也可以用销售收入变动率 $\Delta S/S$ 计算）；P 表示单位销售价格；V 表示单位变动成本；F 表示固定成本；M 表示边际贡献。

此公式也可表述为

$$\text{DOL}_S = \frac{S - \text{VC}}{S - \text{VC} - F} \tag{7-4}$$

式中，DOL_S 为销售额是 S 时的经营杠杆系数；S 为销售额；VC 为变动成本总额。

在此，经营杠杆是息税前利润变动与销售收入变动之比，它主要受固定成本和变动成本的影响。其计算公式为其中，边际贡献＝价格－变动成本；边际贡献总额－固定成本＝息税前利润。可以看出，当固定成本增加，变动成本下降时，经营杠杆提高。

【例 7-2】 大华公司在营业总额为 2 400 万～3 000 万元时，固定成本总额为 800 元，变动成本率为 60%。公司 2011—2013 年的营业总额分别为 2 400 万元、2 600 万元和 3 000 万元。请分别计算大华公司 2011—2013 年的经营杠杆系数。

大华公司三年的经营杠杆系数计算如表 7-1 所示。

表 7-1　大华公司经营杠杆系数测算　　　　　　　　　　　　　单位：万元

年份	营业额	营业额增长率/%	变动成本	固定成本	边际贡献	息税前利润	息税前利润增长率/%	$\text{DOL} = \dfrac{\Delta\text{EBIT}/\text{EBIT}}{\Delta Q/Q}$	$\text{DOL} = \dfrac{M}{\text{EBIT}}$
2011	2 400	—	1 440	800	960	160	—	—	960/160＝6
2012	2 600	8.33	1 560	800	1 040	240	50	50%/8.33%＝6	1 040/240＝4.33
2013	3 000	15.38	1 800	800	1 200	400	67	67%/15.38%＝4.36	1 200/400＝3

计算结果表明，大华公司在营业总额为 2 400 万～3 000 万元时，固定成本总额每年都是 800 万元。随着营业总额的增长，息税前利润以更快的速度增长。该公司 2011 年的 DOL 为 6 倍，2012 年的息税前利润增长率 50% 是销售增长率 8.33% 的 6 倍。2012 年的 DOL 为 4.33 倍，2013 年息税前利润增长率 67% 为同期销售增长率 15.38% 的 4.33（表中 4.36 为四舍五入导致的误差）倍。2013 年的 DOL 为 3 倍，表明 2014 年公司息税前利润增长率将会是销售增长率的 3 倍。总体来看，大华公司有效地利用了经营杠杆，获得了较高的营业杠杆利益，即息税前利润的增长幅度高于营业总额的增长幅度。

【例 7-3】 某企业生产 A 产品，固定成本为 60 万元，变动成本率为 40%。当企业的销售额分别为 400 万元、200 万元、100 万元时，经营杠杆系数分别为

$$\text{DOL}_1 = \frac{400 - 400 \times 40\%}{400 - 400 \times 40\% - 60} = 1.33$$

$$\text{DOL}_2 = \frac{200 - 200 \times 40\%}{200 - 200 \times 40\% - 60} = 2$$

$$\text{DOL}_3 = \frac{100 - 100 \times 40\%}{100 - 100 \times 40\% - 60} \to \infty$$

以上计算结果说明了以下问题。

（1）在固定成本不变的情况下，经营杠杆系数说明了销售额增长（减少）所引起利润

增长(减少)的幅度。例如,DOL_1说明在销售额为 400 万元时,销售额的增长(减少)会引起利润 1.33 倍的增长(减少);DOL_2说明在销售额为 200 万元时,销售额的增长(减少)将引起利润 2 倍的增长(减少)。

(2) 在固定成本不变的情况下,销售额越大,经营杠杆系数越小,经营风险也就越小;反之,销售额越小,经营杠杆系数越大,经营风险也就越大。例如,当销售额为 400 万元时,DOL_1 为 1.33;当销售额为 200 万元时,DOL_2 为 2。显然,后者利润的不稳定性大于前者,故后者的经营风险大于前者。

企业一般可以通过增加销售额、降低产品单位变动成本、降低固定成本比重等措施,使经营杠杆系数下降,降低经营风险,但这往往要受到条件的制约。

3. 经营风险与经营杠杆

经营风险是指企业由于生产经营方面的原因导致收益的不确定性。

经营杠杆系数说明了销售增减所引起的营业利润增减的幅度;只要企业固定成本不等于零,经营杠杆系数恒大于 1。DOL 越大,表明销售变动对利润的影响越大;收益波动的幅度越大,说明收益的质量越低,公司的经营风险越大。DOL 本身并不是经营风险变化的来源,它只是衡量经营风险大小的量化指标。事实上,是销售和成本水平的变动引起了息税前收益的变化,而 DOL 只不过是放大了 EBIT 的变化,也就是放大了公司的经营风险。因此,经营杠杆系数应当仅被看作对潜在风险的衡量指数,这种潜在风险只有在销售和成本水平变动的条件下才会被激活。正因为如此,企业要分析自身所面临的生产经营状况,合理利用经营杠杆。

从 DOL 公式所反映的相关财务指标的数量关系,可以发现经营杠杆系数的变动规律及其与经营风险的关系。

(1) 在成本不变的情况下,产销量的变动与 DOL 的变动方向相反;销售额越大,经营杠杆系数越小,经营风险也就越小;反之,销售额越小,经营杠杆系数越大,经营风险也就越大。

(2) 在销售额处于盈亏临界点前后,经营杠杆系数随销售额的增加而递减;销售额达到盈亏临界点时,经营杠杆系数趋近于无穷大,此时经营风险趋近于无穷大。

(3) 在销售收入一定的情况下,影响经营杠杆系数的因素主要是成本金额。成本(既包括固定成本,也包括单位变动成本)的变动与 DOL 的变动方向相同。固定成本、变动成本越高,经营杠杆系数越大,企业的经营风险越大。

(4) 在销售和成本水平一定的情况下,单价的变动与 DOL 的变动方向相反。产品的单位售价越高,DOL 越小,经营风险越小;单位售价越低,DOL 越大,经营风险越大。

根据上述 DOL 与经营风险的关系,企业为得到经营正杠杆效应,避免负杠杆效应所带来的经营风险,必须注意如下两点:①在成本一定的情况下,公司应尽可能采取多种方式增加销售额。②在市场繁荣业务增长时,公司可通过增加固定成本投入来提高 DOL,以充分发挥正杠杆效应。在市场衰退时,应尽量压缩开发费、广告费、市场营销费、职工培训费等酌量性固定成本开支及单位变动成本,以降低 DOL,避免负杠杆效应。当然,无论是增加销售,还是降低成本,都往往要受到客观条件的制约。

7.1.3 财务杠杆

1. 财务杠杆的概念

财务杠杆又叫筹资杠杆或融资杠杆,是指由于固定债务利息和优先股股利的存在而导致普通股每股利润变动幅度大于息税前利润变动幅度的现象。

无论企业营业利润多少,债务利息和优先股股利都是固定不变的。财务杠杆是指由于债务的存在而导致普通股每股利润变动大于息税前利润变动的杠杆。无论企业营业利润多少,债务利息和优先股的股利都是固定不变的。当息税前利润增大时,每一元盈余所负担的固定财务费用就会相对减少,这能给普通股股东带来更多的盈余。这种债务对投资者收益的影响,称为财务杠杆。由此可以将财务杠杆定义为"企业在制定资本结构决策时对债务筹资的利用"。因而财务杠杆又可称为融资杠杆、资本杠杆或者负债经营。而将其结果称为财务杠杆利益(损失)或正(负)财务杠杆利益。需要注意的是,财务杠杆影响的是企业的税后利润,而不是息税前利润。

财务杠杆利益(损失)是指负债筹资经营对所有者收益的影响。负债经营后,企业所能获得的利润按以下公式计算。

资本收益=企业投资收益率×总资本-负债利息率×债务资本

　　　　=企业投资收益率×(权益资本+债务资本)负债利息率×债务资本

　　　　=企业投资收益率×权益资本+(企业投资收益率-负债利息率)

　　　　　×债务资本　　　　　　　　　　　　　　　　　　　　(7-5)

注:此处的企业投资收益率=息税前利润÷资本总额,即息税前利润率。

因而,整个公司权益资本收益率的计算公式如下。

权益资本收益率=[企业投资收益率×权益资本+(企业投资收益率

　　　　-负债利率)×债务资本]/权益资本　　　　　　　　(7-6)

可见,只要企业投资收益率大于负债利率,财务杠杆作用就会使资本收益由于负债经营而绝对值增加,从而使得权益资本收益率大于企业投资收益率,且产权比率(债务资本/权益资本)越高,财务杠杆利益越大。所以,财务杠杆利益的实质就是由于企业投资收益率大于负债利率,由负债所取得的一部分利润转化为权益资本,从而使得权益资本收益率上升。而如果企业投资收益率等于或小于负债利率,那么负债所产生的利润可能不足以弥补负债所需的利息,甚至利用权益资本所取得的利润都不足以弥补利息,而不得不以减少权益资本来偿债,这就是财务杠杆损失的本质。

2. 财务杠杆的度量

财务杠杆效应的大小通常用财务杠杆系数表示。财务杠杆系数(DFL)是指普通股每股收益的变动率相当于息税前利润变动率的倍数。其计算公式如下。

$$DFL = \frac{\Delta EPS/EPS}{\Delta EBIT/EBIT} = \frac{EBIT}{EBIT - I - D/(1-T)} \qquad (7-7)$$

式中,EPS 表示普通股每股收益;ΔEPS/EPS 表示普通股每股收益变动率;I 表示债务的利息;D 表示优先股股息;T 表示所得税税率。

上述公式表明,财务杠杆系数将随固定财务费用变化同方向变化,即在其他因素一定的情况下,固定财务费用越高,财务杠杆系数越大。如果企业固定财务费用为零,则财务杠杆系数为1。

为方便理解,中文表述财务杠杆系数公式如下。

$$财务杠杆系数 = \frac{普通股每股利润变动率}{息税前利润变动率} = \frac{基期息税前利润}{基期息税前利润 - 基期利息} \qquad (7\text{-}8)$$

【例 7-4】 A、B、C 为三家经营业务相同的公司,它们的相关资料见表 7-2。

表 7-2 三家公司的相关资料

财 务 情 况	A 公司	B 公司	C 公司
普通股本/元	2 000 000	1 500 000	1 000 000
发行股数/股	20 000	15 000	10 000
债务(利率 8%)/元	0	500 000	1 000 000
资本总额/元	2 000 000	2 000 000	2 000 000
息税前盈余/元	200 000	200 000	200 000
债务利息/元	0	40 000	80 000
税前盈余/元	200 000	160 000	120 000
所得税(税率 25%)/元	50 000	40 000	30 000
税后盈余/元	150 000	120 000	90 000
财务杠杆系数	1	1.25	1.67
每股普通股收益/元	7.5	8	9
息税前盈余增加/元	200 000	200 000	200 000
债务利息/元	0	40 000	80 000
税前盈余/元	400 000	360 000	320 000
所得税(税率 25%)/元	100 000	90 000	80 000
税后盈余/元	300 000	270 000	240 000
每股普通股收益/元	15	18	24

下面从两个方面对表 7-2 进行分析。

(1) 财务杠杆系数表明息税前盈余增长所引起的每股收益的增长幅度。比如,A 公司的息税前盈余增长 1 倍时,其每股收益也增长 1 倍(15÷7.5-1);B 公司的息税前盈余增长 1 倍时,每股收益增长 1.25 倍(18÷8-1);C 公司的息税前盈余增长 1 倍时,其每股收益增长 1.67 倍(24÷9-1)。

(2) 在资本总额、息税前盈余相同的情况下,负债比率越高,财务杠杆系数越高,财务风险越大,但预期每股收益(投资者收益)也越高。与 A 公司相比,B 公司负债比率高(B 公司资本负债率为 500 000/2 000 000×100%=25%,A 公司资本负债率为 0),财务杠杆系数高(B 公司为 1.25,A 公司为 1),财务风险大,但每股收益也高(B 公司为 8 元,A 公司为

75元）；C公司比B公司负债比率高（C公司资本负债率为1 000 000/2 000 000×100%=50%），财务杠杆系数高（C公司为1.67），财务风险大，但每股收益也高（C公司为9元）。

实践中，负债比率是可以控制的。因此，企业可以通过合理安排资本结构，适度负债，使财务杠杆利益抵消风险增大所带来的不利影响。

3. 财务杠杆与财务风险

1）影响财务杠杆的因素

由于财务风险随着财务杠杆系数的增大而增大，而且财务杠杆系数又是财务杠杆作用大小的体现，所以，影响财务杠杆作用大小的因素，也必然影响财务杠杆利益（损失）和财务风险。下面分别讨论影响两者的三个主要因素。

（1）息税前利润率。由计算财务杠杆系数的公式可知，在其他因素不变的情况下，息税前利润率越高，财务杠杆系数越小；反之，财务杠杆系数越大。因而，税前利润率对财务杠杆系数的影响呈相反方向变化。由计算权益资本收益率的公式可知，在其他因素不变的情况下，息税前利润率对主权资本收益率的影响却呈相同方向变化。

（2）负债的利息率。在息税前利润率和负债比率一定的情况下，负债的利息率越高，财务杠杆系数越大；反之，财务杠杆系数越小。负债的利息率对财务杠杆系数的影响总是呈相同方向变化的，而对主权资本收益率的影响则是呈相反方向变化。也就是，负债的利息率降低时，主权资本收益率会相应提高；而当负债的利息率提高时，主权资本收益率会相应降低。所以，认为"财务风险是指全部资本中债务资本比率的变化带来的风险"，这是片面的观点。

（3）负债比率。负债比率即负债与总资本的比率，也是影响财务杠杆利益和财务风险的因素之一。负债比率对财务杠杆系数的影响与负债利息率的影响相同。在息税前利润率和负债利息率不变的情况下，负债比率越高，财务杠杆系数越大；反之，财务杠杆系数越小。也就是说，负债比率对财务杠杆系数的影响总是呈相同方向变化的。但负债比率对主权资金收益率的影响，既不同于负债利息率的影响，也不同于息税前利润率的影响。负债比率对主权资本收益率的影响表现在正向、负向两个方面。当息税前利润率大于负债利息率时，表现为正向的影响；反之，表现为负向的影响。

2）两者之间的关系

财务风险是指未来收益不确定的情况下，企业因负债筹资而产生的、由股东承担的额外风险。财务杠杆系数说明了在固定的财务费用作用下息税前利润增减所引起的普通股每股收益增减的幅度。只要企业存在固定的财务费用，DFL恒大于1。财务杠杆放大了息税前利润的变动对每股盈余的作用。DFL越大，当息税前利润率上升时，权益资本收益率会以更快的速度上升；若息税前利润率下降，则权益收益率会以更快的速度下降，此时的财务风险较大。相反，财务杠杆系数较小，财务风险也较小。为了取得财务杠杆利益，就要增加负债。一旦企业EBIT下降，不足以补偿固定利息支出，EPS会下降得更快。可见，财务风险是由财务杠杆引起的。

对于正常经营发展中的企业来讲，负债经营往往难以避免，因此，财务风险是客观存在的。企业必须分析自身所面临的经营状况及融资环境，合理运用财务杠杆。财务杠杆的作用效果是以企业的投资利润率与负债利息率和优先股股息率的对比关系为基础的。投资利润率与负债利息率、优先股股息率的关系不同,财务杠杆发挥作用的后果不同。当投资利润率大于负债利息率和优先股股息率时,财务杠杆将发生积极的作用,普通股股东可以获得更大的额外收益;当投资利润率小于负债利息率和优先股股息率时,财务杠杆将发生负面的作用,企业的最后所有者将承担更大的额外损失。这些额外损失便构成了企业的财务风险,甚至导致企业破产。

【例 7-5】 假设有 A、B、C 三个公司,资产规模均为 1 000 万元。A 公司资本全部由发行普通股 20 万股获得;B 公司资本中债务和普通股各占一半,普通股发行数为 10 万股;C 公司资本中有 80% 的债务,20% 的普通股,普通股发行数为 4 万股。

要求:①假设三个公司的 EBIT 均为 200 万元,计算三个公司的财务杠杆;②假设三个公司的 EBIT 从 200 万元降到 150 万元,计算三个公司的每股收益;③对上述计算结果进行简要评述。

(1) 在 EBIT 均为 200 万元的情形下,三个公司财务杠杆计算结果如表 7-3 所示。

表 7-3　A、B、C 三公司财务杠杆系数计算表　　　　　　单位:万元

财 务 情 况	A 公司	B 公司	C 公司
资产总额	1 000	1 000	1 000
普通股	1 000	500	200
债务	0	500	800
EBIT	200	200	200
利息(8%)	0	40	64
税前利润	200	160	136
所得税(25%)	50	40	34
净利润	150	120	102
EPS=净利润/普通股股数	7.5	12	25.5
DFL=EBIT/(EBIT−I)	1	1.25	1.47

(2) 假设息税前利润从 200 万元降到 150 万元(降幅 25%),三个方案的每股收益计算如表 7-4 所示。

表 7-4　A、B、C 三公司每股收益计算表　　　　　　单位:万元

财 务 情 况	A 公司	B 公司	C 公司
资产总额	1 000	1 000	1 000
普通股	1000	500	200
债务	0	500	800
EBIT	150	150	150
利息(8%)	0	40	64
税前利润	150	110	86
所得税(25%)	37.5	27.5	21.5
净利润	112.5	82.5	64.5

続表

财 务 情 况	A公司	B公司	C公司
每股收益 EPS	5.625	8.25	16.125
EPS 变动率	(5.625−7.5)/7.5 = −25%	(8.25−12)/12 = −31.25%	(16.125−25.5)/25.5 = −36.76%
EPS 变动率/EBIT 变动率	1	1.25	1.47

计算结果表明,A 公司因为无固定的债务利息,财务杠杆系数为 1,普通股每股收益的增减变动幅度与 EBIT 的增减变动幅度一致,公司无财务风险。B 公司有一半的债务,在固定债务利息的作用下,财务杠杆系数为 1.25 倍;在 EBIT 有增长的情况下,EPS 增长率会以 1.25 倍于 EBIT 增长率;但在 EBIT 下降的情况下,EPS 会以 1.25 倍于 EBIT 降幅的速度下降。C 公司则在 80% 债务占比所带来的更大的固定债务利息作用下,产生了 1.47 倍的财务杠杆系数。这表明对 C 公司来讲,EBIT 有增长的情况下,EPS 增长会以 1.47 倍于 EBIT 增幅的速度增长;但在 EBIT 下降的情况下,EPS 会以 1.47 倍于 EBIT 降幅的速度下降。综上可知,C 公司面临的财务风险最大。

知识链接 7-1:用财务杠杆衡量财务风险的局限性

本部分内容为拓展知识,读者可自行扫码阅读。

7.1.4 总杠杆

1. 总杠杆的概念

总杠杆也称综合杠杆、联合杠杆或复合杠杆,是经营杠杆和财务杠杆共同所起的作用,它用于衡量销售量的变动对普通股每股收益变动的影响程度。由于存在固定的生产经营成本,产生经营杠杆作用,所以息税前利润的变动率大于产销量的变动率。而由于存在固定的财务成本(通常是固定的利息),产生财务杠杆作用,所以每股收益的变动率大于息税前利润的变动率。企业利润从产生到分配的过程中,既存在固定的生产经营成本,又存在固定的财务成本,这会使每股收益的变动率远远大于产销量的变动率。

2. 总杠杆的度量

总杠杆可以用于衡量销售量的变动对普通股每股收益变动的影响程度。总杠杆效应的大小用总杠杆系数(DFL)表示。总杠杆系数是指普通股每股收益变动率相当于产销量变动率的倍数。其计算公式如下。

$$\text{DFL} = \frac{\Delta \text{EPS}/\text{EPS}}{\Delta Q/Q} = \text{DOL} \times \text{DFL} = \frac{Q(P-V)}{\text{EBIT}-I-D/(1-T)} \tag{7-9}$$

用中文表示为

$$总杠杆系数 = \frac{普通股每股利润变动率}{销售量变动率}$$

$$= \frac{基期边际贡献}{基期息税前利润 - 债务利息} \tag{7-10}$$

【例 7-6】 某企业生产甲产品,销售量为 30 000 件时,售价为 200 元,单位产品变动成本为 150 元,固定成本为 500 000 元,利息支出为 300 000 元,普通股每股利润为 0.75 元。

要求:计算企业总杠杆系数。

解答:企业的总杠杆系数为

$$DFL = \frac{30\ 000 \times (200 - 150)}{30\ 000 \times (200 - 150) - 500\ 000 - 300\ 000} \approx 2.14$$

以上计算结果表明,该企业产销量每变动 1%,就会引起普通股每股收益变动 2.14%,即普通股每股收益变动是销售量变动的 2.14 倍。

3. 总杠杆与公司风险的关系

在总杠杆(复合杠杆)效用的作用下,当企业销售状况良好时,普通股每股收益 EPS 会以高于销售增长的速度大幅度上升;当企业销售下降时,EPS 下降的幅度则会比销售下降的幅度更大。复合杠杆系数越大,EPS 波动幅度越大。

由复合杠杆效应的作用使 EPS 大幅度波动而造成的风险,称为总风险。在其他因素不变的情况下,复合杠杆系数越大,总风险越大;复合杠杆系数越小,总风险就越小。

复合杠杆系数对公司财务管理的意义主要表现在如下两方面。

(1) 使公司管理层在一定的成本结构与融资结构下,判断营业收入的变化对每股收益的影响程度。例如,如果一家公司的复合杠杆系数是 3,则说明当营业收入每增长(减少)1 倍,就会造成每股收益增长(减少)3 倍。

(2) 了解经营杠杆与财务杠杆之间的相互关系,有利于管理层对经营风险与财务风险进行管理,即为了控制某一复合杠杆系数,经营杠杆和财务杠杆可以有很多不同的组合。

认清复合杠杆效应与公司风险与收益的关系,有利于公司合理地安排生产和融资活动。

(1) 从固定成本不同的企业角度来看。一般来说,固定资产比重较大的资本密集型企业,由于经营杠杆系数较高,经营风险大,企业筹资时主要依靠权益资本,以保持较小的财务杠杆系数和财务风险;变动成本比重较大的劳动密集型企业,则由于经营杠杆系数较低,经营风险小,企业筹资时可以更多地依靠债务资本,保持较大的财务杠杆系数和财务风险。

(2) 从企业的不同发展阶段角度来看。一般来说,在企业初创阶段,由于产品市场占有率低,产销业务量小,经营杠杆系数较高,经营风险较大。此时,企业筹资主要依靠权益资本,在较低程度上使用财务杠杆。在企业扩张成熟期,产品市场占有率高,产销业务量大,经营杠杆系数小。此时,企业资本结构中可扩大债务资本,在较高程度上使用财务杠杆。

阅读资料 7-1：韩国大宇神话的破灭

本部分内容为拓展知识，读者可自行扫码阅读。

7.2 最佳资本结构

7.2.1 资本结构理论

资本结构是指企业各种长期资金筹资来源的构成和比例关系。短期资金的需要量和筹集是经常变化的，且在整个资金总量中所占的比重不稳定，因此不被列入资本结构管理范围，而作为营运资金管理。在通常情况下，企业的资本结构由长期债务资本和权益资本构成。资本结构指的就是长期债务资本和权益资本各占多大比例。

1. 早期的资本结构理论

（1）净收益理论。净收益理论认为，负债可以降低企业的资本成本，负债程度越高，企业的价值越大。这是因为债务利息和权益资本成本均不受财务杠杆的影响，无论负债程度多高，企业的债务资本成本和权益资本成本都不会发生变化，因此，只要债务成本低于权益成本，那么负债越多，企业的加权平均资本成本就越低，企业的净收益或税后利润就越多，企业的价值就越大。当负债比率为 100％时，企业加权平均资本成本最低，企业价值将达到最大值。

（2）营业收益理论。该理论认为，不论财务杠杆如何变化，企业加权平均资本成本都是固定的，企业的总价值也是固定不变的。这是因为企业利用财务杠杆时，使债务成本本身不变，但由于加大了权益的风险，也会使权益成本上升，所以加权平均资本成本不会因为负债比率的提高而降低，而是维持不变。因此，资本结构与公司价值无关；决定公司价值的应是其营业收益。按照这种理论推论，不存在最佳资本结构，筹资决策也就无关紧要。可见，营业收益理论和净收益理论是完全相反的两种理论。

（3）传统理论。传统理论是一种介于净收益理论和营业收益理论之间的理论。传统理论认为，企业利用财务杠杆尽管会导致权益成本的上升，但在一定程度内却不会完全抵销利用成本率低的债务所获得的好处，因此会使加权平均资本成本下降，企业价值上升。但是，超过一定程度地利用财务杠杆，权益成本的上升就不再能为债务低成本所抵消，加权平均资本成本便会上升。此后，债务成本也会上升，它和权益成本的上升共同作用，使加权平均资本成本上升加快。加权平均资本成本从下降变为上升的转折点，是加权平均资本成本的最低点，这时的负债比率就是企业的最佳资本结构，如图 7-1 所示。

2. MM 理论

莫迪利安尼和米勒于 1958 年提出了 MM 定理，开创了现代企业资本结构理论研究

171

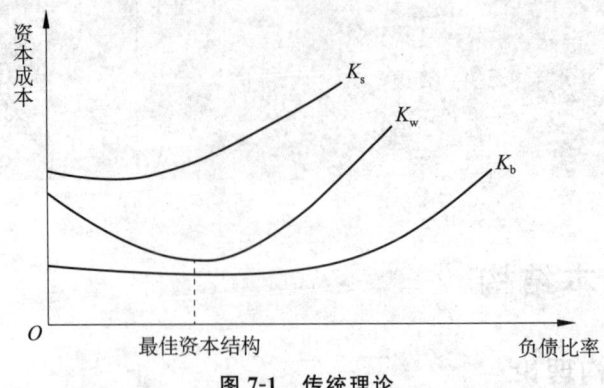

图 7-1　传统理论

的先河。MM 定理假设：企业资本结构与企业价值无关；企业股利政策独立于股票价值或投资者收益率。完全市场假定是新古典资本结构理论的基础,完全市场的一系列假定归纳如下。

（1）无成本的资本市场。该市场无交易成本,没有政府的限制,可自由地进行交易活动且资本资产可被无限分割。

（2）中性的个人所得税。无个人所得税或对股利、股息和资本所得课税是平等的;对指定的一个人,如对个人所得的股利、股息和资本所得,其税率是无差异的。

（3）完全竞争的市场。不管投资者和企业的行为如何,企业在任何时候都可按不变的价格转换证券;另外,企业没有什么行动能影响市场的利率结构。

（4）借贷平衡。投资者和企业可同时借入、借出资金和发行证券。

（5）相同的期望值。每一个人都有相同的期望。

（6）没有信息成本。企业和个人的可利用的信息都是相同的,而且获得这些信息都是没有费用的。

（7）无财务危机成本。企业或个人可能发生财务危机或破产,但不会发生财务危机和破产成本。

莫迪利安尼和米勒在 1958 年提出了以套利为基础,后来被称为 MM 定理 1 的理论框架。

MM 定理 1：在完全市场假设条件下,如果无税,一个企业的均衡市场价值与它的债务权益比是无关的。

MM 定理 1 是在严格的完全市场的假设条件下得出的,该市场没有企业所得税,无市场交易成本,债务是无风险的,资本市场是完全竞争的。显然,这与现实有极大的矛盾。如果考虑企业所得税,前述的无企业所得税的 MM 定理就可能不再成立了。在考虑企业所得税的情况下,由于利息支出为税前列支项目,而股利为税后项目,因而在其他条件和假设不变的情况下,用债务融资能产生税盾效应,达到节税的目的,提高企业的净资产收益率。因此,提出了考虑企业所得税情况下的定理。

MM 定理 2：在完全市场假设的条件下,企业需要缴纳所得税且借款的利息可在税前作为财务费用支付,则有举债企业的市场均衡价值为

$$V_n = V_m + tB_n$$

式中，V_m 为无任何负债和规模相同的企业均衡价值；t 为企业所得税率；B_n 为企业债务的市场均衡价值。

3. 权衡理论

权衡理论(也称为企业最优资本结构理论)的观点是，一个企业的最优财务杠杆利率取决于预期负债的边际税收收益等于预期负债的边际成本。权衡理论认为，由于税收政策，企业可以通过增加负债来增加公司的市场价值；但是随着负债的上升，公司陷入财务困境的概率也同时增加，甚至可能导致公司破产。财务困境一旦发生，就会导致各种直接费用和间接费用。因而，未来出现财务困境的可能性会降低企业现在的价值，并提高股东所要求的收益率和加权平均资本成本。出现财务困境的可能性越高，债券所要求的收益率也越高，从而债务融资的成本也会越来越高，最终会导致企业市场价值的下降。

股东和债权人都是公司资产的所有者，他们投入公司的资本是由董事及其聘任的经理人员代其管理的，这就形成一种代理关系。随着公司债务资本的增加，由于债权人与经营者之间的代理关系会产生导致公司资产价值下跌或潜在价值丧失的因素，这就是运用债务资本的代理成本。代理成本主要包括债务资本成本变动引起的代理成本和债权人对公司举债的制约引起的代理成本两个方面。

考虑到财务困境(或破产成本)和代理成本后，修正的 MM 定理演变为权衡模型。在该模型中，最优的资本结构选择可以具体化为负债筹资的利益和负债筹资的成本之间的权衡。由于运用债务资本对提高公司资产价值和降低资本成本是有利的，但同时又存在着财务危机成本与代理成本，所以财务杠杆的运用受到了一定的制约。

4. 其他资本结构理论

1) 啄食顺序理论

20 世纪 60 年代初，美国哈佛大学教授高顿·康纳森对企业的资本结构进行了广泛的实地调查，结果发现：企业偏爱的筹资对象为留存收益、折旧基金等内部资金；企业的剩余留存收益或用于偿还债务，或投资于有价证券；当企业没有足够的留存收益可用于投资重要的项目时，会首先想到通过出售有价证券的方式来筹资；当企业需要外部筹资时，会先发行债券，不得已时才通过股票筹资；企业股利的发放率是建立在正常情况下留存收益和折旧基金能适应资本性支出要求的水平上，并根据其未来投资机会和预期未来现金流量确定目标股利发放；在短期内股利具有"刚性"，使企业不愿意在现金股利上有较大的变动，特别是在削减股利难以让股东满意的情况下。对这些结果进行理论提炼后，形成了"啄食顺序理论"。该理论的基本原理是，企业实行固定的股利政策、偏爱于使用内部资金而厌恶发行新股。当企业需要资金进行资本性支出时，首先是使用内部留存收益，其后举借外债，最后才是发行股票。就财务动机而言，啄食顺序理论是完全合理的。理由是：企业使用内部留存收益，既不需要为此而付出额外的成本，也不会受到来自投资者和资金市场的诸多限制；而举借外债和发行股票在成本和使用上受限制的因素和程度都依次增加。

2) 非对称信息论

梅耶斯的"不对称理论"认为，经理人有更多的关于企业经营和发展的信息，而且所有

173

参与者具有相同信息的假设是不成立的，这些研究成果对公司经理人决策公司财务结构产生着巨大影响。当公司未来发展前景十分看好时，公司发行普通股后市场股价上涨，新股东坐享其成，老股东独享企业价值增值的全部利益。所以，当公司发展前景看好时，公司管理层将倾向于更多的负债而尽量避免发行新股，甚至不管公司的负债水平是否突破目标财务结构。这种做法对公司原有债权人利益是巨大的损害。

7.2.2　最佳资本结构的确定

资本结构是指企业各种资本的构成及其比例关系。广义的资本结构是指企业全部资本的构成及其比例关系，既包括企业长期资本，也包括各种短期资本，即包括全部负债与所有者权益之间的构成及其比例关系。因此，广义的资本结构又被称为财务结构。狭义的资本结构，即理财活动中通常所说的资本结构，是指企业长期资本的构成及其比例关系。

资本结构决策是在若干可行的资本结构方案中选取最佳资本结构。一般认为，最佳资本结构是指能使企业资本成本最低、企业价值最大、能最大限度地调动利益相关者积极性且具有一定融资弹性的资本结构。最佳资本结构应是企业的目标资本结构。虽然对最佳资本结构的标准仍然存在争议，但是股权融资与债权融资应当形成相互制衡的关系，过分偏重任何一种融资都会影响公司经营的稳定和市场价值。资本结构决策在财务决策中具有极其重要的地位，对企业财务管理意义重大。

（1）合理的资本结构有利于提高企业价值。债务融资能够给企业带来财务杠杆收益和节税收益。当总资产息税前利润率大于债务成本率时，企业进行债务融资，可以获得财务杠杆收益，提高企业价值。但随着债务融资的增长，企业面临的财务风险就会增大，进而使企业陷入财务危机及破产。

（2）资本结构通过影响投资者对企业经营状况的判断来影响企业价值。企业资本结构的选择，通过向外部投资者传递有关企业价值的信息，影响外部投资决策，从而影响企业价值。如管理者持股和主动回购股权往往被投资者看作企业前景良好的一个信号。

（3）资本结构还可以通过影响企业治理结构来影响企业价值。债务融资能够促使企业经营者努力工作，选择正确的行为，在一定程度上解决委托代理问题。

理论界许多学者认为，"最佳资本结构"是一种能使财务杠杆利益、财务风险、筹资成本、企业价值等因素实现最优均衡的资本结构。资本结构决策的实质，就是寻求企业最佳的资本结构，并将其应用于实际工作之中。鉴于此，人们提出了许多对企业最佳资本结构进行判断与衡量的分析方法及其定量标准，其中最主要的有以下几种。

1. WACC 法

顾名思义，这项指标就是在本书所介绍的加权平均资本成本的基础上，通过计算和比较各种预案的加权平均资本成本，最终认定加权平均资本成本最低的那个方案中所对应的资本结构为最佳资本结构。

在现实中，尽管该指标具有一定的合理性和可使用性，而且每个企业都试图以最低的成本获取所需的资本,以实现自身加权平均资本成本最小化,但是其始终存在着一些不确定因素,使其在应用中具有某些局限性。这集中体现在以下方面。

(1) 权益资本成本、负债成本和各种资金占筹资总额的比重往往不是固定不变的,而是处于不断变化之中的,从而给准确计算加权平均资本成本带来困难。

(2) 在权益资本成本的计算中,涉及资本价值问题,而人们在使用账面价值还是市场价值作为资本价值表述的问题上,尚未形成一致的看法。

(3) 使用这个指标进行决策,有过分强调筹资成本、忽视筹资收益之嫌。

2. 权益资本收益率

权益资本收益率是评估企业因借入资金而对权益资本收益影响的指标。其计算公式如下。

$$权益资本收益率 = \left[\frac{借入资本}{自有资本} \times (息税前资金利润率 - 借入资本利润率) \right.$$

$$\left. + 息税前资金利润率 \right] \times (1 - 所得税税率) \tag{7-11}$$

从公式可知,权益资本收益率主要受到息税前资金利润率、借入资本利润率、企业资金的构成(借入资本/自有资本)和所得税税率等因素影响。

通过对公式的分析,可以从理论上得出这样的推论:只要当权益资本收益率的增长率超过息税前资金利润率的增长率、息税前资金利润率大于借入资本利润率时,企业就有借入资金的必要。然而,在现实中,一旦企业过度负债,则不仅会加剧企业的财务风险、加大企业的破产概率,而且也会因与法定资本金制度的有关规定相抵触而难以实现。因此,这种反映西方早期资本结构理论——净收入理论的观点缺乏在实际工作中的可操作性。

3. 企业市场价值最大化

越来越多的财务学者认为,企业价值最大化是企业最佳资本结构的决策标准。企业的价值就是企业总的资产价值。关于这一价值,当前有两种基本的度量方法:一种是会计度量上的账面价值,另一种是金融或财务度量上的市场价值。会计度量是根据资产所发生的历史成本减去折旧后所剩的净价值来核算的,金融或财务度量则是将该项资产未来所创造的收入的现金流量用资产预期收益率或资本成本折现后的现值作为资产的价值。后一种方法实际上是市场对这项资产价值的评价,反映了资产的市场价值。可以说,会计的账面价值度量是面对过去的,是整个企业所有资产账面价值的加总;而金融或财务度量则面向未来,只要有金融市场存在,企业的价值就可以通过市场进行度量。其基本含义是将企业视为一种商品,并假定通过市场进行拍卖时,投资者所给予的均衡估价。鉴于这种估价充分考虑了现金流量、货币时间价值和风险报酬等因素,因而合理性较大。

从理论上分析,企业市场价值的数学表达公式如下。

$$V = \sum P_t / (1 + i)^t \tag{7-12}$$

式中,V 为企业价值;P_t 为企业在 t 年的预期报酬;i 为折现率或市场利率;t 为取得报酬的年份。

175

在西方资本结构的实证分析中,企业价值的具体计量原理是通过股票价值来计算的。在实践中,企业管理者可以计算出各种备选方案中的企业价值,进而运用最大化的原则进行选择。值得强调的是,企业价值金融或财务度量的方法尽管具有很大的合理性,但也并非十全十美,理由是:①这种方法是以完全的资本市场为前提的,然而即使在西方发达国家,这样的应用前提也难以完全满足;②由于不同企业的资产账面价值往往有所不同,通过企业市场价值的绝对大小来衡量不同企业的财务管理成果——所有者财富的最大化,不免有失公允。

鉴于后一种缺憾,本书用企业账面资产价值——总资产的倒数为权数对企业价值指标进行调整,所调整后的指标称为"市价账面价值比",即市价账面价值比=企业市场价值/总资产。

尽管市价账面价值比并没有克服以完全的资本市场为前提的弱点,但与企业市场价值相比,在实际应用上具有以下优势:企业市场价值侧重于企业的未来价值,忽视了企业当前的账面价值;而对于企业的所有者、债权人和潜在投资者来说,企业的账面价值也是他们考虑的重要内容。一旦采用市价账面价值比,就可以对两者同时加以兼顾。由此可以发现:市价账面价值比实际上体现了企业单位账面总资产的市场价格。这个指标越高,说明企业单位现有资产的增值潜力越大,市场越看好该企业,企业管理者为实现所有者财富最大化所作出的贡献也应该越多。

4. 融资的每股收益分析(EBIT-EPS 分析)

判断资本结构合理与否,一般方法是以分析每股收益的变化来衡量。能提高每股收益的资本结构是合理的;反之则不够合理。由此前的分析已经知道,每股收益的高低不仅受资本结构(由长期负债融资和权益融资构成)的影响,还受到销售水平的影响。处理以上三者的关系,可以运用融资的每股收益分析的方法。

每股收益分析是利用每股收益的无差别点进行的。所谓每股收益的无差别点,是指每股收益不受融资方式影响的销售水平。根据每股收益无差别点,可以分析判断在什么样的销售水平下适于采用何种资本结构。

每股收益无差别点可以通过计算得出。每股收益 EPS 的计算公式如下。

$$\text{EPS} = \frac{(S - \text{VC} - F - I)(1 - T)}{N} = \frac{(\text{EBIT} - I)(1 - T)}{N} \tag{7-13}$$

式中,S 为销售额;VC 为变动成本;F 为固定成本;I 为债务利息;T 为所得税率;N 为在每股收益无差别点上,无论是采用负债融资,还是采用权益融资,每股收益都是相等的。若以 EPS_1 代表负债融资,以 EPS_2 代表权益融资,有 $\text{EPS}_1 = \text{EPS}_2$。

即

$$\frac{(S_1 - \text{VC}_1 - F_1 - I_1)(1 - T)}{N_1} = \frac{(S_2 - \text{VC}_2 - F_2 - I_2)(1 - T)}{N_2}$$

在每股收益无差别点上,$S_1 = S_2$,则

$$\frac{(S - \text{VC}_1 - F_1 - I_1)(1 - T)}{N_1} = \frac{(S - \text{VC}_2 - F_2 - I_2)(1 - T)}{N_2}$$

能使得上述条件公式成立的销售额(S)为每股收益无差别点销售额。

【例 7-7】 某公司原有资本 700 万元,其中债务资本 200 万元(每年负担利息 24 万元),普通股资本 500 万元(发行普通股 10 万股,每股面值 50 元)。由于扩大业务,需追加筹资 300 万元,其筹资方式有以下两种。

(1) 全部发行普通股:增发 6 万股,每股面值 50 元。

(2) 全部筹借长期债务:债务利率仍为 12%,利息 36 万元。

公司的变动成本率为 60%,固定成本为 180 万元,所得税率为 33%。

将上述资料中的有关数据代入以下条件公式:

$$\frac{(S-0.6S-180-24)(1-33\%)}{10+6} = \frac{(S-0.6S-180-24-36)(1-33\%)}{10}$$

可得   每股收益额 $= \dfrac{(750-750\times0.6-180-24)\times(1-33)}{16} = 4.02$(元)

上述每股收益无差别分析,可描绘如图 7-2 所示。从图 7-2 中可以看出,当销售额高于 750 万元(每股收益无差别点的销售额)时,运用负债筹资可获得较高的每股收益;当销售额低于 750 万元时,运用权益筹资可获得较高的每股收益。

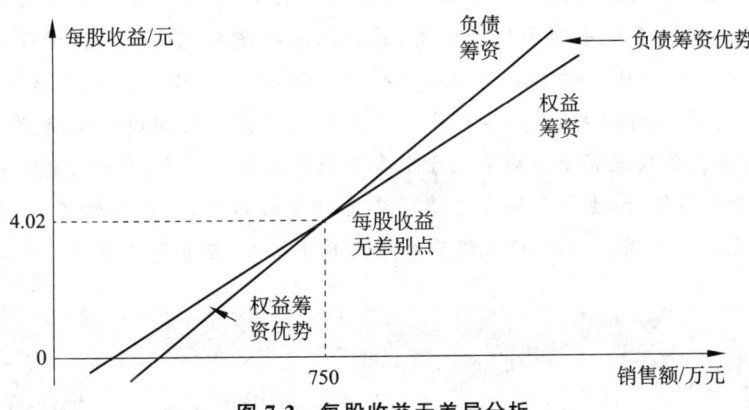

图 7-2   每股收益无差异分析

企业的管理者可以在依据上式计算出不同筹资方案间的无差别点之后,通过比较相同 EBIT 情况下的 EPS 数值大小,分析各种 EPS 与临界点之间的距离及其发生的可能性,来选择最佳的筹资方案。可见,这种分析方法的实质是寻求不同筹资方案之间的每股收益无差别点,以使企业能够获得对股东最为有利的"最佳资本结构"。

【例 7-8】 某企业计划年初的资本结构如表 7-5 所示。

表 7-5   某企业资本结构表

资 金 来 源	金额/万元
长期借款(年利率 10%)	200
长期债券(年利率 12%)	300
普通股(5 万股,面值 100 元)	500
合计	1 000

本年度该企业考虑增资 200 万元,有两种筹资方案。

甲方案:发行普通股 2 万股,面值 100 元。

乙方案:发行长期债券 200 万元,年利率 13%。增资后预计计划年度息税前利润可达到 120 万元,所得税税率为 40%。

要求:采用每股收益无差别点法,分析该企业应该采用哪种融资方案。

先计算两种方案每股收益无差别点时的 EBIT。

$$EPS_{甲} = \frac{(EBIT - 200 \times 10\% - 300 \times 12\%) \times (1 - 40\%)}{5 + 2}$$

$$EPS_{乙} = \frac{(EBIT - 200 \times 10\% - 300 \times 12\% - 200 \times 13\%) \times (1 - 40\%)}{5}$$

令 $EPS_{甲} = EPS_{乙}$,解得 EBIT = 147(万元)。

结论:因 120 万元小于 147 万元,应采用甲方案筹资。EBIT-EPS 分析法是一种定量的分析方法,在企业筹资决策中得到广泛运用。但该方法只考虑了资本结构对每股盈余的影响,并假定每股盈余最大,股票价格也就最高,忽视了债务比例变化引起的风险增加。事实上,随着负债的增加,投资者的风险加大,股价和企业价值也会有下降的趋势,因此,单纯用 EBIT-EPS 分析法有时会做出错误的决策。但在资本市场不完善的时候,投资人主要根据每股利润的多少来做出投资决策,每股利润的增加也的确有利于股价的上升。

事实上,无论采用哪一种方法进行资本结构决策,都不可避免地面临这样的问题。现实中的企业进行资本结构决策时,不可能都是在股票与债券之间进行权衡。

企业的资本结构决策将更多地依赖于本身资产的活性。因为,企业要进行筹资,除了因为规模扩张、资金不够外,主要原因在于流动资金过多被占用,资产活性不强,其运作能力、变现能力、收益能力不高。因此,企业做出资本结构决策时,应拓宽决策的方式和渠道。

知识链接 7-2:资本结构的调整方法

本部分内容为拓展知识,读者可自行扫码阅读。

7.2.3　决定资本结构的其他因素

1. 行业效应

大量研究表明,同一国家不同行业间的资本结构差异较大。未来投资机会大的高成长性行业(如制药、电子及计算机行业),其负债水平较低;有形资产比重大的行业(如房地产建筑和标准机械行业),其负债水平较高。这里涉及的影响因素较多,但是权衡理论和不对称信息理论给出了较好的解释:未来投资机会好、成长性高的行业,通过保守负债以储备负债能力,面临投资获利机会时能够及时把握;财务危机的成本不仅在于破产概率,还在于财务危机发生后的资产状况,如破产公司的清算价值。

表 7-6 是 1997 年美国一些行业的资本结构比率。从表中可以发现,房地产建筑行业的负债率高达 60.2%,而制药和化学行业的负债率仅有 48%。

表 7-6　1997 年美国部分行业资本结构比率(平均数)　　　单位:%

项　　目	债务占资产市场价值的比率	项　　目	债务占资产市场价值的比率
房屋建筑	60.2	制药和化学	4.8
旅馆及房地产	55.4	电子	9.1
机场	38.8	计算机	9.6
金属	29.1	管理服务	12.3
纸业	28.2	健康服务	15.2

2. 公司经营环境和经济周期状况

当公司经营环境较好,宏观经济处于上升周期时,面临发展机会的公司会采纳更激进的融资政策,较多地使用负债。经济成长性好,公司预期收益稳定增长的概率大,发生财务危机的可能性小。此外,不对称信息理论也揭示了在预期经济成长性高的情景下公司经理人和股东的融资倾向。反之,在公司经营环境不好和经济处于衰退周期时,公司应较少负债。

3. 公司控制权的考虑

公司发行新股,公司的股权结构就会发生变化。为了保持公司原有的权利结构,当公司需求外部资本时,公司管理人一般会先选择债务融资。只有当公司经营出现潜在危机时,公司管理人考虑到不能进一步举债使公司雪上加霜,不得已才选择发行新股。然而,公司管理人还会考虑到公司未来重组时他们的地位。一般来说,公司负债比例小,管理层被接管的可能更大,这就需要权衡和判断。

4. 管理者的风险观

管理者对待风险的态度不外乎有三类:激进型、保守型和中庸型。不同类型的管理者对待收益—风险关系的价值判断存在差异。一般情况下,管理者更关心潜在危机。如果采取激进的融资政策,公司预期收益的现值风险较大,情况严重的会危及公司管理人的地位和信誉。所以,公司管理层的外在目标是公司股价最大化,但在实际操作时常常是趋于保守型的融资选择。

案例分析:杜邦公司的目标资本结构

本部分内容为拓展知识,读者可自行扫码阅读。

知识训练

一、单项选择题

1. 最佳资本结构是指（　　）。
    A. 每股利润最大时的资本结构
    B. 企业风险最小时的资本结构
    C. 企业目标资本结构
    D. 综合资金成本最低、企业价值最大时的资本结构

2. 经营杠杆效应产生的原因是（　　）。
    A. 不变的固定成本　　　　　　　　B. 不变的产销量
    C. 不变的债务利息　　　　　　　　D. 不变的销售单价

3. 某公司全部资产 120 万元，负债比率为 40%，负债利率为 10%，当息税前利润为 20 万元时，财务杠杆系数为（　　）。
    A. 1.25　　　　　　B. 1.32　　　　　　C. 1.43　　　　　　D. 1.56

4. 某公司的经营杠杆系数为 2，预计息税前利润增长 10%，在其他条件不变的情况下，销售量将增长（　　）。
    A. 5%　　　　　　B. 10%　　　　　　C. 15%　　　　　　D. 20%

二、思考题

1. 什么是公司的资本结构？影响资本结构的主要因素有哪些？
2. 财务杠杆和经营杠杆有何不同？如何运用经营杠杆与财务杠杆来增加收益，降低风险？
3. 资本结构的理论有哪些？请比较它们的异同。
4. 分别阐述在理想条件下和在有公司所得税条件下 MM 定理的内容。

第4篇

投资管理

第8章 项目投资概述

 **学习目标**

1. 知识目标

熟悉投资的类型以及项目投资决策的程序;理解现金流量的概念及构成。

2. 能力目标

能够应用净现金流估算的基本方法;正确计算不同类型投资项目的净现金流。

 引导案例

当年,拍立得公司(Polaroid Corporation)的创始人兰德(Edwin Land)发明了立即显像照相机。由于这项产品的需求潜能非常庞大,兰德根本不必应用任何投资决策方法就可以决定:应该马上投入资本,兴建厂房,并开始生产。然而,并非每一个投资决策都可以如此轻易地制定。例如,很多公司通常需要在增加新生产线或维持现有生产线,使用新设备或继续使用旧设备,购买价昂但耐用的设备或购买价廉但不耐用的设备等投资方案之间做出困难的抉择;而这些为了维持公司经营所需做出的决策对公司的生存和发展往往能够产生相当大的影响。在对大量倒闭的公司进行分析之后发现,这些公司的投资决策程序和制度都不健全。例如,这些公司在采用某投资方案前,大多没有详细地分析并比较其他可行的投资方案,而且在进行投资决策时并未将投资方案风险考虑在内;更为严重的是,它们也未适当地评估投资方案的预期现金流量。

8.1 投资概念及种类

"投资"是在市场经济环境中企业最主要的业务之一,也是其他经济组织(包括个人)经常发生的经济活动。在现实生活中,经济组织和个人进行投资,可以采取多种方式。比如,可以在证券市场中购买股票和债券,可以在外汇和黄金市场中购买外汇与黄金,可以购买机器设备和材料用于生产活动,可以在房地产市场上购买房产,也可以购买古玩和邮票,等等。总之,投资是普遍存在的经济现象。

8.1.1 投资的概念及意义

企业存在的意义在于创造价值,投资是创造价值的源泉。在投资过程中,企业将资金投放于各种生产要素(如土地、厂房、设备、人员等)通过对各种生产要素的组合进行有效的管理和经营,不断创造出新的、更高的价值,为股东提供更高的回报,从而实现企业的目标。

1. 投资的概念

投资是指特定经济主体(包括国家、企业和个人)为了在未来可预见的时期内获得收益或使资金增值,在一定时期向一定领域的标的物投放足够数额的资金或实物等货币等价物的经济行为。例如,购建厂房设备、购买股票债券等资产的经济行为,均属于投资活动。就投资的内涵而言,投资是对资本的运用,是人们为了取得一定的未来收益或实现一定的预期目标,而将一定数量的物资或资本投入其他经济组织中的一种行为。从特定企业角度看,投资就是企业为获取收益而向一定对象投放资金的经济行为。从资产使用权的角度看,投资是为了取得未来的资产使用权而转让现在的资产使用权。

投资的目的是获取各种财富。财富的形式有多种,如现金、有价证券和其他实物财产,这些财产可称为资产。根据资产的表现形式,又可以将资产分为金融资产与实物资产。例如,现金和有价证券是典型的金融资产,而材料、机器设备、土地、房产等则属于实物资产。

2. 投资与消费及投机的关系

1) 投资与消费的关系

纵观投资现象可以发现,人们会根据自身的偏好,在时间跨度上安排过去、现在和未来的消费结构,并使得基于这种消费结构安排下的当期和预期效用最大化。个人可以选择今天消费完所拥有的财富,也可以把它们用于投资以便在未来获得收益。所以,投资在本质上是推迟当前消费以获得未来更大消费能力的行为。从投资产品来看,也可以发现其延迟消费的本质。例如,购买养老保险就是一种典型的延迟消费的行为。当人们留存一部分收入直到他们退休后再支取时,就是典型的延迟消费的决策。类似地,当投资者购买债券、股票或其他金融资产时,它们同样是在延迟当前消费。另外,企业的投资和消费的关系,其实是个人投资和消费行为的群体表现。企业为了获取未来各种投资回报,推迟当前的一些分配行为,如企业决定不分配或少分配股利,将资金投资于可以获利的资产上。

2) 投资与投机的关系

投机是指某些资金操作者在商业或金融交易业务中,不是以获取长期资本利益为目的,而是以获取短期差价为目的,冒较大的交易风险,以图获取短期差额利润的行为。可以说,这是一种一般性的定义。在一般情况下,我们无须区别投资和投机;但如果要对投资者投资行为或者对金融市场异常现象进行分析时,则有必要进行区分。投资和投机的区别,主要有以下三点。

(1) 以投资时间长短来划分。投资时间短,在市场上频繁买入或卖出有价证券为投机;长期保留证券,不轻易换手,按期坐收资本收益为投资。

（2）以风险大小来划分。投资追求正常回报，而投机追求高额回报。相对应的是，投资比投机的风险小。

（3）以是否重视证券实际价值来划分。投资者着重对各种证券所代表的实际价值、公司的业绩和创利能力进行分析，然后选择投资对象；而投机者主要注重市场的变化，注意证券市场行情的变化，频繁买进卖出，以获市场差价为主。投资者注重证券的内在价值，而投机者则注重证券的市场价格。

价值投资是市场稳定的基础，市场需要大量的价值投资者，这样价格才不会偏离价值很远。虽然如此，但从金融市场的健康发展来看，适度的投机对金融市场是有好处的。如果没有一定数量的投机者，市场交易就不活跃，交易品种就缺少流动性。因此，正常的投机对平衡证券价格，增强证券的流动性，加速资金周转，维持证券市场正常运转具有积极作用。从某种意义上说，没有投机，就没有证券市场。但过度投机会扭曲价格，会对证券市场、金融市场，甚至整个经济环境造成危害。

3. 投资的意义

对于企业来说，投资活动就像是汽车的发动机，没有它，企业发展就不可能有持久的动力。同时，投资又是一把双刃剑，运用得好，可以为企业带来巨大的价值；如果运用不当或者失误，则会给企业带来重大甚至致命的损失。

（1）投资是企业生存与发展的前提。企业的生产经营，是资产的运用和资产形态的转换过程，也是各类资产的循环周转过程。投资是一种资本性支出行为。通过投资支出，可以购建企业的流动资产和长期资产，从而形成企业的生产条件和生产能力。实际上，不论是建立一个企业，还是建造一条生产线，都是投资行为。企业运用投资，确立生产经营方向，配置各类资产，并将这些资产有机地结合起来，形成综合生产经营能力。企业不论是简单再生产还是扩大再生产，都必须以投资为基本前提。

（2）投资是企业获取利润的重要手段。企业投资的目的，就是要通过预先垫付一定数量的货币资本，进行购建和配置，形成企业的各类资产，从事某类经营活动，获取经营利润。通过投资，形成企业的生产经营能力，才能开展具体的经营活动，获取经营利润。以购买股票、债券等有价证券方式向其他单位投资，可以取得股利或利息来获取投资收益，也可以转让有价证券来获取本利得。因此，投资决策的正确与否，不仅影响着企业的经济效益，还直接关系到企业的兴衰。

（3）投资是企业控制风险的利器。企业投资需要垫支和预付资本，投资的回收需要经过多个经营周期，所以，投资会带来一系列的风险，如资产流动性风险、资产变现风险等。但是，投资又是一种风险控制的有效工具。通过投资，可以将资金投向生产经营的薄弱环节，使企业的生产经营能力配套、平衡、协调；可以实现多元化经营，将资金投放于经营相关程度较低的不同产品或不同行业，分散风险，稳定收益来源，增强资产的安全性。

（4）投资是实现企业财务管理目标的必要途径。前已述及，我国现阶段企业财务管理目标的现实选择是企业价值最大化，要实现这一目标，就必须进行财富的创造与价值的增值，而这取决于企业投资的情况。投资效益好，则企业财富创造能力越强，价值增值越快,越有利于实现企业价值最大化。不投资,企业只能维持原有的生产经营水平,甚至生产经营水平逐渐下降。因此,投资对于企业来说是必需的,也是实现企业价值最大化的必要途径。

8.1.2　投资的特点与目标

由上述分析可以知道,在市场经济条件下,投资是经济主体将筹集的资金加以运用,以期获取未来收益的过程。

1. 投资的特点

企业的投资活动与经营活动是不同的,投资活动的结果对投资人在经济利益上有比较长期的影响。企业投资涉及的资金多,经历的时间长,对企业未来的财务状况和经营活动都有较大的影响。与日常经营活动相比,企业投资的主要特点表现在以下三个方面。

(1) 投资属于企业的战略性决策。企业的投资活动一般涉及企业未来的经营发展方向、生产能力和规模等问题,如厂房设备的建造与更新、新产品的研制与开发、对其他企业的股权控制等。生产者、生产资料和劳动对象,是企业的生产要素,也是企业进行经营活动的前提条件。企业投资主要涉及生产资料,包括生产经营所需的固定资产购建、无形资产的获取等。企业投资的对象也可能是生产要素综合体,即对另一个企业的股权的取得和控制。这些投资活动,直接影响到企业未来的经营发展规模和方向,是企业简单再生产得以顺利进行并实现扩大再生产的前提条件。企业的投资活动先于经营活动,这些投资活动往往需要一次性投入大量的资金,并在较长一段时间内发生作用,对企业经营活动方向会产生重大影响。

(2) 投资属于企业的非程序化决策。企业的投资项目一般都涉及企业未来的经营发展方向和规模等重大问题,因此涉及的资金数额也比较大。这些项目的决策,不仅是一个投资问题,也是一个资金筹集问题。特别是对设备和生产能力的购买和建立、对其他关联企业的并购等,都需要大量的资金,这种活动不是经常发生的,属于非程序化决策。企业的投资项目,影响的时间长,涉及的资金量大,上一次投资可能与下一次投资在时间、特点、要求上都不一样,也无明显的规律可循,因此,决策时更需要周密思考,慎重抉择。

本部分内容为拓展知识,读者可自行扫码阅读。

知识链接 8-1:程序化决策与非程序化决策

(3) 投资价值的波动性大。投资项目的价值由投资标的——资产的内在获利能力决定,这些目标资产的形态是不断转换的,未来的收益具有较强的不确定性,其价值也具有

较大的波动性。各种外部因素(如市场利率、物价等)的变化,也时刻影响着目标资产的价值。因此,企业投资决策时,要充分考虑投资项目的时间价值和风险价值。投资项目的变现能力是不强的,因为其投放的对象物大多是机器设备等变现能力较差的长期资产,而这些资产的持有目的也不是变现,而且并不准备在一年或超过一年的营业周期内变现。因此,投资项目的价值也是不易确定的。

2. 投资的目标

由于企业经营活动的多样性和层次性以及企业经营发展的多元性和阶段性,不同性质投资项目的投资目标可能是不尽相同的。

(1) 实现业务发展的需要。企业为了保证可持续发展,需要与其他企业进行联营,从而达到保证生产所需能源、原材料、配件的供应,扩大产品的销售,实现企业生产经营规模不断扩大的目的。例如,钢铁企业与煤矿企业联营,可以保证其原煤的供应;汽车制造企业与配件生产商联营,可以保证其汽车配件的供应等。总之,每个企业只是社会价值链中的一个环节,其是否能有效分享完整价值链中的部分价值,取决于企业能否与上下游企业和谐相处、合作共赢。

(2) 完成经营转型的需要。企业的经营转型往往取决于企业能否成功投资新的行业领域。每个企业都会碰到发展的瓶颈,这种瓶颈既可能是在具体经营策略方面的,也可能是在整体经营方向方面的。如果企业所处的行业已成为竞争饱和的行业,市场容量不会有新的扩充,则进行经营转型就是理智选择,势在必行。企业可以通过投资新的行业领域,来进行经营方向的战略转型。例如,企业原来是从事传统制造业的,如果通过投资能源,变成能源供应企业,则完成了经营方向的战略转型。再如,企业原来是化工企业,通过投资制药行业,变成医药企业,也是一种经营转型。

(3) 分散投资风险的需要。按照战略竞争大师迈克尔·波特的竞争理论,企业可以凭借专业化经营策略赢得市场竞争优势。但企业从事单一业务的运作,其风险也是巨大的。如果市场出现大幅萎缩,则往往会触及企业生存的根本问题。因此,很多企业在经营过程中往往采用多元化战略,同时从事几种经营业务,这样即使经营中某项业务受损,还有其他业务可以弥补,从而达到分散投资风险、实现企业价值最大化的目标。

(4) 满足特定用途的需要。企业在生产经营过程中不可避免地会形成一些特殊用途的资金。对于这些资金,企业完全可以通过投资来使它们既满足用途所需,又实现保值增值。例如,企业可以为将来归还长期借款而建立偿债基金,为将来更新厂房、设备而设立专款,将预留的资金投资于证券和其他单位,既能使资金保值,还能得到一定的收益。再如,企业将短期资金投资于证券,可以实现高于银行存款利息的收益,同时也可以保证资金良好的流动性。

8.1.3 投资的分类

科学合理地按一定标准对企业投资进行分类,有利于认清投资性质,加强投资管理,提高投资效益。

1. 直接投资与间接投资

按照投资行为的介入程度,投资可分为直接投资和间接投资。直接投资也称为实体投资,是指不借助金融工具,把资金直接投放于本企业或外单位的形成生产能力的实体性资产,直接谋取经营利润的企业投资。通过直接投资,购买并配置劳动力、劳动资料和劳动对象等具体生产要素,便于企业开展生产经营活动;间接投资又称为证券投资或金融投资,是指把资金投放于股票、债券等金融性资产的企业投资。投资方不直接介入被投资企业的具体生产经营过程,而是通过股票、债券上所约定的收益分配权利,以取得投资利润和资本利得。进行金融投资,不仅面临着实体投资中的商品市场风险,还存在着金融市场的风险。

2. 确定性投资与风险性投资

按投资所面临风险的大小,投资可分为确定性投资与风险性投资。确定性投资是指在可以比较准确地预测未来相关因素时所进行的投资。这样的投资,其现金流量稳定,投资收益可以准确确定,决策过程相对简单,如在市场、币值、利率稳定的条件下,企业增加固定资产所进行的投资;风险性投资是指在不能准确预计未来相关因素时所进行的投资。这样的投资,其现金流量不稳定,获取的投资效益处于不确定状态,企业只能根据现有的信息估计其各种结果的概率。对此类投资,除了评价它们的期望收益外,还要对其进行详细的风险分析和评价。

3. 对内投资与对外投资

按投资的范围不同,投资可分为对内投资与对外投资。对内投资是指把资金投放到企业自身的生产经营中,形成企业的固定资产、无形资产等的投资,其目的是保证企业生产经营活动的连续和生产经营规模的扩大。在企业的投资活动中,内部投资是主要方式。它不仅数额大、投资面广,而且对企业的稳定发展、未来赢利能力、长期偿债能力等都有着重大影响;对外投资是指企业把所拥有的资金投放于本企业以外的其他单位的投资。对外投资以现金、有形资产、无形资产等资产形式,通过联合投资、合作经营、购买金融资产等投资方式,向企业外部其他单位投放资金。对内投资都是直接投资;对外投资主要是间接投资,也可以是直接投资。

4. 短期投资与长期投资

按投资期限的长短,投资可以分为短期投资与长期投资。短期投资又称为流动资产投资,是指能够并且准备一年以内收回的投资,主要是指对货币资金、应收款项、存货、短期有价证券等的投资。长期投资如能随时变现,也可以作为短期投资;长期投资则是指一年以上才能收回的投资,主要指对厂房、机器设备等各类固定资产的投资,也包括对无形资产和长期有价证券的投资。由于长期投资中固定资产所占的比例最大,所以长期投资有时专指固定资产投资。长期投资的回收期长、耗资多、变现能力差,所以其投放是否合理,不仅会影响到企业当期的财务状况,而且会影响到以后各期损益及经营状况。

187

8.2　影响投资决策的因素

本部分内容为拓展知识，读者可自行扫码阅读。

8.3　影响投资决策的微观因素

本部分内容为拓展知识，读者可自行扫码阅读。

阅读资料 8-1：鲍德温公司的项目投资

本部分内容为拓展知识，读者可自行扫码阅读。

8.4　项目投资概述

本部分内容为拓展知识，读者可自行扫码阅读。

8.5　项目投资的现金流量估计

现金流量预测的准确度直接影响到决策的质量。因此,在企业的项目投资决策中,准确识别投资项目未来的现金流入量和流出量是十分重要的工作。本节将主要介绍现金流量的基本内容及其在投资决策中的应用。

8.5.1　现金流量的含义

1. 现金流量的概念

现金流量是指一个投资项目在项目计算期内的现金支出和现金收入数量的总称。"现金"是广义的现金,既包括各种货币资金,也包括与投资项目有关的非现金资产的变现价值,如一个投资项目需要的厂房、设备和存货的变现价值等。现金流量的计算以收付实现制为基础,因此利用现金流量进行投资方案可行性分析比利用利润指标进行分析更加合理。

现金流量按其现金流动方向,可分为现金流出量和现金流入量。

1) 现金流出量

一个项目的现金流出量,是指该项目所引起的现金支出的增加额。项目投资的现金流出量通常包括以下五个方面。

(1) 建设投资。建设投资是指建设期内按设计的生产经营规模和建设内容进行的投资的总和,包括土地费用,土建工程费用,生产设备的购入、运输、安装、试运行等方面所需的现金支出(如购置成本、运输费、安装费等)。应该注意的是,建设投资不一定等于固定资产的价值,因为有些投资(如开办费)不一定形成固定资产,而且固定资产的价值中也可能包括资本化的利息。另外,对于投资实施后导致固定资产性能改进而发生的改良支出,也属于固定资产的后期投资。

(2) 垫支的营运资金。垫支的营运资金是指有关项目所发生的、用于生产经营期间周转使用的营运资金投资。为使建设投资支出形成的生产能力得到实际利用,必须相应地增加原材料、产品储备以及其他流动资产等方面的资金投入。同时,企业经营规模扩大后,应付账款等结算性流动负债也将随之增加,自动补充了一部分日常营运资金。因此,为该投资垫支的营运资金实际上是追加的流动资产扩大量与结算性流动负债扩大量之间的净差额。垫支的营运资金与建设投资构成项目的初始投资额。

(3) 付现成本。付现成本是指项目经营期间需用现金支付的成本费用。它是项目投产后最主要的现金流出项目。企业的生产经营费用(如产品成本、期间费用、销售税金及附加等)并不一定都要在当期用现金支付,如固定资产的折旧费。因此,在计算现金流量时,付现成本就等于生产经营费用扣除非付现费用后的余额,其中,非付现费用主要指折旧费。

(4) 各种税金。项目投产后应当缴纳各项税金,如营业税、所得税等,本书中这里的税款只考虑所得税。

(5) 其他现金流出量。

2) 现金流入量

一个投资项目的现金流入量,是指该项目所引起的现金流入的增加。项目投资中的现金流入量通常包括以下四个方面。

(1) 营业现金收入。它是指项目投产后,每年实现的全部销售收入或业务收入。这是经营期间主要的现金流入项目。

(2) 回收的固定资产净残值。它是指投资项目报废或中途转让时,固定资产报废清理或转让的差价收入扣除清理费用后的净额。

(3) 垫支的营运资金的收回。随着固定资产的出售或报废,投资项目的经济寿命结束,企业将与该项目有关的存货出售,应收账款收回,应付账款也随之偿付。营运资金恢复到原有水平,项目开始垫支的营运资金也在项目结束时收回。

(4) 其他现金流入量。

3) 现金净流量

项目投资的现金净流量是指一定期间内,该项目现金流入量与现金流出量的差额。这里所指的一定期间,既可以指投资项目持续的整个计算期,也可指投资项目计算期内的每一年。其计算公式如下。

$$现金净流量(NCF) = 现金流入量 - 现金流出量$$

现金净流量具有以下两个特征:第一,无论是在经营期内还是在建设期内都存在净现金流量;第二,由于项目计算期不同阶段上的现金流入和现金流出发生的可能性不同,各阶段上的净现金流量在数值上表现出不同的特点,即建设期内的净现金流量一般小于或等于零,而在经营期内的净现金流量则多为正值。

2. 现金流量对于投资决策的重要性

(1) 用现金流量计量的客观性更强。由于会计利润是权责发生制下的结果,信息的主观性很大,如果只按会计利润信息来进行投资决策,可能会起误导作用。而现金流量是采用收付实现制来作为记录收入与费用的标准,比权责发生制记录的结果更为可靠,大大减少了计量的主观性与不确定性,更便于对企业业绩和投资效益进行考量。

(2) 现金流量信息对投资决策更有实际意义。一个投资项目能否实际进行,主要取决于有无实际现金进行支付,而不是取决于在一定期间内有无利润。企业当期利润虽然很大,可能并不一定有足够的现金进行支付。例如,一个项目需要投资 100 万元,企业上年的利润是 500 万元,但这 500 万元的利润都是赊销带来的,而账面上根本就没有现金。此时,企业如果无法从其他渠道获得资金的话,就只能眼看着失去这个投资机会。因此,一个项目能否维持下去,不取决于一定期间是否有利润,而取决于有没有现金支付各种开支。在项目投资中,更要注重现金流量的分析。

(3) 现金流量有助于考虑货币的时间价值。不同时期的资金具有不同的价值,科学的项目投资决策必须认真考虑资金的时间价值。因此,在对项目投资时,一定要明确每笔收入与支出款项的具体发生时间。由于利润的计算是以权责发生制为基础的,并不考虑资金收付的时间,而现金流量指标可以以时序动态反映项目投资的流向与回收之间的投入产出关系,便于完整、准确、全面地衡量具体投资项目的经济效益。

(4)现金流量考虑了投资额的逐步回收问题。在计算现金流量时,折旧是现金流量的来源之一,包含于现金净流量内。随着项目投资的完成和后续使用,项目的价值也在不断地摊销,其摊销金额——折旧陆续计入未来各期的现金流入量中,保证企业的项目投资额逐步得到回收。

8.5.2 现金流量的估计原则与计算过程

1. 现金流量的估计原则

估计投资方案所需的资本支出以及该项目每年能产生的现金流量,会涉及很多因素,并且需要企业相关部门的参与。例如,销售部门负责预测售价和销量,涉及产品价格弹性、广告效果、竞争者动向等;产品开发和技术部门负责估计投资项目的资本支出,涉及研发费用、设备购置、厂房建设等;生产和成本部门负责估计制造成本,涉及原材料采购价格、生产工人安排、产品成本等。财务人员的主要任务是为销售、生产等部门的预测建立共同的基本假设条件,如物价水平、贴现率、可供资源的限制条件等;协调参与预测工作的各部门人员,使之能相互衔接与配合;防止预测者因个人偏好或部门利益而高估或低估收入与成本。

在估计投资方案相关的现金流量时,应遵循公司整体增量现金流量原则,即只有增量现金流量才是与项目相关的现金流量。所谓增量现金流量,是指所采纳的投资方案所引起的公司整体现金流量的变动量。只有所采纳的投资方案引起的公司整体现金流出的增加额,才视为该投资项目的现金流出量;只有所采纳的投资方案引起的公司整体现金流入的增加额,才确定为该项目的现金流入量。在确定投资项目的相关现金流量时,应遵循以下三个原则。

1)必须是增量现金流量

只有增量现金流量,才是与项目相关的现金流量。所谓增量现金流量,是指企业接受或拒绝某个投资方案后,其总现金流量由此发生的变动。判断增量现金流量时,应注意以下问题。

(1)沉没成本(sunk cost)。沉没成本又称沉落成本、沉入成本,是指由于过去的决策所引起,已经支付过现金而发生,无法由现在或将来的任何决策所变更的成本。沉没成本已经支付,所以进行决策分析时就无须加以考虑,它属于非相关成本、非增量成本。例如,家得宝公司投资 200 万美元在某一给定的地区对可能开设的新店进行选址调研。这 200 万美元是一种沉没成本——钱已经花出去了,不管这个新店成立与否,这笔钱都无法收回。因此,这 200 万美元不应计入此项目的相关现金流量中。

(2)机会成本(opportunity cost)。机会成本是指在投资决策时,从各个备选方案中选取某种最优方案而放弃其他方案所丧失的潜在收益,是实行最优方案的一种代价。机会成本不是一种支出或费用,不是通常意义上的成本,而是失去的收益。例如,家得宝公司拥有一块土地,其当前的市场价值为 200 万美元,如果公司决定开设新店,这块土地可以用于新店的建设。如果家得宝公司继续这一项目,只需额外投入 1 500 万美元,而不是之前所说的 1 700 万美元,因为公司不需要再买一块土地。这意味着家得宝公司应该用 1 500 万美元的增量成本作为新店的成本吗?答案是否定的。如果没有设立新店,家得宝公司可以将这块地卖掉,收到 200 万美元的现金流。这 200 万美元是一种机会成本——如果这块土地用于新店的开设,家得宝公司也就得不到这笔现金流。因此,这 200 万美元必须计入新项目的成本中,否则会导致新项目过高的净现值。

机会成本与投资选择的多样性和资源的稀缺性相关。当存在多种投资机会,而可供使用的资源又有限时,机会成本就一定存在。当考虑机会成本时往往会发现,一些看上有利可图的项目实际无利可图,甚至是亏本的。

(3)营运资金。营运资金是流动资产减去流动负债的差额。流动资产是变现能力在一年以内的资产,包括货币资金、应收款项、存货和其他流动资产。流动负债是企业必须在一年以内偿付的债务,主要包括应付账款、应交税金、应付职工薪酬等。大多数项目需要额外的营运资金支持,因此,这种对垫支营运资金的要求也是在项目投资时必须考虑的,可以看作是现金流出。同样,在项目结束时,可以收回这部分垫支的资金,看作现金流入。

(4)间接费用。在确定项目现金流量时,要对间接费用作进一步分析。只有那些确因投资项目的发生而引起的费用(如增加的管理人员、租金和动力支出等),才能计入投资的现金流量;与公司投资进行与否无关的费用,则不应计入投资现金流量中。

(5)利息费用。在对投资项目进行分析时,项目各年的现金流量不应包括利息费用。这是因为,对项目进行评估是按照项目的资本成本对其现金流量进行贴现来计算,而资本成本是债务资本成本、优先股资本成本和普通股资本成本的加权平均数,是满足企业所有投资者(包括债权人和股东)的报酬率。贴现的过程还原了表示项目资本成本的现金流量。如果在现金流量中先扣除了利息费用再进行现金流量贴现,将使债务成本被双重计算。因此,在确定项目的现金流量时,不应该减去利息费用。

2)必须是税后现金流量

会计收益不等同于现金流量。会计对收支的确认与实际现金收付有很大差异。净现值是对现金流的贴现,而不是会计收益这一人为的数字。货币的时间价值决定了只有对现金流的贴现才能真正反映资产的价值。

一个投资计划的实施必然引起收入的变化,因而会造成应税所得的变化,税收的变化继而造成现金流的变化。所以,估算项目的现金流时,要考虑税收的影响,计算的是税后的现金流。一项投资是免税还是需要纳税对公司实际现金流入流出可以造成很大的区别。至于税收引起多少现金流的变化依赖于项目的性质和所适用的税率。比如,投资收益和正常业务经营的税收可能是不一样的。再如,华兴公司预计建厂后每年税前可新增加 1 000 万元的现金流量,但如果所得税率为 25%,则实际的相关现金流入量应为 750 万元。

3)公司内负的外部效应

新产品的投产可能提高企业的竞争能力,扩大市场份额,同时也可能对企业的其他产品产生影响。一些原有产品的老客户可能转向新产品,从而影响原有产品的销量,而整个企业的销量也可能不增加甚至减少。因此,企业在进行投资分析时,不应将新产品的销售收入全部作为增量收入来处理,而应扣除其他产品因之减少的销售收入之后计算其增量收入。例如,每一款新型的 iPhone 都会对现有的型号造成同类相残。因此,应当将这些损失的现金流量考虑进来,这意味着在分析新产品销量时,要将同类相残效应的影响作为成本计算。

对负的外部效应要认真考虑,以进行妥善处理。如果苹果公司因同类相残的影响而决定不发布新型 iPhone,而其他公司或许会发布一种类似的新型号产品,这会给苹果公司现有型号的产品销售份额造成损失。苹果公司必须对总体情况进行评估,这绝不仅仅是一个简单而机械的分析过程所能解决的。在大多数情况下,要做出正确的决策,需要具备丰富的行业知识与经验。当然,也可能发生相反的情况,新产品上市后将促进其他产品的销售增长,比如互补产品而非替代产品。

阅读资料 8-2:同类相残,陷入困境

本部分内容为拓展知识,读者可自行扫码阅读。

2. 现金流量的计算过程

项目投资现金流量分析涉及项目整个计算期,即从项目投资开始到项目结束的各个阶段:第一阶段(初始阶段)即建设期所发生的现金流量;第二阶段(经营期)即正常经营阶段所发生的现金流量;第三阶段(终结阶段)即在经营期终结点,项目结束时发生的现金流量。

1) 建设期的现金流量

建设期的现金流量是指初始投资阶段发生的现金流量,一般包括如下四个部分。

(1) 在固定资产上的投资。在固定资产上的投资包括固定资产的购入或建造成本、运输成本和安装成本等。在一个继续使用旧设备的投资方案中,旧设备的变现价值就是在固定资产上的投资,也属于一项支出。

(2) 垫支的营运资本。垫支的营运资本就是增加的流动资产与增加的流动负债的差额。即为了配合项目投资,在原营运资本的基础上所增加的与固定资产相配套的营运资本投资支出,包括对材料、在产品、产成品和现金等流动资产的投资以及增加的流动负债。

(3) 其他投资费用。其他投资费用主要包括与固定资产投资有关的职工培训费、谈判费、注册费用等、不属于固定资产投资和垫支营运资本的其他投资费用。

(4) 原有固定资产的变现收入。变现收入是指在进行固定资产更新决策时,由于新购建固定资产而使原有固定资产淘汰出售的收入。此时,原有固定资产变卖所得的现金收入视为现金流入。然而,当旧设备继续使用时,旧设备的变现收入则归为现金流出。

在建设期内,由于没有现金流入量,只有现金流出量,所以建设期的现金净流量总为负值。

2）经营期的现金流量

经营期的现金流量是指项目在正常经营期内由生产经营所带来的现金流入和现金流出的数量。这种现金流量一般以年为单位进行计算。这里的现金流入主要是指营业现金流入和该年的回收额,而现金支出主要是指营业现金支出和缴纳的税金。营业现金流量的计算公式如下。

$$经营期每年的现金净流量(NCF)=该年的现金流入量-该年的现金流出量$$
$$=营业收入-(付现经营成本+所得税) \quad (8\text{-}1)$$

由于企业的总成本由付现成本和非付现成本构成,即

$$总成本=付现成本+非付现成本 \quad (8\text{-}2)$$

现成本是指成本发生时必须支付现金的部分,如支付材料采购费用、工资费用;非付现成本则在成本发生时不需支付现金,如固定资产折旧、无形资产摊销等。付现成本又可分为付现经营成本和付现非经营成本,即

$$付现成本=付现经营成本+付现非经营成本 \quad (8\text{-}3)$$

付现经营成本是日常发生的需支付现金的经营成本,而付现非经营成本主要是指利息。

$$总成本=付现成本+非付现成本 \quad (8\text{-}4)$$
$$总成本=付现成本+非付现成本=付现经营成本+付现非经营成本$$
$$+非付现成本=付现经营成本+利息+折旧+摊销 \quad (8\text{-}5)$$

变换一下上面的公式,得出以下公式。

$$付现经营成本=总成本-折旧-摊销-利息 \quad (8\text{-}6)$$

将付现经营成本代入现金净流量的计算公式中,则有

$$经营期现金净流量=现金流入量-现金流出量$$
$$=营业收入-(付现经营成本+所得税)$$
$$=营业收入-[(总成本-折旧-摊销-利息)+所得税]$$
$$=营业收入-总成本+折旧+摊销+利息-所得税$$
$$=利润总额-所得税+折旧+摊销+利息$$
$$=净利润+折旧+摊销+利息 \quad (8\text{-}7)$$

3）终结点的现金流量

终结点的现金流量是指投资项目结束时固定资产变卖或停止使用所发生的现金流量,包括以下内容。

（1）固定资产的残值收入或变价收入。

（2）原垫支营运资本的收回。在项目结束时,将收回垫支的营运资本视为项目投资方案的一项现金流入。

（3）在清理固定资产时发生的其他现金流出。

$$终结点现金净流量(NCF)=经营期现金净流量+回收额 \quad (8\text{-}8)$$

下面举例说明项目投资现金流量的计算。

【例8-1】 华兴公司准备购入一台设备以扩充生产能力,预计该项目需要初始投资10 000万元,一年后建成投产,使用寿命5年,采用直线法计提折旧,5年后设备无残值。

5 年中每年销售收为 6 000 万元,每年的付现成本为 2 000 万元。假设无利息费用,所得税税率为 25%,试计算该项目的现金流量。

首先,计算项目的折旧额:

$$项目每年的折旧额 = \frac{10\ 000}{5} = 2\ 000(万元)$$

项目经营期间的现金流量计算,如表 8-1 所示。

表 8-1 投资项目营业期间现金净流量计算表　　　　　　　　　单位:万元

项　　目	0	1	2	3	4	5	6
销售收入(1)			6 000	6 000	6 000	6 000	6 000
付现成本(2)			2 000	2 000	2 000	2 000	2000
折旧(3)			2 000	2 000	2 000	2 000	2 000
税前利润(4)=(1)-(2)-(3)			2 000	2 000	2 000	2 000	2 000
所得税(5)=(4)×25%			500	500	500	500	500
净利润(6)=(4)-(5)			1 500	1 500	1 500	1 500	1 500
营业期现金净流量(7)=(6)-(3)			3 500	3 500	3 500	3 500	3500

根据已知条件和表 8-1,则该项目的全部现金流量计算如表 8-2 所示。

表 8-2 投资项目现金流量计算表　　　　　　　　　单位:万元

项　　目	0	1	2	3	4	5	6
固定资产投资	-10 000	0					
营业期现金净流量			3 500	3 500	3 500	3 500	3 500
现金流量合计	-10 000	0	3 500	3 500	3 500	3 500	3 500

阅读资料 8-3:摩托罗拉集团的"铱星计划"

本部分内容为拓展知识,读者可自行扫码阅读。

知识训练

一、判断题

1. 在考虑所得税因素时,计算营业现金净流量的利润是指营业利润。　　　　(　　)

2. 投资的最终目的是转移与分散风险。　　　　(　　)

3. 按投资与公司生产经营的关系,投资可分为短期投资和长期投资。　　　　(　　)

4. 开办合资公司属于直接投资。　　　　(　　)

5. 购买股票属于长期独立投资。　　　　(　　)

二、思考题

1. 简述项目投资的特点。
2. 在项目投资决策时,为什么要以现金流量作为评价基础?

能力训练

黑杰克公司研制成功新产品 A,现在需要决定是否大规模投产,有关资料如下。

(1) 公司的销售部门预计,如果每台定价 5 万元,销售量每年可以达到 8 000 台;如果价格不变,销售量会逐年上升 5%。生产部门预计,变动制造成本为每台 3 万元,每年保持不变;每年不含折旧费的固定制造成本为 8 000 万元,每年增加 10%。新业务将在 2018 年 3 月开始,假设经营现金流发生在每年年底。

(2) 为生产该产品,需要添置一台生产设备,预计其购置成本为 6 000 万元。该设备可以在 2017 年年底以前安装完毕,并在 2017 年年底支付设备购置款。该设备按税法规定的折旧年限为 6 年,净残值率为 10%;经济寿命为 5 年,5 年后即 2022 年年底该项设备的市场价值预计为 1 000 万元。如果决定投产该产品,公司将连续生产 5 年,预计不会出现提前中止的情况。

(3) 生产该产品所需的厂房可以用 10 000 万元购买,在 2017 年年底付款并交付使用。该厂房按税法规定的折旧年限为 20 年,净残值率为 10%。5 年后该厂房的市场价值预计为 9 000 万元。

(4) 生产该产品需要的经营营运资本随销售额而变化,预计为销售额的 10%。假设这些经营营运资本在年初投入,项目结束时收回。

(5) 公司的所得税税率为 25%。

(6) 该项目的成功概率很大,风险水平与公司平均风险相同,可以使用公司的加权平均资本成本 10% 作为贴现率。新项目的销售额与公司当前的销售额相比只占较小份额,并且公司每年有若干新项目投入生产,因此该项目即便失败也不会危及整个公司的生存。

要求:

(1) 计算该项目的初始投资总额,包括与项目有关的固定资产购置支出以及经营营运资本增加额。

(2) 分别计算厂房和设备的年折旧额以及第 5 年年末的账面价值(提示:折旧按年提取,投入使用当年提取全年折旧)。

(3) 分别计算第 5 年年末处置厂房和设备引起的税后现金净流量。

196

第9章　　项目投资管理

1. 知识目标

掌握各种贴现与非贴现指标的含义及计算方法；掌握项目投资决策评价指标的含义、计算方法及其应用；明确各种贴现与非贴现指标的特点。

2. 能力目标

能够根据项目的净现金流量，正确计算非贴现评价指标和贴现评价指标；能够根据投资项目的具体情况，选择适当的项目投资决策评价指标并进行计算分析，做出投资方案是否可行的决策。

焦作市某乳品公司的投资决策

经济的快速发展，在给人们带来巨大物质财富的同时，也给生态环境带来了不利影响。生活水平的提高和工作节奏的加快，使得各种慢性疾病逐渐增多，尤其是各类咽喉疾病等有明显攀升之势。焦作市某乳品公司拥有全自动液态奶灌装生产线120条，日产各种奶制品800多吨，是河南省奶制品加工行业的领军公司。该公司拟投资建设保健饮料怀菊花饮料生产线。怀菊花是焦作一带的传统植物，具有清咽解毒、治疗咽喉肿痛等功效，是一种多功能、多用途的保健性植物，是集药用、食用于一体的重要经济植物和生物医学科学研究的好材料，市场开发价值独特。用怀菊花制成的茶及茶饮料系列产品是一种功能保健型饮料，对人类健康有医疗和保健作用。

公司投资茶项目决策组通过考察国内外一流饮料公司，结合公司实际，提出了两种投资方案：方案一，在该市工业开发区内建设一条年产10万吨的怀菊花饮料生产线；方案二，在该市工业开发区内建设年产5万吨的茶饮料生产线和5万吨的乳饮料生产线。

公司对这两个投资方案进行资本预算，使用的具体方法有回收期法、净现值法和内部报酬率法。

对方案一进行分析的结果是，项目总投资8 220万元，项目完成后，平均年销售收入48 960万元，利润6 425万元，销售利润率13%，投资回收期3.47年，净现值64 150万元，内含收益率63.09%。

对方案二的分析结果是，项目总投资9 000万元，项目完成后，平均年销售收入44 064万元，利润5 287万元，销售利润率12%，投资回收期4.5年，净现值56 400万元，项目内含收益率 57.09%。

通过比较可以看出,方案二比方案一多投资 780 万元,投资回收期延长近 1 年,销售利润率比方案一降低了 1%,净现值比方案一减少 7 750 万元,内含报酬率比方案一低 6%。与方案二相比,方案一收益高、回收快、风险小,是两个方案中的最佳方案。

9.1 项目投资决策的基本方法

选择恰当的投资决策分析方法是做出正确的项目投资决策的前提。目前,对投资项目进行决策时使用的指标可以分为两类:一类是非时间价值指标,即没有考虑时间价值因素的指标,主要包括回收期、会计收益率等;另一类是时间价值指标,即考虑了时间价值因素的指标,主要包括净现值、现值指数、内含报酬率等。前者计算较为简单方便,后者计算较为复杂,但更加科学合理。

9.1.1 非时间价值法及其评价

非时间价值法不考虑时间价值,而把不同时间的货币收支看成是等效的,有时也称非贴现指标法。这种方法在选择方案时起辅助作用。

回收期(payback period,PP)法是指在不考虑时间价值的情况下,收回全部初始投资额所需要的时间,即当此计划进行到特定时点所累积的净现金流入量等于期初投入成本所历经的时间。投资回收期的计算,因每年的现金净流量是否相等而有所不同,一般有以下两种计算方法。

(1) 公式法。若满足以下两个条件:①每年的现金净流量(NCF)相等;②初始投资为一次性投入,则投资回收期的计算公式为

$$投资回收期(PP) = \frac{初始投资额}{每年现金净流量} \tag{9-1}$$

(2) 累计法。若每年的现金净流量不相等,或初始投资是分次投入,则投资回收期的计算满足下列关系式:

$$投资回收期(PP) = 投资成本足额收回前的年数 + \frac{年初未收回成本}{本年的现金净流量} \tag{9-2}$$

【例 9-1】 某公司因扩大生产需要追加设备一台,现有甲、乙两个方案可供选择,详见表 9-1。

表 9-1 投资项目现金流量   单位:万元

方案名称	初始投资额	年营业现金净流量				
		1	2	3	4	5
甲方案	500	150	150	150	150	150
乙方案	500	80	120	220	180	150

(1) 由于甲方案每年的现金净流量相等,在计算其投资回收期时,可按照公式法进行

计算,即

$$PP_{甲} = \frac{初始投资额}{每年现金净流量} = \frac{500}{150} = 3.33(年)$$

(2) 由于乙方案每年的 NCF 不相等,在计算其投资回收期时,可按累计法进行计算
(见表 9-2)。

表 9-2 投资项目现金流量   单位:万元

项目	0	1	2	3	4	5
每年现金净流量	−500	80	120	220	180	150
累计净现金流量	−500	−420	−300	−80	100	250

根据表 9-2 的资料,则

$$PP_{乙} = 投资成本足额收回前的年数 + \frac{年初未收回成本}{本年的现金净流量}$$

$$= 4 - 1 + \frac{80}{180} = 3.44(年)$$

在决策时,决策者通常会设定一个标准回收期间(即成本必须在特定的时间内完全回
收),当投资计划的回收期间少于标准时,则视为可行的投资计划;反之则视为不可行的投
资计划。对于互斥项目,则应选择回收期最短的项目。

知识链接 9-1:互斥项目与独立项目

本部分内容为拓展知识,
读者可自行扫码阅读。

【例 9-2】 根据例 9-1 的资料计算甲、乙方案的会计收益率。

$$甲方案的会计收益率(RRI_{甲}) = \frac{150}{500} \times 100\% = 30\%$$

$$乙方案的会计收益率(RRI_{乙}) = \frac{(80+120+220+180+150)/5}{500} \times 100\% = 30\%$$

在决策中,投资者会设定一个标准的会计收益率,它通常由公司自行确定或根据行业
标准参考确定。对于独立项目,如果会计收益率大于标准收益率,则应接受该项目;反之,
则应放弃该项目。对于互斥项目,则应选择会计收益率最高的项目。从上式可得,在投资
额一定的情况下,年平均净收益越高,会计收益率越高,投资效益与投资决策越好;反之,
则投资效益与投资决策越差。在其他条件不变的情况下,追求年平均净收益最大化,是实
现会计收益率最大化的关键。

对会计收益率法的评价,其优点如下:①会计收益率法使用已有的会计信息,计算简
单,容易理解,在某种程度上能反映方案的赢利能力;②会计收益率法使用非现金基础的
会计数字来进行资本决策,虽然不符合财务学的基本要求,但由于在实务中有不少公司管
理层的工作绩效是靠会计数字来评估的,因此也颇受欢迎。

199

会计收益率法的缺陷也是明显的：①它没有考虑货币的时间价值，是非现金基础的指标，因此无法与资本成本进行合理的比较；②由于它并无确切的定义，不同决策者可能用不同方式来决定会计收益率（如用税前利润）；③会计方法的不同也将影响会计利润的计算结果（如使用直线法或加速折旧法对会计利润的冲击），影响会计收益率法的客观性。

9.1.2 时间价值法及其评价

时间价值法是指考虑货币时间价值的分析评价方法，也称为贴现指标法，是实务中投资决策的基本评价方法。

1. 净现值法及其评价

这种方法使用净现值（net present value，NPV）作为评价方案优劣的指标。所谓净现值，是指特定方案未来现金净流量的现值与初始投资额的现值之间的差额，即

$$\text{净现值（NPV）} = \text{未来现金净流量的总现值} - \text{初始投资额} \qquad (9\text{-}3)$$

或

$$\text{净现值（NPV）} = \frac{CF_1}{(1+r)^1} + \frac{CF_2}{(1+r)^2} + \cdots + \frac{CF_n}{(1+r)^n} - CF_0 = \sum_{t=1}^{n} \frac{CF_t}{(1+r)^t} - CF$$

$$(9\text{-}4)$$

式中，CF 为各年的现金流量；r 为贴现率；t 为项目寿命期限。

任何公司或个人进行投资，总是希望投资项目的未来现金流入量超过流出量，从而获得投资报酬。但长期投资中现金流出量与现金流入量的时间和数量是不相同的，这就需要将现金流出量和现金流入量都按预定的贴现率折算成现值，再将两者的现值进行对比，其差额即为投资方案的净现值。它说明了项目对股东财富贡献的大小——NPV 越大，项目为公司增加的价值越多，股票价格就越高。净现值法所设定的贴现率是投资者所期望的最低投资报酬率或资本成本率。

净现值的计算步骤如下。

（1）测定投资项目每年的现金流入量和流出量。

（2）选取适当的贴现率，通过查表将投资项目各年的贴现系数确定下来。

（3）按选取的贴现率，将项目各年的现金流入量和现金流出量折算成现值。

（4）将未来的现金净流量的现值与初始投资额的现值进行比较，若 NPV＞0，则项目可取；若 NPV＜0，则项目不可取。

【例 9-3】 根据例 9-1 的资料计算甲乙方案的净现值，假设贴现率为 8％。

（1）由于甲方案的每年的现金净流量相等，因此，

$$NPV_{甲} = CF \times (P/A, i, n) - CF_0 = 150 \times (P/A, 8\%, 5) - 500 = 98.905（万元）$$

（2）由于乙方案每年的现金净流量不等，因此，

$$NPV_{乙} = \sum_{t=1}^{n} CF_t \times (P/F, i, t) - CF_0$$

$$= 80 \times (P/F, 8\%, 1) + 120 \times (P/F, 8\%, 2) + 220 \times (P/F, 8\%, 3)$$
$$+ 180 \times (P/F, 8\%, 4) + 150 \times (P/F, 8\%, 5) - 500$$
$$= 85.974 (万元)$$

净现值为正,项目可行,说明项目的实际报酬率高于所要求的报酬率;净现值为负,项目不可行,说明项目的实际报酬率低于所要求的报酬率。当净现值为零时,说明项目的投资报酬率刚好达到所要求的投资报酬率。所以,净现值的经济含义是投资项目报酬超过基本报酬后的剩余收益。当其他条件相同时,净现值越大,项目的效益越好,越值得投资。

因此,根据例 9-3 的计算结果,甲方案优于乙方案。

对净现值法的评价,其优点表现在以下三点:①净现值法是逻辑上考虑最为周全的评估标准,不但考虑了回收期法及会计收益率法所欠缺的货币时间价值概念(以代表"机会成本"的资本成本率或最低报酬率作为贴现率),同时也考虑了所有的现金流量,不会存在回收期法那种偏向做出短期投资的决策。②就理论层面而言,NPV 是多少,公司价值就应增加多少,故 NPV 代表着投资项目对公司价值的直接贡献,最能反映其对股东财富的影响。特别是在互斥项目的选择时,只有净现值法能提供最正确的决策,不会得出违反公司利益的结论。③净现值法的决策标准(NPV 是否大于 0)并不受主观因素的干扰,这一方面也较回收期法和会计收益率法更优。

净现值法的缺点也比较明显:①净现值法几乎涵盖了所有投资决策的标准,同时也是衡量公司价值变动幅度的良好指标,但是 NPV 无法反映成本效益的高低,即每 1 元投资能够为公司增加的利益,从而影响投资决策的说服力。②在确定贴现率及估计未来现金流量时,可能受到主观因素的干扰。

使用净现值法进行投资决策评价时应注意的问题如下。

(1) 贴现率的确定。净现值法虽考虑了资金的时间价值,可以说明投资方案高于或低于某一特定的投资报酬率,但没有揭示方案本身可以达到的具体报酬是多少。贴现率的确定直接影响着项目的选择。

(2) 用净现值法评价一个项目多个投资机会,虽反映了投资效果,但只适用于年限相等的互斥方案的评价。

(3) 净现值法是假定前后各期净现金流量均按最低报酬率(基准报酬率)取得的。

(4) 若投资项目存在不同阶段、有不同风险,那么最好分阶段、采用不同折现率进行折现。

知识链接 9-2:贴现率的选择依据

本部分内容为拓展知识,读者可自行扫码阅读。

2. 现值指数法及其评价

现值指数法也称赢利能力指数(profitability index,PI)法或获利指数法,是指投资项目的未来现金净流量现值与初始投资额现值之比。其计算公式如下。

$$现值指数 = \frac{未来现金净流量的现值}{初始投资额}$$

或

$$PI = \frac{\sum_{t=1}^{n} \frac{CF_t}{(1+r)^t}}{CF_0} \tag{9-5}$$

式中,CF 为各年的现金流量;r 为贴现率;t 为项目寿命期限。

PI 的意义与 NPV 类似,当未来现金净流量的现值大于初始投资额的现值时,NPV 为正,则 PI 也会大于 1;反之,则 NPV 为负,PI 也会小于 1。

【例 9-4】 根据例 9-1 的资料,计算甲、乙方案的现值指数,假设贴现率为 8%。

$$PI_甲 = \frac{甲未来现金净流量的现值}{甲初始投资额} = \frac{98.905 + 500}{500} = 1.197\ 8$$

$$PI_乙 = \frac{乙未来现金净流量的现值}{乙初始投资额} = \frac{85.974 + 500}{500} = 1.171\ 9$$

PI 的决策标准如下。

(1) 当投资项目 PI>1 时,应接受此项目。

(2) 当投资项目 PI<1 时,应拒绝此项目。

(3) 当投资项目 PI=1 时,是否接受与公司价值无关。

(4) 现值指数越大,项目越好。

根据例 9-4 的计算结果,则甲方案为较优方案。

对现值指数法的评价,其优点如下:①现值指数法在本质上也是一个由净现值发展而来的指标,它考虑了货币时间价值与所有的现金流量,并有客观的决策标准(PI>1 时可行)。②若最佳的投资计划因资金受限而无法实行,必须用其他次优计划来替代时,现值指数法可充分发挥其反映成本效益的优点,作为选择替代项目的良好工具。如按 PI 从大到小的顺序,决定在资金受限时应采用的投资项目,以使每 1 元资金能为公司创造最大的价值。

现值指数法的缺点是无法直接反映投资项目的实际收益率。当初始投资额不一致时,对于互斥项目的选择,可能无法将公司的价值最大化。

3. 内含报酬率法及其评价

内含报酬率(internal rate of return,IRR)是指对投资项目每年的现金净流量进行贴现,使所得的现值恰好与初始投资额的现值相等,从而使净现值等于零时的贴现率。内含报酬率是一个相对数指标,和现值指数在一定程度上反映了一个投资项目投资效率的高低。这类评价指标通常用于独立方案决策,也就是备选方案之间是相互独立的。

其计算公式为

$$净现值 = 未来现金净流量的现值 - 初始投资额 = 0$$

或

$$净现值(NPV) = \frac{CF_1}{(1+IRR)^1} + \frac{CF_2}{(1+IRR)^2} + \cdots + \frac{CF_n}{(1+IRR)^n} - CF_0 = 0$$

$$= \sum_{t=1}^{n} \frac{CF_t}{(1+IRR)^t} - CF_0 = 0 \tag{9-6}$$

式中,CF 为各年的现金流量;IRR 为内含报酬率;t 为项目寿命期限。

内含报酬率法的基本原理是,在计算项目的净现值时,以预期投资报酬率作为贴现率计算,净现值的结果往往是大于零或小于零,这就说明方案实际可能达到的投资报酬率大于或小于预期投资报酬率;而当净现值等于零时,说明两种报酬率相等。根据这个原理,内含报酬率法就是要计算出使净现值等于零时的贴现率,这个贴现率就是投资项目实际可能达到的投资报酬率。

净现值法和现值指数法虽然考虑了时间价值,可以说明投资项目的报酬率高于或低于某一特定的投资报酬率,但没有揭示项目本身可以达到的具体的报酬率是多少。内含报酬率是根据项目的现金流量计算的,是项目本身的投资报酬率。

该计算公式根据方案的每年现金流量是否相等,具体有两种计算方法。

(1) 年金法。它适合于各期现金流入量相等的情形。内含报酬率可直接查年金现值系数表来确定,不需要进行逐步测试。其计算步骤如下。

① 计算年金现值系数。

$$年金现值系数 = \frac{初始投资额}{每年的 CF} \tag{9-7}$$

② 查年金现值系数表,在相同的期限内,找出与上述所计算的年金现值系数相邻近的较大和较小的两个贴现率。

③ 根据所查的两个邻近的贴现率和已求的年金现值系数,运用插值法计算该投资方案的内含报酬率。

某方案的内含收益率=低贴现率+(高贴现率-低贴现率)

$$\times \frac{低贴现率对应的年金现值系数-该方案年金现值系数}{低贴现率对应的年金现值系数-高贴现率对应的年金现值系数}$$

$$\tag{9-8}$$

(2) 逐步测试法。它适合于各期现金流入量不相等的非年金形式。计算方法是,先估计一个贴现率,用它来计算方案的净现值;如果净现值为正数,说明方案本身的报酬率超过估计的贴现率,应提高贴现率后进一步测试;如果净现值为负数,说明方案本身的报酬率低于估计的贴现率,应降低贴现率后进一步测试。经过多次测试,找出使净现值接近于零的贴现率,即为方案本身的内含报酬率。其计算步骤如下。

① 首先应设定一个贴现率 i_1,再按该贴现率将项目计算期的现金流量折为现值,计算净现值 NPV_1。

② 如果 $NPV_1 > 0$,说明设定的贴现率 i_1 小于该项目的内部收益率,此时应提高贴现率(设定为 i_2),并按 i_2 重新将项目计算期的现金流量折为现值,计算净现值 NPV_2。

如果 $NPV_1 < 0$,说明设定的贴现率 i_1 大于该项目的内部收益率,此时应降低贴现率(设定为 i_2),并按 i_2 重新将项目计算期的现金流量折为现值,计算净现值 NPV_2。

③ 如果此时 NPV_2 与 NPV_1 的计算结果相反,即出现净现值一正一负的情况,测试即告完成,因为零介于正负之间(能够使投资项目净现值等于零时的贴现率才是内部收益

203

率);但如果此时 NPV_2 与 NPV_1 的计算结果相同,即没有出现净现值一正一负的情况,测试还将重复进行,直至出现净现值一正一负的情况。

④ 采用插值法确定内含收益率。

$$某方案的内含收益率=低贴现率+(高贴现率-低贴现率)$$
$$\times\frac{按照低贴现率计算的净现值}{两个贴现率计算的净现值的绝对数之和} \tag{9-9}$$

【例 9-5】 根据例 9-1 的资料,计算甲、乙方案的内含报酬率并进行决策。

由于甲方案每年的现金净流量相等,因而可采用年金法计算。

$$甲方案的年金现值系数=\frac{500}{150}=3.333\,3$$

查年金现值系数表,第 5 年的现值系数与 3.333 3 相邻近的两个系数在 15% 和 16% 之间,运用插值法计算,则

$$IRR_{甲}=15\%+(16\%-15\%)\times\frac{3.352\,2-3.333\,3}{3.352\,2-3.274\,3}=15.24\%$$

由于乙方案每年的现金净流量不相等,因此采用"逐步测试法"计算,见表 9-3。

表 9-3 乙方案不同贴现率的净现值

时间/年	现金净流量/万元	测试 14%		测试 12%	
		复利现值系数	现值/万元	复利现值系数	现值/万元
0	−500	1	−500	1	−500
1	80	0.877 2	70.176	0.892 9	71.432
2	120	0.769 5	92.34	0.797 2	95.664
3	220	0.675 0	148.5	0.711 8	156.596
4	180	0.592 1	106.578	0.635 5	114.39
5	150	0.519 4	77.91	0.567 7	85.155
NPV			−4.496		23.237

根据表 9-3 的计算结果,运用插值法计算可得

$$IRR_{乙}=12\%+(14\%-12\%)\times\frac{23.237}{|23.237|+|-4.496|}=13.676\%$$

内含报酬率是投入项目资金的真实收益率,而资本成本反映了公司使用长期资金必须取得的收益率。因此,对于独立项目而言,只有当项目的内含报酬率超过公司的资本成本或要求的最低报酬率后,才可接受该项目。具体判断标准如下。

① 内含报酬率大于资本成本或要求的最低报酬率,项目可行。

② 内含报酬率小于资本成本或要求的最低报酬率,项目不可行。

③ 对于互斥项目,则应选择内含报酬率最大的项目。

根据例 9-5 的计算结果,则甲方案优于乙方案。

内含收益率法的优点是能够把项目寿命期内的收益与其投资总额联系起来,指出这个项目的实际收益率,便于将它同行业基准投资收益率对比,确定这个项目是否值得建设。但内含收益率表现的是比率,不是绝对值。一个内含报酬率较低的方案,可能由于其

规模较大而有较大的净现值,因而更值得建设。所以在各个方案比选时,必须将内含收益率与净现值结合起来考虑。内含报酬率的缺点是计算过程比较复杂、烦琐。

内含报酬率与净现值比较:内含报酬率是相对数,净现值是绝对数。在评价方案时应注意,比率高的方案绝对数不一定大,反之也一样。如果两个方案是互相排斥的,要使用净现值指标,选择净现值大的。如果两个指标是相互独立的,应使用内含报酬率指标,优先安排内含报酬率较高的方案。

内含报酬率与现值指数比较,都是根据相对比率来评价方案。现值指数法,要求事先设定一个适合的贴现率,以便计算现值;内含报酬率法,不必事先选择贴现率,根据内含报酬率就可以排定独立投资的优先次序,只在取舍方案时需要一个切合实际的资金成本或最低报酬率来判断方案是否可行。

本部分内容为拓展知识,
读者可自行扫码阅读。

阅读资料 9-1:公司投资决策方法运用情况调查

9.2 几种项目投资决策

9.2.1 扩张性项目决策

扩张性项目(expansion project)决策是指公司经营步入正常轨道后,通常面临许多投资机会。例如,消费者对公司产品需求的急速增加,为提升产能,要增加新的产品生产线来满足需求,需要再投入额外的资金来购买新资产。家得宝公司(Home Depot)在西雅图投资新开一家连锁店,即属此类项目。这类型的资本支出都属于扩张性的投资计划,而公司为应对市场需求大幅增长,投资建设新工厂的计划即属于扩张性项目决策。

对于扩张性项目的决策,主要是计算项目的净现值,按净现值的标准来进行决策。

【例 9-6】 由于市场需求快速增长,华兴公司准备购入一套设备以扩充生产能力,现有甲、乙两个方案可供选择。甲方案需要投资 30 000 元,使用寿命为 5 年,采用直线法计提折旧,5 年后设备无残值,5 年中每年销售收入为 15 000 元,每年的付现经营成本为 5 000 元;乙方案需要投资 36 000 元,采用直线法计提折旧,使用寿命也是 5 年,5 年后有残值收入 6 000 元,5 年中每年销售收入为 17 000 元,付现经营成本第一年为 6 000 元,以后随着设备陈旧,将逐年增加修理费用 300 元,另外需垫支营运资金 3 000 元。假设无利息费用,所得税税率为 25%,资本成本为 10%,甲、乙两个方案的现金流量计算过程如表 9-4 所示。

表 9-4　甲、乙两个方案的现金流量分析　　　　　　　　　　　　单位:元

项　目	第 0 年	第 1 年	第 2 年	第 3 年	第 4 年	第 5 年
设备投资						
甲方案	−30 000					
乙方案	−36 000					
垫支营运资金						
甲方案	0					
乙方案	−3 000					
销售收入						
甲方案		15 000	15 000	15 000	15 000	15 000
乙方案		17 000	17 000	17 000	17 000	17 000
付现经营成本						
甲方案		5 000	5 000	5 000	5 000	5 000
乙方案		6 000	6 300	6 600	6 900	7 200
折旧额						
甲方案		6 000	6 000	6 000	6 000	6 000
乙方案		6 000	6 000	6 000	6 000	6 000
税前利润						
甲方案		4 000	4 000	4 000	4 000	4 000
乙方案		5 000	4 700	4 400	4 100	3 800
所得税(25%)						
甲方案		1 000	1 000	1 000	1 000	1 000
乙方案		1 250	1 175	1 100	1 025	950
净利润						
甲方案		3 000	3 000	3 000	3 000	3 000
乙方案		3 750	3 525	3 300	3 075	2 850
设备处置净残值						
甲方案						0
乙方案						6 000
营运资金收回						
甲方案						0
乙方案						3 000
现金净流量						
甲方案	−30 000	9 000	9 000	9 000	9 000	9 000
乙方案	−39 000	9 750	9 525	9 300	9 075	17 850

根据表 9-4 计算的甲、乙两个方案现金流量情况,可以计算甲、乙两个方案的净现值和内含报酬率。计算结果如表 9-5 所示。

表 9-5　甲、乙两个方案 NPV、IRR 比较

项　　目	净现值（NPV）/元	内含报酬率（IRR）/%
甲方案	4 117.08	15
乙方案	2 004.56	12

对表 9-5 的结果分析可知，甲方案的净现值 4 117.08 元大于乙方案的净现值 2 004.56 元，因此甲方案为优。另外，甲方案的内含报酬率 15% 大于乙方案的内含报酬率 12%，且都大于资本成本 10%。从内含报酬率的决策角度来说，只要内含报酬率大于资本成本，项目即是可行的。对于互斥项目，显然内含报酬率越大，项目越好，因此甲方案为优。综合两种决策标准，结果都一致显示甲方案为优，故应选择甲方案进行投资。

9.2.2　置换性项目决策

置换性项目决策是指更换生产设备所需要的额外投资，依其目的可分为"淘汰更新"与"提升经营效率"两种。前者通常是维持公司基本经营所必需的，如将有损耗的机器出售换入新机器，或将有故障的机器更换新的；后者通常是公司为降低经营成本与创造竞争优势而进行的，如将公司内的计算机信息系统 MRP 提升到性能更好的 ERP 系统，以取得更优的信息处理能力。对于置换性项目的投资决策，可以通过计算新旧项目的差额净现值或差额内含报酬率来进行。

【例 9-7】　由于市场技术更新很快，为了保持竞争能力，华兴公司打算购置一台新设备以取代原有的旧设备，旧设备原购置成本为 170 000 元，计划使用 8 年，已使用 3 年，以直线法计提折旧，预计净残值为 10 000 元，目前折余价值为 110 000 元。如果现在出售这套旧设备，出售价大约 80 000 元。旧设备每年产生的销售收入为 30 000 元，每年发生的付现经营成本为 12 000 元。市场上新设备的购置成本大约为 150 000 元，预计可用 5 年，按直线法计提折旧，净残值为 10 000 元，新设备每年产生的销售收入为 80 000 元，每年的付现经营成本为 24 000 元。该公司预期报酬率为 10%，假设无利息费用，所得税税率为 25%，贴现率为 10%。新旧设备现金流量计算过程如表 9-6 所示。

表 9-6　新旧设备现金流量分析表　　　　　　　　　　　　　　单位：元

项　　目	第 0 年	第 1 年	第 2 年	第 3 年	第 4 年	第 5 年
设备投资						
旧设备	−80 000					
新设备	−150 000					
差额	−70 000					
旧设备处置损益	0					
旧设备		−30 000				
新设备		−30 000				
差额						

项　　目	第 0 年	第 1 年	第 2 年	第 3 年	第 4 年	第 5 年
销售收入						
旧设备		30 000	30 000	30 000	30 000	30 000
新设备		80 000	80 000	80 000	80 000	80 000
差额		50 000	50 000	50 000	50 000	50 000
付现经营成本						
旧设备		12 000	12 000	12 000	12 000	12 000
新设备		24 000	24 000	24 000	24 000	24 000
差额		12 000	12 000	12 000	12 000	12 000
折旧额						
旧设备		14 000	14 000	14 000	14 000	14 000
新设备		28 000	28 000	28 000	28 000	28 000
差额		14 000	14 000	14 000	14 000	14 000
税前利润						
旧设备		4 000	4 000	4 000	4 000	4 000
新设备		−2 000	28 000	28 000	28 000	28 000
差额		−6 000	24 000	24 000	24 000	24 000
所得税(25%)						
旧设备		1 000	1 000	1 000	1 000	1 000
新设备		0	6 500	7 000	7 000	7 000
差额		−1 000	5 500	6 000	6 000	6 000
净利润						
旧设备		3 000	3 000	3 000	3 000	3 000
新设备		−2 000	21 500	21 000	21 000	21 000
差额		−5 000	18 500	18 000	18 000	18 000
设备处置净残值						
旧设备						10 000
新设备						10 000
差额						0
现金净流量						
旧设备	−80 000	17 000	17 000	17 000	17 000	17 000
新设备	−150 000	26 000	49 500	4 900	4 900	5 900
差额	−70 000	9 000	32 500	32 000	32 000	32 000

　　根据表 9-6 新旧设备现金流量情况，可以计算新旧设备的净现值和内含报酬率。计算结果如表 9-7 所示。

表 9-7 新旧设备 NPV、IRR 比较

项　目	净现值(NPV)/元	内含报酬率(IRR)/%
旧设备	−9 347.41	6
新设备	21 461.90	15
差额	30 809.31	24

根据表 9-8 的计算结果可知,旧设备的净现值为−9 347.41 元,其内含报酬率也低于公司要求的必要投资报酬率 10%,故旧设备应进行淘汰;而新设备净现值为 2 1461.90 元,其内含报酬率也达到 15%,超过了公司要求的报酬率,所以设备更新的决策是正确的。

9.2.3　寿命期不同的互斥项目

前面在讨论扩充型和重置型投资决策时,都隐含了一个假设,即各项目的使用寿命是相同的。当然,实际情况并不总是这样的。当备选项目有不同的使用寿命时,简单地比较 NPV 是不恰当的。

【例 9-8】　为方便游客观光,某旅游景区面临着建木桥还是建钢桥的投资决策。如果建木桥需初始投资额 125 000 元,但需要 15 000 元的年维护费用,可用 10 年;如果建钢桥则需初始投资额 200 000 元,只需要 5 000 元的年维护费用,可用 40 年。设资本成本为 15%,应选择哪个方案?如果按照计算现值的方法来计算两个方案的现值成本,则有

$$木桥的现值成本 = 125\,000 + 15\,000 \times (P/A, 15\%, 10)$$
$$= 125\,000 + 15\,000 \times 5.018\,8 = 200.282(元)$$
$$钢桥的现值成本 = 200\,000 + 5\,000 \times (P/A, 15\%, 40)$$
$$= 200\,000 + 5\,000 \times 6.641\,8 = 233\,210(元)$$

显然,木桥的现值成本比钢桥的现值成本要低,是不是建木桥的方案为优呢?实际上,这里隐含着一个假设,即如果景区建造木桥,那么 10 年后它将不再需要这座桥。当比较有不同使用寿命的相互排斥的项目时,必须在共同的投资水平(时间段)上分析每个项目才能得出正确的决策结论。

例如,假定景区 20 年内都需要这座桥,如果现在建木桥,那么 10 年后重建木桥将花费 200 000 元;如果现在建钢桥,在 20 年后钢桥仍旧可使用,且 20 年后其余值为 90 000 元。这样,可以计算两个项目在 20 年内的现值成本并进行比较。

$$木桥的现值成本 = 125\,000 + 15\,000 \times (P/A, 15\%, 20) + 200\,000 \times (P/F, 15\%, 10)$$
$$= 125\,000 + 15\,000 \times 6.259\,3 + 200\,000 \times 0.247\,2 = 268\,329.5(元)$$
$$钢桥的现值成本 = 200\,000 + 5\,000 \times (P/A, 15\%, 20) - 90\,000 \times (P/F, 15\%, 20)$$
$$= 200\,000 + 5\,000 \times 6.259\,3 - 90\,000 \times 0.061\,1 = 225\,797.5(元)$$

对上面的计算结果分析,在共同的投资水平(20 年)上,木桥的现值成本 268 329.5 元大于钢桥的现值成本 225 797.5 元,故应选择建钢桥。

209

可见，如果互斥项目的寿命期存在显著差别，问题就会存在。但这种分析方法存在一些缺陷：①如果发生通货膨胀，重置设备的价格会更高。此外，销售价格与营业成本也可能会发生变化。因此，分析中所隐含的静态条件将不复存在。②一段时间之后的重置或许涉及使用新技术，这会相应地引起现金流量的变化。③大多数项目的寿命期都非常难以预测，更不用说预测一系列项目的寿命期了。考虑到这些问题，有经验的财务分析师通常不会过多地关注寿命期比较接近（如寿命期分别为 8 年与 10 年的项目）的互斥项目。考虑到整个估值过程中存在的不确定性，在实际操作中，此类项目通常被假定具有相同的寿命。

9.2.4 多个项目的组合投资决策

公司的投资项目并不总是相互排斥的。当公司能够筹措到足够多的资金时，可以从多个具备财务可行性的方案中选择若干个进行组合投资，力争使公司获得最高的收益。

1. 资金总量不受限制时

在资金总量不受限制的情况下，只要方案具有可行性，都可以入选进行组合，可按每一个项目的净现值 NPV 大小排列，确定优先顺序。如根据例 9-6 的资料，由于最后甲、乙两个方案的净现值都大于 0，且内含报酬率都高于资本成本。如果公司不受资金限制，则两个方案实际都可行，由于甲方案 NPV 大于乙方案 NPV，故甲方案优先。

2. 资金总量受限制时

在一个特定期间，当可用来投资的资金有预算限额约束时，就会出现资本限量问题。这种限制几乎在所有的公司都存在，尤其是那些资本性支出都从内部融资的公司或正处于发展中的公司，因为资源总是稀缺的。大公司的一个部门只能在某个特定的预算上限之内进行资本投资，超过该上限，本部门无控制权，这是资本限量的另一个例子。

在资本限量条件下，公司的决策标准是，在当期预算限额内选择能提供最大净现值的投资组合。具体操作方法是，需按净现值率的大小，结合净现值进行各种项目排列组合，从中选出能使 $\sum$ NPV 达到最大的最优组合。

【例 9-9】 华兴公司有 A、B、C、D、E、F 6 个投资项目可供选择，有关资料如表 9-8 所示。

表 9-8　华兴公司投资项目情况　　　　　　　　　　单位：元

投 资 项 目	初 始 投 资 额	净 现 值	净 现 值 率
A	120 000	67 000	56%
B	150 000	79 500	53%
C	300 000	111 000	37%
D	125 000	21 000	16.8%
E	100 000	−250	−0.25%
F	160 000	80 000	50%

（1）在投资总额不受限制时，A、B、C、D 和 F 都可以投资，最优组合方案为 C+F+B+A+D。

（2）投资总额限定为 400 000 元时，可以有 A+B+D、A+F、B+F 3 个投资组合，其中最优组合为 A+B+D，分析过程如表 9-9 所示。

表 9-9   项目组合结果（一）

投 资 组 合	投资额合计	合计净现值
A+B+D	395 000	167 500
A+F	280 000	147 000
B+F	310 000	159 500

（3）投资额限定为 600 000 元时，可以有 A+B+C、C+D+F、A+B+D+F、B+C+D 等投资组合，其中最优组合为 A+B+C，分析过程如表 9-10 所示。

表 9-10   项目组合结果（二）

投 资 组 合	投资额合计	合计净现值
A+B+C	570 000	257 500
C+D+F	585 000	212 000
A+B+D+F	555 000	247 500
B+C+D	575 000	211 500

9.3   项目投资的风险处置

9.3.1   风险处置简述

前面介绍的各种投资决策都是在确定条件下进行的，即只考虑未来的一种可能性，且投资以后若干期的现金流量也是确定的。实际上，任何项目在运行过程中都会有风险，都难免与预期的现金流量发生偏差。完整的投资决策应该考虑这些风险因素，以便做出正确的投资决策。

世界的变化是快速的。在公司的项目投资决策中，风险因素的影响越来越大。一方面，各国政府的经济政策调整速度进一步加快，在财政政策和货币政策的共同作用下，宏观经济环境的不稳定造成公司项目投资决策困难加大。另一方面，从金融市场来看，价格的大幅度波动也越来越频繁，银市、股市、汇币的大幅波动同样影响着投资新项目所需要的长期资金的融通能力。随着波动的加大，风险也在提高，公司的资本成本也随之上升。另外，由于技术进步的加快，新旧技术更替周期越来越短。在这种不断变化的环境中，新项目中的技术成分也面临着不断被淘汰的风险，这也是公司在投资决策中必须要考虑的要素。

本小节将扩展项目投资决策的内容，把对不确定性的分析和评价纳入分析过程中，从而使决策者能完整地考察项目的真正价值。

对项目进行风险分析和评价,有两类基本方法。第一类方法是通过改变项目评估假设条件来分析这一改变对项目评价结果的影响程度,根据评估结果的变动程度来评价项目的风险高低。这种方法主要包括敏感性分析、决策树分析、模拟分析等。这些方法都是对基本状态分析的一种补充,必须和基本状态分析结合起来进行考虑。但是,对于它们的分析结果,并没有一致的判断标准。最终的评价结果仍然要依靠决策者的主观判断和对风险的偏好程度来决定;第二类方法是将风险因素考虑到项目评价指标的计算过程中,通过调整评价指标中的分子和分母即现金流量和贴现率来重新评价项目的价值。这类方法简单易懂,在前面学习资本资产定价模型和资本成本时已涉及对资本成本调整的问题;至于现金流量的调整,在下面对第一类方法的介绍中也会涉及,故此类方法不再单独介绍。

9.3.2 敏感性分析

1. 敏感性分析的含义

敏感性分析(sensitivity analysis)是在预测和决策分析中常用的一种技术方法。它主要用来探讨如果预测或决策有关的某一个影响因素发生预期变动,对原来确定的预测、决策结果的影响程度。如果因素在很小幅度内变动就会影响预测决策结果的,即表明这个因素的敏感性较强;如某因素在较大幅度内发生变动才会影响预测决策结果的,即表明这个因素的敏感性较弱。

敏感因素一般可选择主要参数(如销售收入、经营成本、生产能力、初始投资、寿命期、建设期、达产期等)进行分析。若某参数的小幅度变化能导致项目净现值(或内含报酬率)指标的较大变化,则称为敏感因素,反之则称为非敏感因素。

敏感性分析的作用如下。

(1)确定影响项目净现值(或内含报酬率)的敏感因素。寻找影响最大、最敏感的主要变量因素,并进一步分析、预测或估算其影响程度,找出产生不确定性的根源,采取相应的有效措施。

(2)计算主要变量因素的变化引起项目净现值(或内含报酬率)变动的范围,使决策者全面了解项目投资方案可能出现的净现值(或内含报酬率)变动情况,以减少和避免不利因素的影响,改善和提高项目的投资效果。

(3)通过对比各种方案敏感度的高低,区别敏感度高或敏感度低的方案,选择敏感度低的,即风险小的项目投资方案。

(4)通过分析可能出现的最有利与最不利的净现值(或内含报酬率)的变动范围,为决策者预测可能出现的风险程度,并对原方案采取某些控制措施或寻找可替代方案,为最后确定投资方案提供可靠的决策依据。

在长期投资决策中,评价方案可行程度的主要指标是净现值和内含报酬率,而影响这两个评价指标的基本因素是方案年度现金净流入量和固定资产经济使用寿命周期(一般情况下,假设利率变化的可能较小,故不考虑其敏感性)。如果这两个因素预期发生变动,那么对该方案的预期净现值和内含报酬率会产生如何影响?影响程度有多大?会不会要改变原来的长期投资决策评价结果?不改变原来决策结果的因素变动的敏感区间是

212

多少?

总之,敏感性分析有助于使管理当局对投资决策所应注意的问题做到心中有数,预先防范,避免失误;同时,由于事先开展了因素的敏感性分析,一旦未来因素发生变化,即可利用确定的敏感区间来分析因素变动对决策结果的影响能力和程度,从而提高决策的科学性和效率。

2. 净现值条件下的因素敏感性分析

如果以净现值作为投资方案的评价指标,其评判方案是否可行的基本点是净现值为0。而计算净现值需要三个基本因素:现金流入量、固定资产经济寿命周期和利率,如不考虑利率因素,其敏感性分析主要是基于 NCF 和经济寿命。其分析的基本原理是,在利率和另一个因素不变的条件下,该因素使得净现值为 0 的变动极限。

【例 9-10】 某公司确定其投资方案的投资报酬率水平至少应达到 24%,以此计算净现值,凡净现值为正数,方案可接受,否则应予否决。现该公司准备以 100 000 元购入一套生产设备甲,其使用年限为 5 年,期末无残值。该设备的每年现金净流量为40 000元。

$$甲生产设备的净现值＝(P/A,24\%,5)－原投资额$$
$$＝40\ 000×2.745－100\ 000＝9\ 800(元)$$

由于甲生产设备的净现值是正数,故购入甲设备的方案是可行的。

敏感性分析如下。

(1) 每年现金净流量的下限是多少? 每年的现金净流量在什么幅度内变动,才不会影响投资方案的可行性?

每年现金净流量的下限就是要使该投资方案的净现值为 0,则

$$每年现金净流量的下限 = \frac{原投资额}{(P/A,24\%,5)} = \frac{100\ 000}{2.745} = 36\ 429.87(元)$$

每年现金净流量可容许的变动幅度为原方案的每年现金净流量至每年现金净流量的下限(即 40 000 元至 36 429.87 元)。

可见,投资方案如使用年限不变(5 年),则每年的 NCF 必须至少为 36 429.87 元,才能保证净现值是正数。每年 NCF 可容许的变动幅度必须在 40 000 元至 36 429.87 元;如低于 36 429.87 元,净现值就会出现负数,方案就变为不可行。

(2) 该项生产设备的最低使用年数应为几年? 该设备的使用期在什么幅度内变动,才不会影响投资方案的可行性?

设最低使用年数的下限为 n,使用年数的下限就是要使该方案的净现值为 0,则

$$40\ 000×(P/A,24\% ,n)－100\ 000＝0$$

查年金现值表,在 24% 栏内与 2.500 相邻近的为 4 年与 5 年,采用插值法得到 4.28 年。由此可见,该项生产设备如每年的 NCF 不变,则其使用年数必须≥4.28 年才能保证投资报酬率为 24%。使用期限的变动幅度必须在 5 年至 4.28 年的范围内,才能保证投资方案是可行的。

3. 内含报酬率条件下的因素敏感性分析

如果以内含报酬率作为投资方案的评价指标,其评判方案可行的最基本的点是资金

成本。当内含报酬率等于资本成本,方案处于保本状态。所以,用内含报酬率进行敏感性分析,其基本方法是在其他因素不变的条件下,该因素变动能够使得方案的内含报酬率正好达到资本成本的水平。

【例 9-11】 仍根据上例的资料,假定公司董事会决定各项投资方案按其内含报酬率的高低为决策的取舍依据,该公司的资本成本为 24%。

$$甲生产设备年金现值系数 = \frac{准备投资金额}{平均年 NCF} = \frac{100\,000}{40\,000} = 2.5$$

查年金现值表,贴现率在 28% 与 32% 之间,采用插值法得到内含报酬率为 28.68%。敏感性分析如下。

(1) 计算内含报酬率的变动对每年现金净流量的影响。

如使用年限不变,内含报酬率的变动对每年 NCF 的影响可用下列公式表示:

$$\frac{100\,000}{(P/A,24\%,5)} - \frac{100\,000}{(P/A,28.68\%,5)} = \frac{100\,000}{2.500} - \frac{100\,000}{2.745} = 40\,000 - 36\,429.87$$
$$= 3\,570.13(元)$$

以上计算的结果表明,原投资方案在使用年限不变的情况下,若内含报酬率降低 4.68%(28.68%−24%),会使每年的现金净流量减少 3 570.13 元。

(2) 计算内含报酬率的变动对使用年限的影响。

如每年的 NCF 不变,内含报酬率的变动对使用年限的影响,可用下列公式表示:

$$(P/A,28.68\%,5) = (P/A,24\%,n)$$
$$(P/A,24\%,n) = 2.500$$

查年金现值系数表,在 24% 一列中与 2.500 相邻近的期数为 4 年与 5 年,采用插值法得到 $n = 4.28$ 年。

计算结果表明:原投资方案在每年的现金净流量不变的情况下,若内含报酬率降低 4.68%(28.68%−24%),会使使用年数减少 0.72 年(5−4.28)。

敏感性分析主要解决"如果……会怎样"的问题,这种方法在一定程度上就多种不确定因素的变化对项目评价标准的影响进行分析,它有助于决策者了解项目决策中需重点分析与控制的因素。但敏感性分析也存在一定的局限性,如它对变量变化范围及其概率的确定比较困难,对变量之间的内在联系也很少涉及。并且,敏感性分析采取固定其他变量,改变单一变量的做法,往往也与实际情况不符。此外,敏感性分析结果具有主观性,即便针对同样的分析结果,决策者对风险的好恶不同,就可能做出不同的决策。最后,敏感性分析仅仅提供一种评估风险的方法,而没有提供做出接受或拒绝项目的决策原则。

214 9.3.3 决策树分析

1. 决策树分析的原理

决策树分析(decision trees analysis)是一种用树状图表方式反映投资项目的现金流量分布的方法。很多投资项目都是分阶段完成的,每一阶段的决策都取决于前一阶段的决策结果——前一阶段是后一阶段决策的基础,后一阶段决策是前一阶段决策的继续。这样,用树状分析图就可以恰当地反映决策所面临的情况,然后进行投资分析。决策树分析可分为单阶段决策树分析和多阶段决策树分析。在投资决策中,多阶段决策树分析较常用。

2. 决策树分析的应用

【例 9-12】 华兴公司打算开发一款新产品,为稳妥起见,开发计划分为三个阶段:第一阶段,花 1 年时间,投入 50 万元进行产品的试制和市场调研;第二阶段,如果试制成功,市场前景较好,就在第 1 年年末追加 100 万元投资,主要进行产品的设计和生产;第三阶段,如果设计和试生产成功,于第 2 年年末追加 1 000 万元投资,主要进行厂房的建造、设备的购置和产品的批量生产。这样,此后 5 年内,每年预计能带来现金净流量 500 万元或 700 万元。

可以将开发计划用决策树表示如图 9-1 所示。

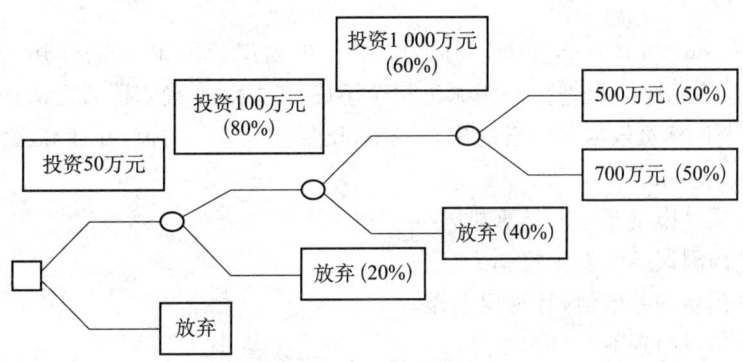

图 9-1　新产品开发计划决策树

图 9-1 即为决策树图,决策树由若干节点和分枝组成。符号"□"表示的节点称为决策点,每个决策点引出两条或两条以上的分枝,每个分枝代表可供选择的方案;符号"○"表示的节点称为状态点,状态点引出的每一个分枝代表可能发生的状态;"( )"中的数字代表该状态发生的概率。

对于决策树的分析,首先从决策树的"枝"开始,逐步向"根"逆向分析,这是决策树分析的一般过程。按此方法,对图 9-1 进行分析,分别计算三个阶段的净现值如下。

第三阶段,即第 2 年结束时,新产品开发计划的净现值为

$NPV = 500 \times (P/A, 10\%, 5) \times 50\% + 700 \times (P/A, 10\%, 5) \times 50\% - 1\,000 = 1\,274(万元)$

第二阶段,即第 1 年结束时,新产品开发计划的净现值为

$NPV = 1\,274 \times (P/F, 10\%, 1) \times 60\% + 0 \times (P/F, 10\%, 1) \times 40\% - 100 = 595(万元)$

第一阶段,即当前,新产品开发计划的净现值为

$NPV = 595 \times (P/F, 10\%, 1) \times 80\% + 0 \times (P/F, 10\%, 1) \times 20\% - 50 = 382.6(万元)$

由于新产品开发计划的净现值为正,计划可行。但如果市场发生变化导致净现值改变为负,公司在必要时应停止该计划的执行。

215

决策树分析可以有效地帮助决策者进行选择,但它对项目信息量的要求比较高,即要求被分析的项目可以明确地划分为几个阶段,并且每个阶段的状态可以被广义地归纳为几类,各状态发生的概率以及对现金流的影响可以被事先预测。如果这些条件不能满足,那么就很难采用决策树的方法进行分析了。

本部分内容为拓展知识,读者可自行扫码阅读。

知识链接 9-3:项目投资决策中的不确定性因素

9.3.4　模拟分析

1. 模拟分析的原理

模拟分析(simulation analysis)又称为蒙特卡罗模拟(Monte Carlo simulation),在这种方法中,分析者将一个概率分布指派给每个不确定因素,并确定因素之间的任何相互依存关系;然后由计算机根据各因素的出现概率,反复选取它们的值,并计算特定的输出值。

模拟分析的一般步骤如下。

(1) 建立项目模型并输入计算机。

(2) 设定预测误差的发生概率。

(3) 选取预测误差数值,计算现金流。

(4) 计算项目净现值。

本部分内容为拓展知识,读者可自行扫码阅读。

知识链接 9-4:蒙特卡罗模拟

2. 模拟分析法的应用

W 公司计划采购一台新设备,因为公司对原材料成本及产品需求不确定,所以需要估计概率分布来描述每个变量的可能值。现已得到初始投资和贴现率,为简化起见,所有其他的成本都假定为确定可知的。在这个前提下,从概率分布中随机选择一个值,选择的具体值的概率由分布来决定。这些随机选出的值与其他一些已知的值组合起来,以估计项目的 NPV。进行模拟分析时,一般利用计算机程序。因为由计算机进行随机变量选择并计算由此产生 NPV,进行 100 次或更多的反复操作非常迅速。可以将每一次操作的结果列成表格,并构造项目可能的 NPV 的最后分布。通过分析所得到的 NPV 的概率分布,能够决定项目净现值 NPV 的期望值和标准差。而且,它也能评估项目 NPV 为负的可能性。这个信息在做资本预算决策时非常有用。

3. 模拟分析法的特点

在计算机的辅助下,模拟分析很容易执行。通过模拟产生了可能 NPV 的概率分布,所以决策者可以根据标准差或者变量相关系数来衡量可能的 NPV 的离散程度,以估计项目风险。另外,这个分布还可以决定 NPV 为负的可能性。模型分析法的局限性在于没有以建立的决策原则作为接受或拒绝一个项目的基础。也就是说,模拟分析法提供给决策者关于项目预期风险的收益的有用信息,然而,最后的接受或拒绝决策仍是一个主观决策。

知识训练

一、判断题

1. 投资方案的回收期越长,表明该方案的风险程度越小。   (   )
2. 在多个投资项目中,净现值最大的项目为最优的投资项目。   (   )
3. 比较任何两个投资方案时,内含报酬率较高的方案较优。   (   )
4. 内含报酬率是指使投资方案的净现值为零时的贴现率,或者说,是使未来现金流入量等于未来现金流出量时的报酬率。   (   )
5. 内含报酬率是指现值指数为零时的报酬率。   (   )

二、计算题

1. 项目投资的原始总投资为 1 000 万元,建设起点一次投入,建设期为 1 年,经营期为 10 年,投产后第 1~5 年的净现金流量分别为 100 万元、120 万元、150 万元、250 万元和 300 万元,以后每年净现金流量为 350 万元。试计算该项目的投资回收期。

2. 某公司准备搞一项新产品开发的投资项目,预计资料如下:需投资 500 万元建造固定资产,其使用寿命为 5 年,期满无残值,直线法计提折旧,每年可获得净利 100 万元。该项目的资本成本为 10%。

要求:计算该项目年营业净现金流量和该项目的净现值,并判断该项目是否可行。

3. 航运公司准备购入一设备以扩充生产能力,现有甲、乙两个方案可供选择。甲方案需投资 2 000 元,使用寿命为 5 年,采用直线法计提折旧,5 年后设备无残值,5 年中每年销售收入为 8 000 元,每年的付现成本为 3 000 元。乙方案需投资 24 000 元,采用直线折旧法计提折旧,使用寿命也为 5 年,5 年后有残值收入 4 000 元,5 年中每年的销售收入为 10 000 元,付现成本第一年为 4 000 元,以后逐年增加修理费 200 元,另需垫支营运资金 3 000 元,假设所得税率为 40%,资本成本为 10%。

要求:计算项目的现金净流量及净现值,并比较方案的优劣。

能力训练

1. 案例资料

福星电器公司是生产小型家庭电器产品的中型公司。该厂生产的小家电性能可靠、美观实用、价格合理,很受市场欢迎。为扩大生产能力,公司准备新建一条生产线。负责这项投资决策工作的财务经理经过调查研究后,得到如下相关资料。

(1) 该生产线的初始投资为 12.5 万元,分 2 年投入。第 1 年年初投入 10 万元,第 2 年年初投入 2.5 万元。第 2 年年末项目完工,正式投产使用。投产后,每年可生产电器 1 000 台,每台售价为 300 元,每年可获得销售收入 30 万元。投资项目可使用 5 年,5 年后残值为 2.5 万元。在生产线运作期间要垫支流动资金 2.5 万元,这笔资金在项目结束时可全部收回。

(2) 该项目生产的产品每年总成本构成如下。

材料费用:20 万元;制造费用:2 万元;人工费用:3 万元;折旧费用:2 万元。

(3) 对各种资金来源进行分析后,得出该公司的加权平均资本成本为 10%。

(4) 公司适用的所得税税率为 25%。

根据上述资料,财务经理计算出该项目的营业现金流量、现金净流量和净现值。发现该项目净现值大于 0,认为项目可行。财务经理将新建项目投资决策的分析提交给公司经理会议讨论,公司各部门负责人对该方案提出了以下意见:经营副总经理认为,在项目投资和使用期间,通货膨胀率在 10% 左右,将对投资项目的各方面产生影响;基建部经理认为,由于受物价变动的影响,初始投资将增长 10%,投资项目终结后,设备残值也将增加到 37 500 元;生产部经理认为,由于受物价变动的影响,材料费用每年将增加 14%,人工费用增加 10%,扣除折旧后的制造费用每年也将增加 4%,折旧费用不变;销售部经理认为,产品销售价格每年可增加 10%。

2. 案例分析要求

假设你是财务经理,请完成下列事项。

(1) 在将项目分析提交经理会议讨论前,计算该项目的净现值。

(2) 分析哪些因素将影响项目投资决策。

(3) 根据讨论情况,重新计算项目每年现金净流量和项目的 NPV,并据此决定是否投资。

第 10 章　流动资产管理

 **学习目标**

1. 知识目标

理解和掌握流动资产管理内容；掌握应收账款信用成本的确定、公司信用政策的确定；掌握目标现金持有量的确定方法以及经济订货批量的基本模型。

2. 能力目标

掌握公司日常现金的管理的方法；掌握应收账款风险防范与控制的措施；理解并应用 ABC 管理法。

引导案例

李宁体育用品公司（简称李宁公司）是家喻户晓的"体操王子"李宁先生在 1990 年创立的公司，是中国领先的体育品牌公司之一，主要以李宁品牌提供专业及休闲运动鞋、服装、器材和配件产品。除李宁核心品牌产品外，还拥有红双喜乒乓球产品、艾高户外运动产品及乐途运动时尚产品。李宁集团拥有品牌营销、研发、设计、制造、经销及零售能力，自成立以来已在中国建立了庞大的供应链管理体系以及分销和零售网络。如此实力雄厚的李宁公司自 2012 年以来却深陷亏损泥潭，截至 2014 年已连续三年亏损，亏损额达到 31 亿元，究其原因，无不与李宁公司的一直高企的库存有直接关系。

首先是库存积压，门店大量关闭，经营出现亏损。研究所得，李宁公司的存货数量在这三年里一直呈现上涨趋势，且 2014 年同比增幅已达到近 40%。同时，存货占流动资产比例也在不断加大，库存上升意味着公司运营不良，存货管理存在问题，长期下来会给公司流动资金周转带来很大困难。同时，高库存不但产生了额外储存和运输成本，还浪费了大量产能，当产能用于生产某种后来被证明是滞销的产品时，意味着少生产另一款可能畅销的产品。可以说，库存是吃掉利润的最主要因素。李宁公司在 2012—2014 三年间，一直处于亏损状态，亏损金额累计超 31 亿元。而李宁运动品牌因库存太多，采取折扣经营，低价打折出售的运营方式是该公司利润出现亏损的重要原因。

其次是存货周转遇瓶颈，存货变现能力差。因服装、鞋子等产品都属于季节性产品，存货周转过慢带来的是大量库存不能在适当的季节销售出去，而导致产品变成不时兴、不实用的积压品，只能通过打折低价出售。而产品被廉价卖掉后，公司的利润也会随之下降,甚至亏损。由于存货周转慢,导致大量流动资金被占用,使公司没有余力及时开发新产品,同时也加重了公司库存管理费用,这一系列因素都导致公司赢利能力下降。

李宁公司存货管理出现的问题导致其三年亏损,这与其自身公司管理层对存货管理重视不够以及重大性决策不当有直接关系。一方面,管理层对市场需求的高估,对销量预测决策失当。自 2009 年以后,随着门店的增加,门店销售额并没有增加,反而一路下跌,由此带来的是库存越积越多。另一方面,重塑品牌沟通不当,导致订货会订单下降。剧烈的转变让市场、经销商和投资者都感到措手不及,致使订单下降、股价大跌。不仅如此,李宁公司采用多品牌形式经营不同市场的尝试,也是收效甚微。

李宁公司的存货管理可以说是一起失败的尝试,存货管理的不善给李宁公司发展带来了很大阻碍。因此,我们必须认识到存货管理在公司发展中的重要程度,找到有效改善库存的有效方法。

通过对李宁体育用品公司存货管理存在的问题进行分析,可以认识到存货管理的重要性。存货是一把双刃剑,如何在各种存货成本与存货效益之间做出权衡,以达到两者的最佳结合,这是现代公司管理应该重视的关键问题。公司最需要持续消除的成本就是库存,只有库存得到有效控制,公司才能持续不断地获得发展。

存货管理过程中,还要注意引进供应商管理系统。供应商管理系统是一种致力于实现与供应商建立和维持长久、紧密伙伴关系的管理思想和软件技术的解决方案,它是改善公司与供应商关系的新型的管理机制。公司可以通过与供应商建立长期、紧密的业务关系,加强与供应商的有效沟通,实时了解产品的市场销售动态,制订合理的生产计划,从而达到存货的优化管理,降低存货管理的成本。

问题:对于李宁公司存货管理中存在的问题,应如何加强改善?

10.1 流动资产管理概述

10.1.1 流动资产的概念

流动资产是指在 1 年内或超过 1 年的一个营业周期内变现或运用的资产,它由货币资金、应收款项、预付款项、存货、短期投资 5 个项目组成。流动资产在周转过渡中,从货币形态开始,依次改变其形态,最后又回到货币形态(货币资金→储备资金→固定资金→生产资金→成品资金→货币资金)。各种形态资金与生产流通紧密相结合,周转速度快,变现能力强。

10.1.2 流动资产的特点

流动资产有以下五个特点。

(1) 流动资产占用形态具有变动性,流动资产流动性大,不断改变形态,在现金、应收账款、存货等形态中不断改变。

（2）流动资产占用资金数量具有波动性，周转速度快。流动资产区别于长期资产，后者的价值需要多次周转才能逐渐收回或得以补偿。

（3）流动资产循环与生产经营周期具有一致性。

（4）变现能力强。现金及现金等价物本身就是可以随时用于支付或者偿还债务的资产，而应收账款及存货等相对于长期资产的变现能力也更强。

（5）财务风险小。持有一定量的短期资产，可以确保公司具有一定的灵活的、可周转的资金，从而使公司偿债能力较强，降低公司所面临的财务风险。但公司过多持有流动资产，又会影响公司的利润。公司应合理保持流动资产在总资产中的比例，保证有足够的流动资产用于日常生产经营和偿还到期债务，又无积压和浪费。

10.1.3　流动资产管理的要求

要想管好、用好流动资产，必须满足三个要求。

（1）保证流动资产的需要量，确保生产经营活动正常进行。公司生产经营过程中需要一定量的流动资产，流动资产不足，资金周转不灵，会影响公司的经营。

（2）尽量控制流动资产的占用量。流动资产占用过多，将会增加资金成本，增加公司财务的负担，影响经济效益。

（3）加速流动资金的周转。在一定时期内，公司流动资产周转快，周转期短，意味着占用资金少，会带来更多的经济效益。

10.1.4　流动资产分类

1. 流动资产的实物形态

在实物形态上，流动资产基本上体现为各部门以及居民的物资储备，包括以下几类。

（1）处于生产和消费准备状态的流动资产，是指生产单位储备的生产资料和消费部门及居民储备的消费品，如原材料、辅助材料、低值易耗品。

（2）处于生产过程中的流动资产，是指生产单位的在制品、半成品储备。

（3）处于待售状态的流动资产，是指生产部门和流通部门库存尚未出售的生产资料、消费品储备、国家储藏的后备性物资，如存货。

2. 按实物形态分类

按照实物形态，流动资产可分为现金、现金等价物、应收账款及预付账款和存货。

（1）现金（cash）是指各主权国家法律确定的，在一定范围内立即可以投入流通的交换媒介。它具有普遍的可接受性，可以有效地立即用来购买商品、货物、劳务或偿还债务。它是公司中流通性最强的资产，可由公司任意支配使用的纸帛、硬币。现金是我国公司会计中的一个总账账户,在资产负债表中并入货币资金,列为流动资产,但具有专门用途的现金只能作为基金或投资项目列为非流动资产。

(2)现金等价物(cash equivalents)是指符合下述两个条件的流动性很强的短期投资资产:①很容易就能兑换成固定数量的现金;②很快就会到期,其市价受利率变动影响不大,一般三个月内到期的投资符合这一标准。美国短期国库券和货币市场基金等短期投资都属于现金等价物。为了增加收益,很多公司都会把闲置的现金投资于现金等价物。多数公司在资产负债表上都将现金和现金等价物合并为一个科目列示。

(3)应收账款(receivables)是指公司在正常的经营过程中因销售商品、产品、提供劳务等业务,应向购买单位收取的款项,包括应由购买单位或接受劳务单位负担的税金、代购买方垫付的包装费、各种运杂费等。应收账款表示公司在销售过程中被购买单位所占用的资金。公司应及时收回应收账款,以弥补公司在生产经营过程中的各种耗费,保证公司持续经营;对于被拖欠的应收账款,应采取措施,组织催收;对于确实无法收回的应收账款,凡符合坏账条件的,应在取得有关证明并按规定程序报批后,做坏账损失处理。

(4)预付账款是指公司按照购货合同的规定,预先以货币资金或货币等价物支付供应单位的款项。在日常核算中,预付账款按实际付出的金额入账,如预付的材料、商品采购货款、必须预先发放的在以后收回的农副产品预购定金等。对购货公司来说,预付账款是一项流动资产。预付账款一般包括预付的货款、预付的购货定金。施工公司的预付账款主要包括预付工程款、预付备料款等。

(5)存货是指公司在日常活动中持有以备出售的产成品或商品、处在生产过程中的在产品、在生产过程或提供劳务过程中耗用的材料或物料等,包括各类材料、在产品、半成品、产成品或库存商品以及包装物、低值易耗品、委托加工物资等。存货具有较强的流动性。在公司中,存货经常处于不断销售、耗用、购买或重置中,具有较快的变现能力和明显的流动性。存货具有时效性和发生潜在损失的可能性。在正常的经营活动下,存货能够规律地转换为货币资产或其他资产,但长期不能耗用的存货就有可能变为积压物资或降价销售,从而造成公司的损失。

3. 按流动性大小分类

按照流动性大小,流动资产可分为速动资产和非速动资产。

(1)速动资产是指在很短时间内可以变现的流动资产,如货币资金、交易性金融资产和各种应收款项。

(2)非速动资产包括存货、待摊费用、预付款、一年内到期的非流动资产以及其他流动资产。

10.1.5　流动资产管理的主要内容

货币资金是指公司在生产经营活动中停留在货币形态的那一部分资金,包括现金和各种存款。做好这一管理,具体要求如下。

(1)做好现金管理。公司流动资金的需要量与其经营活动紧密相关。当公司产销两旺时,流动资产会不断增加,流动负债也会相应增加;而当公司产销量不断减少时,流动资产会相应地减少。因此,财务人员应认真分析公司的经营情况,采用科学合理的方法预测流动资金的需要量,以防流动资金的过剩或不足。

(2) 加速流动资金的周转,提高资金的使用效果。流动资金的周转是指公司的流动资金从货币资金投入开始,到最终转化为货币资金的过程。在这一过程中,流动资金的周转速度决定了公司获利能力的高低。流动资产周转率是反映流动资产周转速度的重要指标。该指标值越高,意味着公司用较少流动资产实现较多的销售额,流动资产效率也就越高。加快流动资产周转的关键是加强应收账款和存货的管理,提高应收账款和存货的周转率,提高资金的使用效率。

(3) 保管好流动资产,做好核算和记录工作。对于货币资金,应按国家有关制度严格保管,防止损失;对于存货资产,应分门别类制定相应的管理措施,定期或不定期地盘点,发现问题,及时清理;对于应收款项等债权资产,应做好客户的信用调查,防患于未然,及时催收,减少坏账损失。同时,公司应建立适合本公司经济活动特点的账户,如实反映公司流动资产的发生及增减变化,并做到账实相符、账账相符,确保公司流动资产的安全。

(4) 建立流动资产管理责任制。按照流动资产的分布地点,建立起各职能管理部门、车间、岗位及职工所分管的流动资产的责任制,把使用和管理结合起来,并制定相应的检查及考核办法,从而切实有效地管好用好流动资产,减少损失浪费,提高公司经济效益。

10.1.6　流动资产管理的意义

(1) 有利于保证公司生产经营活动顺利进行。流动资产占公司资产的比重较大,直接参与公司各项生产经营与消耗,对公司生产经营至关重要。因此,必须加强流动资产的管理,确保公司生产经营顺利进行。

(2) 有利于提高公司流动资产的利用效果。流动资产是公司各类资产中流动性强、周转快的资产。加强流动资产的管理,有利于提高流动资产的利用效果,盘活公司全部资产。

(3) 有利于保持公司资产结构的流动性,提高偿债能力,维护公司信誉。流动资产周转快,变现能力强。货币资金—存货资金—生产资金—成品资金—货币资金,这一循环经历的时间较短,通常不长于一年或一个营业周期。因此,加强流动资产的管理,加快流动资产的周转,可以提高流动比率,流动资产对流动负债的保障程度随之提高,公司的偿债能力就越强,也更有利于维护公司信誉。

阅读资料 10-1:次贷危机

本部分内容为拓展知识,读者可自行扫码阅读。

10.2 现金管理

10.2.1 现金的相关概述

1. 现金的概念

现金是指公司以各种货币形态占用的资产,包括库存现金、银行存款及其他货币资金。现金具有普遍可接受性,即可用于购买原材料、商品或用于偿还到期债务。而且,现金的流动性在流动资产中是最强的,是随时可以用于支付的资产。但是,现金的收益性很差,是不生息的,公司持有现金越多,机会成本就越高。现金管理的目的就是平衡现金流动性与收益性之间的矛盾,让公司保持合理的流动资产比例,在保证公司生产经营所需现金的同时节约使用资金,并从暂时闲置的现金中获得更多的投资收益。

2. 持有现金的动机

(1)交易性动机。公司持有现金是为了满足日常生产经营支出的需要。公司在生产经营过程中需要购买原材料,支付各种成本费用等。由于公司日常生产经营中现金流出与流入并不完全同步,收入多于支出,公司留存现金;收入小于支出,公司则需要筹集资金满足支出需要。为了满足日常生产经营支出的要求,公司应持有一定数量的现金,以满足日常现金支出的需要。

(2)预防性动机。公司在现金管理时,要考虑到可能出现的意外情况,比如,不可抗力的自然灾害、生产事故、客户违约等。为了应付公司发生意外可能对现金的需要,公司应准备一定的预防性现金。

(3)投机性动机。一个公司在生产经营正常、投资和筹资规模不变的情况下,现金流入越大则公司活力越强;如果经营活动现金流入占总现金流入的比重较大,则可以反映出公司经营状况较好,收现能力强,坏账风险小,现金流入结构较为合理;如果公司的现金流入主要是由收回投资产生的,甚至是由处置固定资产、无形资产和其他资产引起的,则可能反映出公司生产经营能力衰退,维持和发展出现问题;如果筹资活动现金流入所占比重较大,则可能意味着公司拥有广阔的筹资渠道,拥有获得足够的资金扩大生产经营规模的潜力。公司可以保持在正常生产经营的前提下,寻求一些高回报率的投资机会。比如,购入一些股票,获得收益。

3. 持有现金的成本

(1)机会成本。现金持有成本即机会成本,是指公司因持有一定的现金余额而丧失的再投资收益,通常按同期有价证券的利息率计算,与现金持有量呈正比例变化。持有现金的机会成本,是指公司因持有现金而丧失的投资收益。这种成本在数额上等同于资金成本或同期有价证券的利息率。机会成本的高低与现金持有量的多少呈同方向变化,即现金持有量越大,机会成本也就越高。

（2）管理成本。公司持有现金将会发生一定的管理费用，如管理人员的工资、管理现金所需的支出。这些费用是现金的管理成本，在一定范围内与现金持有量的多少无关，具有固定成本的性质，属于决策无关成本，决策时可不予考虑。

（3）交易成本。交易成本是指公司用现金购入有价证券或将有价证券转换为现金发生的交易费用，如经纪人佣金、委托手续费、证券过户费、证券交易的税金等。此成本在金额上等于现金的转换次数（现金与有价证券的交易次数）与每次转换成本的乘积。一般来说，每次的转换成本是固定不变的，现金的转换成本与转换次数之间便存在线性相关关系。因此，在现金需要总量既定的前提下，每次现金持有量越少，变现次数越多，交易成本越大；反之，每次持有量越多，变现次数越少，交易成本越小。现金持有量的高低可以通过影响现金与有价证券的转换次数而影响转换成本。

（4）短缺成本。短缺成本是指现金持有量不足，但又无法及时通过有价证券变现加以补充，不能应付支付所需要的现金，从而使公司造成损失。如现金短缺时，公司因不能按时纳税而支付的滞纳金，因不能按时偿还贷款而支付的罚息，这都属于短缺成本。这部分成本与现金持有量成反比。公司持有的现金越多，出现短缺的可能性越小，为此遭受的损失或付出的代价就越小；反之，则越大。

可见，现金持有量过多或过少都对公司不利。持有过多现金，会降低公司的收益水平；过少，则会造成现金短缺，不能及时支付现金，使公司蒙受损失或付出代价。这要求公司加强现金管理，在资产的流动性和收益性之间进行权衡和选择，以确定一个最佳的现金持有量，帮助公司获得最大的收益。

10.2.2　现金预算管理

1. 现金预算的概念

现金预算（cash budget）就是在公司长期发展战略的基础上，以现金管理的目标为指导，充分调查利用各种现金收支影响因素，运用一定的方法合理估测公司在未来一定时期内的现金收支状况，并对预期差异采取相应对策的活动。

2. 现金预算的作用

公司现金持有量不足或过多，都说明现金管理不力，很难平衡现金收益性与流动性的问题。所以，要对现金的流入和流出进行有效设计和管理，使现金持有量接近最优水平，这就显得尤为重要。为了使公司能够实现并保持已确定的最佳现金持有量水平，需要对未来可能的现金收支数量和时间进行预测，编制现金预算。现金预算在现金管理上的作用表现在以下方面。

（1）揭示现金过剩或现金短缺的时期，使资金管理部门能够将暂时过剩的现金转入投资或在短缺时期来临之前安排筹资，以避免不必要的资金闲置或不足，减少机会成本。

（2）在实际收支实现以前了解经营计划的财务结果，预测未来时期公司对到期债务的直接偿付能力，防止公司因现金流动性问题导致债务偿还问题，继而影响公司信誉及正常生产经营。

（3）对其他财务计划提出改进建议。公司应当保持一定的现金来防止可能发生的现金短缺，但又不能把过多的现金置于没有收益的用途上。通过编制现金预算，可以较为有效地预计未来现金流量，是现金收支动态管理的一种有效方法。

3. 现金预算的编制方法

现金预算编制的主要方法有以下两种。

1）收支预算法

收支预算法，又称直接法，是目前最为流行、应用最为广泛的现金预算编制方法。该方法是将预期内可能发生的一切现金收支项目，分类列入现金预算表内，确定差异，并采取适当财务对策。它具有直观、简便、便于控制等特点。在收支预算法下，现金预算主要分以下四个步骤进行：预算期内现金收入、预算期内现金支出、对现金不足或盈余的确定、现金融通。

（1）计算预算期内现金收入，即根据公司收入预算（包括销售收入预算、投资收入预算及其他收入预算），计算公司在预算期内所能获得的现金收入。

（2）计算预算期内现金支出，即根据现金支出计划（包括采购原材料、支出工资、支付期间费用、支付税金等），计算公司在预算期内的现金支出。

（3）计算现金不足或结余，即根据下列公式，估算公司在预算期内的现金余缺水平。

预算期内现金结余＝预算期初现金余额＋预算期内现金流入－预算期内现金流出
－预算期末现金余额

（4）现金融通，即根据计算出的期末现金结余情况，进行短期投资或融资。如果现金不足，则提前安排筹资（如向银行借款等）；若现金富余，则提前归还贷款或投资于有价证券，以增加收益。

【例 10-1】 使用收支预算法编制鑫恒公司的现金收支预算表，如表 10-1 所示。

表 10-1 鑫恒公司现金收支预算表　　　　　　　　　　　单位：万元

序号	现金收支项目	上月实际数	本月预算数
1	现金收入		
2	营业现金收入		
3	现销和当月应收账款的收回		1 000
4	以前月份应收账款的收回		600
5	营业现金收入合计		1 600
6	其他现金收入		
7	固定资产变价收入		100
8	利息收入		50
9	租金收入		100
10	股利收入		50
11	其他现金收入合计		300
12	现金收入合计		1 900

序号	现金收支项目	上月实际数	本月预算数
13	现金支出		
14	营业现金支出		
15	材料采购支付		900
16	当月支付的材料采购支出		400
17	本月付款的以前月份材料采购支出		300
18	工资支出		200
19	管理费用支出		100
20	销售费用支出		100
21	财务费用支出		60
22	营业现金支出合计		2 060
23	其他现金支出		
24	厂房设备投资支出		80
25	税款支出		80
26	利息支出		100
27	归还债务		100
28	股利支出		100
29	证券投资		800
30	其他现金支出合计		1 260
31	现金支出合计		3 320
32	净现金流量		−1 420
33	现金收入减现金支出		
34	现金余缺		
35	期初现金余额		150
36	净现金流量		−1 420
37	期末现金余额		−1 270
38	最佳现金余额		180
39	现金富余或短缺		−1 090

2）调整净收益法

调整净收益法是指运用一定的方式,将公司按照权责发生制计算的净收益调整为按收付实现制计算的净收益,在此基础上加减有关现金收支项目,使净收益与现金流量相互关联,从而确定预算期现金余缺,并做出财务安排的方法。采用此方法编制现金预算,首先应编制预计利润表,求出预算期的净收益;其次,逐笔处理影响损益及现金收支的各会计事项;最后,计算出预算期现金余额。这个计算过程类似于从净利润入手编制现金流量表。

调整净收益法将在权责发生制基础上计算的净收益与在收付实现制基础上计算的净收益统一起来,克服了收益额与现金流量不平衡的缺点,但是,现金余额增加额不能直观、详细地反映生产过程,这在一定程度上影响了对现金预算执行情况的分析和控制。

227

10.2.3 现金持有量决策

所谓最佳现金持有量,是指能使持有总成本最低的现金余额。公司应当出于各种动机而持有一定货币,但出于成本与利益的关系考虑,应当确定最佳现金持有量。确定现金最佳持有量的方法主要有成本分析模型和存货模型。

1. 成本分析模型

成本分析模型是根据现金的有关成本,分析预测其总成本最低时现金持有量的一种方法。运用成本分析模型确定最佳现金持有量时,只考虑持有一定量的现金而产生的机会成本及短缺成本,而不考虑管理费用和转换成本。

(1) 机会成本是公司因保留一定的现金余额而增加管理费用及丧失的投资收益,与现金持有量呈正比例变动关系,则

$$机会成本 = 现金持有量 \times 有价证券利率$$

(2) 短缺成本是指现金持有量不足且又无法及时将其他资产变现而给公司造成的损失,包括直接损失和间接损失,与现金持有量呈反比例关系。因此,成本分析模型中的最佳现金持有量可以解释为机会成本和短缺成本为最小值时的现金持有量。成本分析模型的计算步骤:①根据不同现金持有量测算各备选方案的有关成本数值;②按照不同现金持有量及有关部门成本资料计算各方案的机会成本和短缺成本之和,即总成本,并编制最佳现金持有量测算表;③在测算表中找出相关总成本最低时的现金持有量,即最佳现金持有量。

此种方法适用范围广泛,尤其适用于现金收支波动较大的公司。但是公司持有现金的短缺成本较难预测。成本种类与现金持有量关系如表 10-2 所示。

表 10-2　成本种类与现金持有量关系

成本种类	含　义	与现金持有量的关系
机会成本	占用现金的代价,表现为因持有现金不能将其投资到生产经营领域而丧失的收益	同向变化关系
管理成本	管理现金的各种开支,如管理人员工资、安全措施费等	无明显的比例关系
短缺成本	缺乏必要的现金,不能应付业务开支所需,而使公司蒙受的损失或为此付出的代价	反向变化关系

【例 10-2】 新达集团现有 A、B、C、D 这四种现金持有方案,有关成本资料如表 10-3 所示。

表 10-3　现金持有量备选方案

项　目	方案 A	方案 B	方案 C	方案 D
现金持有量/万元	100	200	300	400
机会成本率	13%	13%	13%	13%
短缺成本/万元	50	30	10	0

228

根据表 10-3 计算的最佳现金持有量测算表如表 10-4 所示。

表 10-4　最佳现金持有量测算表　　　　　　　　　　单位:万元

方　　案	现金持有量	机会成本	短缺成本	相关总成本
A	100	100×13%＝13	50	63
B	200	200×13%＝26	30	56
C	300	300×13%＝39	10	49
D	400	400×13%＝52	0	52

根据最佳现金持有量测算表,应选择成本最低的 C 方案。

2. 存货模型

存货模型是将存货经济订货批量模型用于确定目标现金持有量。该模型最早由美国经济学家威廉·鲍莫(William Baumol)于 1952 年提出,因此又称 Baumol 模型。他认为现金持有量管理与存货管理有很多相似之处。利用存货模型计算现金最佳持有量时,对短缺成本不予考虑,只对机会成本和固定性转换成本予以考虑。

存货模型是以下列假设为前提的。

(1) 公司在一定时期内的现金总需求量可以预测。

(2) 公司的现金收入每隔一段时间发生一次,而现金支出则是在一定时期内均匀发生。

(3) 在预测期内,公司不能发生现金短缺,并可以通过出售有价证券来补充现金。即公司最初持有一定量的现金,每天平均流出量大于流入量,到现金余额将为零时,公司就可以通过定期出售有价证券以获取等额现金补充,使下一周期的期初现金余额恢复到最高点,以后不断地重复上述过程。

(4) 证券的利率或报酬率以及每次的固定性交易费用可以获悉。

根据这些假设条件,公司可利用存货模式来确定现金的最佳持有量,其计算公式如下。

$$现金管理相关总成本＝总持有机会成本＋总交易成本$$

即

$$TC = \frac{N}{2}i + \frac{T}{N}b$$

式中,T 为一个周期内现金总需求量;b 为每次转换有价证券的固定成本;N 为最佳现金持有量(每次证券变现数量);i 为有价证券利息率(机会成本);TC 为现金管理相关总成本。

对此式求一阶导数,可求出总成本 TC 最小的 N 值为

$$N = \sqrt{\frac{2Tb}{i}}$$

【例 10-3】　海星公司预计全年现金需要量为 400 000 元,现金与有价证券的每次转换固定成本为 200 元,有价证券的利息率为 10%,则海星公司的最佳现金余额为

$$N = \sqrt{\frac{2 \times 400\,000 \times 200}{10\%}} = 40\,000(元)$$

10.2.4 现金的日常控制

1. 现金使用

公司可以在下列范围使用资金：①职工工资、津贴；②个人劳务报酬；③根据国家规定颁发给个人的科学技术、文化艺术、体育等各种奖金；④各种劳保、福利费用以及国家规定的对个人的其他支出；⑤向个人收购农副产品和其他物资的价款；⑥出差人员必须随身携带的差旅费；⑦结算起点以下的零星支出，结算起点定为 1 000 元，结算起点的调整，由中国人民银行确定，报国务院备案；⑧中国人民银行确定需要支付现金的其他支出。除上述⑤、⑥项外，公司支付给个人的款项，超过使用现金限额的部分，应当以支票或者银行本票支付；确需全额支付现金的，经开户银行审核后，予以支付现金。在经济往来中，转账结算凭证具有同现金相同的支付能力。在销售活动中，不得对现金结算给予比转账结算优惠的待遇，不得拒收支票、银行汇票和银行本票。

2. 现金流量管理

现金流量管理就是通过加强对现金的日常管理来提高公司的收益。其基本做法主要有以下几方面。

（1）加速收款。加速收款是现金日常管理的重要方式，包括及时清理欠款，对到期的欠款要加紧催收，避免过长时间不还款造成的坏账；对欠款不还的要采取包括法律诉讼在内的行动，进行催款；改进收款结算方式，控制现销与赊销的比例，减少资金的在途时间；设计收款方式，对早付款、按时付款的客户给予一定的奖励等。

（2）延迟付款。延迟付款是充分利用商业信用的好处，争取更大利益。延迟付款包括选择有利于己的结算方式以及在期限最后一天付款等，给公司争取更多的现金周转期。在使用这些方法时，要注意防止负面效应，注意不要因此损害公司的信誉、与客户的关系等。有时，如果现金在自己手中并无多大用处，对客户却能解燃眉之急，提前付款可能是一种更有效益的行为。

（3）现金流动同步化。现金管理之所以存在，一个重要原因就是现金收支不同步。由于公司规模不同，业务性质各异，现金收支呈现出不同的特点。公司应当保留比最佳现金持有量多的现金余额。为了减少公司因持有现金带来的成本增加和盈利减少，公司财务人员应当充分运用各种金融工具对公司的现金收支进行调整，实现同步化的理想效果。以医院为例，一般医院是期初一次性支出大额资金购买设备，在以后每日固定收到诊治收入。这时，它的现金收支就不同步，期初需要为筹措资金发愁，平时又为如何运用闲置资金动脑筋。假如以融资租赁的方式买入设备，则以上两个难题均可解决。这是一个极为简单的例子，却生动地说明了现金管理的重要作用。经济生活中可用的方式很多，只要善于学习，多动脑筋，实现现金收支同步基本上是能做到的。

（4）合理估计"浮存"。现金在收支过程中，公司账簿中的现金余额与银行记录中的现金余额的差额，就是所谓的"浮存"。以支票结算的收付款为例，从一方寄出支票到另一方结算款项入账，要经历邮寄浮动期、加工浮动期和结算浮动期三个阶段，这导致公司存款账户上存款余额和银行账簿上公司存款账户余额之间出现差额。这个差额是公司和银行之间的未达账项,即现金浮游量。为了保证公司安全运转,财务人员应当了解这个差额,正确判断公司的现金持有量,不要高估或低估现金持有量。并且,公司可以合理估计现金浮游量,有效利用现金时间差,提高现金的使用效率。

(5)加强公司内部控制。公司各个部门应当相互牵制,相互监督。公司财务部门的出纳人员及会计人员应当相互牵制,坚持复核制度,减少差错。

10.3 应收账款管理

10.3.1 应收账款概念

应收账款(receivables)是指公司在正常的经营过程中因销售商品、产品、提供劳务等业务,应向购买单位收取的款项,包括应由购买单位或接受劳务单位负担的税金、代购买方垫付的包装费、各种运杂费等。应收账款分析是资产负债表分析的一个重点。应收账款项目受到应收账款政策的影响,公司在应收账款的管理上具有较大的灵活性,其波动性和风险性都较高。较高的应收账款总额和增速除了与公司经营扩张相关外,也可能受公司放松信用政策的影响。这将带来应收账款真实性与质量上的问题。因此,在分析应收账款时,可以结合主营业务收入及其增幅综合考虑,尤其是当应收账款增长速度超过主营业务收入的增长速度时,其中会计操纵的可能性往往较大。

发生应收账款的原因主要有两种:销售和收款的时间差距和商业竞争。销售和收款的时间差距是发生应收账款的主观因素。商品成交的时间和收款的时间时常不一致,这也造成了应收账款。由于销售和收款的时间差而造成的应收账款,不属于商业信用。商业竞争是发生应收账款的主要原因,也是客观因素。在现代市场经济的条件下,存在着激烈的商业竞争。就现代市场经济本质而言是信用经济,信用销售已成为公司争取客户、扩大销售和经营规模的最有效手段。

应收账款的功能主要包括扩大销售和减少库存。扩大销售,增加了公司的竞争力。在市场竞争比较激烈的情况下,赊销是促进销售的一种重要方式,可以扩大市场占有率,开拓新市场。减少库存,降低了存货风险和管理开支。公司持有产成品存货,要追加管理费、仓储费和保险费等支出;相反,公司持有应收账款,则无须进行上述支出。

10.3.2 应收账款的成本

1. 应收账款的机会成本

如果将应收账款上占用的资金用于其他用途,也可获得公司要求的最低收益率,这个收益率就是应收账款的机会成本。机会成本的高低与赊销业务所需要的资金和资本成本率等相关。资本成本率通常用资本成本或有价证券的利率来表示。

2. 应收账款的管理成本

应收账款的管理成本是公司在管理应收账款的过程中发生的开支。例如,调查客户信用情况的费用、收集各种信息的费用、账簿的记录费用、收账费用和其他费用。

3. 应收账款的坏账成本

应收账款因各种原因收不回来而发生的损失,就是坏账成本。

10.3.3　公司的信用政策

1. 信用标准

信用标准是指公司同意向客户提供商业信用时,客户所必须具备的最低财务能力。公司通常利用定性分析和定量分析来对客户的资信程度进行评估,常见的信用评估方法有5C评估法和信用评分法。

信用标准是客户获得商业信用应具备的最低条件,通常以预期坏账损失率来表示。信用标准的确定受多种因素影响,如信用品质、偿付能力、资本、抵押品和经济状况等。在充分考虑这些因素的情况下,可通过定性分析、定量分析或两者相结合的方法来确定信用标准。如果公司的信用标准较严,只对信誉很好、坏账损失率很低的顾客赊销,则会减少坏账损失和应收账款的机会成本,但可能不利于扩大销售量,甚至会使销售量降低;反之,如果信用标准较宽松,虽然会增加销售,但会相应增加坏账损失和应收账款的机会成本。公司应根据具体情况进行权衡。

2. 信用标准确定

1) 信用标准确定的定性分析

公司在制定信用标准时,必须对客户的资信程度进行调查和分析,然后在此基础上判断客户的信用等级,并决定是否给予客户信用优惠。客户信用分析的基础是5C理论。

2) 信用标准确定的定量分析

对信用标准进行定量分析,主要解决两个问题:一是确定客户拒付账款的风险,即坏账损失率;二是具体确定客户的信用等级,以作为给予或拒绝提供信用的依据。具体通过以下三个步骤来进行。

(1) 设定信用等级的评价标准。设定信用等级的评价标准时,主要是根据对客户信用资料的调查分析,确定评价信用优劣的数量标准,以一组具有代表性、能够说明付款能力和财务状况的若干比率(如流动比率、速动比率、应收账款平均收账天数、存货周转率、产权比率或资产负债率、赊购付款履约情况等)作为信用风险指标。然后,根据数年内最坏年景的情况,分别找出信用好和信用差两类顾客的上述比率的平均值,以之作为信用标准。

(2) 利用既有或潜在客户的财务报表数据,计算各自的指标值,并与上述标准比较。

比较的方法是,当客户的某项指标值等于或低于差的信用标准,则该客户的拒付风险系数(即坏账损失率)增加若干百分点;若客户的某项指标值介于好与差的信用标准之间,则该客户的拒付风险系数增加一定百分点;当客户的某项指标值高于或等于好的信用标准时,则视该客户的这一指标无拒付风险。最后,将客户的各项指标的拒付风险系数累加,即作为该客户发生坏账损失的总比率。

(3)进行风险排队,并确定各有关客户的信用等级。首先,依据上述风险系数的分析数据,按照客户累计风险系数由小到大进行排序。然后,结合公司承受违约风险的能力及市场竞争的需要,具体划分客户的信用等级。例如,累计拒付风险系数在5%以内的为A级客户,在5%与10%之间的为B级客户等。对于不同信用等级的客户,分别采取不同的信用对策,包括拒绝或接受客户信用订单以及给予不同的信用优惠条件或附加某些限制条款等。

对信用标准进行定量分析,有利于公司提高应收账款投资决策的效果。但由于实际情况错综复杂,不同公司的同一指标往往存在着很大差异,难以按统一的标准进行衡量。因此,公司财务决策者必须在更加深刻地考察各指标实际情况的基础上,结合各类公司的特点,对各项指标进行具体的分析、判断。针对不同的信用等级的客户,要分别采用不同的信用政策。例如,对一级至五级客户给予常规赊销待遇,对六级至七级客户必须采用现销方式,对于八级客户则应要求预付一部分货款。

此外,公司在制定信用标准时,还应该考虑的基本因素包括同行业竞争对手的情况以及公司承担风险的能力等。信用标准是公司评价客户等级,决定给予或拒绝客户信用优惠的依据。一旦公司决定给予客户信用优惠时,就需要考虑具体的信用条件。

2. 信用条件

信用条件是指公司接受客户信用订单时,在对客户等级进行评价的基础上所提出的付款要求,主要包括信用期限、折扣期限和现金折扣。其中,信用期限是公司为顾客规定的最长付款时间,折扣期限是为顾客规定的可享受现金折扣的付款时间,现金折扣是在顾客提前付款时给予的优惠。例如,账单上的"2/10,n/30"就是一项信用条件,即在10天之内付款可以享受2%的折扣,而在10天之后、30天之内付款则没有折扣。提供比较优惠的信用条件,能增加销售量,但也会带来额外的负担,如增加应收账款机会成本、现金折扣成本等。

3. 收账政策

收账政策又称为收账方针,是指客户违反信用条件,拖欠甚至拒付账款时公司所采取的收账策略与措施。公司如果采用较积极的收账政策,则可能会减少应收账款投资,减少坏账损失,但会增加收账成本;如果采用较为消极的收账政策,则可能会增加应收账款投资,增加坏账损失,但会减少收账费用。

综上所分析的单项收账政策,在公司中应当综合应用,把信用标准、信用条件以及收账政策结合起来,考虑其对销售额及应收账款的机会成本、坏账成本和收账成本的影响,遵循的原则应当是因增加销售额所带来的收益大于因赊销带来的损失。

233

10.3.4 应收账款管理

应收账款管理的基本目标通过应收账款管理发挥应收账款强化竞争、扩大销售的功能，同时，尽可能降低应收账款投资的机会成本、坏账损失与管理成本，最大限度地提高应收账款投资的效益。

1. 信息收集

信息收集过程中的信息来源可划分为内部信息和外部信息来源。内部信息来源主要有：①顾客的信用申请书以及所附的参考资料；②申请者以往的付款记录；③销售人员以及其他员工所提供的信息。

外部信息来源主要有以下几种。

(1) 财务报表。分析顾客近年来的财务报表，可以了解顾客的盈利能力、偿债能力以及营运能力及现金流的相关问题。通过对近几年的财务报表相关数据和指标的分析，可以评估公司的业绩偿债能力等。

(2) 信用评估机构的资料。许多国家都有信用评估的专门机构，定期发布有关公司的信用等级报告。标准普尔公司、穆迪投资者服务公司和惠誉国际信用评级公司并称为"世界三大评级机构"。例如，标普的长期评级主要分为投资级和投机级两大类，投资级的评级具有信誉高和投资价值高的特点，投机级的评级则信用程度较低，违约风险逐级加大。投资级包括 AAA、AA、A 和 BBB，投机级则分为 BB、B、CCC、CC、C 和 D。信用级别由高到低排列，AAA 级具有最高信用等级；D 级最低，视为对条款的违约。我国目前也有一些信用评估机构，但其服务质量及公正性、客观性仍与西方国家尚有一定差距。

(3) 银行的资料。银行可以作为信用资料的一个重要来源，因为许多银行都设有信用部门，银行的资料一般在行业之间互通，而不愿意向陌生的直接询问者提供。因此，需要了解顾客的信用状况时，最好通过本公司的开户银行向对方开户银行咨询。

(4) 其他。除以上资料外，还有其他一些渠道，如工商管理部门、行业协会等也可提供有用信息。

2. 公司的信用调查

信用调查又称资信调查，是指授信方自行或委托收集受信方的各种信用要素资料，客观地反映受信方信用动因和信用能力的活动。对客户的信用进行评价是应收账款日常管理的重要内容。这是收集受信方信用资料，分析受信方信用动因和信用能力，验证受信方信用动因和信用能力，分析与评估受信方的信用状况的过程。将通过信用调查取得的数据、信息等进行整理、研究与分析，出具反映受信方信用状况的报告，即为信用调查报告。公司信用调查分为直接调查法和间接调查法。

直接调查法是指调查者到现场直接与被调查者进行面对面接触的调查方法，通常称为访谈法。对被调查者进行直接询问调查的方式有多种，如入户调查、随机采访、座谈会等。

间接调查法是指调查者不直接与被调查者面对面接触,而是通过某种中介向被调查者进行调查的方法。间接调查的方法有许多,主要包括以下几种。

(1) 文案法(又称案头调查、二手资料调查):通过查询已经形成的资料,或经过一定整理加工的二手资料来获取信息的过程。

(2) 电信法:调查者借助电话、计算机辅助电话、传真、电子邮件等中介工具,与被调查者间接接触进行询问、调查的方法。

(3) 通信法:调查人员将印刷好的调查问卷或调查表格邮寄给选定的被调查者,由被调查者按要求填写后再寄回来,从而获得调查结果的方法。

(4) 报告法:由被调查单位定期或不定期向有关单位报送调查统计资料的方法。

3. 公司的信用评估

1) 5C 评估法

5C 评估法是指重点分析影响信用的五个方面的一种方法。五个方面是品德(character)、能力(capacity)、资本(capital)、抵押(collateral)和状况(conditions),其英文的第一个字母都是 C,故称之为 5C 评估法。品德是指顾客的信誉,即履行偿债义务的可能性。客户是否主观上愿意偿还债务直接决定收账的速度和品质。能力是指顾客的现实偿债能力,即其流动资产的数量和质量以及与流动负债的比例,与公司的经营状况和业绩有关。资本是指顾客的财务实力和财务状况,可以从有关的财务比率来判断。抵押是指顾客拒付款项或无力支付款项时能被用作抵押的资产。状况是指可能影响客户付款能力的经济环境。例如,某一地区特殊的环境对公司的偿还能力的影响。

2) 信用评分法

信用评分法是先对一系列财务比率和信用情况指标进行评分,然后进行加权平均,得出顾客综合的信用分数,并以此进行信用评估的一种定量分析方法。

信用评分的基本公式为

$$Y = a_1x_1 + a_2x_2 + a_3x_3 + \cdots + a_nx_n = \sum_{i=1}^{n} a_ix_i$$

式中,Y 代表公司的信用评分;a_i 代表事先拟定的对第 i 种财务比率或信用情况进行加权的权数;x_i 代表第 i 种财务比率或信用情况指标的评分。

信用评分法的主要优点是成本低且易于实施,通过简单的计算就可以发现需要注意的风险。但是,确定哪些财务比率,对哪些信用状况指标进行评分,以及各指标的权数如何确定,这些都是运用此方法的关键和难点。

4. 应收账款账龄分析

(1) 账龄分析法是根据公司已发生的应收账款时间的长短,显示每一类的总数额和所占比例,进行排序分析的表格。应收账款的账龄分析表是根据未收账款发生时间的长短而编制的,其一般格式如表 10-5 所示。

235

表 10-5　欣荣公司应收账款账龄分析表

账龄/天	金额/元	百分比/%
0～30	12 000	68.57
30～60	3 000	17.14
60～90	2 500	14.29
90 以上	0	0
合计	17 500	100

利用账龄分析表可以了解以下情况:①有多少应收账款尚未超过信用期;②有多少应收账款已经超过信用期;③有多少应收账款可能成为坏账。账龄分析法是按应收账款拖欠时间的长短,分析判断可收回金额和坏账的一种方法。通常而言,应收账款的账龄越长,其对应坏账损失的可能性越大。企业可将应收账款按账龄长短分成若干组,并按组估计坏账损失的可能性,进而计算坏账损失的金额。它能够反映出公司提供的信用条件、客户付款习惯及最近的销售趋势。

(2) 应收账款平均账龄。除账龄分析表外,财务经理常常计算应收账款的平均账龄,即该公司所有未得到清偿的应收账款的平均账龄。对应收账款平均账龄的计算,常有两种方法。①计算所有个别没有清偿发票的加权平均账龄。使用的权数是个别发票金额占应收账款总额的比例。②利用账龄分析表。这里,假设账龄在 0～30 天的所有应收账款账龄为 15 天(0 天和 30 天的中点),账龄为 30～60 天的应收账款账龄为 45 天,而账龄为 60～90 天的应收账款账龄为 75 天,以此类推。通过加权平均数,就可以计算出平均账龄。权数是账龄各个天数的应收账款占全部应收账款的比例。

5. 应收账款坏账准备制度

按照我国现行财务制度规定,确认坏账损失的标准有两个。

(1) 债务人破产或死亡,以其破产或遗产清偿后仍不能回收的部分。

(2) 债务人逾期三年未履行义务,且有明显的证据证明日后也无法收回的应收账款。

公司的应收账款只要符合以上两个条件中的任何一个条件,均应作为坏账损失处理,计入当期损益。

我国目前的财务制度规定,坏账准备的提取采用应收账款余额比率法,即按照年末应收账款余额的 3‰～5‰ 提取坏账准备。上市公司坏账准备的提取一般采取账龄分析法,即按照应收账款账龄的不同,分别确定不同的比例计提坏账准备,账龄越长,计提的比例越大;账龄越短,计提的比例越小。

坏账准备计提比例客观地反映了公司对应收账款风险程度的认识。采用备抵法计提坏账准备的公司,要特别关注坏账准备计提的合理性。根据可比性原则,公司计提坏账准备的方法和比例一经确定,不得随意变更。对于公司随意变更坏账准备计提方法和比例的情况要予以分析。首先,应查明公司是否在报表附注中对变更计提方法予以说明;其次,分析这种变更是否合理,是正常的会计变更还是为了调节利润。企业可以通过会计报表的相关附注,结合当年的实际业绩以及审计报告内容,分析判断其合理性,从而在一定程度上判断该项目的质量。

6. 催收拖欠款项

公司在催收拖欠款项时,应当做好欠款的风险等级评估。按照欠款预定的回收时间及回收的可能性,将货款分为未收款、催收款、准呆账、呆账、死账五类。对不同类型的货款,应采取不同的催收方法,施以不同的催收力度。公司可选用的催收的方法包括且不局限于以下五种方式。

(1) 信件。当账款过期几天时,可以向对方发达温馨提示;如果仍然没有收到付款,可以发出1~2封甚至更多的邮件,措辞可以更为严厉和迫切,调整优势心态,坚定催欠信心。

(2) 电话。在送出最初的几封信后,给顾客打电话。如果顾客有财务上的困难,可以找出折中的办法。若能收回部分款项,可先将款项收回。

(3) 专人催款。促成这笔销售的销售人员可以拜访顾客,因彼此熟悉,可以使得催收的成功率有所增加。除销售人员外,还可以派出其他的特别收款员。在上门催债过程中,应当注意态度,不卑不亢,态度坚定。

(4) 收款机构。可以把应收账款交由专门催收过期账款的收款机构负责。收款机构一般要收费。比如,收取所收回账款的一半,并且它们所收回的仅是它们所追讨的款项的一部分。因此,公司的应收账款可能遭受较大的损失。

(5) 诉讼程序。如果账款数额相当大,可以通过法律途径来解决。

对应收账款的催收要遵循以下三个原则:①收款的流程应该是从成本最低的手段开始,只有在前面的方法失败后才继续采用成本较高的方法;②早期的收款接触要友好,语气也要弱一些,后来联系则可以逐渐严厉;③收款决策遵循成本收益原则,一旦继续收款的努力所产生的现金流量小于继续收款所追加的成本,那么停止向顾客追讨是正确的决策。

10.4 存货管理

10.4.1 存货的概念

存货是指公司在生产经营过程中为销售或耗用而储存的各种有形资产,包括各种原材料、燃料、包装物、低值易耗品、委托加工材料、在产品、产成品和商品等。存货也是资产负债表分析的一个重点。存货既是资产负债表中流动资产的一个重要项目,在流动资产总额中占有较大比例,也是利润表中销售收入和销售成本的来源。在一般情况下,对存货的管理和利用情况,直接关系到公司的资金占用水平以及资产的运作效率。公司必须有计划地购入、消耗和销售存货,因为它是生产经营过程中不可缺少的资产,也是保证生产经营活动连续顺利进行的必要条件。所以,加强存货的日常管理,降低存货的管理成本和资金占用量,加快公司存货的周转,这对公司的赢利能力和长期发展能力具有不可忽视的意义。

237

10.4.2 存货的分类

1. 按其经济内容分类

(1) 原材料。原材料是指公司在生产过程中经加工改变其形态或性质,并构成产品主要实体的各种原料、主要材料、辅助材料、燃料、修理用备料(备品备件)、包装材料、外购半成品(外购件)等。

(2) 在产品。在产品是指在公司尚未加工完成,需要进一步加工且正在加工的在制品。

(3) 半成品。半成品是指公司已完成一定生产过程的加工任务,已验收合格入库,但需要进一步加工的中间产品。

(4) 产成品。产成品是指公司已完成全部生产过程并验收合格入库,可以按照合同规定的条件送交订货单位,或可以作为商品对外销售的产品。

(5) 商品。商品是指商品流通公司外购或委托加工完成验收入库用于销售的各种商品。

(6) 周转材料。周转材料是指公司能够多次使用、逐渐转移,其价值仍保持原有形态,且不确认为固定资产的材料,如包装物和低值易耗品。

(7) 委托代销商品。委托代销商品是指公司委托其他单位代销的商品。

2. 按其存放地点分类

(1) 库存存货。库存存货是指已验收合格并入库的各种存货。

(2) 在途存货。在途存货是指货款已经支付,正在途中运输的存货以及已经运达公司但尚未验收入库的存货。

(3) 加工中存货。加工中存货是指公司正在加工的存货和委托其他单位加工的存货。

10.4.3 存货的相关分析

1. 存货规模的分析

从资金占用角度分析,若存货数量过多,资金占用较大,会影响公司的资金周转,最终会导致公司生产中断,使经营难以为继;若存货过少,也会影响公司正常的生产经营,使公司错失销售良机。所以,必须使存货规模与公司生产经营活动保持平衡。公司应关注存货总量与资金占用的关系、存货规模与存货结构的关系。

2. 存货发出计价方法的分析

存货在发出时,应采用先进先出法、加权平均法或个别计价法来确定发出存货的实际成本。公司应结合自身的生产经营特点、存货实物流转的特点,合理地确定发出存货的计价方法,一经确定不得随意变更。分析时,应注意结合会计报表附注,查明公司是否对存货计价方法变更予以说明,并分析变更是否合理,是正常的会计政策调整还是为了调节利润。

3. 存货货龄的分析

货龄是指存货自入库时间到还未被领用、仍在仓库的时间,也就是存货占用的储存时间。货龄是以入库的时间作为起点进行计算的。超过正常货龄的原材料就是非正常的原材料,需要对其入库时间和品种进行详细的分析,并查明原因。货龄会影响存货的流动性和质量,库存周期过长的商品自然会使存货的变现能力降低。一般来说,货龄越长,存货的周转速度越慢。因此,分析时必须考虑存货的周转速度、公司的存货日常管理制度,并结合公司的行业特点、公司的生产经营情况进行综合考虑。

4. 存货跌价准备计提的分析

存货为公司实物资产,种类繁多,数量庞大,且价格经常出现波动。通过对存货跌价准备计提的分析,可以考察跌价准备计提的合理性,关注公司是否存在利用存货项目进行潜亏挂账的问题,或是通过巨额计提存货跌价准备调节利润的现象。此外,还应结合公司经营的外部环境,尤其是商品市场未来价格趋势,考察存货在数量过大、过小或结构不平衡的情况下,对公司未来赢利能力的影响。

10.4.4 存货的成本

1. 订货成本

订货成本是指公司为组织订购存货而发生的各种费用支出,如为订货而发生的差旅费、邮资、通信费、专设采购机构的经费等。

2. 购置成本

购置成本是存货成本的主要组成部分,是构成存货本身价值的进价成本,通常用数量与单价的乘积来确定,主要包括买价、运杂费等。

3. 储存成本

储存成本是指公司为储存存货而发生的各种费用支出,如仓储费、保管费、搬运费、保险费、存货占用资金支付的利息费、存货残损和变质损失等。

4. 缺货成本

缺货成本是指因为存货不足而给公司造成的停产损失、延误发货的信誉损失、丧失销售机会的损失等。

239

10.4.5　存货控制

1. 存货的归口分级控制

存货的分级归口管理是指在存货控制的归口负责制下,各职能部门在存货管理和控制方面分别承担一定的责任,各司其职,为公司存货管理服务。在厂长经理的领导下,财务部门对存货资金实行统一管理。①根据使用资金和管理资金相结合、物资管理和资金管理相结合的原则,每项资金由哪个部门使用就归哪个部门管理。②各归口的管理部门要根据具体情况,将资金计划指标进行分解,分配给所属单位或个人,层层落实,实行分级管理。

实行存货归口分级管理的作用如下。

(1) 有利于调动各职能部门、各级单位和职工群众管好、用好存货的积极性和主动性,把存货管理同生产经营管理结合起来。

(2) 有利于财务部门面向生产,深入实际,调查研究,总结经验,把存货的集中统一管理和分管紧密结合起来,使公司整个流动资金管理水平不断提高。

2. ABC 分类管理

ABC 分类管理是意大利经济学家巴雷特于 19 世纪首创的,经过不断的发展和完善,现已广泛用于存货管理、成本管理和生产管理领域。它是根据存货的重要程度进行分类,从而有区别地确定管理方式的一种分析方法。由于它把被分析的对象分成 A、B、C 三类,所以又称为 ABC 分析法。例如,某一类存货只占存货总量的 10%,却占存货总价值的 80%,那么这类存货就属于 A 类;B 类存货的数量占总存货量的 30%,但价值只占 15%;C 类存货的数量占总存货量的 60%,而价值仅占 5%。A 类存货要重点管理,B 类存货为次重点管理,C 类存货为一般管理。

运用 ABC 分类法控制存货资金,一般分为以下几个步骤。

(1) 计算每一种存货在一定时间内(一般为一年)的资金占用额。

(2) 计算每一种存货占用额占全部资金占用额的百分比,并按大小顺序排列,编成表格。

(3) 根据事先测定好的标准,把最重要的存货划分为 A 类,把一般存货划分为 B 类,把不重要的存货划分为 C 类,如表 10-6 所示。

表 10-6　存货 ABC 分类

类　　型	累计金额约占存货总价值的比例	数量占存货总量的比例
A 类存货	60%~80%	5%~15%
B 类存货	20%~30%	20%~30%
C 类存货	5%~15%	60%~80%

知识训练

一、判断题

1. 公司之所以持有一定数量的现金,主要是出于交易动机、预防动机和投机动机。
（　　）

2. 经济采购批量是指使存货的进货成本和储存成本均达到最低点的进货数量。
（　　）

3. 信用条件是指公司接受客户信用订单时所提出的付款要求。（　　）

4. 收账费用与坏账损失呈反向变化关系,收账费用发生得越多,坏账损失就越小。
因此,公司应不断加大收账费用,以便将坏账损失降到最低。（　　）

5. 存货的不同估价方法不构成对公司短期偿还能力的影响。（　　）

二、思考题

1. 存货经济订货批量模型是如何推导的? 如何运用?
2. 存货资金占用额度是如何确定的? 对实际的管理活动有何启示?

能力训练

海生公司于1990年注册登记成立,其主要经营范围是生产和销售家用电器。在成立初期,公司凭借着产品质量过硬、售后服务周到等特点,在市场中不断扩大销售份额、扩充经营领域。公司的财务总监方先生属于风险厌恶者,对于风险一般采取规避的态度。因而,公司的信用政策制定得非常严格,对于客户的信用要求标准很高。鉴于当时的市场供求环境和竞争程度,公司的销售未受到很大影响,客户的数量仍然呈现逐步上升的趋势。但是,随着市场经济的发展,新的家电公司不断涌现,竞争对手不断增加,家电行业的竞争逐渐加剧,海生公司的销量开始出现下滑的态势。公司管理当局为此召开会议,分析造成这种情况的原因。与会人员包括总经理高先生、财务总监方先生、技术总监王先生、销售部门经理姚先生等。经过调研取证、讨论分析,与会人员发表了各自的意见。

技术总监王先生通过对现有证据的充分论证认为,公司产品在质量、功能、品种、特性等方面是处于行业前列的,而且公司的生产技术也在不断更新,已经采用了FMS(弹性制造系统),可以依据市场需求的变化来调整生产,因而销量下滑的原因不是出自技术问题。

销售部门经理姚先生通过在销售过程中客户对产品的反馈意见证实,王先生所说的确属实。并且,姚先生还依据销售部对市场进行的调研情况指出,公司售后服务工作周到,得到了现有客户的认可;公司销售环节采取了有奖销售、商业折扣等促销手段,然而成效不大,客户数量有减无增,其主要原因是公司信用政策制定得过于严格,信用期限短,对客户信用的标准设定得太高,提供的信用优惠政策范围限制较大。同时,姚先生还指出,家电产品的单位价格比较高,而家电行业的主要客户是家电销售超市和销售公司。这些客户为了避免占用大量资金,在管理上倾向于先赊购商品,待商品销售后再结算货款。而海生公司由于信用政策严格,使得部分客户望而生怯。因此,姚先生建议,适当调整现有

241

信用政策,适当放宽优惠政策的范围,降低标准,以吸引更多客户。姚先生的建议将矛头指向了财务总监方先生,方先生对此陈述了自己的观点。

方先生认为,放宽信用政策、延长信用期限、降低标准,虽然可以增加销售量,但也会将一些信用较低的客户引入公司,使得客户群鱼龙混杂,不利于公司管理,而且会加大发生坏账的可能性,增加公司的机会成本、呆账损失和后期收账费用,最终有可能会得不偿失。在双方僵持不下时,总经理高先生决定,由财务总监方先生、销售部门经理姚先生牵头组成工作小组,对放宽信用政策后公司收益变化的情况进行调研分析,并在三个月内提交分析报告,届时公司将依据该报告做出相应决策。

会议后,财务总监方先生、销售部门经理姚先生立即商讨研究并成立了工作小组,该小组成员由财务部门、销售部门和市场调研部门的工作人员组成。工作小组成立后,方先生、姚先生召开会议商榷工作方案,分配工作任务。最后,工作小组制订出工作计划,该计划的简要内容如下:①由市场调研部门对现在的市场状况进行调查分析,搜集同行业公司的信用政策信息,并进行归类总结,以供参考;②由销售部门依据市场调研部门的调查结果及销售情况的历史资料,对本公司在不同信用政策情况下的销售状况进行市场分析预测,估算出赊销收入金额;③以销售部门的预测为基础,由财务部门会同信用管理等相关部门,对本公司在不同信用政策情况下的收益、成本费用等相关资料进行预测、搜集、计算和分析;④依据财务部门的计算分析结果,形成分析报告,提交管理当局决策。按照工作计划,小组成员开始分头行动。经过两个多月的努力,小组成员的数据采集工作结束了,其数据的基本情况如下。

(1) 公司目前执行的信用政策包括:①信用期限为 30 天;②不提供现金折扣;③对信用等级评价为 A＋和 A 的客户提供赊销。公司目前的年赊销收入为 2 000 万元,坏账损失率为 3%,年收账费用为 50 万元。公司的变动成本率为 40%,资金成本率为 15%。

(2) 公司可选择的信用政策的 3 种方案:①信用期限延长至 60 天,将客户的信用标准放宽为 A＋、A、A－三个等级,仍然不提供现金折扣。在这种信用政策条件下,公司的年赊销收入额将增至 3 500 万元,坏账损失率为 5%,年收账费用为 80 万元。②信用期限延长至 90 天,将客户的信用标准放宽为 A＋、A、A－、B＋四个等级,并为在 30 天内付款的客户提供 2%的折扣。在这种信用政策条件下,公司的年赊销收入额将增至 500 万元,约有 40%的客户能享受现金折扣优惠,此时的坏账损失率为 10%,年收账费用为 120 万元。③信用期限延长至 120 天,将客户的信用标准放宽为 A＋、A、A－、B＋四个等级,并为 30 天内付款的客户提供 5%的折扣,为在 60 天内付款的客户提供 2%的折扣。在这种信用政策条件下,公司的年赊销收入额将增至 6 500 万元,约有 20%的客户能享受 5%的现金折扣优惠,约有 30%的客户能享受 2%的现金折扣优惠,此时的坏账损失率为 15%,年收账费用为 250 万元。

问题:
(1) 计算公司目前信用政策的收益。
(2) 分别计算三种信用政策的收益。
(3) 你建议公司采取哪一种信用政策?
(4) 海生公司的信用政策决策在营运资金管理方面给出了哪些启示?

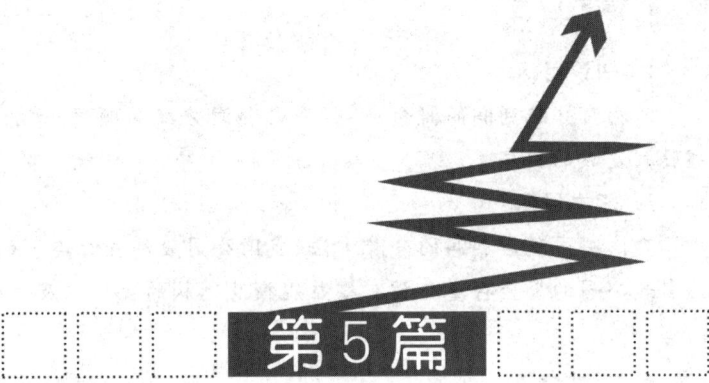

第5篇

利润分配管理

第 11 章　　　股 利 概 述

学习目标

1. 知识目标

掌握可分配利润的概念;了解公司利润分配的顺序;掌握股利的多种形式及区别;掌握股利发放的程序。

2. 能力目标

熟悉公司税后利润的分配方法、我国公司股利发放类型的选择和程序,分析股利发放后引起公司的资金存量与股东权益规模及结构的变化以及对公司的筹资和投资活动产生的影响。

引导案例

经天健会计师事务所(特殊普通合伙)审计,截至 2019 年 12 月 31 日,江山欧派门业股份有限公司(以下简称"公司")期末可供分配利润共计 623 691 558.70 元,其中母公司可供分配利润为 599 082 885.70 元。经董事会决议,公司 2019 年年度拟以实施权益分派股权登记日登记的总股本为基数分配利润及资本公积金转增股本。本次利润分配、公积金转增股预案如下:①公司拟向全体股东每 10 股派发现金红利 10 元(含税)。截至 2019 年 12 月 31 日,公司总股本 80 816 061 股,以此计算合计拟派发现金红利 80 816 061.00 元(含税)。该年度公司现金分红比例为 30.93%。②公司拟向全体股东每 10 股以资本公积金转增 3 股。截至 2019 年 12 月 31 日,公司总股本 80 816 061 股,此次转增后,公司的总股本为 105 060 879 股。2020 年 4 月 16 日,经公司第三届董事会第十六次会议审议通过,认为该利润分配方案合法、合规,与公司的经营情况、业绩成长相匹配。该预案待2019 年公司股东大会审议通过后实施。资本公积金转增股本后,所留存的公积金不少于转增前公司注册资本的 25%,转增金额未超过报告期末"资本公积——股本溢价"的余额。

江山欧派门业股份有限公司在 2019 年度采用的是何种股利政策? 股利支付的形式有哪些? 为什么采取这些方式支付股利? 制定股利政策时,需要考虑哪些因素? 下面带着这些问题,开始本章的学习。

11.1　利润与利润分配

利润是公司生存和发展的基础,追求利润是公司生产经营的根本动力。做好利润管理具有十分重要的意义:①利润是衡量公司生产经营水平的一项综合性指标;②利润是公司实现财务管理目标的基础;③利润是公司扩大再生产的主要资金来源。

11.1.1　公司利润的构成

利润是公司在一定会计期间的经营成果,反映了公司经济效益的高低。通常情况下,如果公司实现了利润,表明业绩得到了提升,公司的所有者权益将增加;反之,如果公司发生了亏损,表明业绩下滑了,公司的所有者权益将减少。利润不仅是考核、衡量公司经营成果与经济效益的重要标准,也是投资者等财务报告使用者进行决策时的重要参考。因此,公司利润水平的高低不仅反映了公司的赢利能力,而且反映了公司在市场中生存和发展的能力。

公司的利润,既有通过生产经营活动获得的,也有通过投资活动获得的,还包括与生产经营无直接关系的其他事项引起的盈亏。例如,一家从事新能源汽车生产销售的公司,其主要利润源于新能源汽车的生产和销售;但公司也可能通过对外股权投资获取其他公司的分红派息从而形成投资收益,或者获得政府补贴等与公司业务无直接关系的其他收入。因此,对于公司利润,可以从利润的构成和利润的指标层次两个方面加以认识。

1. 利润的构成

1) 利润总额

利润总额是公司在营业收入中扣除成本费用后的剩余,它构成了公司利润分配的基础。有效的公司利润分配必须以正确地计算利润总额为前提。公司利润总额包括营业利润、营业外收入和营业外支出,计算公式如下。

利润总额＝营业利润＋营业外收入－营业外支出＋以前年度损益调整

2) 营业利润

营业利润是指公司在一定时期从事生产经营活动所取得的利润。它是公司利润总额的主体,是公司营业收入扣除营业成本、费用和各项相关税金等支出后的余额。其计算公式如下。

营业利润＝营业收入－营业成本－税金及附加－销售费用－管理费用－财务费用

　　　　－资产减值损失＋公允价值变动损益(－公允价值变动损失)

　　　　＋投资收益(－投资损失)

式中,营业收入包括主营业务收入和其他业务收入;营业成本包括主营业务成本和其他业务成本;税金及附加是指主营业务、其他业务所缴纳的税金及附加;销售费用是公司为销售产品所发生的各项费用,包括运输费、装卸费、包装费、保险费、销售佣金、租赁费、广告费、代销手续费、展览费以及专设销售机构经费等;管理费用是公司行政管理部门为管理和组织生产经营活动而发生的各项费用,包括公司经费、工会经费、职工教育经费、劳动保险费、失业保险费、董事会会费、咨询费、聘请中介机构费、诉讼费、排污费、绿化费、税金、城镇土地使用费、土地损失补偿费、技术转让费、技术开发费、无形资产摊销、开办费摊销、业务招待费、坏账损失、上缴上级管理费等;财务费用是指公司在生产经营过程中为筹集资金而发生的各种费用,如经营期间的利息净支出、汇兑净损失、调剂外汇手续费、金融机构手续费以及筹资发生的其他财务费用;资产减值损失是指各项资产由于减值所可能发生的损失;公允价值变动损益是指各项资产由于公允价值变动所发生的损益;投资收益或损失是指公司对外投资所取得的收益或发生的损失。

3) 营业外收入和营业外支出

营业外收入包括公司固定资产盘盈和出售的净收入、罚款收入、因债权人原因确实无法支付的应付款、教育附加费返还款等;营业外支出包括固定资产盘亏、报废、毁损和出售等情况的净损失、公司非季节性和非在修理期间的停工损失、职工子弟学校和技工学校经费、各种自然灾害等原因造成的非常损失、公益救济性捐赠支出、公司因未履行合同和协议而向其他单位支付的赔偿金、违约罚息与罚款等。

4) 以前年度损益调整

以前年度的损益调整是指公司在本期发现的,以前年度发生的少计成本费用、多计收益而应该调整减少本期利润的数额;或由于以前年度发生的多计成本、少计收益而应该调整增加本期利润的数额。

【例 11-1】 ABC 公司 2019 年的产品销售利润为 360 万元,其他销售利润 45 万元,投资净收益 19 万元,固定资产盘亏净损失 5 万元,收到税务部门返还的增值税款项 14 万元,审计中发现应予以调整的上年度多计提的固定资产折旧 16 万元,管理费用 11 万元,财务费用 9 万元,则 ABC 公司 2019 年的营业利润和利润总额分别为

营业利润 = 360 + 45 - 11 - 9 = 385(万元)

利润总额 = 385 + 19 - 5 + 14 + 16 = 429(万元)

2. 利润的指标层次

除了了解利润总额和营业利润外,还应该了解以下六个关于利润的概念,这些概念对于理解公司的经营成果和利润分配具有重要的意义。

(1)息税前利润。息税前利润又称息税前盈余,是指扣除利息费用和所得税之前的利润,是利润总额与利息费用之和,即

息税前利润 = 利润总额 + 利息费用 = 税后利润 + 企业所得税 + 利息费用

息税前利润能够比较好地反映公司的赢利能力。它不受公司资本结构、所得税税率及其他有关因素的影响,能够比较好地反映公司的经营管理水平。

(2)税前利润。公司的利润总额扣除按规定需要扣除的项目后,即为公司的税前利润,即

税前利润 = 息税前利润 - 利息费用

税前利润决定了公司缴纳企业所得税的基数。

（3）税后利润。税后利润又称净利润，是公司缴纳所得税后形成的利润，是公司所有者权益的组成部分，也是公司进行利润分配的依据。其计算公式为

$$税后利润 ＝ 税前利润 － 所得税额$$

税后利润是归公司所有者的利润，是公司利润分配的基础，对于实现股东财富最大化的目标具有十分重要的意义。

（4）可供分配的利润。可供分配的利润是公司实际可以分配的利润总额，除本年净利润外，还包括以前年度剩余的未分配利润和转入的其他利润。其计算公式为

$$可供分配的利润 ＝ 净利润 ＋ 年初未分配利润 ＋ 其他转入$$

（5）可供投资者分配的利润。可供投资者分配的利润是根据法律规定和董事会决策，从可供分配的利润提取完各种公积金和公益金之后的剩余利润。其计算公式为

$$可供投资者分配的利润 ＝ 可供分配的利润 － 提取法定公积金$$
$$－ 提取任意公积金 － 其他基金$$

（6）未分配利润。未分配利润是公司向投资者分配利润以后剩余的部分，可以转入下一年，形成下年度的可供分配利润。其计算公式为

$$未分配利润 ＝ 可供投资者分配的利润 － 应付优先股股利$$
$$－ 应付普通股股利 － 转作资本的普通股利$$

11.1.2 利润分配的原则

公司实现的利润必须依法进行分配。利润分配是一项影响公司筹资活动和投资活动的重要工作，也是一项涉及国家、公司、投资者、职工等有关各方利益关系，涉及眼前利益与长远利益、整体利益与局部利益、整个社会积累与消费关系的重要工作。公司在进行利润分配时，应遵循下列原则。

1. 依法分配原则

为规范公司的收益分配行为，国家制定和颁布了若干法律法规，规范了公司利润分配的基础要求、一般程序和重大比例。公司在进行利润分配时应严格遵守国家的财经法律、法规，依据法定的程序进行分配。公司依法交纳所得税之后，其净利润应当按法定的比例及要求提留，然后按法定的程序在投资者之间进行分配。对此，公司只能执行，不能违反。

2. 利益兼顾原则

利润分配不是一般的收益分配，而要涉及国家、公司、投资者、职工等有关各方的经济利益。国家作为社会的管理者，为行使其自身职能，必须有充分的资金保证。所以，公司有利润时，必须及时将所得税上交国家，以保证国家财政收入。公司发生亏损时，国家也不应再予弥补，而应由公司用以后年度实现的利润进行弥补，做到盈亏自负，以减少国家财政负担，真正在利润分配中兼顾国家利益。投资者作为资本投入者，是公司的所有者，依法享有利润分配权。只有将净利润归投资者所有，所有者才会有投资的动力。因此，在利润分配中，应兼顾投资者的利益。职工作为利润的直接创造者，除了获得工资奖金，还

要以适当的方式参与净利润的分配,要求从净利润中提取公益金,用于职工集体福利设施的支出。可见,在利润分配中也应兼顾职工的利益。总之,利润分配中贯彻兼顾各方利益原则,既要满足国家集中财力的需要,又要考虑公司自身发展的要求;既要维护投资者的合法权益,又要保障职工的切身利益。

3. 公平分配原则

在利润分配中贯彻公平分配原则,有两层含义:一层含义是所有的公司在市场经济体制下均站在同一起跑线上,应本着公平的原则,遵守同样的法律法规,履行同样的社会责任,进行公平竞争,避免因利润分配而人为地造成不公平、不合理的竞争现象,使盈利越多的公司从分配中留存的利润越多;另一层含义是所有的投资者因其投资行为而享有分配权,并与其投资的比例相适应。这就要求公司在向投资者分配利润时,也应本着公平的原则,按照各方投入资本的份额来进行分配,做到同股同权、同股同利,不允许发生任何一方多拿多占的现象,从根本上保护投资者的利益。

4. 分配与积累、积累与消费并重的原则

公司在进行利润分配时,除按规定提取法定强余公积金外,还允许提取一定比例的公益金,可以用适当的利润作为积累,最后才向投资者分配利润;暂时未向投资者分配留存的利润,其所有权仍属于投资者。一定比例的利润留存是为公司扩大再生产筹措资金,增加抵御风险的能力,提高经营的安全系数和稳定性,同时也有利于增加所有者的回报。另外,留存利润还可以以丰补歉,平抑收益分配数额波动幅度,稳定投资报酬的效果,使长远利益与近期利益能有机结合,做到分配与积累并重。为真正发挥上述留存利润所起的积累作用,还必须合理安排内部的积累与消费的关系,规定留利的用途,防止将留利向消费倾斜的现象。所以公司在利润分配中应正确处理好分配与积累以及积累与消费的关系。

11.1.3 利润分配的程序

作为分配基础的利润,其范畴有两个方面,一是公司的利润总额,即税前利润;二是净利润,即税后利润。利润分配的基本程序如下。

1. 依法缴纳所得税

公司所得税是公司按照国家税收法律规定,对某一经营年度所得,按规定的税率计算并缴纳的税款。所得税是公司履行法人社会责任与义务的重要体现,具有强制性和无偿性。

(1) 税前利润弥补亏损。公司发生经营性亏损,应由公司自行弥补。当年亏损,可以用下一年度的税前利润弥补;下一年度利润不足弥补的,可以在五年内延续弥补;五年内不足弥补的,用税后利润弥补。

(2) 计算应纳税所得额。对公司利润进行调整后,即可计算应纳税所得额,计算公式如下。

$$应纳税所得额＝公司利润总额－弥补以前年度亏损－国家规定其他项目应调减的利润$$
$$＋国家规定应调增的计税利润$$

（3）计算应纳所得税税额的计算公式如下。

$$应纳所得税税额＝应纳税所得额×税率$$

按照税法规定，公司所得税实行 25％ 的比例税率。

2. 税后利润分配

（1）弥补公司以前年度的亏损。只有在以前年度出现亏损，并且公司的法定公积金不足以弥补上一年度的公司亏损时，才会用净利润弥补亏损；否则，即可进入下一程序。

（2）提取法定盈余公积金。法定盈余公积金按照税后利润的 10％ 提取，直至该项公积金已达注册资本的 50％ 时；如需弥补亏损，则应按税后利润弥补亏损之后的余额提取。

（3）支付优先股股利。如无优先股，则可直接进入下一程序。

（4）提取任意盈余公积金。根据公司章程的有关规定进行。

（5）支付普通股股利。计算公司的可分配利润，再根据公司的股利分配政策确定分配给股东的股利。

11.1.4 利润分配的项目

按照上述程序，利润分配形成以下项目。

1. 盈余公积金

盈余公积金是从净利润中提取形成的积累资金，是公司用于防范及抵御风险、补充资本的重要来源。盈余公积金分为法定盈余公积金和任意盈余公积金。在不存在年初累计亏损时，法定盈余公积金的计提基数是当年的税后净利，应当按照税后的净利的 10％ 提取；当法定盈余公积金达到注册资本 50％ 时，可不再继续提取。任意盈余公积金是为了满足公司经营管理需要，按照公司章程或股东会议决议计提的公积金，其比例视公司的需要而定。股份制公司的任意公积金应在优先股股利之后及普通股股利之前计提。公司提取的盈余公积金主要用于以下几个方面。

（1）弥补亏损。公司以前年度的亏损，按法定年限（一般为五年）先用税前利润弥补；超过法定年限后、未被弥补完以前，后续分配是不予进行的。为维护股票信誉，股份制公司可用盈余公积金补亏，补亏后经股东大会特别决议，还可用盈余公积金按照不超过股票面值 6％ 的比例向股东支付股利。不过，支付股利后的法定盈余公积金不得低于注册资本的 25％。

（2）用于扩大生产经营。盈余公积金作为积累亦可用于扩大生产经营，但动用后的法定盈余公积金仍不得低于注册资本的 25％。

（3）用于转增注册资本。公司的盈余公积金经股东大会特别决议后，可以用于增加注册资本，但在转增资本后，盈余公积金仍不得低于注册资本的 25％。

249

2. 向投资者分配利润

公司向投资者分配利润是投资者从公司获得现实收益的有效途径,要在提取盈余公积金及公益金之后,利润的分配应以该投资者在公司所持有投资额为依据。每一投资者分得的利润与其持有的投资额成正比。如果公司当年无利润,一般不得向投资者分配利润,即所谓的"无利不分"的原则。向投资者分配利润时,主要按优先股和普通股分别发放。

(1) 优先股股利。优先股股利是指公司按优先股发放章程的有关规定,按约定的股息率或金额,发放给优先股股东的报酬。从性质上来讲,优先股股利不是公司的负债,其股息率一般也与债务应付的利息不同,这是由优先股股票具有一种混合性证券的特征所决定的。根据我国的有关规定,公司向普通股股东分配股利时,要以付清当年的或积久的优先股股利为条件,所以,优先股股利的分配,必须在普通股股利分配之前。关于优先股股利分配的有关规定,如优先股的股利率、优先股股东是否参与公司红利分配、优先股股利是否积累计算、优先股股东参与公司红利分配的具体标准等,一般都必须在公司优先股发行的有关章程、协议的条款中做出明确规定,并且要做到具体细致。所以,对于优先股股利的分配,一般在有盈利的情况下,按公司有关章程执行便可,不存在决策问题。股份公司利润分配的重点是确定任意公积金的提取比例和股利发放标准等。

(2) 普通股股利。普通股股利是指公司按照董事会提交股东大会审议批准的股利率或每股股利额,向股东发放的投资报酬。普通股股利的实质是公司财富中属于普通股股东的那一部分盈余收益。因此,股利的来源是公司的盈利,即会计账面上必须要有税后盈余,这是股利分配的前提。虽然不同国家对股利发放的法律规定有所不同,但对于有税后盈利才能派发股利这一点来说是相同的。我国有关制度规定,公司当年无利润一般不得向投资者分配利润。但如果用盈余公积弥补了亏损后,经股东大会特别决议,可以按照股票面值较低比率用盈余公积金支付股利。这样做的目的是维护公司的信誉,避免股票价格的大幅度波动。但公司在用盈余公积金分配股利后,其公司的法定公积金不得低于注册资本的25%。当公司在当年有盈利的情况下,在税后利润中提取了法定盈余公积金、公益金并支付了优先股股利后,余下的部分便可向普通股股东发放股利。但公司财务管理和经营决策部门可能根据公司发展的要求,建议提取一定比例的任意公积金,经董事会和公司股东大会通过后,将这部分任意公积金先在可供股东分配利润中扣除,剩余部分用作向股东分派股利的利润。股份公司宣告股利发放后,这部分盈利便成为公司的一项负债。如是上市公司,由于一般股东人数众多,股份交易频繁,在宣布股利发放时,公司往往要规定股票转户的截止日期和股利支付的起讫日期等。

知识链接 11-1:国有企业的利润分配

本部分内容为拓展知识,读者可自行扫码阅读。

11.2 股利的不同种类

公司分派给股东的税后收益叫作股利。股利具有以下三个特点：一是股利只能源于公司当前或过去的利润，即可分配利润；二是股利的支付必须符合一定的程序，并遵守有关的法律原则及其规定；三是股利支付的形式不限于现金，可以是现金、非现金财产、公司负债或公司股票等。根据股东的持股类别、具体支付形式、派发日期和分配频率，股利可以划分为不同的种类。

11.2.1 根据股东的持股类别划分

根据股东的持股，股利可划分为优先股股利和普通股股利。

优先股是公司为筹措长期资金而发行的具有股利优先权、剩余财产分配优先权，但在控制权上却受到限制的一种特殊股份。优先股股东一般不参与公司的日常经营管理，也不参与股东大会，但在某些特殊情况下，例如，公司决定发行新的优先股，优先股股东才有投票权。优先股的股息收益一般是固定的，尤其对于具有强制分红条款的优先股而言，只要公司有利润可以分配，就应当按照约定的数额向优先股股东支付。

普通股股东可以全面参与公司的经营管理，享有获取资产收益、参与重大决策和选择管理者等权利。在分配完优先股股利之后，普通股股东才有资格享受股利分配。普通股股东的股息收益并不固定，既要取决于公司当年的赢利状况，又要看当年的具体分配政策，有时公司可能决定当年不分配股利。

11.2.2 根据公司支付形式划分

根据公司支付形式，股利可划分为现金股利、财产股利、负债股利、股票股利等类型。

1. 现金股利

现金股利是以现金形式支付的股利，它是股利支付的常见及主要方式。现金既包括本币，也包括外币。这种股利支付方式能满足大多数投资者希望得到一定数额的现金这种实在的投资要求，最易使投资者接受；但这种方式增加了公司现金流出量，加大了公司支付现金的压力。只有在税后净利润弥补了前五年的亏损，提取了法定盈余公积金和公益金之后，公司有盈余并有充足现金的前提下，这种支付方式才能使用。在我国，通常被称"红利"，或者"股息"，财务意义上的股利一般均为现金股利。

2. 财产股利

财产股利是指以实物或有价证券的形式向股东发放的股利，主要是以公司所拥有的产品、拥有的其他公司的有价证券（如债券、股票）或实物资产作为股利支付给股东。财产

251

股利分为证券股利和实物股利两种。

（1）证券股利。证券股利是公司用所持有的其他公司发行的债券、股票等证券资产来向股东支付股利的一种特殊股利支付形式。对于声誉好且经济实力强的大公司发行的证券，其流动性强，在资本市场上容易变现，股东对这种证券股利与现金股利的偏好没有多大的差别。而对于其他公司发行的证券，其流动性存在差异，当股东收到这种证券股利时，他们从中获得的利益则隐含着不确定性。因此，通常情况下，股东都愿意接受那些流动性强、易变现的证券。公司采用证券股利形式而不采用其他股利形式，主要是出于以下考虑。①公司所持有证券的市价比较低，并预期在不久的将来其价格有望上扬；如果现在把它们在证券市场上抛售换取现金发放股利，则可能损失一定的证券投资利益。公司为了不丧失这种可能的投资利益，就需要继续维持证券资产状态。公司在现金不足的情况下，以证券形式发放股利，意味着将公司的证券投资转化为股东的个人投资，从而使股东代替公司继续保持证券资产状态。而股东在接受公司发放的证券股利时，因证券的市场价位较低则可以分得较多的证券；当这些证券市价上扬时，股东又会获得证券股利的资本利得。②公司为了避免证券投资收益的税收，而采取证券股利的支付方式。公司在支付股利时，如果公司持有的证券市场价格大于其账面价值，这时又不打算继续持有，准备把它们变现，那么公司则会获得投资利得。按照税法规定，这部分投资利得要交纳所得税。为了避免交纳这种所得税，公司采用证券股利形式，并按照证券的市价计算所发放的股利。股东获得证券股利后，如果预期其价格有望上升，则继续持有，以期获得投资收益。如果股东急需现金，则可以立即在证券市场上予以脱手。证券股利形式既保留了公司对其他公司的控制权，又不增加公司目前的现金流出。而且，由于证券的流动性较强，股东一般乐于接受。

（2）实物股利。实物股利形式并不增加公司的现金流出。当公司有盈余但现金支付能力不足时，所采取的补救措施就是发给股东实物资产甚至公司所生产的产品，这就是实物股利。公司支付实物股利，通常掩盖了产品的销售过程，这也常常被一些不法公司当作逃避流转税的一种手段。股东收到公司发放的实物股利，一般会意识到公司经营欠佳。尽管实物股利不是他们所乐意接受的股利形式，但发放实物股利至少要比不发放的好。

3. 负债股利

负债股利是公司以负债支付的股利，通常以公司的应付票据支付给股东，股东凭此于一定期间领取现金；不得已的情况下，也可发行公司债券，以抵付股利。由于负债均须还本付息，所以这种股利支付方式对公司的支付压力较大，只能作为现金不足时的权宜之计。

4. 股票股利

股票股利是指公司经股东大会批准同意，以增发股票的方式，按股东持有股份的比例向股东发放股票，以代替现金股利发放的一种股利分红方式，又称为"送红股"。股票股利是目前我国上市公司所采用的一种常见的股利支付形式。发放股票股利时，公司将留存收益和盈余公积金转为股本,并按增加股票的比例派送给股东。如公司的股利政策是每10股送1股,即持有10股股票的股东可以无偿分到1股股票。根据国家税务总局相关文件的规定,上市公司分派股票股利时,个人股东和证券投资基金应以派发红股的股票票面金额为应纳税所得额计征所得税,并由上市公司履行扣缴义务。

公司发放股票股利,其好处是能使公司用股票的形式代替公司现金的流出。公司发放股票股利,既不影响公司的资产和负债,也不影响股东权益总额,仅是股东权益的内部结构发生了改变,将股东权益中留存收益(未分配利润和盈余公积)的一部分转入股本账户,增加了公司的永久性资本,从而避免了公司现金的流出。获取股票股利的股东,虽然其股份数有所增加,但其在公司中所占权益的比重仍未变动。这是因为,股票股利是按照比例来分配的,仍保持原有股份比例。

对公司而言,发放股票股利无须支付现金,又在心理上给股东以投资回报的影响,使公司留存了大量现金,便于满足投资机会的需要并缓解现金紧张的状况。另外,发放股票股利可以降低每股股票的市价。当公司股票价格较高、不利于交易时,发放股票股利具有稀释每股股价的作用,从而吸引更多的投资者,促进交易更加活跃。可以设想,如果微软等优秀公司从不发放股票股利或进行股票分割,其股价可能已经高达数千美元,远远超过正常交易价格范围。但发放股票股利的费用较高,增加了公司的负担;在某些情况下,股票股利向投资者传递的是公司资金周转不灵的信息,降低了投资者对公司的信心,加剧了股价的下跌,这是股票股利给公司带来的负面影响。

11.2.3　按股利的分配频率划分

按股利的分配频率可划分为常规股利和特殊股利。

(1)常规股利。常规股利是公司在每年的一定时期(如每半年、每季度)向股东分配的股利。常规股利一般采取现金股利支付的方式。

(2)特殊股利。特殊股利是公司向股东临时性分配的,不准备在以后年度继续分配的股利。特殊股利既可采取现金形式,也可采取现金之外的其他财产股利形式。它是与常规股利分配同时进行的特殊股利,有时又被称为"额外股利"。

11.2.4　股票分割和股票回购

1. 股票分割

股票分割是指将面额较大的股票拆分成面额较小的股票的行为。例如,将原来的1股股票拆分成2股股票。股票分割不属于股利分配方式,但其所产生的效果与发放股票股利近似,故在此一并介绍。股票分割后,发行在外的股票数量增加,从而使每股股票的面额降低。如果公司盈利总额和市盈率不变,则每股收益下降,但公司价值不变,股东权益总额、权益各项目的金额及其相互间的比例也不变。这与发放股票股利时的情况既有相同之处,又有不同之处。从实践效果看,由于股票分割与股票股利非常相近,所以一般要根据证券管理部门具体规定,对两者加以区分。例如,有的国家证券监管机构规定发放 25％以上的股票股利就属于股票分割。

对公司来讲,实行股票分割的主要目的在于通过增加股票数量降低每股市价,从而吸引更多的投资者。此外,股票分割往往是成长中公司的行为,所以宣布股票分割后容易给人一种"公司正处于发展之中"的印象,这种利好信息会在短时间内提高股价。从纯经济角度看,股票分割和股票股利没有什么区别。尽管股票分割与发放股票股利都能达到降低公司股价的目的,但一般来说,只有在公司股价暴涨且预期难以下降时,才采用股票分割的办法降低股价;而在公司股价上涨幅度不大时,往往通过发放股票股利的方式,将股价维持在理想的范围之内。

2. 股票回购

股票回购是指公司以多余现金购回股东所持有的股份的行为。公司股票回购将减少流通在外的普通股股数,如果公司营利能力不变,则会引起每股收益的增加,再假定股票回购后市盈率保持不变,从而引起每股市价的提高。每股市价的提高使股东获得更多的资本利得,从而以资本利得代替股利收入,这相当于公司支付给股东现金股利。

近年来,股票回购已成为公司向股东分配利润的一个重要形式,这是因为股票回购有分配超额现金的作用。如果一个公司的现金超过其投资的需要量,但又没有较好的投资机会可以使用这笔资金,最好是分配股利;但出于股东避税、控股等多种因素的考虑,就有可能通过股票回购而非现金股利的方式进行分配。因此,股票回购就成为现金股利的一个有效的替代方式。对于公司而言,股票回购减少了在外流通的股票数量,提高了公司的每股收益,可以稳定或提高公司的股价,增强市场信心,便于公司再融资。并且,股票回购还是反并购的重要策略。但是,股票回购需要大量的现金来购买股票,这也会给公司带来资金压力。此外,股票回购还可能会使公司利用内幕消息进行炒作,操纵股价。

知识链接 11-2:京东方 A 股(000725)的股票回购

本部分内容为拓展知识,读者可自行扫码阅读。

11.3　股利发放程序

股利发放要遵循一定的法定程序,原则上由董事会提出股利分配的具体方案,经股东大会批准后实施。公司每年发放的股利次数,在不同的国家、行业和公司均存在差异。比如,我国的股份公司多为一年发放一次,而美国公司则多为一季度发放一次。

现金股利发放的重要日期如下。

（1）股利宣告日。公司董事会根据定期发放股利的周期举行董事会会议，讨论并提出董事会方案，由公司股东大会讨论通过后，正式宣布股利发放方案。宣布股利发放方案的那一天即为宣告日。

（2）股权登记日。由于工作和实施方面的原因，自公司宣布股利发放至公司实际将股利发出之间，有一定的时间间隔。由于上市公司股票在此时间间隔内处在不停的交易之中，公司股东会随着股票交易而不断变化。为了明确股利的归属，公司必须确定股权登记日。凡在股权登记日之前（含登记日当天）列于公司股东名单上的股东，都将获得当前发放的股利；而在这一天之后才列于公司股东名单上的股东，将得不到当期发放的股利。

（3）除息（除权）日。由于股票从交易到过户需要一定的时间，因此，只有在登记日的一段时间前购买股票的投资者，才可能在登记日之前列于公司股东名单上，并享有当期股利的分配权。由于各国证券登记结算方面的差异，不同国家的登记日和除息日的先后是有所差异的。例如，在美国，除息日在股权登记日之前，一般为股权登记日之前的两个工作日，在除息日之前购买的股票可以得到将要发放的股利，在除息日当天及以后购买的股票则无权得到当期的股利。但在中国，股权登记可以在交易当天收盘后完成，股权登记日的次日（工作日）才是股价除息日。股票价格在除息日会下跌。

（4）股利发放日。股利发放日也称付息日，是指将股利正式发放给股东的日期。在这一天，公司按规定支付股利。

【例 11-2】 阳光公司于 2020 年 4 月 16 日发布公告："本公司股东大会在 2020 年 4 月 15 日决议通过公司董事会提交审议的股利分配方案，决定以 2019 年年末公司总股本为基数，向全体股东每 10 股送 6 股、转增 4 股并派息 4 元（含税）。公司将于 2020 年 5 月 7 日支付给已在 2020 年 4 月 23 日登记为本公司股东的人士。"

2020 年 4 月 16 日：股利宣告日。

2020 年 4 月 23 日：股权登记日。

2020 年 4 月 24 日：除息（除权）日。

2020 年 5 月 7 日：股利发放日。

知识链接 11-3：浦发银行 2017 年度分红派息实施方案

本部分内容为拓展知识，读者可自行扫码阅读。

知识训练

一、判断题

1. 股份有限公司利润分配的顺序是，提取法定公积金、提取法定公益金、提取任意公积金、弥补以前的年度亏损、向投资者分配利润或股利。　　　　　　（　　）

2. 法定公积金按照本年实现净利润的 10% 提取，法定公积金达到注册资本的 50% 时，可不再提取。   （   ）

3. 只要公司有足够的现金就可以支付现金股利。   （   ）

4. 通常在除息日之前进行交易的股票，其价格高于在除息日后进行交易的股票价格。   （   ）

5. 股票分割可能会增加股东的现金股利，使股东感到满意。   （   ）

二、思考题

1. 试述股份公司税后利润分配的顺序及其各部分的特点。

2. 股利支付方式具体有哪些？分别在什么情况下使用？

3. 与现金股利相比，股票股利有哪些优点和不足？

4. 12 月 8 日（星期二），A 电力公司董事会宣布，将在次年 1 月 17 日（星期三）发放在 1 月 4 日（星期四）登记在册的股东 2 元/股的股利。请问除息日是哪一天？如果股东在这一天之前购买股票，买方和卖方谁会得到这些股利？

第12章 股利政策选择

学习目标

1. 知识目标

理解股利政策与公司价值的相关性；掌握主要的股利相关理论；熟悉股利政策的类型；了解影响股利政策的因素。

2. 能力目标

能够将公司实现的收益向股东进行分配，对是否发放股利、发放多少股利、如何发放股利进行决策。

董明珠一句"不分红"，272亿元市值蒸发

2018年4月25日晚间，格力电器（000651，SZ）发布了2017年年度报告，利润分配方案写得明明白白：不派发现金红利，不分红股，不以公积金转增股本。这是格力电器11年来首次不分红！

有投资者借此机会号召大家买格力的竞争对手美的集团的股票，更有好事者搬出2016年董明珠在股东大会上说的"我5年不给你们分红，你们又能把我怎么样？"来做文章，并表示，"不让女人买东西，后果很严重"。看来"董小姐"言出必行。对于格力2017年年度不分红一事，格力是这样解释的：公司预计未来在产能扩充及多元化拓展方面的资本性支出较大，为谋求公司长远发展及股东长期利益，公司需做好相应的资金储备。公司的留存资金将用于生产基地建设、智慧工厂升级以及智能装备、智能家电、集成电路等新产业的技术研发和市场推广。

而据格力电器2017年年度报告显示，在格力2017年设立的子公司中，还有4家公司尚未注资，分别为格力暖通制冷设备（成都）有限公司、珠海格力数控机床研究有限公司、格力机器人（洛阳）有限公司、珠海格力运输有限公司，格力电器确实需要相应的储备资金做多元化的拓展。

格力不分红，市场"炸了锅"。受到不分红消息的影响，格力电器早盘一度接近跌停，截至26日下午收盘，格力电器大跌8.97%，报收45.58元，市值约2 742亿元，较前一日缩水了272亿元。根据格力电器2017年年报，公司上年实现营业收入为1 482.9亿元，同比增长36.92%；实现净利润224亿元，同比增长44.87%，基本每股收益3.72元，其货币现金总额高达996.1亿元,占总资产的比例达到了46.34%,较年初增加了近40亿元,其中不受使用限制的银行存款也达到591.7亿元。

为什么格力电器2018年宣布不分红会引起资本市场如此强烈的反应?在实务中,公司进行股利分配的政策有哪些?公司进行股利决策时,需要考虑哪些因素?从公司理财的角度分析,公司的利润分配决策实质上就是公司是否将税后利润用于再投资以及将多少税后利润用于再投资的问题。因此,股利决策与公司的投资、筹资紧密相连。与股利政策相关的理论分析也大致遵循了和资本结构相似的思路和框架。本章将对上述问题逐一探究。

12.1 股利政策与公司价值

股利理论是研究股利分配与公司价值、股票价格之间的关系,探讨公司应当如何制定股利政策的基本理论。公司财务管理的目标是实现公司价值最大化,股利分配也应当服从这一目标,股利的分配、股利分配的数量和形式,都应当以实现公司价值最大化为基本目标。在股份有限公司的利润分配实践中常常面临一个重要问题:公司发放股利是否会影响公司价值和股票价格?因此,根据对股利分配与公司价值、股票价格之间关系的认识不同,理论界存在着不同观点。一种观点认为,股利分配政策的选择不影响公司价值,即股利无关论;另一种观点则认为,股利分配政策的选择会影响公司价值,即股利相关论。

12.1.1 股利政策与公司价值无关论

在关于资本结构的章节中,介绍了莫迪格利安尼(Modigliani)和米勒(Miller)(他们合称MM)关于资本结构与公司价值关系的理论。MM关于资本结构与公司价值的命题指出,在满足一定假设的前提下,公司的资本结构与其价值无关。在公司股利政策方面,同样存在类似的命题,即在满足相关假设的前提下,公司的股利政策与其价值无关。

1. 基本假设

(1) 没有公司所得税和个人所得税。
(2) 没有股票的发行成本与交易成本。
(3) 投资者对股利收益与资本利得收益具有同样的偏好。
(4) 公司的投资决策不受股利政策影响。
(5) 投资者与公司管理层对公司未来的投资机会掌握了同样的信息。

2. 基本内容

股利无关理论认为,在完全的资本市场条件下,如果公司的投资决策和资本结构保持不变,那么公司价值取决于公司投资项目的赢利能力和风险水平,而与股利政策不相关。因此,公司未来是否分配股利和如何分配股利,都不会影响公司目前的价值,也不会影响股东财富总额。

根据股利无关理论,投资者不会关心公司股利的分配情况。在公司有良好的投资机会时,如果股利分配较少,留存收益较多,投资者可以出售股票换取现金来自制股利;如果股利分配较多,留存收益较少,投资者获得现金股利后可以寻求新的投资机会,而公司可以通过发行新股筹集所需资本。

假设下面两种情况都是在完全资本市场环境中进行的公平市场交易,我们来探讨为什么公司股利分配不会影响到公司价值和股东财富。

第一种情况是公司的投资政策和资本结构确定之后,需要向股东支付现金股利,但是为了保证投资所需资本和维持现有资本结构不变,公司需要发行新股筹集资本。公司在支付现金股利后,老股东获得了现金,但减少了与现金股利等值的股东权益,股东的财富从对公司拥有的股东权益形式转化为手中持有的现金形式,两者价值相等,因而老股东的财富总额并没有发生变化。同时,为了保持原有的资本结构不变,公司必须发行新股筹集与现金股利等值的资本,以弥补因发放现金股利而减少的股权资本,新股东投入了现金,获得了与其出资等值的股东权益。这样,公司支付股利而减少的资本正好被发行新股筹集的资本所抵补,公司价值不会发生变化。

第二种情况是公司的投资决策与资本结构确定之后,公司决定将利润全部作为留存收益用于投资项目,不向股东分配现金股利。如果股东希望获得现金,可以将部分股票出售给新的投资者来换取现金,这种交易被称为自制股利。自制股利交易的结果相当于第一种情况中发放股利和发行新股两次交易的结果,原有股东将部分股利转让给新投资者以获取现金,其股东财富不变,公司价值也不会发生改变。

【例 12-1】 阳光公司的股票价格为 42 元,预期将发放 2 元现金股利。投资者 A 拥有 80 股阳光公司股票,他希望能得到每股 3 元的股利。投资者 A 采取怎样的自制股利策略可以得到每股 3 元的股利?

投资者 A 希望获得每股 3 元的股利,则希望获得的现金股利总额为 240(80×3＝240)元。阳光公司即将发放 2 元的现金股利,投资者 A 可以获得 160(80×2＝160)元。投资者 A 的预期股利和实际派发的股利相差 80 元,由于股价在除息日下跌为 40(42−2＝40)元,故 A 卖出 2 股阳光公司股票可得到 80 元现金。以上解释了投资者 A 是如何自制股利的。那么,通过自制股利满足现金股利需求,是否会影响投资者 A 的个人财富呢?

在本案例中,投资者 A 的期初财富为 3 360 元。

$$42×80＝3\ 360(元)$$

如果发放 3 元/股的股利,他的全部财富仍然为 3 360 元。

$$39×80＋240＝3\ 360(元)$$

发放 2 元/股股利并在除息日卖出 2 股后,他的全部财富还是 3 360 元。

$$40×(80−2)＋160＋40×2＝3\ 360(元)$$

如前所述,股利无关论是建立在十分严格的假设基础上的,而这些假设显然与现实世界有一定距离。学术界对此提出了质疑,并提出了与之相反的理论,因此就出现了股利相关论之说。

259

12.1.2 股利政策与公司价值相关论

在现实生活中,完全资本市场的条件通常无法满足。如果我们逐步放宽这些假设条件,就会发现股利政策变得十分重要,公司价值和股票价格都会受到股利政策的影响,这就形成了各种股利相关理论。股利相关理论认为,在现实的市场环境中,公司的利润分配会影响公司价值和股票价格,因此,公司价值与股利政策是相关的。其代表性观点主要有:"在手之鸟"理论、税收差别理论、信号传递理论、客户效应理论等。

1. "在手之鸟"理论

"在手之鸟"理论的主要代表人物是迈伦·戈登和约翰·林特。该理论认为,由于公司未来经营活动存在诸多不确定性因素,投资者会认为现在获得股利的风险低于未来获得资本利得的风险。对于资本利得而言,投资者更加偏好现金股利,好比在手之鸟。因此,出于对风险的规避,股东更喜欢确定的现金股利,这样公司如何分配股利就会影响股票价值和公司价值,即公司价值和股利政策是相关的。当公司支付较少的现金股利而留存收益较多时,就会增加投资的风险,股东要求的必要投资收益率就会提高,从而导致公司价值和股票价格下降;当公司支付较多股利而留存收益较少时,就会降低投资风险,股东要求的必要收益率就会降低,从而促使公司价值和股票价格上升。"双鸟在林,不如一鸟在手",较高的股利支付率可以消除投资者心中对公司未来赢利风险的担忧,投资者所要求的必要收益率也会较低,因而公司价值和股票价格都会上升。

但是,有些学者认为,"在手之鸟"理论混淆了投资决策和股利决策对公司风险的不同影响,认为资本利得的风险高于股利的风险是不符合实际情况的,并把它称为"在手之鸟谬误"。他们认为,用留存收益再投资形成的资本利得风险取决于公司的投资决策,与股利支付率高低无关。在投资决策已定的情况下,公司如何分配利润并不会改变公司的投资风险。股东在收到现金股利后,仍然可以根据自己的风险报酬偏好进行再投资。例如,他们可以用现金股利重新购买公司发行的新股来进行再投资。因此,投资者所承担的风险最终是由公司的投资决策决定的,而不会受股利政策的影响。

2. 税收差别理论

股利无关理论的一个重要假设是现金股利和资本利得没有所得税的差异。实际上,两者的所得税税率经常是不同的。一般来说,股利收入的所得税税率要高于资本利得的所得税税率。由于不对称税率的存在,因此股利政等会影响公司价值和股票价格。研究税率差异对公司价值及股利政策影响的股利理论被称为税收差别理论,其代表人物主要是利曾伯格(Lizenberger)和拉马斯瓦米(Ramaswamy)。

股利收入的所得税税率通常高于资本利得的所得税税率。由于避税的考虑,投资者更偏好股利支付率低的政策,公司实行较低的股利支付率可以为股东带来税收利益,有利于增加股东财富,促进股票价格上涨,而高股利支付率政策将导致股票价格下跌。除了税率上的差异外,股利收入和资本利得的纳税时间也不同。股利收入在收到股利时纳税,而资本利得只有在出售股票获得收益时才纳税。这样,资本利得的所得税是延迟到将来才纳税,股东可以获得货币时间价值的好处。

但是,股东出售股票自制股利时会发生交易成本,这会抵消其税收利益。所以,对于那些希望定期获取现金股利和享受较低税率的投资者而言,高现金股利依然是较好的选择。

由于税收差异的存在,股利政策会产生顾客效应。税收差别理论认为投资者可以根据偏好不同被分为不同的类型,每种类型的投资者都偏好某种特定的股利政策,并喜欢购买采用符合其偏好的股利政策的公司的股票,这就是顾客效应。产生顾客效应的一个重要原因是不同投资者具有不同的边际税率。不同收入的投资者的个人所得税税率不同,其收入高,所得税税率也高。根据各自不同的税率等级,投资者自然分成偏好高股利政策的顾客和偏好低股利政策的顾客。由于顾客效应的存在,任何股利政策都不可能满足所有投资者的需要,特定的股利政策只能吸引特定类型的投资者。采用高股利支付率政策,可以吸引低边际税率等级的投资者;采用低股利支付率政策,可以吸引高边际税率等级的投资者。当公司改变股利时,就会吸引喜欢这一股利政策的投资者购买其股票,而另一类不喜欢这一股利政策的投资者就会出售其股票。当购买量大于销售量时,公司股价就会上涨,反之就会下跌,直至市场达到均衡状态。

3. 信号传递理论

在前面的"在手之鸟"理论、税收差别理论的分析中,我们分别放开了 MM 股利政策无关论的前三个前提假设。现在我们放开另一个前提假设——"投资者与公司管理层对公司未来的投资机会具有同样的信息",而现实中,投资者与公司管理层的信息是不对称的。于是,我们得到了信号传递理论。其基本假设如下。

(1) 投资者与公司管理层之间存在信息不对称的情况。

(2) 公司管理层拥有更多关于公司实际情况和发展前景方面的内部信息。

由于所有权和经营权的分离,投资者了解公司经营状况的途径非常有限。一般情况下,投资者只能通过公司的财务报告和其他公开信息来了解公司的经营状况和赢利能力,并据此来判断股票价格是否合理。但是,财务报告可以在一定程度内进行美化,甚至提供虚假信息。而外部审计对于公司管理层故意提供的虚假信息也很难鉴别。因此,公司财务报告的可信度是有限的,投资者还需要从其他渠道获取信息,而公司的股利政策就是一条极为重要的信息渠道。

对于赢利能力不足和资金匮乏的公司来说,制定长期稳定的现金股利政策是有困难的。因此,投资者可以根据管理层是否发放现金股利来判断公司的经营情况。通常,增加现金股利发放被投资者看作是经营状况良好、赢利能力充足的象征,公司增加现金股利往往会引起股价的上升。相反,现金股利的减少被看作是公司经营状况恶化、赢利能力不足的象征,往往会导致股价的下降,而且下降幅度要大于股利增加同等数量而引起的股价上升的幅度。

另外,从公司的角度来看,公司管理层也把股利当作是向外界传递内部信息的一种手段。如果管理层预计公司发展前景良好、未来业绩有望大幅增长时,就会通过增加股利的

261

方式来告知股东和潜在的投资者;相反,如果公司发展前景堪忧、未来业绩持续困难时,管理层就会倾向于维持甚至降低现有的股利水平,以此向股东和潜在投资者发出信号。

信号传递理论认为,股利能够传递关于公司未来赢利能力的信息,因此能够对股价的变化施加影响。当股利支付水平上升时,公司的股价也会上升;当股利支付水平下降时,公司的股价也会下降。应该注意的是,股利变化引起股价变化并不是直接的,而是通过股利所传递的关于盈利的信号作为媒介的。也就是说,并不是股利的增加改变了公司的价值,而是公司未来赢利能力的变化改变了公司价值。

信号传递理论所描述的现象在国外成熟市场较为明显,而我国投资者对现金股利的重视程度较低,同时,股票股利更多地被视为正向信号。这种情况的出现可能是因为我国股市发展时间尚短,市场供需不平衡,个人投资者占据主导,投资者理性程度不高。随着我国股市的不断发展,供需逐渐平衡,广大投资者日趋理性成熟,上述情况可能会有所改变。

4. 客户效应理论

客户效应理论也叫追随者效应理论,是税收差别理论的进一步发展,可以说是广义的税收差别理论。在介绍税收差别理论时,我们提到了税收差别理论存在着一定的缺陷,它仅仅是引入了对个人所得税的探讨,而没有考虑到现实中不同投资者所面临的所得税税率有所不同。而这一点就是客户效应理论将要讨论的重点。其基本假设如下。

(1) 不同投资者所处的税收等级不同。

(2) 任何公司的股利政策都不能满足所有投资者对股利的要求。

每个投资者所处的税收等级不同,导致他们对待股利的态度不一样。对于收入较高的投资者来说,他们所面临的所得税税率较高,因此偏好低股利支付率的股票,甚至是不支付股利的股票。而对于低边际税率的投资者(如养老基金等),则比较偏好高股利支付率的股票。

公司的管理层了解这一点,因此会调整自己的股利政策,以使股利政策能够符合大多数投资者的偏好。在市场达到均衡时,持有高股利支付率的公司股票的主要是低边际税率等级的投资者,持有低股利支付率的公司股票的主要是高边际税率等级的投资者。投资者集中投资于满足各自股利偏好的公司,这种效应就称为客户效应,也叫追随者效应。这些有着不同的股利政策偏好的投资者就是追随者。

公司的任何股利政策都不可能满足所有股东对股利的要求。公司股利政策的变化只是吸引了偏好这一股利政策的投资者前来投资,而不满意这一政策变化的投资者将会卖出股票。因此,当市场上偏好高股利的投资者的比例大于发放高股利公司的比例时,则该类股票处于短缺状态,于是股价将会上涨。这种上涨将持续到两者比例相同时才会停止,市场才会恢复均衡。当市场达到均衡之后,即便股利政策再有变化,也只会使偏好者买进、非偏好者卖出,依然是动态的均衡,股价不发生变化。换言之,一旦市场处于均衡状态,就没有公司可以通过改变股利政策来影响股价了。这实际上从另一个角度证明了股利政策无关论。

12.2 股利政策模式的选择

12.2.1 股利政策制定影响因素

公司在制定股利政策的过程中，除了要考虑理论分析中所提到的各种因素外，还有许多关系到公司自身的现实因素需要考虑。这些客观、主观上的制约因素在很大程度上左右着公司管理层对于股利政策的制定。影响公司股利政策的因素有以下四个方面。

1. 法律因素

任何公司都是在一定的法律环境条件下从事经营活动。因此，法律会直接制约公司的股利政策。这种制约表现为以下方面。

（1）维护法定资本的完整。按照这一要求，股利只能依据公司本期的净收益来分配。然而，如果公司动用以前年度的留存收益分配股利，条件必须是在先弥补完亏损后进行，而且仍要保留一定数额的留存收益。特别是不能因发放股利而使股东权益降到核定的股本金额以下，否则，债权人的利益便失去了应有的保障。

（2）公司积累。我国法律规定，公司的年度税后利润必须提取 10% 的法定公积金。我国法律还鼓励公司提取任意盈余公积金，只有当公司提取公积金达到注册资本的 50% 时，才可以不再计提。对公司积累所做的法律规定，是任何股份公司都必须遵守的。它制约了公司股利支付的任意性，有效地保障了债权人的利益。

（3）超额累积利润。公司发给股东的股利，股东要缴纳个人所得税，而股票交易的资本利得可能免税或税率较低。因此，公司可以通过超额累积利润使股价上涨，从而帮助股东避税。从另一个角度讲，公司超额累积利润必然使国家税收流失。许多国家为了防止少数股东利用操纵股利分配达到其逃避个人所得税的目的，就用法律规定公司不得超额累积利润；一旦公司的保留盈余超过法定认可水平，将被加征额外税额。我国法律对此尚未做出限制性规定，但随着我国股份制公司的日益成熟和市场经济运作的日趋规范，我国也将对公司累积利润做出明确的限制性规定。

2. 公司因素

（1）现金支付能力。公司有盈利并不代表公司有相应的现金流量，这不仅因为公司以往盈利早已化为各种形式的资产或投资，而且公司当期的利润也会沉积在各种实物资产上，而不是以现金形式反映在账面上。这样，公司若要发放现金股利，就会受其现金支

263

付能力的制约。一般来说,公司现金越多,资产流动性越大,它支付股利的能力也就越强。反之,有些公司即使过去有丰富的盈余,而且留存利润账户中的金额很大,但仍然会因资金的流动性不足而无法发放现金股利。

(2) 投资机会。股利政策同公司的资金需求量密切相关,公司的投资项目需要有强大的资金支持。当公司有良好的投资机会时,将会把大部分盈余用于再投资而少发股利,甚至放弃发放股利,以加快公司的发展,为股东获取更大的收益,这是股利分配合理化的重要标志之一,大多能被股东所接受。反之,如公司并无良好投资机会,则可以采用较高股利政策。因此,处于成长中的公司大多采取低股利政策,而陷于经营收缩的公司则大多采用高股利政策。

(3) 筹资能力和资本成本。公司的股利政策直接影响公司筹资能力,从而影响公司的资本结构和资本成本。公司用积累利润、少发股利的方法进行筹资,具有比发行股票和债券成本低、稳定性和隐藏性好的优点。所以从财务角度看,充分利用留存利润来筹资是理想的筹资方法。当然,过分强调留用利润过少,支付股利也会使公司的信誉受到影响,可能使公司股价下跌,造成公司股票不易出售,同样不利于公司外部筹资。另外,如公司不顾负债风险而盲目支付高额股利,则会使其大大丧失偿债能力,造成资金周转的困难,并引起财务危机,这从长远来看对公司的发展极为不利。

(4) 盈余波动。从信号传递理论中可以看到,公司的股利政策可以传递出公司经营情况和赢利能力的信息。因此,投资者通常希望看到公司的股利政策能够传递出公司经营蒸蒸日上的信号——股利政策保持稳定或者逐渐向好。为了实现这一点,公司管理层需要对未来的盈余做出预测。对于盈余波动较小的公司,其未来盈余比较容易预测,而且比较稳定,因此可以采取较为稳定的股利政策,发放较高的现金股利。对于盈余波动较大的公司,其未来盈余比较难以把握,因此应该采用较为谨慎的股利政策,不应贸然发放高股利,以防止盈余下降而造成的股利下调、股价下降的风险。

3. 股东因素

(1) 稳定的收入。依赖公司发放股利维持生活的股东,往往要求公司能够支付稳定的股利。如果公司意欲留用较多的利润,将最先遭到这类股东的反对。有些股东认为,公司留用利润带来股票价格上升而产生的资本收益,有很大的不稳定性。对他们来说,与其有不确定的未来困惑,不如得到实实在在的现有股利。

(2) 控制权的稀释。公司支付较高的股利,会导致留存盈余的减少,这意味着将来举借新债或发行新股的可能性加大。公司若举借新债,除了要付出资本成本的代价,还会加大公司的财务风险。若要通过再发行新的普通股的方式筹集资金,公司的老股东虽然有优先认股权,但必须拿出可观的现金,否则公司的控制权就有被稀释的危险。另外,随着新普通股的发行,流通在外的普通股股数必将增加,最终将导致普通股的每股盈利(EPS)和每股市价的下降,这些都是公司老股东所不愿意看到的局面。

(3) 避免双重课税。由于股份公司只能在税后支付股利,而股东取得股利后又要交纳个人所得税,所以股东面临双重课税的问题。公司若多留盈利少派股利,可以增大公司价值,使每股价值越来越大,则转让股票获得的资本利得要大于股利的收益。在我国,还没有开征股票转让资本利得税,因此就避免了双重课税。一个由少数几位个人税率很高的纳税人所拥有的公司,其所发股利可能微不足道;然而,在持股人众多的公司中,股东可能对较高的股利比较有兴趣。有时候在大公司中,适用较高税率的股东有可能会和适用较低税率的股东产生利益上的冲突。这时,这类公司的股利政策可能是两者折中的产物——中等的股利发放比率。

(4)股东的投资机会。如果公司将留存盈利用于再投资所得的报酬低于股东个人单独将股利收入投资其他投资机会所得的报酬,则该公司不应多留存盈利,而应多支付现金股利给股东。因为这样做将对股东更为有利。尽管难以对每位股东的投资机会及其报酬率加以评估,但是,公司至少应对风险相同的公司及其外部投资机会可获得的投资报酬率加以评估。

4. 其他因素

(1)股票市价。如果公司股票市价趋于下跌趋势,为了防止有人乘机达到控制公司的目的,可采用多发股利来刺激股票市价的上升。另外,在已发放的可转换债券即将到期的情况下,公司可以通过多发股利来促使股票市价上升,达到使债券早日转换成公司股票的目的。有时为了缓解公司管理当局与股东之间的矛盾,阻止股价的下跌,也可以通过增发股利的方法,争取股东对公司管理方针的支持。

(2)契约性限制。当公司以长期借款协议、债券协议、优先股协议以及租赁合约等形式向外部筹资时,常常应对方的要求,接受一些有关股利支付的限制条款。常见的条款包括:①未来的股利只能以签订贷款合同之后的盈利来发放,即不能以过去留存利润来发放;②公司营运资金应保持一定金额,若低于某一特定金额则不得发放股利;③利息保障倍数低于一定标准时不得支付股利。确定这些限制性条款,目的在于促使公司把利润的一部分按有关条款要求的某种形式(如偿还基金准备等)进行再投资,以扩大公司的经济实力,从而保障债款的如期偿还,维护债权人的利益。

(3)通货膨胀限制。公司的资产按原始成本计价,在其消耗时则按原始成本转销,所求得的利润是按现时价格计量收入与已耗资产的原始成本相匹配的结果。这样,在物价上涨时,较高的收入与较低的原始成本相配比,产生较高的利润。而事实上,较高的利润中有一部分是物价上涨的结果(即持产利得),而不是公司的经营业绩。在通货膨胀情况下,按历史成本配比的存货成本和固定资产的折旧费,是不可能在实物上补偿其生产经营过程中的实际消耗的,因而在通货膨胀时期,公司倾向于采取偏紧的股利政策,留用一定的利润,以消除物价上涨对公司的影响。但由于通货膨胀使公司货币购买力下降,股东也要求得到更多的货币补偿,往往对公司施加发放更多股利的压力。

此外,公司的经营状况、经营环境以及国家的税收政策,都会对股利政策产生影响,公司必须综合考虑这些因素来制定股利政策。

12.2.2 公司股利政策选择

在公司的经营实践中,要综合考虑各种因素来确定自己的股利政策。公司通常可采

265

用的股利政策有以下几种。

1. 剩余股利政策

剩余股利政策是指公司在有良好的投资机会时(即投资机会的预期报酬率高于股东要求的必要报酬率时),根据目标资本结构的要求,将税后净利润首先用于满足投资所需的权益资本,然后将剩余的净利润再用于股利分配。在这种股利分配政策下,投资分红额(股利)成为公司新的投资机会的函数,随投资资金的需求变化而起伏。只要存在着良好的投资机会,就应当先考虑其资金需要,最后考虑公司剩余收益的分配需要。因此,当公司投资机会较好时,为了降低资本成本,通常会采用剩余股利政策。这种政策的优点是能充分利用筹资成本最低的资金来源,满足投资机会的需要并能保持理想的资本结构,使加权平均的资本成本最低。但这种股利政策往往也会导致股利支付不稳定,不能得到希望取得稳定收入股东的满意,也不利于树立公司良好的财务形象。剩余股利政策的一般步骤如下。

(1) 确定投资方案所需的资金额度。

(2) 确定公司目标资本结构,使得在此结构下的加权平均资本成本最低。

(3) 进一步确定为达到目标资本结构,投资所需增加的权益资本数额。

(4) 使用税后净利润能满足投资方案所需权益资本的最大限额。

(5) 在满足上述需要后,将剩余利润作为股利支付。

【例 12-2】 某公司 2020 年税后利润总额为 2 400 万元,按规定提取 10% 的盈余公积金和 5% 的公益金,2021 年的投资计划需要资金 2 100 万元,公司的目标资本结构是维持借入资金与自有资金的比例为 1∶2,按照剩余股利政策确定该公司 2020 年向投资者分红的数额。

投资方案所需的资金总额为 2 100 万元;目标资本结构为 1/3 负债、2/3 所有者权益。

可供分配利润 = 2 400×(1−10%−5%) = 2 040(万元)

投资所需增加的权益资本数额 = 2 100×2/3 = 1 400(万元)

税后净利能满足投资需要的最大限额 = 1 400 万元

向投资者分红数额 = 2 040−1 400 = 640(万元)

2. 稳定性股利政策

许多事实表明,绝大多数公司和股东理性地喜欢稳定性股利政策。长期的稳定性股利政策表现为每股股利支付额固定的形式。其基本特征是,无论经济情况如何,也无论公司经营好坏,绝对不要降低年度股利的发放金额,而应将公司的每股股利支付额固定在某一特定水平上保持不变。只有公司管理当局认为公司的盈利确已增加,而且未来的盈利足以支付更多的股利时,公司才会提高每股股利支付额。

一般而言,稳定性股利政策可以吸引投资者。在其他因素相同的情况下,采用稳定性股利政策的公司股票市价会更高些。投资者会高估此类股票的原因如下。

(1) 股利可以消除投资者内心的不确定性。当盈余下降而公司并不削减其股利时,市场对这种股票将更具有信心。许多投资者认为,股利变化可以传递某些信息内容,稳定

266

的股利表明公司未来的经营前景将会更好。因此,公司管理当局可以通过股利的信息内容改变投资者的预期。当然,管理当局不可能一直愚弄市场。如果公司盈利趋于下滑,则稳定的股利将不会永远传递美好的未来的信息。而且,如果一个公司处于盈利大幅度波动的不稳定行业之中,则稳定股利政策不会显示其潜在的稳定性。

(2) 许多股东需要和依靠固定股利收入满足其现金收入的需要,因而更喜欢稳定的股利支付方式。尽管投资者在股利不足以满足其当期现金需求时,可以出售部分股票以获得收入,但许多投资者往往因要支付交易成本而不愿意出售股票;更何况当公司削减股利时,盈利通常已下滑,股价也会随之下跌。因此,投资者将更喜欢稳定的股利。

(3) 稳定和成长型股利政策可以消除投资者关于未来股利的不安全感。管理当局相信,投资者将对股利稳定的公司股票支付更高的价格,由此可以降低公司权益资金的成本。

(4) 具有稳定股利的股票有利于机构投资者购买。在西方,各种政府机构对退休基金、信托基金和人寿保险公司等机构投资者进行证券投资做了法律上的规定。只有具有稳定的股利记录的公司,其股票才可能成为这些机构投资者证券投资的对象。

3. 固定支付率股利政策

固定支付率股利政策是指公司确定股利占盈余的比率,并长期按此比率支付股利的政策。在这一股利政策下,各年股利额随公司的经营好坏而上下波动,获得较多盈余的年份股利额高,获得盈余少的年份股利额低。有些公司愿意选择这种股利政策,它们只要将每年营利的某一固定的百分比作为股利分配给股东即可。这一股利政策的问题在于,如果公司的营利在各年间波动不定,则其股利也将随之波动。然而,主张实行这一政策的公司认为,只有维持固定的股利支付率,能使股利与公司盈余紧密配合,以体现多盈多分、少盈少分的原则,才算真正做到公平对待每一股东。但由于股利通常被认为是公司未来前途的信息来源,这样做将对公司的股票产生不利影响。

4. 低正常股利加额外股利政策

低正常股利加额外股利政策,顾名思义,是指一般情况下,公司每年只支付数额较低的正常股利;只有在公司经营非常好时,除正常股利外,加付额外股利给股东。这种股利政策的优点是,向股东发放固定(稳定)股利,可以增加股东对公司的信心;给公司以较大的弹性,即使公司盈利很少或需要多留存盈利时,公司仍可发放固定的股利;而当公司盈利较多时,还可以给股东以红利。但必须注意的是,额外股利的支付不能使股东将它视同为正常股利的组成部分,否则,不仅会失去其原有的意义,而且会产生负面影响。例如,一个连年支付额外股利的公司,如果其股东将它视为正常股利的组成部分,则某一年因盈利下降而取消额外股利,其股东很有可能就据此错误地认为公司财务发生了问题,公司的股价就有可能因之而下降,由此而影响到公司的筹资能力。

以上四种股利政策中,稳定性股利政策应用最为普遍。根据国外的研究,公司管理层一般不愿意因为利润的短期波动而改变每年的股利支付水平,稳定的股利现金流可以减少公司其他方面波动对股票价格的影响。因此,管理层应尽量避免削减股利,而努力在未

267

来相当长的时期内保持一个稳定而持续增长的股利支付水平;当减少股利不可避免时,公司应该采取一次性足够大的削减幅度,以防止未来再次削减。

本部分内容为拓展知识,读者可自行扫码阅读。

知识链接 12-2:美国微软公司的股利政策变迁

12.3　我国上市公司股利政策实践

12.3.1　我国上市公司股利政策概述

以 1990 年 11 月上海证券交易所的成立为标志,我国股票市场经过 30 年的发展,上市公司由最初的"老八股"发展到 2020 底的 4 100 多家,沪深两市的总市值从最初的几亿元发展到 2020 年的超过 80 万亿元,可谓发展迅速。但是,高速发展的股票市场还存在很多问题,分红问题就是其中之一。我国股票市场发展之初,制度设计重市场的融资功能,而轻市场的资源配置功能。这反映在股利分配方面,表现为上市公司实行低股利分配政策,普遍不重视投资者收益。

为引导和规范上市公司分红行为,2001 年,中国证监会开始实施半强制分红政策,即将公司的现金股利与其再融资资格联系在一起。世界上一些国家或地区(如智利、哥伦比亚、菲律宾等)颁布法律强制上市公司进行分红,而我国的政策并没有强制上市公司分红,但公司若想进行再融资必须达到一定的分红比例,这种不具有强制性但带有"软约束"性的股利监管制度被形象地称为"半强制分红政策"。

通过对现有相关文献的梳理,我们发现:半强制分红政策的实施,显著提高了中国资本市场的派现意愿和派现水平。半强制分红政策具有两面性。一方面,其监管压力推动了理应分红的非竞争性行业、高盈利公司提高其派现水平;另一方面,其规定的再融资资格也迫使那些不该分红的高成长、有再融资需求的公司分红派现。半强制分红政策并非总是有效。事实上,它难以约束"铁公鸡"公司进行派现,也没有降低"铁公鸡"公司的占比。总体而言,半强制分红政策对于改善上市公司分红状况卓有成效,但其局限性亦不容忽视。如何从根本上(包括在制度设计上)规范上市公司的分配行为,这是一个值得研究并颇有挑战性的问题。

在进一步讨论我国上市公司股利分配问题之前,有必要对中国股票市场股利分配相关或相近的名词进行厘定。送股,即股票股利,是指上市公司把留存收益转化为股本的分红方式,本质上是留存利润的凝固化和资本化;转股,是指上市公司从其资本公积中转增股份。经过送股、转增股本后,上市公司的股东权益总额不变,但公司权益的内部结构发生了改变。

送股和转股显然不是一回事：送股来自公司的年度税后利润,只有在公司有盈余的情况下,才能向股东送红股;而转增股本却来自资本公积,它可以不受公司本年度可分配利润的多少及时间的限制,只要将公司账面上的资本公积减少,增加相应的注册资本就可以了。另外,送股是要纳税的(10%),转股则不用纳税。

配股是指向原股票股东按其持股比例,以低于市价的某一特定价格,配售一定数量新发行股票的融资行为。需要注意的是,上市公司向原股东配股,除了要符合公开发行股票的一般规定外,还应当符合下列规定:①拟配售股份数量不超过本次配售股份前股本总额的30%;②控股股东应当在股东大会召开前公开承诺认配股份的数量;③采用证券法规定的代销方式发行。

可见,只有送股是股利分配的一部分,而转股和配股并不属于股利分配方式。

12.3.2 我国上市公司股利分配的特点

具体来说,目前我国上市公司的股利分配有以下特点。

(1) 采用现金股利分配形式的公司的比重有一定提高。自 2005 年开始,我国开始进行股权分置改革。改革前,上市公司不分配股利的比重很大,即使有股利分配,采取派现方式的比率也很低。股权分置改革后,采用现金股利分配形式的公司比重有一定提高。从 2008 年到 2010 年,A 股实现现金分红的上市公司数量占同期 A 股上市公司总数的比例分别为 59%、65%、70%,现金分红金额分别为 3 423 亿元、3 890 亿元和 5 006 亿元;平均每股分红金额分别为 0.08 元、0.09 元和 0.13 元;三项指标都呈上升趋势。但从股利支付率来看,A 股的分红比例尤其是现金分红比例总体仍然不高。国内上市公司在 2009 年的平均股利支付率为 32.56%,2010 年为 30%,但国际成熟市场中的这一指标水平一般在40%～50%,且上市公司一年两次分红是非常普遍的现象。

(2) 股利政策缺乏稳定性和连续性,短期行为严重。由于缺乏长远的股利政策,我国上市公司"盈利多不多分,盈利少不少分"的现象比较普遍。2008 年证监会发布《关于修改上市公司现金分红若干规定的决定》,为鼓励和引导分红,要求上市公司发行新股必须符合"最近三年以现金或股票方式累计分红不少于最近三年年均可分配利润的三成",还允许上市公司实施半年度现金分红;为降低分红成本,允许上市公司进行中期现金分红的财务会计报告可以不经会计师事务所审计。强有力的政策引导,使上市公司不分红的现象有所改观,上市公司分红意识有所增强。但现实状况与市场期望的目标仍有较大差距,同时也带来一个新的问题,即上市公司普遍存在操纵股利分配,进而达到操纵利润指标以实现配股资格的动机。

(3) 分红缺乏透明度。对比国外资本市场,我国 A 股市场上市公司的分红还缺乏透明度。目前,国内上市公司一般都是按年度分红,半年分红的公司数量较少。而且,对于具体分红方案、分红比例,投资者只有等到公司年报或半年报公布才知道。在美国,绝大多数公司都是按季度向投资者分红,极少数公司按年度或半年分红,按季分红的分红目标和分红政策几乎是既定的、一贯的、透明的,使投资者很容易了解各家上市公司每年、每季度分红水平,从而制订投资计划。2011 年,我国证监会拟出台具体措施,以进一步加强上

269

市公司回报,包括两大方面:第一,新股上市时,在公司招股说明书中细化回报规划、分红政策和分红计划,并作为重大事项加以提示,提升分红事项的透明度;第二,要求所有上市公司采取措施完善分红政策及其决策机制,科学决定公司的分红政策,对分红安排进行具体规划,增强红利分配的透明度。这些措施的出台对提高我国资本市场分红的透明度有一定的帮助。

(4) 股利政策经常侵犯小股东权益。我国上市公司从 2005 年开始股权分置改革,至 2011 年,除国家需控股的行业,其余公司的股权分置改革基本完成。但是,股权分置后,上市公司仍然依靠控股的优势,通过派发现金股利对中小股东的利益进行侵占,第二至第十大股东尚不能够对第一大股东形成有效的制衡作用,而且会和第一大股东一起侵占和掠夺中小股东的财富。而中小股东在股权结构中处于不利地位,实际放弃了对经理人的监督。而在董事会中,股东个人的持股数量相当有限,自身作为公司所有人所获得的剩余报酬微不足道,也缺乏监督的动力。在这种约束机制软化和激励机制失效的情况下,公司董事缺乏维护股东利益的根本动力,使他们的价值取向反而与同为代理人的公司经理人更为一致,董事与经理人员往往同属内部人,牢牢掌握着公司控制权。

(5) "同行效应"与"高送转"。上市公司会根据同行公司采取行为之后的效果来决定是否进行模仿,当同行公司的行为产生了积极结果时,公司将会模仿学习。公司"高送转"会产生很多结果,如公告效应、股票流动性的变化等。由于中国股民历来有炒作"高送转"的习惯,"高送转"后的股票能更大概率地获得超额收益。因此,当同行公司采取"高送转"后,其他公司也会主动地去模仿学习,以免在竞争中处于劣势。比较我国证券市场各板块上市公司中采取"高送转"的公司数量可以发现,"高送转"在 2015 年以前呈现出逐年递增的态势,其中主板市场采取"高送转"的公司数量基本保持稳定,数量变化幅度相对较小。其原因可能是主板上市公司一般体量较大,并且其股东结构中国有股、法人股所占的比例较大,因此,对于以送转股为代表的股票股利分配方式需求不大。而相比之下,每年采取"高送转"的公司数量最多的板块集中在中小板和创业板。

12.3.3　规范我国上市公司股利政策的措施

1. 从上市公司自身角度采取措施

(1) 提高自身赢利能力。公司有较强的赢利能力,是股东获得长期稳定的投资回报的经济基础。作为同行业公司中的佼佼者,上市公司具有较高的收益水平和成长性。然而,在充满竞争的时代里,上市公司只有不断寻找新利润增长点、强化经营管理、提高营利能力,才能维持高额且稳定的股利。上市公司要完善公司治理结构,形成内部制约机制,尊重广大投资者的权益,提高经营管理水平,增强公司核心竞争力,在综合考虑各种相关因素的基础上选择一种符合本公司特点且利于公司长远发展的股利政策。

(2) 采用适度股利分配政策。适度股利分配政策可概括为,满足公司营利性投资需求而能达到融资成本最低、股权结构稳定、公司价值较大幅度提高的、具有可操作性的股利政策。适度股利分配政策是一个阶段性连续的概念,应随公司发展阶段的更替而做相应的调整。在初创期,推行低股利加额外股利的股利政策较符合公司与投资者双方的利益;在成长期阶段,公司需要集中力量、以最低成本获取足够多的资金来源,最有效的措施是大量留存利润,使用自有资本,避免举债或多分股利;在成熟期,公司应采取稳定的股利发放政策。

(3) 优化股权结构。我国的上市公司多为国有企业改制而成。在股权分置改革之前,国有企业占有大量的非流通股份。现在,股权分置改革基本完成,理论上优化了上市公司股权结构,降低了股权集中度,消除了导致上市公司非理性股利政策形成的制度性缺陷。但从现实情况来看,股权分置改革之后大量非流通股处于限售状态,还未进入"全流通"。因此,应进一步优化上市公司股权结构,使股东利益趋于一致;在制定股利政策时,应结合证券市场和本公司具体情况,全面分析股利政策的影响因素,以公司理财目标为基础对股利政策进行中长期规划,使股利政策与公司发展的生命周期相适应。

(4) 引入独立董事制度。为有效解决董事不能独立参与公司治理的问题,可以在公司董事会架构中引入独立董事制度。独立董事不拥有公司股份,不代表特定群体的利益,公正性强,可以确保董事会集体决策,防止合谋行为,保护中小股东的利益。而且,独立董事大多为财务、管理、法律、技术方面的专家,具有决策所需要的各种知识,有利于提高决策的正确性和科学性。

2. 从监管机构角度采取措施

(1) 完善相关法律法规。目前,上市公司的违规、违法行为大多是利用法制的空缺牟利。因此,监管机构可以在法律法规中规范股利分配行为,明确规定上市公司的分红时间和大概的比例范围等,限制上市公司大幅度保留盈余或者非理性分配红利的行为;还可以成立专门的证券投资者保护机构,建立中小股东集体诉讼机制,保护中小股东合法权益,监督大股东的行为。

(2) 强化监管,适度引导。在政府和证券监管方面,应加大对上市公司的监管力度,规范其经营行为和市场操作行为。例如,规范股利分配的信息披露,关注公司剩余资金的投资效率;将是否派发现金股利作为再融资条件之一;对其派现比例与来源进行限制;坚决杜绝因需达到再融资的目的而"微量派现"或先高息举债派现再融资还债的现象发生;要求不分配的上市公司应在年报中披露其不分配的理由,对于故意不分配的上市公司要追究负责人的责任。监管机构通过对上市公司股利分配进行制度化、规范化建设,鼓励和引导公司股利政策向稳定的、以现金股利支付为主的方向发展。对于送股等容易侵犯中小股东利益和影响公司长远发展的分配行为,还须根据国家产业政策及上市公司的成长性等特点进行宏观调控。

3. 大力发展机构投资者

我国股市投资者以中小散户为主,机构投资者所占的比重较小,而中小散户并不以持有证券获得分红或控制公司管理为目的,更较热衷于股价的变动,对公司股利变动反应冷淡,这使管理层不重视股利政策对投资者的回报。因此,应大力发展追求长期稳定回报和资本保值增值的机构投资者,如养老基金、保险公司和共同基金。这些机构投资者更关注公司分红所带来的稳定收益。所以当上市公司采取不当的股利分配政策时,就会面临市场压力,迫使其改变不利于公司持久发展的股利分配决策,注重股利政策的持续性与科学性。

4. 发展资本市场,优化市场环境

在决策外部融资时,公司的管理者需要权衡两种融资成本的大小,即银行借款和上市融资的成本孰高孰低。银行借款需要还本付息;上市融资虽然不用还本付息,但是股票市场需要公司建立完善的信息披露制度,有公正的信息服务机构,有代表各方出资者利益而监督经营层的机制,还需要公司在营利的情况下发放股利,这些都构成了公司上市融资的成本。正是因为我国当前"上市融资成本小于负债融资成本"现象的存在,上市公司都偏好将利润留存于公司发展,普遍推出不分配这一股利形式。因此,通过大力发展资本市场,缩小不同融资手段的筹资成本差距,拓宽我国公司的融资渠道,可以使上市公司不必只靠从股市圈钱来维持经营或发展的需要,从而改变目前上市公司利用股利分配政策来进行股权融资的现状。

知识链接 12-3:美、日、德等国股利政策差异及形成的根源

本部分内容为拓展知识,读者可自行扫码阅读。

知识训练

一、判断题

1. 处于成长期的公司多采取多分少留的政策,陷入经营收缩的公司则多采取少分多留的政策。 （　　）

2. 股利分配的信号传递理论认为,股利政策是协调股东与管理者之间代理关系的一种约束机制。 （　　）

3. 股利分配的税收效应理论认为,股利政策不仅与股价相关,而且由于税赋的影响,公司应采用高股利政策。 （　　）

4. 出于稳定收入考虑,股东最不赞成固定股利支付率政策。 （　　）

5. 在公司的高速发展阶段,公司往往需要大量的资金,此时适合采用剩余股利政策。 （　　）

二、思考题

1. 为什么税差理论与"在手之鸟"理论的结论相反?

2. 公司制定的股利政策将受哪些因素制约?

3. 股利政策可分为哪几类?其适用条件有无限制?

4. 请结合股利理论,分析现阶段我国上市公司股利政策存在哪些问题及如何解决。

5. 鉴于近期 CPI 超过了警戒线，A 国有关部门希望通过控制工资和物价来防止出现严重通货膨胀，因此召集了一些投资基金和工会组织来讨论有关政策的制定问题。在讨论过程中，双方都提到了股利水平问题。投资基金认为，股价等于预期股利的现值，因此任何削减股利的行为都会导致股价下降，既提高了公司资本成本，又不利于市场稳定。而工会则认为，股利是股东的工资，如果削减了工人的工资，那么为了公平起见，也应该削减股利。这个讨论中有哪些不当之处呢？

附 录

附表一 复利终值系数表

期数	1%	2%	3%	4%	5%	6%	7%	8%	9%	10%	12%	14%	15%	16%	18%	20%	24%	28%	32%	36%
1	1.010 0	1.020 0	1.030 0	1.040 0	1.050 0	1.060 0	1.070 0	1.800 0	1.090 0	1.100 0	1.120 0	1.140 0	1.150 0	1.160 0	1.180 0	1.200 0	1.240 0	1.280 0	1.320 0	1.360 0
2	1.020 0	1.040 4	1.060 9	1.081 6	1.102 5	1.123 6	1.144 9	1.166 4	1.881 0	1.210 0	1.254 4	1.299 6	1.322 5	1.345 6	1.392 4	1.440 0	1.537 6	1.638 4	1.742 4	1.849 6
3	1.030 3	1.061 2	1.092 7	1.124 9	1.157 6	1.191 0	1.225 0	1.259 7	1.295 0	1.331 0	1.404 9	1.481 5	1.520 9	1.560 9	1.643 0	1.728 0	1.906 6	2.097 2	2.300 0	2.515 5
4	1.040 6	1.082 4	1.125 5	1.169 9	1.215 5	1.262 5	1.310 8	1.360 5	1.411 6	1.464 1	1.573 5	1.689 0	1.749 0	1.810 6	1.938 8	2.073 6	2.364 2	2.684 4	3.036 0	3.421 0
5	1.051 0	1.104 1	1.159 3	1.216 7	1.276 3	1.338 2	1.402 6	1.469 3	1.538 6	1.610 5	1.762 3	1.925 4	2.011 4	2.100 3	2.287 8	2.488 3	2.931 6	3.436 0	4.007 5	4.652 6
6	1.061 5	1.126 2	1.194 1	1.265 3	1.340 1	1.418 5	1.500 7	1.586 9	1.677 1	1.771 6	1.973 8	2.195 0	2.313 1	2.436 4	2.699 6	2.986 0	3.635 2	4.398 0	5.289 5	6.327 5
7	1.072 1	1.148 7	1.229 9	1.315 9	1.407 1	1.503 6	1.605 8	1.713 8	1.828 0	1.948 7	2.210 7	2.502 3	2.660 0	2.826 2	3.185 5	3.583 2	4.507 7	5.629 5	6.982 6	8.605 4
8	1.082 9	1.171 7	1.266 8	1.368 6	1.477 5	1.593 8	1.718 2	1.850 9	1.992 6	2.143 6	2.476 0	2.852 6	3.059 0	3.278 4	3.758 9	4.299 8	5.589 5	7.208 5	9.217 0	11.703 4
9	1.093 7	1.195 1	1.304 8	1.423 3	1.551 3	1.689 5	1.838 5	1.999 0	2.171 9	2.357 9	2.773 1	3.251 9	3.517 9	3.803 0	4.435 5	5.159 8	6.931 0	9.233 4	12.166 5	15.916 6
10	1.104 6	1.219 0	1.343 9	1.480 2	1.628 9	1.790 8	1.967 2	2.158 9	2.367 4	2.593 7	3.105 8	3.707 2	4.045 6	4.411 4	5.233 8	6.191 7	8.594 4	11.805 9	16.059 8	21.646 6
11	1.115 7	1.243 4	1.384 2	1.539 5	1.710 3	1.898 3	2.104 9	2.331 6	2.580 4	2.853 1	3.478 5	4.226 2	4.652 4	5.117 3	6.175 9	7.430 1	10.657 1	15.111 6	21.198 9	29.439 3
12	1.126 8	1.268 2	1.425 8	1.601 0	1.795 9	2.012 2	2.252 2	2.518 2	2.812 7	3.138 4	3.896 0	4.817 9	5.350 3	5.936 0	7.287 6	8.916 1	13.214 8	19.342 8	27.982 5	40.037 5
13	1.138 1	1.293 6	1.468 5	1.665 1	1.885 6	2.132 9	2.409 8	2.719 6	3.065 8	3.452 3	4.363 5	5.492 4	6.152 8	6.885 8	8.599 4	10.699 3	16.386 3	24.758 8	36.937 0	54.451 0
14	1.149 5	1.319 5	1.512 6	1.731 7	1.979 9	2.260 9	2.578 5	2.937 2	3.341 7	3.797 5	4.887 1	6.261 3	7.075 7	7.987 5	10.147 2	12.839 2	20.319 1	31.691 3	48.756 8	74.053 4
15	1.161 0	1.345 9	1.558 0	1.800 9	2.078 9	2.398 6	2.759 0	3.172 2	3.642 5	4.177 2	5.473 6	7.137 9	8.137 1	9.265 5	11.973 7	15.407 0	25.195 6	40.564 8	64.359 0	100.7
16	1.172 6	1.372 8	1.604 7	1.873 0	2.182 9	2.540 4	2.952 2	3.425 9	3.970 3	4.595 0	6.130 4	8.137 2	9.357 6	10.748 0	14.129 0	18.488 4	31.242 6	51.923 0	84.953 8	137.0
17	1.184 3	1.400 2	1.652 8	1.947 9	2.292 0	2.692 8	3.158 8	3.700 0	4.327 6	5.054 5	6.866 0	9.276 5	10.761 3	12.467 7	16.672 2	22.186 1	38.740 8	66.46	112.14	186.3
18	1.196 1	1.428 2	1.702 4	2.025 8	2.406 6	2.854 3	3.379 9	3.996 0	4.717 1	5.559 9	7.690 0	10.575 2	12.375 5	14.462 5	19.673 3	26.623 3	48.038 6	85.07	148.02	253.3
19	1.208 1	1.456 8	1.753 5	2.106 8	2.527 0	3.025 6	3.616 5	4.315 7	5.141 7	6.115 9	8.612 8	12.055 7	14.231 8	16.776 5	23.214 4	31.948 0	59.567 9	108.89	195.39	344.5

期数	1%	2%	3%	4%	5%	6%	7%	8%	9%	10%	12%	14%	15%	16%	18%	20%	24%	28%	32%	36%
20	1.220 2	1.485 9	1.806 1	2.191 1	2.653 3	3.207 1	3.869 7	4.661 0	5.604 4	6.727 5	9.646 3	13.743 5	16.366 5	19.460 8	27.393 0	38.337 6	73.864 1	139.38	257.92	468.6
21	1.232 4	1.515 7	1.860 3	2.278 8	2.786 0	3.399 6	4.140 6	5.033 8	6.108 8	7.400 2	10.803 8	15.667 6	18.821 5	22.574 5	32.323 8	46.005 1	91.591 5	178.41	340.45	637.3
22	1.244 7	1.546 0	1.916 1	2.369 9	2.925 3	3.603 5	4.430 4	5.436 5	6.658 6	8.140 3	12.100 3	17.861 0	21.644 7	26.186 4	38.142 1	55.206 1	114	228.36	449.39	866.7
23	1.257 2	1.576 9	1.973 6	2.464 7	3.071 5	3.819 7	4.740 5	5.871 5	7.257 9	8.954 3	13.552 3	20.361 6	24.891 5	30.376 2	45.007 6	66.247 4	141	292.30	593.20	1 178.7
24	1.269 7	1.608 4	2.032 8	2.563 3	3.225 1	4.048 9	5.072 4	6.341 2	7.911 1	9.849 7	15.178 6	23.212 2	28.625 2	35.236 4	53.109 0	79.496 8	175	374.14	783.02	1 603.0
25	1.282 4	1.640 6	2.093 8	2.665 8	3.386 4	4.291 9	5.427 4	6.848 5	8.623 1	10.834 7	17.000 1	26.461 9	32.919 0	40.874 2	62.668 6	95.396 2	217	478.90	1 033.59	2 180.1
26	1.295 3	1.673 4	2.156 6	2.772 5	3.555 7	4.549 4	5.807 4	7.396 4	9.399 2	11.918 2	19.040 1	30.166 6	37.856 8	47.414 1	73.949 0	114.5	269	613.00	1 364.34	2 964.9
27	1.308 2	1.706 9	2.221 3	2.883 4	3.733 5	4.822 3	6.213 9	7.988 1	10.245 1	13.110 0	21.324 9	34.389 9	43.535 3	55.000 4	87.259 8	137.4	333	784.64	1 800.93	4 032.3
28	1.321 3	1.741 0	2.287 9	2.998 7	3.920 1	5.111 7	6.648 8	8.627 1	11.167 1	14.421 0	23.883 9	39.204 5	50.065 6	63.800 4	103	164.8	413	1 004.34	2 377.22	5 483.9
29	1.334 5	1.775 8	2.356 6	3.118 7	4.116 1	5.418 4	7.114 3	9.317 3	12.172 2	15.863 1	26.749 9	44.693 1	57.575 5	74.008 5	122	197.8	512	1 285.55	3 137.94	7 458.1
30	1.347 8	1.811 4	2.437 3	3.243 4	4.321 9	5.743 5	7.612 3	10.062 7	13.267 7	17.449 4	29.959 9	50.950 2	66.211 8	85.849 9	143	237.4	635	1 645.50	4 142.07	10 143.0

附表二　复利现值系数表

期数	1%	2%	3%	4%	5%	6%	7%	8%	9%	10%	12%	14%	15%	16%	18%	20%	24%	28%	32%	36%
1	0.990 1	0.980 4	0.970 9	0.961 5	0.952 4	0.943 4	0.934 6	0.925 9	0.917 4	0.909 1	0.892 9	0.877 2	0.869 6	0.862 1	0.847 5	0.833 3	0.806 5	0.781 3	0.757 6	0.735 3
2	0.980 3	0.961 2	0.942 6	0.924 6	0.907 0	0.890 0	0.873 4	0.857 3	0.841 7	0.826 4	0.797 2	0.769 5	0.756 1	0.743 2	0.718 2	0.694 4	0.650 4	0.610 4	0.573 9	0.540 7
3	0.970 6	0.942 3	0.915 1	0.889 0	0.863 8	0.839 6	0.816 3	0.793 8	0.772 2	0.751 3	0.711 8	0.675 0	0.657 5	0.640 7	0.608 6	0.578 7	0.524 5	0.476 8	0.434 8	0.397 5
4	0.961 0	0.923 8	0.888 5	0.854 8	0.822 7	0.792 1	0.762 9	0.735 0	0.708 4	0.683 0	0.635 5	0.592 1	0.571 8	0.552 3	0.515 8	0.482 3	0.423 0	0.372 5	0.329 4	0.292 3
5	0.951 5	0.905 7	0.862 6	0.821 9	0.783 5	0.747 3	0.713 0	0.680 6	0.649 9	0.620 9	0.567 4	0.519 4	0.497 2	0.476 1	0.437 1	0.401 9	0.341	0.291 0	0.249 5	0.214 9
6	0.942 0	0.888 0	0.837 5	0.790 3	0.746 2	0.705 0	0.666 3	0.630 2	0.596 3	0.564 5	0.506 6	0.455 6	0.432 3	0.410 4	0.370 4	0.334 9	0.275 1	0.227 4	0.189 0	0.158 0
7	0.932 7	0.870 6	0.813 1	0.759 9	0.710 7	0.665 1	0.622 7	0.583 5	0.547 0	0.513 2	0.452 3	0.399 6	0.375 9	0.353 8	0.313 9	0.279 1	0.221 8	0.177 6	0.143 2	0.116 2
8	0.923 5	0.853 5	0.789 4	0.730 7	0.676 8	0.627 4	0.582	0.540 3	0.501 9	0.466 5	0.403 9	0.350 6	0.326 9	0.305 0	0.266 0	0.232 6	0.178 9	0.138 8	0.108 5	0.085 4

期数	1%	2%	3%	4%	5%	6%	7%	8%	9%	10%	12%	14%	15%	16%	18%	20%	24%	28%	32%	36%
9	0.914 3	0.836 8	0.766 4	0.702 6	0.644 6	0.591 9	0.543 9	0.500 2	0.460 4	0.424 1	0.360 6	0.307 5	0.284 3	0.263 0	0.225 5	0.193 8	0.144 3	0.108 4	0.082 2	0.062 8
10	0.905 3	0.820 3	0.744 1	0.675 6	0.613 9	0.558 4	0.508 3	0.463 2	0.422 4	0.385 5	0.322 0	0.269 7	0.247 2	0.226 7	0.191 1	0.161 5	0.116 4	0.084 7	0.062 3	0.046 2
11	0.896 3	0.804 3	0.722 4	0.649 6	0.584 7	0.526 8	0.475 1	0.428 9	0.387 5	0.350 5	0.287 5	0.236 6	0.214 9	0.195 4	0.161 9	0.134 6	0.093 8	0.066 2	0.047 2	0.034 0
12	0.887 4	0.788 5	0.701 4	0.624 6	0.556 8	0.497 0	0.444 0	0.397 1	0.355 5	0.318 6	0.256 7	0.207 6	0.186 9	0.168 5	0.137 2	0.112 2	0.075 7	0.051 7	0.035 7	0.025 0
13	0.878 7	0.773 0	0.681 0	0.600 6	0.530 3	0.468 8	0.415 0	0.367 7	0.326 2	0.289 7	0.229 2	0.182 1	0.162 5	0.145 2	0.116 3	0.093 5	0.061 0	0.040 4	0.027 1	0.018 4
14	0.870 0	0.757 9	0.661 1	0.577 5	0.505 1	0.442 3	0.387 8	0.340 5	0.299 2	0.263 3	0.204 6	0.159 7	0.141 3	0.125 2	0.098 5	0.077 9	0.049 2	0.031 6	0.020 5	0.013 5
15	0.861 3	0.743 0	0.641 9	0.555 3	0.481 0	0.417 3	0.362 4	0.315 2	0.274 5	0.239 4	0.182 7	0.140 1	0.122 9	0.107 9	0.082 5	0.064 9	0.039 7	0.024 7	0.015 5	0.009 9
16	0.852 8	0.728 4	0.623 2	0.533 9	0.458 1	0.393 6	0.338 7	0.291 9	0.251 9	0.217 6	0.163 1	0.122 9	0.106 9	0.093 0	0.070 8	0.054 1	0.032 0	0.019 3	0.011 8	0.007 3
17	0.844 4	0.714 2	0.605 0	0.513 4	0.436 3	0.371 4	0.316 6	0.270 3	0.231 1	0.197 8	0.145 6	0.107 8	0.092 9	0.080 2	0.060 0	0.045 1	0.025 8	0.015 0	0.008 9	0.005 4
18	0.836 0	0.700 2	0.587 4	0.493 6	0.415 5	0.350 3	0.295 9	0.250 2	0.212 0	0.179 9	0.130 0	0.094 6	0.080 8	0.069 1	0.050 8	0.037 6	0.020 8	0.011 8	0.006 8	0.003 9
19	0.827 7	0.686 4	0.570 3	0.474 6	0.395 7	0.330 5	0.276 5	0.231 7	0.194 5	0.163 5	0.116 1	0.082 9	0.070 3	0.059 6	0.043 1	0.031 3	0.016 8	0.009 2	0.005 1	0.002 9
20	0.819 5	0.673 0	0.553 7	0.456 4	0.376 9	0.311 8	0.258 4	0.214 5	0.178 4	0.148 6	0.103 7	0.072 8	0.061 1	0.051 4	0.036 5	0.026 1	0.013 5	0.007 2	0.003 9	0.002 1
21	0.811 4	0.659 8	0.537 5	0.438 8	0.358 9	0.294 2	0.241 5	0.198 7	0.163 7	0.135 1	0.092 6	0.063 8	0.053 1	0.044 3	0.030 9	0.021 7	0.010 9	0.005 6	0.002 9	0.001 6
22	0.803 4	0.646 8	0.521 9	0.422 0	0.341 8	0.277 5	0.225 7	0.183 9	0.150 2	0.122 8	0.082 6	0.056 0	0.046 2	0.038 2	0.026 2	0.018 1	0.008 8	0.004 4	0.002 2	0.001 2
23	0.795 4	0.634 2	0.506 7	0.405 7	0.325 6	0.261 8	0.210 9	0.170 3	0.137 8	0.111 7	0.073 8	0.049 1	0.040 2	0.032 9	0.022 2	0.015 1	0.007 1	0.003 4	0.001 7	0.000 8
24	0.787 6	0.621 7	0.491 9	0.390 1	0.310 1	0.247 0	0.197 1	0.157 7	0.126 4	0.101 5	0.065 9	0.043 1	0.034 9	0.028 4	0.018 8	0.012 6	0.005 7	0.002 7	0.001 3	0.000 6
25	0.779 8	0.609 5	0.477 6	0.375 1	0.295 3	0.233 0	0.184 2	0.146 0	0.116 0	0.092 3	0.058 8	0.037 8	0.030 4	0.024 5	0.016 0	0.010 5	0.004 6	0.002 1	0.001 0	0.000 5
26	0.772 0	0.597 6	0.463 7	0.360 7	0.281 2	0.219 8	0.172 2	0.135 2	0.106 4	0.083 9	0.052 5	0.033 1	0.026 4	0.021 1	0.013 5	0.008 7	0.003 7	0.001 6	0.000 7	0.000 3
27	0.764 4	0.585 9	0.450 2	0.346 8	0.267 8	0.207 4	0.160 9	0.125 2	0.097 6	0.076 3	0.046 9	0.029 1	0.023 0	0.018 2	0.011 5	0.007 3	0.003 0	0.001 3	0.000 6	0.000 2
28	0.756 8	0.574 4	0.437 1	0.333 5	0.255 1	0.195 6	0.150 4	0.115 9	0.089 5	0.069 3	0.041 9	0.025 5	0.020 0	0.015 7	0.009 7	0.006 1	0.002 4	0.001 0	0.000 4	0.000 2
29	0.749 3	0.563 1	0.424 3	0.320 7	0.242 9	0.184 6	0.140 6	0.107 3	0.082 2	0.063 0	0.037 4	0.022 4	0.017 4	0.013 5	0.008 2	0.005 1	0.002 0	0.000 8	0.000 3	0.000 1
30	0.741 9	0.552 1	0.412 0	0.308 3	0.231 4	0.174 1	0.131 4	0.099 4	0.075 4	0.057 3	0.033 4	0.019 6	0.015 1	0.011 6	0.007 0	0.004 2	0.001 6	0.000 6	0.000 2	0.000 1

276

公司金融

附表三　年金终值系数表

期数	1%	2%	3%	4%	5%	6%	7%	8%	9%	10%	12%	14%	15%	16%	18%	20%	24%	28%	32%	36%
1	1.000 0	1.000 0	1.000 0	1.000 0	1.000 0	1.000 0	1.000 0	1.000 0	1.000 0	1.000 0	1.000 0	1.000 0	1.000 0	1.000 0	1.000 0	1.000 0	1.000 0	1.000 0	1.000 0	1.000 0
2	2.010 0	2.020 0	2.030 0	2.040 0	2.050 0	2.060 0	2.070 0	2.080 0	2.090 0	2.100 0	2.120 0	2.140 0	2.150 0	2.160 0	2.180 0	2.200 0	2.240 0	2.280 0	2.320 0	2.360 0
3	3.030 1	3.060 4	3.090 9	3.121 6	3.152 5	3.183 6	3.214 9	3.246 4	3.278 1	3.310 0	3.374 4	3.439 6	3.472 5	3.505 6	3.572 4	3.640 0	3.777 6	3.918 4	4.062 4	4.209 6
4	4.060 4	4.121 6	4.183 6	4.246 5	4.310 1	4.374 6	4.439 9	4.506 1	4.573 1	4.641 0	4.779 3	4.921 1	4.993 4	5.066 5	5.215 4	5.368 0	5.684 2	6.015 6	6.362 4	6.725 1
5	5.101 0	5.204 0	5.309 1	5.416 3	5.525 6	5.637 1	5.750 7	5.866 6	5.984 7	6.105 1	6.352 8	6.610 1	6.742 4	6.877 1	7.154 2	7.441 6	8.048 4	8.699 9	9.398 3	10.146 1
6	6.152 0	6.308 1	6.468 4	6.633 0	6.801 9	6.975 3	7.153 3	7.335 9	7.523 3	7.715 6	8.115 2	8.535 5	8.753 7	8.977 5	9.442 0	9.929 9	10.980 1	12.135 9	13.405 8	14.798 7
7	7.213 5	7.434 3	7.662 5	7.898 3	8.142 0	8.393 8	8.654 0	8.922 8	9.200 4	9.487 2	10.089 0	10.730 5	11.066 8	11.413 9	12.141 5	12.915 9	14.615 3	16.533 6	18.695 6	21.126 2
8	8.285 7	8.583 0	8.892 3	9.214 2	9.549 1	9.897 5	10.259 8	10.636 6	11.028 5	11.435 9	12.299 7	13.232 8	13.726 8	14.240 1	15.327	16.499 1	19.122 9	22.163 4	25.678 2	29.731 6
9	9.368 5	9.754 6	10.159 1	10.582 8	11.026 6	11.491 3	11.978 0	12.487 6	13.021 0	13.579 5	14.775 7	16.085 3	16.785 8	17.518 5	19.085 9	20.798 9	24.712 5	29.369 2	34.895 3	41.435 0
10	10.462 2	10.949 7	11.463 9	12.006 1	12.577 9	13.180 8	13.816 4	14.486 6	15.192 9	15.937 4	17.548 7	19.337 3	20.303 7	21.321 5	23.521 3	25.958 7	31.643 4	38.592 6	47.061 8	57.351 6
11	11.566 8	12.168 7	12.807 8	13.486 4	14.206 8	14.971 6	15.783 6	16.645 5	17.560 3	18.531 2	20.654 6	23.044 5	24.349 3	25.732 9	28.755 1	32.150 4	40.237 9	50.398 5	63.121 5	78.998 2
12	12.682 5	13.412 1	14.192 0	15.025 8	15.917 1	16.869 9	17.888 5	18.977 1	20.140 7	21.384 3	24.13	27.27	29.00	30.85	34.93	39.58	50.89	65.51	84.32	108.44
13	13.809 3	14.680 3	15.617 8	16.626 8	17.713 0	18.882 1	20.140 6	21.495 3	22.953 4	24.522 7	28.03	32.09	34.35	36.79	42.22	48.50	64.11	84.85	112.30	148.47
14	14.947 4	15.973 9	17.086 3	18.291 9	19.598 6	21.015 1	22.550 5	24.214 9	26.019 2	27.975 0	32.39	37.58	40.50	43.67	50.82	59.20	80.50	109.61	149.24	202.93
15	16.096 9	17.293 4	18.598 9	20.023 6	21.578 6	23.276 0	25.129 0	27.152 1	29.360 9	31.772 5	37.28	43.84	47.58	51.66	60.97	72.04	100.82	141.30	198.00	276.98
16	17.257 9	18.639 3	20.156 9	21.824 5	23.657 5	25.672 5	27.888 1	30.324 3	33.003 4	35.949 7	42.75	50.98	55.72	60.93	72.94	87.44	126.01	181.87	262.36	377.69
17	18.430 4	20.012 1	21.761 6	23.697 5	25.840 4	28.212 9	30.840 2	33.750 2	36.973 7	40.544 7	48.88	59.12	65.08	71.67	87.07	105.93	157.25	233.79	347.31	514.66
18	19.614 7	21.412 3	23.414 4	25.645 4	28.132 4	30.905 7	33.999 0	37.450 2	41.301 3	45.599 2	55.75	68.39	75.84	84.14	103.74	128.12	195.99	300.24	459.45	700.94
19	20.810 9	22.840 6	25.116 9	27.671 2	30.539 0	33.760 0	37.379 0	41.446 3	46.018 5	51.159 1	63.44	78.97	88.21	98.60	123.41	154.74	244.03	385.32	607.47	954.28
20	22.019 0	24.297 4	26.870 4	29.778 1	33.066 0	36.785 6	40.995 5	45.762 0	51.160 1	57.275 0	72.05	91.02	102.44	115.38	146.63	186.69	303.60	494.21	802.86	1 298.82
21	23.239 2	25.783 3	28.676 5	31.969 2	35.719 3	39.992 7	44.865 2	50.422 9	56.764 5	64.002 5	81.70	104.77	118.81	134.84	174.02	225.03	377.46	633.59	1 060.78	1 767.39
22	24.471 6	27.299 0	30.536 8	34.248 0	38.505 2	43.392 3	49.005 7	55.456 8	62.873 3	71.402 7	92.50	120.44	137.63	157.41	206.34	271.03	469.06	812.00	1 401.23	2 404.65
23	25.716 3	28.845 0	32.452 9	36.617 9	41.430 5	46.995 8	53.436 1	60.893 3	69.531 9	79.543 0	104.60	138.30	159.28	183.60	244.49	326.24	582.63	1 040.36	1 850.62	3 271.33

期数	1%	2%	3%	4%	5%	6%	7%	8%	9%	10%	12%	14%	15%	16%	18%	20%	24%	28%	32%	36%
24	26.973 5	30.421 9	34.426 5	39.082 6	44.502 0	50.815 6	58.176 7	66.764 8	76.789 8	88.497 3	118.16	158.66	184.17	213.98	289.49	392.48	723.46	1 332.66	2 443.82	4 450.00
25	28.243 2	32.030 3	36.459 3	41.645 9	47.727 1	54.864 5	63.249 0	73.105 9	84.700 9	98.347 1	133.33	181.87	212.79	249.21	342.60	471.98	898.09	1 706.80	3 226.84	6 053.00
26	29.525 6	33.670 9	38.553 0	44.311 7	51.113 5	59.156 4	68.676 5	79.954 4	93.320 0	109.18	150.33	208.33	245.71	290.09	405.27	567.38	1 114.63	2 185.71	4 260.43	8 233.09
27	30.820 9	35.344 3	40.709 6	47.084 2	54.669 1	63.705 8	74.483 8	87.350 8	102.72	121.10	169.37	238.50	283.57	337.50	479.22	681.85	1 383.15	2 798.71	5 624.77	11 198.00
28	32.129 1	37.051 2	42.930 9	49.967 6	58.402 6	68.528 1	80.697 7	95.338 8	112.97	134.21	190.70	272.89	327.10	392.50	566.45	819.22	1 716.10	3 583.34	7 425.70	15 230.27
29	33.450 4	38.792 2	45.218 5	52.966 3	62.322 7	73.639 8	87.346 5	103.97	124.14	148.63	214.58	312.09	377.17	456.30	669.45	984.07	2 128.96	4 587.68	9 802.92	20 714.17
30	34.784 9	40.568 1	47.575 4	56.084 9	66.438 8	79.058 2	94.460 8	113.28	136.31	164.49	241.33	356.79	434.75	530.31	790.95	1 181.88	2 640.92	5 873.23	12 940.86	28 172.28

附表四　年金现值系数表

期数	1%	2%	3%	4%	5%	6%	7%	8%	9%	10%	12%	14%	15%	16%	18%	20%	24%	28%	32%	36%
1	0.990 1	0.980 4	0.970 9	0.961 5	0.952 4	0.943 4	0.934 6	0.925 9	0.917 4	0.909 1	0.892 9	0.877 2	0.869 6	0.862 1	0.847 5	0.833 3	0.806 5	0.781 3	0.757 6	0.735 3
2	1.970 4	1.941 6	1.913 5	1.886 1	1.859 4	1.833 4	1.808 0	1.783 3	1.759 1	1.735 5	1.690 1	1.646 7	1.625 7	1.605 2	1.565 6	1.527 8	1.456 8	1.391 6	1.331 5	1.276 0
3	2.941 0	2.883 9	2.828 6	2.775 1	2.723 2	2.673 0	2.624 3	2.577 1	2.531 3	2.486 9	2.401 8	2.321 6	2.283 2	2.245 9	2.174 3	2.106 5	1.981 3	1.868 4	1.766 3	1.673 5
4	3.902 0	3.807 7	3.717 1	3.629 9	3.546 0	3.465 1	3.387 2	3.312 1	3.239 7	3.169 9	3.037 3	2.913 7	2.855 0	2.798 2	2.690 1	2.588 7	2.404 3	2.241 0	2.095 7	1.965 8
5	4.853 4	4.713 5	4.579 7	4.451 8	4.329 5	4.212 4	4.100 2	3.992 7	3.889 7	3.790 8	3.604 8	3.433 1	3.352 2	3.274 3	3.127 2	2.990 6	2.745 4	2.532 0	2.345 2	2.180 7
6	5.795 5	5.601 4	5.417 2	5.242 1	5.075 7	4.917 3	4.766 5	4.622 9	4.485 9	4.355 3	4.111 4	3.888 7	3.784 5	3.684 7	3.497 6	3.325 5	3.020 5	2.759 4	2.534 2	2.338 8
7	6.728 2	6.472 0	6.230 3	6.002 1	5.786 4	5.582 4	5.389 3	5.206 4	5.033 0	4.868 4	4.563 8	4.288 3	4.160 4	4.038 6	3.811 5	3.604 6	3.242 3	2.937 0	2.677 5	2.455 0
8	7.651 7	7.325 5	7.019 7	6.732 7	6.463 2	6.209 8	5.971 3	5.746 6	5.534 8	5.334 9	4.967 6	4.638 9	4.487 3	4.343 6	4.077 6	3.837 2	3.421 2	3.075 8	2.786 0	2.540 4
9	8.566 0	8.162 2	7.786 1	7.435 3	7.107 8	6.801 7	6.515 2	6.246 9	5.995 2	5.759 0	5.328 2	4.946 4	4.771 6	4.606 5	4.303 0	4.031 0	3.565 5	3.184 2	2.868 1	2.603 3
10	9.471 3	8.982 6	8.530 2	8.110 9	7.721 7	7.360 1	7.023 6	6.710 1	6.417 7	6.144 6	5.650 2	5.216 1	5.018 8	4.833 2	4.494 1	4.192 5	3.681 9	3.268 9	2.930 4	2.649 5
11	10.367 6	9.786 8	9.252 6	8.760 5	8.306 4	7.886 9	7.498 7	7.139 0	6.805 2	6.495 1	5.937 7	5.452 7	5.233 7	5.028 6	4.656 0	4.327 1	3.775 7	3.335 1	2.977 6	2.683 4
12	11.255 1	10.575 3	9.954 0	9.385 1	8.863 3	8.383 8	7.942 7	7.536 1	7.160 7	6.813 7	6.194 4	5.660 3	5.430 6	5.197 1	4.793 2	4.439 2	3.851 4	3.386 8	3.013 3	2.708 4

期数	1%	2%	3%	4%	5%	6%	7%	8%	9%	10%	12%	14%	15%	16%	18%	20%	24%	28%	32%	36%
13	12.133 7	11.348 4	10.635 0	9.985 6	9.393 6	8.852 7	8.357 7	7.903 8	7.486 9	7.103 4	6.423 5	5.842 4	5.583 1	5.342 3	4.909 5	4.532 7	3.912 4	3.427 2	3.040 4	2.726 8
14	13.003 7	12.106 2	11.296 1	10.563 1	9.898 6	9.295 0	8.745 5	8.244 2	7.786 2	7.366 7	6.628 2	6.002 1	5.724 5	5.467 5	5.008 1	4.610 6	3.961 6	3.458 7	3.060 9	2.740 3
15	13.865 1	12.849 3	11.937 9	11.118 4	10.379 7	9.712 2	9.107 9	8.559 5	8.060 7	7.606 1	6.810 9	6.142 2	5.847 4	5.575 5	5.091 6	4.675 5	4.001 3	3.483 4	3.076 1	2.750 2
16	14.717 9	13.577 7	12.561 1	11.652 3	10.837 8	10.105 9	9.446 6	8.851 4	8.312 6	7.823 7	6.974 0	6.265 1	5.954 2	5.668 5	5.162 4	4.729 6	4.033 3	3.502 6	3.088 2	2.757 5
17	15.562 3	14.291 9	13.166 1	12.165 7	11.274 1	10.477 3	9.763 2	9.121 6	8.543 6	8.021 6	7.119 6	6.372 9	6.047 2	5.748 7	5.222 3	4.774 6	4.059 1	3.517 7	3.097 1	2.762 9
18	16.398 3	14.992 0	13.753 6	12.659 3	11.689 6	10.827 6	10.059 1	9.371 9	8.755 6	8.201 4	7.249 7	6.467 4	6.128 0	5.817 8	5.273 2	4.812 2	4.079 9	3.529 4	3.103 9	2.766 8
19	17.226 0	15.678 5	14.323 8	13.133 9	12.085 3	11.158 1	10.335 6	9.603 6	8.950 1	8.364 9	7.365 8	6.550 4	6.198 2	5.877 5	5.316 2	4.843 5	4.096 7	3.538 6	3.109 0	2.769 7
20	18.045 6	16.351 4	14.877 5	13.590 3	12.462 2	11.469 9	10.594 0	9.818 1	9.128 5	8.513 6	7.469 4	6.623 1	6.259 3	5.928 8	5.352 7	4.869 6	4.110 3	3.545 8	3.112 9	2.771 8
21	18.857 0	17.011 2	15.415 0	14.029 2	12.821 2	11.764 1	10.835 5	10.016 8	9.292 2	8.648 7	7.562 0	6.687 0	6.312 5	5.973 1	5.383 7	4.891 3	4.121 2	3.551 4	3.115 8	2.773 4
22	19.660 4	17.658 0	15.936 9	14.451 1	13.163 0	12.041 6	11.061 2	10.200 7	9.442 4	8.771 5	7.644 6	6.742 9	6.358 7	6.011 3	5.409 9	4.909 4	4.130 0	3.555 8	3.118 0	2.774 6
23	20.455 8	18.292 2	16.443 6	14.856 8	13.488 6	12.303 4	11.272 2	10.371 1	9.580 2	8.883 2	7.718 4	6.792 1	6.398 8	6.044 2	5.432 1	4.924 5	4.137 1	3.559 2	3.119 7	2.775 4
24	21.243 4	18.913 9	16.935 5	15.247 0	13.796 6	12.550 4	11.469 3	10.528 8	9.706 6	8.984 7	7.784 3	6.835 1	6.433 1	6.072 6	5.450 9	4.937 1	4.142 8	3.561 9	3.121 0	2.776 0
25	22.023 2	19.523 5	17.413 1	15.622 1	14.093 9	12.783 4	11.653 6	10.674 8	9.822 6	9.077 0	7.843 1	6.872 9	6.464 1	6.097 1	5.466 9	4.947 6	4.147 4	3.564 0	3.122 0	2.776 5
26	22.795 2	20.121 0	17.876 8	15.982 8	14.375 2	13.003 2	11.825 8	10.810 0	9.929 0	9.160 9	7.895 7	6.906 1	6.490 6	6.118 2	5.480 4	4.956 3	4.151 1	3.565 6	3.122 7	2.776 8
27	23.559 6	20.706 9	18.327 0	16.329 6	14.643 0	13.210 5	11.986 7	10.935 7	10.026 6	9.237 2	7.942 6	6.935 2	6.513 5	6.136 4	5.491 9	4.963 6	4.154 2	3.566 9	3.123 3	2.777 1
28	24.316 4	21.281 3	18.764 1	16.663 1	14.898 1	13.406 2	12.137 1	11.051 1	10.116 1	9.306 6	7.984 4	6.960 7	6.533 5	6.152 0	5.501 6	4.969 7	4.156 6	3.567 9	3.123 7	2.777 3
29	25.065 8	21.844 4	19.188 5	16.983 7	15.141 1	13.590 7	12.277 7	11.158 4	10.198 3	9.369 6	8.021 8	6.983 0	6.550 9	6.165 6	5.509 8	4.974 7	4.158 5	3.568 7	3.124 0	2.777 4
30	25.807 7	22.396 5	19.600 4	17.292 0	15.372 5	13.764 8	12.409 0	11.257 8	10.273 7	9.426 9	8.055 2	7.002 7	6.566 0	6.177 2	5.516 8	4.978 9	4.160 1	3.569 3	3.124 2	2.777 5

279

参 考 文 献

[1] 李曜,刘莉亚,邓辛,等.公司金融[M].2 版.北京:中国人民大学出版社,2019.

[2] 边智群,徐慧玲.公司理财[M].2 版.北京:高等教育出版社,2019.

[3] 梁莱歆.公司理财[M].北京:清华大学出版社,2009.

[4] 斯蒂芬 A 罗斯,等.公司理财(原书第 11 版)[M].北京:机械工业出版社,2018.

[5] 理查德 A 布雷利,等.公司金融(原书第 12 版 · 基础篇)[M].赵冬青,译.北京:机械工业出版社,2017.

[6] 郭复初,王庆成.财务管理学[M].5 版.北京:高等教育出版社,2018.

[7] 杜惠芬,王汀汀.公司理财[M].3 版.大连:东北财经大学出版社,2019.

[8] 潜力,胡军,王青.公司金融[M].北京:中国人民大学出版社,2021.

[9] 李园园,邹亚新,王桂莲.公司理财[M].上海:上海财经大学出版社,2018.

[10] 刘淑莲,牛彦秀.公司理财[M].大连:东北财经大学出版社,2020.

[11] 沈红波.公司金融[M].上海:复旦大学出版社,2017.

[12] 张震,王晓华.公司金融学[M].北京:清华大学出版社,2013.

[13] 朱叶.公司金融[M].上海:复旦大学出版社,2012.

[14] 张高胜.大数据时代财务预测的变革探索[J].商业会计,2016(6):14-16.

[15] 王韶君,李素娟,郭晓玲.大数据背景下企业财务管理创新研究[J].金陵科技学院学报(社会科学版),2019,1(5):37-40.

[16] 黄晓波,王英婷,胡晓馨.区块链:财务预测的新思路[J].企业管理,2019(2):43.